Legal Education Eligibility Test

※ 동영상 30% 할인 서비스와 예비시험 무료특강 수강 서비
스는 법률출판사 홈페이지(LnBpress.com)에 들어오셔서
LEET 를 클릭하신 후 안내에 따라 등록하시면 즉시 제공
해 드립니다.

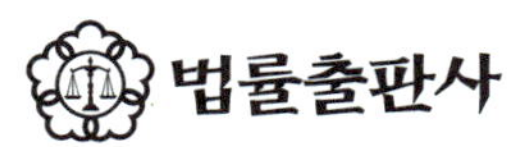

| 머리말 |

LEET가 올해부터 실시될 예정입니다. 진작부터 시행 예고를 하였지만, 처음으로 시행되는 시험의 구조나 출제 양상에 대한 예측이 어려운지라 정작 착실하게 대비해 온 수험생은 많지 않을 것입니다. 곤란한 상황이 아닐 수 없습니다.

이 책은 '언어의 이해'에 대해 충분히 대비하지 못한 수험생들에게 도움을 줄 목적으로 출간되었습니다. 언어 능력도 미흡하고 훈련도 제대로 되어 있지 않을 뿐 아니라, 문제를 충분히 풀어 보지도 못한 수험생들이 태반일 것입니다.

그렇다고 지문을 파악하는 원리나 요령만을 줄줄 외운다고 문제가 해결되지는 않습니다. 충분한 실전 경험만이 실전 대비능력을 향상시킵니다. 문법에 대해 거의 알지 못하는 우리도 우리말을 유창하게 구사할 수 있는 것처럼, 반복과 훈련만이 힘의 원천입니다.

이를 위해 이 책에는 풍부한 지문과 문제를 담았습니다. 언어, 문학, 정치, 경제, 철학, 사회학, 심리학, 정보화, 인류학, 인간학, 미래학, 생명공학, 자연과학, 예술 등 실로 광범위한 영역의 지문이 포함되어 있습니다. 아울러 다양한 유형의 문제를 출제함으로써, 수험생들로 하여금 충분한 실전 경험을 쌓을 수 있도록 하였습니다.

또한 이 책은 넉넉한 해제를 담고 있습니다. 거의 대비를 하지 못한 수험생이 다수인 까닭에 쉽고 적확하게 문제를 설명함으로써, 수험생들로 하여금 자연스럽게 실전 능력을 향상시킬 수 있도록 하였습니다. 해제 속에 지문의 핵심을 파악하는 원리 및 요령을 포함했으며, 그것에 입각해 문제를 풀도록 유도하였습니다. 아울러 문제의 성격 및 문제 해결 요점을 적시하였으므로, 해제를 정독할수록 분석, 비판, 추론, 창의적 이해 중 어디에 속한 문제이며 어떤 방식으로 접근해야 하는가를 쉽게 파악할 수 있게 될 것입니다.

이 책은 LEET의 향후 발전 추이에 발맞추어 지속적인 수정과 보완을 해 나갈 것입니다. 수험생들이 좀 더 쉽고 효율적으로 대비할 수 있도록 하기 위해서입니다. 승전보가 수험생 여러분과 함께 하기를 빌겠습니다.

2008 LEET 원년 7월
저자

차 례

1. LEET

1) 도입 취지

LEET를 도입하게 된 직접적인 배경은 법학전문대학원(로스쿨) 제도의 실시이다. LEET는 로스쿨 제도 하에서 수행하는 법조인 예비 선발 방식을 의미한다. 따라서 LEET의 도입 취지를 이해하려면, 로스쿨 제도를 실시하게 된 배경을 이해해야 한다.

교육인적자원부가 밝힌 로스쿨 제도 실시의 주요 배경은 다음의 세 가지이다.

■ 다원화, 국제화 시대에 부응할 수 있는 유능한 법조인 양성

■ 법학 교육의 정상화 도모

■ 대학 입시 경쟁 완화 및 학부 전공 교육 충실

이 중에서 교육인적자원부가 특히 주목하고 있는 것은 '다원화, 국제화 시대에 부응할 수 있는 유능한 법조인 양성'이다. 국제화 시대의 도래는 법률 서비스의 성격을 질적으로 변화시키지 않으면 안 되게 만드는 가장 중요한 요인일 수밖에 없다. 국제화 시대에서는 법률 시장의 개방 속도가 빨라지고 개방의 폭이 확대된다. 이로 인해 국제 거래의 규모나 국가 간 복잡한 법적 분쟁도 증가할 수밖에 없다. 이러한 상황 변화에 적극적이고 능동적으로 대처하기 위해서는 법적 분쟁을 합리적이고 전문적으로 해결할 수 있는 능력을 갖추지 않으면 안 된다. 법률 서비스의 다양화, 전문화, 국제화에 대한 요청이 일어나게 된 이유가 여기에 있다.

그러나 기존의 사법 시험 제도는 이러한 환경 변화에 능동적으로 대처하면서, 법률 서비스의

다양화, 전문화, 국제화를 실현하기에는 다소 미흡한 것이 사실이다. 기존의 사법 시험 제도 하에서는 우선 법조인의 수가 절대적으로 부족하다. 국민들이 그들에게 접근하기도 어려울 뿐만 아니라 전문적 분화도 충분히 이루어지지 못했다. 또한 사회가 요구하는 법조인을 양성하는 데 적극적으로 기여하지 못했으며, 다양한 분야의 전문적 배경을 가진 법조인을 키워내는 데에도 한계가 있다. 균형 잡힌 판단력이나 '건전한' 상식과 풍부한 소양을 기르는 통로 역할을 제대로 하고 있다고 보기 어렵기 때문이다.

기존 사법 시험 제도의 문제점을 넘어서면서 시대적 요구를 수행하려면, 법조인의 수를 대폭 늘려야 하며 전문성과 교양을 동시에 갖춘 법조인을 양성해야 한다. 이는 결국 법조인 선발 방식의 변화를 함축한다. 이러한 요구를 충족시키기 위해 새롭게 도입된 법조인 선발 방식이 곧 로스쿨 제도이다.

사법개혁추진위원회에서 제시한 로스쿨의 교육 이념에 따르면, 21세기의 법치 국가를 뒷받침할 장래의 법조인은 '국민의 기대와 요청에 부응하는 양질의 법적 서비스를 제공하기 위하여 풍부한 교양, 인간과 사회에 대한 깊은 애정과 이해 및 자유, 민주, 평등, 정의를 지향하는 가치관을 바탕으로, 건전한 직업 윤리관과 복잡다기한 법적 분쟁을 보다 전문적, 효율적으로 해결할 수 있는 지식과 능력을 갖추고, 개방되어 가는 법률 시장에 대처하며 국제적 사법 체계에 대응할 수 있는 세계적인 경쟁력과 다양성을 지녀야 한다.'는 것이다.

로스쿨의 이념은 LEET의 성격을 규정한다. 로스쿨 과정이 '전문성'을 기르기 위한 체계적인 훈련 과정이라면, LEET는 체계적인 '소양'을 쌓아서 건전한 가치관과 판단력을 기르는 로스쿨 입문 과정이다. 이처럼 '전문성'과 '소양'이 서로 다른 과정과 방식을 통해서 획득하고 검증되는 시스템이다. 전문성과 소양은 동시에 훌륭한 법조인 양성을 위한 두 개의 바퀴라 할 수 있다. 따라서 LEET는 법조인 전문 과정에 입문하기 위해 반드시 거치지 않으면 안 된다.

LEET의 근본 방향은 몇 가지로 요약될 수 있다. LEET는 무엇보다도 기본적인 법 지식 습득 정도의 평가보다는, 그것을 실무에 적용하는 데 필요한 능력에 초점을 맞추어야 한다. 동시에 전문인으로서의 고도의 공적 책임 의식과 윤리 의식에 대한 측정을 포함시켜야 한다. 따라서 LEET에서 중요하게 고려해야 할 능력들은 다음과 같은 것이라 할 수 있다.

■ 풍부한 교양을 가지고 인간과 사회에 대해 폭넓게 인식하고, 사회 현상에 대해 합리적으로 판단하는 능력이 필요하다.

■ 민사, 형사 등 전통적인 분야 외에 조세, 환경, 의료 등 다양한 분야의 법률 서비스를 충족시키는 능력이 있어야 한다.

■ 외국어 능력 등 법률 서비스 개방에 대비하는 능력이 있어야 한다.

■ 급변하는 세계 환경에 적응할 수 있는 유연한 사고 능력과, 새로운 시대가 요구하는 전문적인 법적 사고 능력이 있어야 한다.

이러한 기초 자질을 가진 법조인을 양성하기 위해서, 새로운 법학적성시험의 개발과 도입이 시급히 요구되었던 것이다.

2) 평가 영역

LEET의 평가 영역은 크게 언어의 이해, 추리논증, 논술이다. 그러나 평가 영역의 선정은 단순히 PSAT(공직적성시험)를 모방한 것도 아니며, 충분하고 타당한 근거를 가지고 있다. 교육인적자원부의 2006년도 정책연구과제인 「법학적성시험 연구 개발을 위한 기초 연구」에는 평가 항목을 결정하게 된 배경이 잘 드러나 있다. 교육인적자원부에서는 현직 법조인, 대학 교수 등 관련 분야 전문가들에 대해 광범위한 설문 조사를 실시하였다. 가장 적합한 평가 영역 및 출제 방향을 도출해내기 위한 것이었다. 따라서 이 설문 조사 결과를 분석해 보면, 각 영역의 특징 및 출제 방향을 파악할 수 있다.

현직 법조인과 대학 교수들에 대한 설문 조사에서 특히 중요한 항목과 주의할 만한 결과들이 눈에 띤다. 다음은 설문 항목과 그 결과들이다.

■ 법조인들에게 필요한 능력 – 문제 해결 〉사건 혹은 상황 분석 〉논증 구축 〉추론 〉규범적 사고 〉쓰기 〉구어의사소통 〉듣기 순으로 중요하다고 평가하였다.

항목별 필요 능력 – 언어 이해에서는 독해력이 가장 높았고, 추리 논증에서는 논증(분석 및 재구성, 반론 및 논쟁, 판단 및 평가 포함)이 가장 높았다.

■ 사고 기능을 중심으로 LEET를 구성하는 경우 영역별 가중치 – 언어 이해 43%, 추리논증 57%

■ 추리논증 영역에서 추리와 논증에 대한 가중치 – 추리 : 논증 = 42 : 58

■ 로스쿨 수업을 듣기 위해 필요하다고 생각하는 배경 지식의 필요성 – 외국어(영어), 철학과 심리와 역사(인문), 사회학·인류학·경제·경영·정치·외교·행정(사회과학), 수학과 생명과학(과학기술)

이러한 조사 결과를 볼 때, 현직 법조인, 대학 교수 등 관련 전문가들이 가장 중시하는 것은 문제 해결력과 논리적 사고력 그리고 교양이라고 볼 수 있다. LEET의 평가 영역과 출제 방향 역시 이에 부합하는 방향으로 이루어질 수밖에 없다.

LEET는 말 그대로 적성 테스트이다. 요컨대 법조 업무를 잘 수행해낼 수 있는 능력이 있는가 하는 테스트이다. 그러나 유의할 점이 있다. 적성은 현재가 아니라, 가능성 그리고 미래의 자질과 능력과 관련되어 있다. 교육인적자원부 역시 적성이 "특정 분야의 활동을 적절하고도 효과적으로 수행할 수 있는 가능성을 의미하며, 현시점에서 높은 활동 수준에 있다는 사실을 뜻하는 것이 아니라 교육, 훈련 후에 높은 수준에 도달하는 것을 예측하는 징후"라고 지적한다.

적성은 일반적으로 언어 능력, 공간 지각 능력, 수리력, 추리력 다양한 형태로 유형화될 수 있다. 현직 법조인과 대학 교수들에 대한 설문 조사를 토대로 보면, 예비 법조인에게 가장 필요한 능력은 결국 추리력, 언어 능력이 될 수밖에 없다. 이는 심도 있는 사고를 통해 문제를 합리적으로 해결할 수 있게 만드는 기초가 되기 때문이다. 교육인적자원부에서도 LEET와 가장 관련 깊은 덕목을 다음과 같이 정식화하고 있다.

■ 독해 표현력 : 글을 읽고 내용을 파악하여 그 상황에 적절한 판단을 내릴 수 있는 능력, 의사소통 능력

■ 사고력과 문제 해결력 : 주어진 상황에서 사고를 통하여 문제를 해결할 수 있는 능력

■ 기본 지식 : 문제 해결에 필요한 지식

그러나 이들 덕목들은 따로 떨어질 수 있는 성질의 것이 아니다. 기본 지식과 논리적 추론을 통해 사건이나 상황을 파악하고 분석해야 합리적인 해결책을 마련할 수 있다. 또한 표현 능력이 있어야 제대로 된 의사소통이 가능하다. 따라서 각각의 덕목들을 평가할 수 있는 평가 영역을 마련해야 한다. 언어의 이해, 추리논증, 논술이 평가 영역이 된 이유이다.

3) 출제 방향

현직 법조인과 대학 교수 등 전문가들은 법학 적성 판단의 세 요소로 다음의 세 가지를 들고 있다.

- 법에 관한 지식(대학원에서 학습)
- 인문 · 사회 · 예술 · 과학 등 교양(대학 성적)
- 기능 · 사고력 · 문제 해결력(대학 성적에 간접적으로 포함)이 그것이다.

이를 통해 볼 때 LEET의 핵심 평가 항목은 기능 · 사고력 · 문제 해결력이 될 수밖에 없다. 따라서 독해 · 표현력, 사고력과 문제 해결력, 기본 지식 중에서 사고력과 문제 해결력이 LEET의 핵심 평가 대상이 된다. 문제 해결력과 사고력은 동일한 것이 아니다. 그러나 시험을 치를 때에는 사고력이 곧 문제 해결의 기초가 된다. 지문을 이해하고 출제된 문제를 해결하는 것은 시험 상에서는 결국 사고력에 의존하게 되는 것이다. 이를 기초로 보면 LEET의 예상 출제 방향은 크게 세 가지가 될 수밖에 없다.

- 사고력 테스트 중심이 될 수밖에 없다 − 독해력이 중요한 평가 요소일 수는 있으나, 부차적일 수밖에 없다
- LEET의 특성상 심도 있는 배경 지식을 묻기는 어렵다 − 이는 대학 성적을 통해 평가할 것이기 때문이다.
- PSAT가 벤치마킹의 대상이 될 것으로 보이나, PSAT보다 다양한 문항 유형, 난이도 높은 문항과 지문 등이 출제될 것이다.

2. 언어의 이해

1) 인지 영역

추리논증 영역은 추리와 논증으로 구성된다. 추리란 일반적으로 '알고 있는 것을 바탕으로 알지 못하는 것을 미루어서 생각함' 이라 할 수 있다. 이를테면 지문에 명시된 내용을 통해 지문에 명시되지 않은 가정이나 원칙, 전제, 결론, 관점 등을 도출해내는 것이다.

논증이란 논거 혹은 근거에 의해 어떤 주장이나 판단을 정당화하는 것을 말한다. 논거 혹은 근거가 객관성이 없다면 설득력 없는 논증이 될 것이고, 논거 혹은 근거로부터 제대로 된 절차를 거쳐 논리적으로 합당한 결론에 이르지 못한다면, 타당하지 못한 논증이 될 것이다. 따라서 논증의 진리성은 객관적 근거 혹은 논거의 제시에 있고, 논증의 타당성은 논리적 형식의 준수에 있다. 논증은 크게 보면 특정 논증을 분석하고 재구성하기, 특정 논증에 대해 반론하고 비판하기, 특정 논증을 평가하고 판단하기 등으로 구성된다.

반면 LEET에서 언어의 이해 영역은 장문의 지문 텍스트를 제시하고 지문의 내용과 형식에 대한 이해를 묻는 유형이다. 언어의 이해 영역은 표와 그래프, 수치 자료 등까지도 포함하는 넓은 의미의 일상 언어적 자료가 지문으로 제시될 수 있다. 제시된 자료와 관련해서 논제나 논점, 맥락, 세부 정보, 알려지지 않은 정보의 추리, 논증의 재구성과 반론 등과 관련된 모든 형식적 문제가 출제될 수 있다.

언어 영역의 인지 영역은 분석적 이해, 추론적 이해, 비판적 이해, 창의적 이해 네 가지이다. 각각의 특징을 파악하고, 각각의 능력을 형성하는 데 적합한 훈련이 필요하다.

■ 분석적 이해

분석적 이해는 자료가 명시적으로 담고 있는 정보 요소, 의미 요소 및 논증 요소들을 분별하고 분석하는 것을 말한다. 분석적 이해 영역에는 지문 조회와 어휘력 및 일반적인 언어 구사력으로 해결 가능한 문제들이 주로 출제된다. 분석적 이해 영역에서 주로 출제되는 문제들은 다음과 같다.

지문의 중심 내용 파악, 정보간의 관계 파악, 지문이나 자료에서 필요한 정보 찾기, 동의어 변환, 의미상 대등한 구절로의 변형, 핵심 개념에 대한 해석, 핵심 정보가 담겨 있는 표현에 대한 이해, 문장 텍스트에 대한 의미론적/통사론적 분석 등이 그것이다.

■ 추론적 이해

추론적 이해란 자료에 나타난 정보나 분석적 이해를 토대로 명시적으로 주어지지 않은 정보를 파악함으로써 도달할 수 있는 심층적인 언어 이해를 말한다. 추론적 이해 영역에는 연역과 귀납 논리를 응용하거나 자료의 행간을 읽는 능력이 있어야 해결 가능한 문제들이 주로 출제된다. 추론적 이해 영역에서 주로 출제되는 문제들은 명시된 자료에 기초해서 자료에 명시되지 않은 가정이나 원칙, 전제, 결론, 관점 등을 도출하는 일이다.

■ 비판적 이해

비판적 이해란 자료의 내용으로부터 객관적인 거리를 두고 판단하거나 평가함으로써 도달하는 평가적 독해를 일컫는다. 따라서 비판적 이해란 '지문 안에서' 혹은 '지문으로부터' 말하는 것이 아니라 '지문에 대해서' 말하는 것이다. 이 때문에 비판적 이해 영역에는 글쓴이의 주장의 타당성과 진리성(요컨대 근거의 논리성과 객관성)을 비판적으로 검토하거나 그것을 재구성하거나 보완할 수 있는 능력이 있어야 해결 가능한 문제들이 출제된다. 비판적 이해 영역에서 주로 출제되는 문제들은 다음과 같다. 텍스트 밖에서 글쓴이의 관점이나 태도를 문제 삼거나 중심 논지를 반박하기, 제시된 자료가 담고 있는 논증의 강점과 약점을 파악하거나 그것을 비판적으로 검토하고 반론을 펴거나 그 약점을 보완하기, 주어진 글이나 자료의 주요 논지에 대한 비판의 여지를 탐색하고 따져 보거나 자료의 생성 과정 및 그것을 구성한 관점, 태도 등을 파악하기 등이 그것이다.

■ 창의적 이해

창의적 이해란 분석과 비판을 토대로 창의적인 문제 해결 방안을 제시하고 이에 필요한 논증을 구성하는 등의 발산적 사고 능력을 말한다. 요컨대 글쓴이와 다르게 문제 해결을 위한 새로운 대안 혹은 가설을 제시하는 등 '지문을 넘어서' 생각할 것을 요구하는 능력이다. 따라서 창의적 이해 영역에는 '자료를 정확하고 논리적으로 분석하고 그것을 비판적으로 이해할 수 있는 능력'

이 있어야 해결 가능한 문제들이 출제된다. 창의적 이해 영역에서 주로 출제되는 문제들은 새로운 대안의 제시, 다른 영역에 적용시켜 이해하기 등과 직결되어 있다. 창의적 이해는 객관식 문제일 경우는 아무래도 최소한으로 출제될 가능성이 높다. 객관식 문제를 통해 새로운 대안을 제시하거나 다른 영역에 대해 적용하는 능력들을 제대로 테스트하기 어렵기 때문이다.

2) 출제 방향

어떤 지문을 출제할 것인가와 관련해서 출제 범위는 무제한이라 할 수 있다. 그러나 로스쿨 수업을 듣기 위해 필요한 배경지식과 연관 지어 생각해보면 그 대강의 윤곽을 잡을 수 있다. 전문가들에 따르면 인문학에서는 철학과 심리와 역사이고, 사회과학에서는 사회학 〉 인류학 〉 경제〉 경영 〉 정치 〉 외교 〉 행정 순이다. 과학기술에서는 수학과 생명과학이다. 이를 종합하건대 주로 출제되는 지문은 철학과 심리학, 사회학, 인류학, 경제 그리고 수학과 생명과학이 될 가능성이 높다.

그러나 2008년 1월 26일에 치러진 1회 로스쿨 모의고사를 참고하면, 여기에서 열거된 모든 분야에서 출제될 가능성이 있다고 말할 수 있다. 실제로 1회 로스쿨 모의고사 언어의 이해 영역에서 제시된 지문들은, 철학, 정보통신, 영화, 경영, 문학, 환경, 심리, 정치, 법의 역사, 음악, 과학철학에 속하는 것들이었다. 따라서 어느 영역에서 나온다고 예측하기란 거의 불가능하다. 그러나 전문가들이 중시하는 영역들이 나올 가능성이 상대적으로 더 높은 것은 사실이다. 더욱이 언어이해 영역의 성격상 문학은 빠지지 않을 가능성이 높다. 따라서 철학과 심리학, 사회학, 인류학, 경제 그리고 수학과 생명과학 그리고 문학 지문들을 꾸준히 읽는 노력이 필요하다.

문제 유형은 매우 다양할 것으로 보인다. 언어의 이해가 분석적 이해, 추론적 이해, 비판적 이해, 창의적 이해로 구성되어 있는 만큼, 각각에 해당하는 모든 유형의 문제들이 출제될 것으로 보인다. 게다가 지문의 성격에 따라 문제 유형도 달라질 것으로 보인다. 예컨대 문학 지문이 주어졌을 경우와 비문학 지문이 주어졌을 경우는 서로 다른 유형의 문제가 출제될 가능성이 높다. 문학지문의 경우에는 단어나 문장의 해석, 대등한 문장으로의 변형, 수사법, 함축, 캐릭터의 성격 등에 중점이 주어질 수밖에 없고, 비문학 지문의 경우에는 글의 논리적 구조, 주장과 근거의 관계,

논제 및 주장 찾기, 주장 반박, 대안 제시 등과 관련한 문제들이 나올 가능성이 높다.

그러나 문제 유형을 결정하는 요소는 비문학이냐 문학이냐의 조건일 수 없다. 각각의 평가 항목에 따라 문제 유형이 결정될 것이다. 분석적 이해의 경우에는 지문의 중심 내용 파악, 동의어 변환, 의미상 대등한 구절로의 변형, 핵심 개념에 대한 해석, 핵심 정보가 담겨 있는 표현에 대한 이해, 문장 텍스트에 대한 의미론적/통사론적 분석 등과 관련한 문제가 출제될 가능성이 매우 높다.

추론적 이해의 경우에는 자료에 명시되지 않은 전제나 결론 및 맥락, 그리고 특정 표현의 논리적 함축 등과 관련한 문제들이 출제될 가능성이 높다. 비판적 이해의 경우에는 논증의 강점과 약점 파악, 주장의 설득력과 근거의 적절성 문제 삼기, 글쓴이의 주장이 가진 사회적, 현실적 함의 등과 관련한 문제들이 출제될 가능성이 높다. 창의적 이해에는 글쓴이의 입장을 넘어서는 대안의 제시, 지문에서 다루는 영역과 다른 영역에서 적용할 수 있는 가능성, 글쓴이의 주장을 뒷받침할 수 있는 새로운 근거의 제시 등이 출제될 가능성이 높다.

실질적으로 주의할 점은 적절한 시간 배분의 문제이다. 언어의 이해는 40문항이지만 실제로 주어진 시간은 90~120분에 불과하다. 실제로 2008년 1월 26일에 치러진 로스쿨 모의고사에서는 90분이 주어졌다. 따라서 문항 당 시간은 2분에 불과하다. 재검토의 시간이 필요하기 때문에 문항 당 2분 이상을 소비할 수는 없는 형편이다. 시간이 다소 늘어난다 할지라도 100분 이상은 주어지지 않을 성싶다. 따라서 지속적이고 효과적인 훈련을 통해, 적절하게 시간을 배분할 수 있는 능력을 길러야 할 것이다.

3) 문제 해결의 Key Point

언어의 이해를 해결하기 위한 첫째 과제는 글의 내용을 파악하는 일이다. 언어의 이해는 주어진 글을 바탕으로 다양한 요소를 측정하고자 하는 분야이다. 따라서 앞에서 제시했던 네 영역별 요소에 대한 이해가 가장 먼저 요구된다고 하겠다.

'언어의 이해'에서 측정하고자 하는 것은 반드시 이 네 가지에 해당한다. 이를테면, 분석적 이해나 추론적 이해, 비판적 이해, 창의적 이해를 각각 독립적으로 테스트할 수도 있다. 또한 하나의 문제로써 분석적 이해나 추론적 이해를 동시에 측정할 수도 있다. '언어의 이해' 는 그 과목의 비중상 종합적인 테스트가 요구된다. 따라서 하나의 문제로써 네 영역을 동시에 테스트할 수도 있다.

– 분석적 이해는 언어 이해의 가장 기초적인 분야이다. 그러므로 고도의 지식이나 지능을 요구하지 않는다. 단어나 문장, 텍스트, 표나 그래프 등 간접적으로 보이거나 명시적으로 주어진 정보를 파악하는 일이기 때문에 누구나 침착하게 접근하면 해결할 수가 있는 영역이다.

– 추론적 이해는 분석적 이해를 바탕으로 접근할 수 있다. 그러나 명시적으로 주어지지 않는 정보를 이끌어내야 하기 때문에 분석적 이해보다 한 단계 심충적인 이해가 요구된다. 따라서 자료의 행간에 숨은 의미를 찾아내는 훈련이 필요하다.

– 비판적 이해는 또한 분석과 추론을 토대로 접근할 수 있다. 비판적 이해는 글 전체를 논리적으로 이해하는 것이다. 비판적 이해는 대개 논거와 주장과의 관계로 글을 파악하게 된다. 주장을 뒷받침하는 근거, 근거로부터 제대로 주장이 도출되고 있는가, 주장만 있는 경우 생략된 근거는 무엇인가 등등 논리적이고 논증적 맥락에서 글쓴이의 글을 이해하는 것이다. 특히 주의할 것은 비판은 논설문이나 논문에 적용되며 예술작품이나 문학작품은 엄격한 의미에서 비판의 대상이 될 수 없다. 다만 작품의 주제나 내용을 현실로 가져올 경우에는 비판의 대상이 될 수 있다.

– 창의적 이해는 종합적인 과정이라 할 수 있다. 당연히 분석과 추론, 비판의 영역이 전제되어야 한다. 세 영역에 대한 정확한 지식과 이해를 바탕으로 창의적 이해에 도달하게 된다. 분석과 추론, 비판 등을 고려하여 주어진 사건, 사실, 현황에 대해 발상의 전환 및 시야의 지평을 확대하며, 여러 요소나 부분을 하나의 고리로 묶고 보다 나은 대안(代案)을 가지고 종합적 해결에 접근할 수 있는 영역이 바로 창의적 이해이다.

수험생의 입장에서 주어진 문항이 어느 분야에 속하는지 굳이 인식할 필요는 없다. 이것은 마치 어린 아이가 문법을 모르고도 의사소통을 하는 데 전혀 지장이 없는 것과 마찬가지라는 것이다. 어떤 틀을 제시하는 것으로 충분하기 때문에 참고만 할 뿐 절대적으로 의존할 필요는 없다. 여러 종류의 책을 통해 접하게 되는 문제해결의 법칙이나 풀이의 열쇠 따위에 현혹될 필요가 전혀 없는 것이다. 언어의 이해를 정복하는 법칙이나 열쇠 같은 것은 없다. 핵심은 평소에 다양한 분야에 걸친 독서가 필수적이라는 것이다. 언어의 이해 영역에서 제시되는 지문은 정치, 경제, 사회, 문화, 건축, 역사, 문학, 복지, 의료, 과학, 예술 등 모든 분야를 포함하게 될 것이며, 문항 유형 역시 짐작하기 어렵다. 더욱이 4 ~ 5문항을 차지할 것으로 보이는 단답형 문제까지 겹쳐서 그 형식과 내용이 상상을 초월할 것으로 예측되고 있다.

그럼에도 강조하고자 하는 것은 언어의 이해를 해결하기 위한 과제로서 반드시 익혀야 할 것이 있음을 알아야 한다는 점이다. 그것이 Key Point이다. 이것은 지구촌 60억 인류가 각자 자기만의 개성을 가지고 있지만 머리나 몸통, 팔과 다리, 귀와 눈 등을 필수적으로 갖추어야 하듯이, 언어의 이해로서 당연히 터득하고 있어야 하는 공통분모와도 같은 것이라 할 수 있을 것이다.

주제를 파악하라!

① 어떤 글이나 주제는 있다. 주제란 두 가지 측면에서 구별하여 사용한다. 논설 혹은 논문의 주제는 논의할 내용 또는 논의할 문제이다. 그리고 문학 작품이나 예술 작품의 경우 작가가 표현하고자 하는 어떤 것이다. 따라서 주제란 글쓴이가 다루고자 혹은 표현하고자 하는 내용 또는 대상이며 주제문이란 이러한 글쓴이의 생각이 드러난 문장이다.

- 가능한 질문 유형 : 이 글의 주제로 적절한 것은?, 글쓴이가 다루고자 하는 내용은? A)~E) 중에서 주제가 다른 하나는?

② 주제는 구체적으로 파악해야 한다. 가령 '사랑과 열정' 등과 추상적으로 파악할 것이 아니라, '사랑과 열정의 관계' 혹은 '열정이 사랑의 지속에 미치는 영향' 등 구체적으로 잡아야 한다. 범위를 좁힐수록, 내용을 한정할수록 주제가 선명하게 드러난다는 점을 유의해야 한다.

- 가능한 질문 유형 : A)~B) 중에서 이 글의 주제를 가장 선명하게 드러내고 있는 것은?, 다음 중 이 글의 주제를 가장 잘 드러내고 있는 진술은?

③ 제시문이 매우 길고 또한 제한된 시간에 풀어야 하기 때문에 시간적인 여유도 없다. 따라서 각 단락마다 중심 생각을 메모할 필요가 있다. 동시에 전체 주제와 글쓴이의 주장을 염두에 두고, 각 단락의 논리적, 내용적 연관성을 파악하는 것이 필요하다. 그래야만 단락의 중심 생각들을 요약해가면서, 주제 및 핵심 주장을 파악할 수 있기 때문이다.

■ 가능한 질문 유형 : 각 단락의 중심 생각을 잘못 기술한 것은? A) 단락과 B) 단락의 논리적 연관성을 가장 잘 설명하고 있는 것은?, 이 글에서 A)단락이 차지하는 논리적 지위를 가장 잘 설명하고 있는 것은?

④ 모든 단락을 분석한 다음에 그 경중(輕重)을 따져야 한다. 주제문이 어느 단락에 배치되어 있을지는 아무도 모른다. 흔히 두괄식, 중괄식, 미괄식 등을 토대로 파악하는데, 로스쿨 시험이란 중고생 시험이 아니라는 것을 명심해야 한다. 다만, 참고만 할 뿐, 긴장을 늦춰서는 안 된다.

■ 가능한 질문 유형 : 글쓴이는 자신의 주장을 전달하기 위해 어떤 글쓰기 형태를 하고 있는가?, A)~B) 중에서 글쓴이의 핵심 논지가 선명하게 드러나 있는 단락은?

⑤ 그러나, 그리고, 그런데 따위와 같이 접속사의 위치나 형태에 따라 주제문을 좀 더 용이하게 탐색할 수 있으나 제시문이 매우 길기 때문에 이런 방식 또한 크게 도움이 되지는 못한다.

■ 가능한 질문 유형 : 접속사의 쓰임이 잘못 연결되어 있는 것은?, 다음의 ( )안에 들어갈 적절한 접속사는?

〈예제〉

세상을 살아가는 두 사람이 있다고 하자. 한 사람은 속이 좁고 비열하며 이기적인 반면에, 다른 한 사람은 항상 남을 먼저 생각하는 넓은 아량을 가졌다. 이럴 때 우리는 마음이 넓은 사람을 더 높이 평가하게 된다.

만약 어떤 사람이 다른 사람을 구하려고 날아오는 총알을 자신의 몸으로 막았다고 해보자. 또는 어린 아이를 살리기 위해 질주하는 차에 몸을 던져 자신의 생명을 희생했다고 해보자. 누구나 그 사람이 우리보다는 한 차원 높은 사람이라고 생각할 것이다.

예수는 자신의 운명을 미리 알고 있었다. 누가 자신을 배신할 것이며, 자신을 믿고 따르던 사람들이 얼마나 냉정하게 자신을 외면할지도 알고 있었다. 하지만 예수는 운명을 피하지 않았을 뿐만 아니라, 다른 사람을 위해 자신의 목숨을 기꺼이 바쳤다. 그러한 예수의 사랑과 의지는 인류 전체에 아주 커다란 영향을 끼쳐 왔고, 많은 사람들은 그의 삶을 우러러본다. 그리고 성경에 의지하는 사람들은 그가 인간들 중에서 가장 높은 수준의 존재라는 사실에 동의하고 있다.

이런 사실을 깊이 생각해 보면 자신의 가치보다는 다른 사람의 가치를 더 중요하게 생각하는 사람, 눈에 보이는 가치나 존재보다는 사랑이라는 가치를 더 크게 생각하는 사람들이 보통 사람보다 한 차원 더 진화한 사람이라는 것을 느끼게 될 것이다. 우리는 진화에 대해 이와 같은 방법으로 이해해야 한다.

게리 주커브, 『영혼의 의자』

해설

이 글은 4개의 단락으로 이루어져 있다. 따라서 4개의 단락마다 중심 생각이 있게 마련이다.

첫 번째 단락은 문제를 제기하는 단락이다. 이곳의 중심 생각은 '넓은 아량을 가진 자가 높이 평가받는다.'이다.

두 번째 단락 역시 문제제기 부분이다. 여기의 중심 생각은 '이타적이거나 헌신적인 사람이 더 높은 차원의 사람'이다.

세 번째 단락은 예수의 삶을 통해 글쓴이의 생각이 인류의 역사 속에서 실현되었음을 예증하고 있다. 여기서 예수는 아량이 넓고 이타적이며 헌신적인 사람으로 그려지고 있다.

네 번째 단락은 이제까지의 자신의 생각을 정리한 곳이며, 자기가 말하고자 하는 내용이 포함되어 있다. 따라서 이곳에 이 글의 주제문이 포함되어 있다.

이렇게 보면 이 글은 미괄식에 해당한다고 보겠다. 엄격한 논증의 글은 아니지만, 글쓴이는 서론(첫 번째 단락과 두 번째 단락)에서 문제제기를 하고, 예증을 통해 결론(마지막 단락)에서 자기의 주장을 피력하고 있다. 예증은 서론과 결론 사이에 위치하며, 양자의 차이를 부각시켜 준다. 예증하기 전의 주장과 예증을 거친 후의 주장은 설득력과 호소력에서 차이가 날 수밖에 없다. 어느 정도의 완결성을 가진 글이라면, 이처럼 서론 혹은 결론 부분 아니면 서론과 결론 부분에서 글쓴이의 중심 생각 혹은 핵심 논지 또는 핵심 주장이 담겨 있기 마련이다.

네 번째 단락에서 드러난 글쓴이의 주장 혹은 핵심 논지는 크게 보면 '이타적이거나 영혼을 중시하는 사람이 한 차원 높은 진화된 인간이다.'고 말할 수 있다. 이를 통해 글쓴이가 정작 다루고자 했던 대상 혹은 내용이 무엇인지가 선명하게 드러난다. 요컨대 주제문은 주제를 포함하고 있다. 주제문에 따를 때, 이 글의 주제는 '진화된 인간의 모습' 혹은 '차원 높은 인간의 정체' 정도로 정리할 수 있다. 물론 문장 형태로 서술하면, '진화된 인간이란 무엇인가' 혹은 '차원 높은 인간이란 어떤 사람인가'로 변형될 수 있다. 따라서 가장 빠르고 정확하게 주제를 찾는 방법은 주제문을 찾는 방법이다.

그러나 엄격히 말하면 주제를 파악해야 주제문을 찾을 수는 없다. 주제 파악을 위해서는 형식과 내용 파악이 선행될 수밖에 없다. 대개의 글은 서론에서 암시적이거나 명시적 형태로 글쓴이의 생각이 드러난다. 아울러 마지막 단락에서 다시 한 번 반복하는 경향이 있다. 첫 번째 단락과 마지막 단락에 주목해야 하는 이유가 여기에 있다. 첫 번째 단락은 문제 제기를 통해 주제를 암시하거나 명시적으로 드러내고 있고, 마지막 단락은 예증이나 논증의 과정을 거쳐 대개 정리된 표현으로 혹은 명시적으로 나타난다.

따라서 형식적으로 접근하면, 첫 번째 단락과 마지막 단락에 주목하는 것이 가장 빠르게 주제를 찾는 방법이고, 내용적으로 접근하면 첫 번째 단락에서 무엇보다 '무엇에 대한 문제 제기인가'를 파악하는 것이다. 아울러 마지막 단락을 통해 자신이 파악한 글쓴이의 문제 제기가 맞는지 맞지 않는지를 확인하는 일이다.

⑥ 글의 형식이나 접속사에 유념하면서 주제에 접근하되 특히 반복 어휘에 관심을 기울일 필요가 있다. 반복된 어휘가 반드시 주제와 연관된다고 할 수는 없겠으나 반복 어휘를 중심으로 글을 펼쳐나가는 것은 사실이기 때문이다.

- ■ 가능한 질문 유형 : 이 글의 핵심어에 대한 설명으로 바른 것은? 가) 단락의 핵심어라 할 수 있는 것은? A) 단락의 핵심어와 B) 단락의 핵심어의 관계를 가장 잘 드러내고 있는 것은?

⑦ 주제는 가능한 완전한 문장으로 이끌어내야 한다. 가령, '사랑손님과 어머니'의 주제가 '어머니'라고 하면 틀린 말이다. 어머니는 주어일 뿐 서술어가 없다. '어머니가 어찌어찌 하다'라고 해야 한다. 따라서 주부와 술부를 완전히 갖춘 문장으로 주제를 이끌어내야 하는 것이다. 만약 주술 관계가 아닌 문장이라면, 그 내용상 주어와 술어의 역할을 할 수 있는 것으로 구성되어 있어야 한다. 가령, '대체 에너지 사용의 효율성'은 명사형으로 제시된 주제이지만, '대체 에너지 사용은 효율적인가?' 형태로 바꿀 수 있다.

- ■ 가능한 질문 유형 : 가)~바) 중에서 주제문은 무엇인가?

⑧ 일반적으로 완결성을 담고 있는 글은 대개 첫 단락이나 마지막 단락에 주제가 담겨 있다. 두 단락 모두에 담겨 있을 수도 있고, 이 중 어느 한 단락에 포함될 수도 있다. 첫 단락의 경우에는 대개 문제제기 형태로 주제를 드러내며, 마지막 단락의 경우에는 결론 형태로 주제와 그에 대한

글쓴이의 주장이 명시적으로 드러난다. 따라서 주제를 빨리 파악하려면, 각 단락의 중심 생각을 메모하기 이전에 첫 단락과 마지막 단락을 우선 주목해야 한다.

■ 가능한 질문 유형 : A) 단락 가)∼마) 중에서 주제를 선명하게 가장 잘 드러내고 있는 것은?, 마지막 단락의 중심 내용이라 하기에 가장 적절한 것은?

⑨ 주제의 접근에 좀 더 다가서고자 한다면 문항을 활용해야 한다. 제시문을 읽기 전에 먼저 문항부터 한 번 읽는 것도 현명한 방법이다. 제시문 아래에 제공되는 문항들을 통해 다양한 정보와 함의(含意)를 예측할 수가 있다.

■ 가능한 질문 유형 : 이 글의 정보를 토대로 작성한 홍보성 기사들 가운데 주제에서 벗어난 것은? 다음의 진술 중에서 이 글의 주제를 가장 잘 드러내고 있는 진술은? 다음 진술 중에서 글쓴이의 문제의식과 깊은 연관을 갖고 있는 현상은?

〈예제〉

맹자가 말했다. "백이는 참다운 임금이 아니면 섬기지 않고 진실한 벗이 아니면 사귀지 않았다. 악인(惡人)들의 조정에서는 벼슬하지 않았고, 악인들과 더불어는 말을 하지 않았다. 악인들의 조정에서 벼슬하고 악인들과 더불어 말하는 것을 조정의 의관(衣冠)을 갖추고 도탄에 앉는 것같이 여겼다. 그는 시골 사람들과 함께 서 있을 때에 그 관이 바르지 못하면 뒤도 돌아보지 않고 갔다. 그들로 말미암아 자기가 더럽혀진 것 같았기 때문이다. 이러한 까닭에 비록 제후들이 정중하게 초대하는 글을 보내와도 받지 않았다. 받지 않은 것은 역시 깨끗하지 않기 때문이다.

유하혜는 더러운 임금을 부끄럽게 여기지 않았고, 작은 벼슬이라도 하찮게 여기지 않았다. 벼슬에 나가서는 현명함을 숨기지 않고 반드시 소신대로 해나갔다. 버림을 받아도 원망하지 않고 곤궁함 때문에 고민하지도 않았다. 이런 까닭에 '자네는 자네, 나는 나, 비록 내 곁에서 발가벗고 있은들 자네가 나를 더럽힐 수 있으리오.' 라고 말했다. 그런 고로 더불어 즐거워하면서도 스스로를 잃지 않았다. 남이 머물러 있게 하면 머물러 있으나, 남이 머물러 있게 하여 머물러 있는 것은 역시 머무른다는 것을 깨끗하게 여기지 않았기 때문이다."

『맹자』

이 글은 두 개의 단락으로 구성되어 있고, 맹자의 말이 글 전체를 차지하고 있다. 따라서 이런 글은 어느 정도의 완결성을 가진 글이라 할 수 없다. 형식적 접근이 아니라 결국 내용적 접근을 통해 주제와 주제문을 찾는 수밖에 없다.

이 글은 크게 보면 백이와 유하혜의 처신을 비교하고 있다. 그러나 맹자가 누구의 입장을 수용하는지 혹은 누구의 처신에 경도되어 있는지는 명시적으로 드러나지 않고 있다. 적어도 이 지문만 봐서는 알 수 없다.

내용적으로 접근해서 주제를 찾을 때, 가장 일반적인 방법은 핵심어에 의존하는 방식이다. 핵심어는 대개 반복적으로 나타나는 특성이 있고, 강조되는 경향이 있다. 그러나 문제는 이 글에서 반복적으로 드러나는 핵심어는 따로 존재하지 않는다.

이런 경우에는 각 단락의 중심 생각을 통해 찾는 방법이 가장 좋다. 첫 번째 단락의 경우는 두 번째 문장에, 두 번째 단락의 경우는 첫 문장에 중심 생각이 드러나 있다. "백이는 참다운 임금이 아니면 섬기지 않고 진실한 벗이 아니면 사귀지 않았다."와 "유하혜는 더러운 임금을 부끄럽게 여기지 않고, 작은 벼슬이라도 하찮게 여기지 않았다."가 그것이다.

이 두 단락의 중심 생각을 토대로 이 글의 주제를 찾아내야 한다. 글쓴이의 주장이 담겨 있기 않기 때문에 주제문은 찾을 수 없다. 그러나 이 두 중심 생각을 토대로 우리는 주제를 끌어낼 수 있다. '이 두 사람의 삶의 방식 혹은 태도'를 통해 맹자가 말하고자 하는 '무엇'은, 결국 '깨끗한 삶 혹은 바람직한 삶의 방식'이라 할 수 있다. 문장 형태로 바꾸면, '어떤 것이 깨끗한 혹은 도덕적인 삶인가'가 될 수 있겠다.

내용을 파악하라!

① 내용의 파악은 곧 제시문의 요지 및 흐름에 대한 정확한 이해라고 할 수 있다. 따라서 심층적인 독해 능력이 요구된다.

■ 가능한 질문 유형 : 다음 대화의 내용 가운데 제시문을 정확히 이해하지 못한 사람은 누구인가?, 글쓴이의 생각이라 볼 수 없는 것은?

② 내용의 파악을 위해서 제시문에 등장한 전문 어휘, 새로운 정보, 주요 이론이나 개념에 대한 이해가 필수적이다. 특히 글의 형식에 유념하면서 독해에 들어간다. 글의 종류뿐만 아니라 문체, 구성의 방식 등도 내용을 파악하는 데 참조해야 할 요소라고 할 수 있다.

■ 이 글의 내용을 가장 효율적으로 전달하기 위해 글쓴이는 어떤 글쓰기 방식을 사용하고 있는가? 글쓴이의 서술 방식에 대한 적합한 설명은?

③ 내용의 파악은 내용과의 일치 및 불일치를 묻는 문제를 해결하는 데 필수적이다. 객관식 문항 각각 본문의 내용에서 보여 주는 정보나 사실, 주의, 주장 등을 왜곡하거나 교묘히 변형하는가 하면 직간접적으로 대치되는 성격을 띠게 된다는 점을 잊어서는 안 된다.

■ 가능한 질문 유형 : 이 글의 내용과 일치하지 않는 것은? 글쓴이의 생각에 부합하지 않는 행동은?

〈예제〉

자연과학은 인류에게 꿈과 희망만을 선사한 것은 아니다. 과학은 그것의 역기능으로 '과학주의'라는 신앙까지 낳게 했다. 과학주의는 과학이 일종의 신화 또는 종교의 기능을 한다는 것이다. 그러나 종교가 될 수 없는 것이 종교의 역할을 하게 되면서, 과학주의는 인간의 삶을 오도하는 역기능을 갖게 된다. 그래서 현대 과학 문명은 긍정적이고 낙관적인 면 못지않게 부정적이고 비관적인 측면도 가지고 있다. 그리고 그 결과 위기를 맞게 되었다는 것도 부인할 수 없는 사실이다. 현대 과학의 위기는 한편으로는 자연과학의 방법적인 측면에서 찾아볼 수 있으며, 다른 한편으로는 자연과학이 인간과 자연을 잘못 이해한 데에서도 찾아볼 수 있다. 과학 정신 그 자체는 결코 비난 받아서는 안 될 인간의 특권이다. 이것만이 인간이 소유한 것 중 진실을 바라볼 수 있는 가장 강한 사유 도구이기 때문이다. 하지만 오도된 과학 문명은 비극적인 이데올로기 논쟁을 비롯하여 인간성 상실과 자연의 파괴 등 수많은 인위적 재난을 동반하고 있다.

송병옥, 「형이상학과 자연과학」

해설

일반적으로 제시문을 정확히 이해하기 위해서는 핵심어, 글의 흐름, 글의 요지를 이해해야 한다. 이 글에서 가장 반복되는 핵심어는 '과학'이라 할 수 있다. 그러나 범위가 넓기 때문에, '과학주의', '과학 문명' 등에 주목해야 한다. 아울러 이 용어들의 의미 혹은 개념을 정확히 알고 있어야 한다. 제시문에 핵심어의 의미나 정의가 명시적으로 드러난 경우도 있고, 숨겨진 경우도 있다. 어떤 경우든 핵심어 뿐만 아니라 그것의 의미나 개념을 파악해야 한다.

다행히 이 글의 핵심어라 할 수 있는 '과학주의'나 '과학 문명'은 상식적인 차원에서 그 의미를 이해할 수 있다. 따라서 지문 내에서 명시적으로 그 의미나 개념이 담겨 있지 않더라도 당황할 이유는 없다.

이제 이들 용어들이 어떻게 쓰이고 있는지 어떤 맥락에서 사용되고 있는지를 글의 흐름을 쫓아 이해하면 될 일이다. 과학의 힘이 과학주의를 낳고, 과학주의의 가장 큰 폐단은 인간의 삶을 오도하는 역기능을 수행한다는 것이 글 앞부분의 요지다. 과학주의가 과학 문명의 위기를 낳았다는 것이 그 다음 부분의 요지다. 따라서 전체적으로 보면, '현대 과학 문명의 위기는 과학주의로부터 비롯되었다.'는 글쓴이의 중심 생각을 끌어낼 수 있다.

아울러 이렇게 뼈대를 간추린 후에는 '과학주의'와 '과학 정신'의 차이, '과학 문명'과 '오도된 과학 문명'의 차이를 읽어낼 수 있어야 한다. 그렇게 되면 '현대 과학 문명의 위기의 원인은 어디에게 있는가'에 대한 글쓴이의 생각을 구체적이고 풍부하게 이해할 수 있는 길이 열린다.

④ 제시문의 전문을 반드시 한 번은 정독해야 한다. 로스쿨 시험은 앞서 말했다시피 중·고등학교 입시가 아니라는 점을 명심해야 한다. 그러나 두 번 읽을 시간적 여유는 없기 때문에 처음 읽을 때 메모를 하거나 문제지와 제시문의 연결 단락을 체크하는 식으로 진행되어야 한다.

- ■ 가능한 질문 유형 : 이 글의 내용을 참고하여 홍보 전략을 세운다고 할 때 가장 중요하게 고려해야 할 사항은?, 글쓴이가 A와 같은 상황에서 취할 것이라 예측하기에 가장 적절한 것은?

⑤ 내용은 출제자 입장에서 보면 배열된 함정의 징검다리와도 같다. 그만큼 내용의 군데군데에는 수험생을 위험으로 몰고 갈 수 있는 여지를 남기고 있다는 것이다.

- ■ 가능한 질문 유형 : 각 단락에 대해 소제목을 붙일 경우 소제목이 전혀 어울리지 않는 것은?, X 단락과 Y 단락의 관계에 대한 설명으로 가장 부적절한 것은?

⑥ 내용의 파악 문제에서 가장 유념할 것은 글쓴이의 생각과 글 속에 인용된 인물의 생각을 구별해야 한다는 점이다. 대개는 글쓴이의 생각이나 글쓴이의 주장을 물으면서 인용된 인물의 생각이나 주장을 언급한 경우가 많다. 따라서 수험생은 자칫 방심하면 실수를 저지를 수가 있다.

■ 글쓴이의 생각을 기술한 것으로 볼 수 없는 것은?, 가)~마) 중에서 글쓴이의 생각이라 할
   수 없는 것은?

⑦ 내용의 파악에서 문맥에 대한 이해를 빼놓을 수 없다. 문맥을 잘 이해하기 위해서는 상당한 내
공이 필요하며, 단기간에 향상시킬 수 없는 분야이다. 문맥이란 한 문장 안에서는 문장을 구성하
는 어휘나 단어 등이 그 핵심이지만, 연결된 장문의 글에서는 문장과 문장의 관계, 단락과 단락의
관계를 파악하는 것이 전체적인 문맥을 파악하는 일이다.

■ 가능한 질문 유형 : 빈칸 (X)에 들어갈 문장으로 적절한 것은?, 다음 단락에 이어질 내용으
   로 가장 적절한 것은?, 문장 A)와 B)의 관계를 가장 잘 설명하고 있는 것은?

〈예제〉

  20세기가 낳은 헤겔의 위대한 해석자 알렉산드르 코제브는 단호한 어조로 역사가 종말에 이르
렀음을 선언했다. 그는 '보편적이고 균질적인 국가'라고 부르는 체제, 즉 우리들이 자유민주주의
로 이해하고 있는 체제로 인해, 지배와 복종의 관계가 보편적이고 평등한 인지의 상태로 바꾸어
짐으로써 인지에 얽힌 문제가 완전히 해결됐다고 생각했던 것이다.

  인간이 역사의 과정에서 추구해 온 것, 즉 '역사의 제 단계(諸段階)'의 원동력이 되어 온 것은
인지였다. 현대 세계에서 인간은 그것을 결국 발견하고, '완전한 만족'을 얻은 것이다. 코제브의
이와 같은 주장은 진지한 것이었고 따라서 우리로서도 이를 진지하게 받아들여야 할 것이다. 왜
냐하면 인류사 수천 년에 걸친 정치라는 문제가 사실은 이러한 인지의 문제를 해결하기 위한 노
력이라고도 볼 수 있기 때문이다.

  인지는 전체정치나 제국주의 또는 지배에 대한 욕망의 근원이며, 따라서 정치의 가장 핵심 문
제이다. 그러나 인지가 아무리 어두운 면을 갖고 있다고 해도, 이를 정치 세계에서 간단히 일소할
수는 없다. 왜냐하면 인지는 용기나 공명심, 정의와 같은 정치적 미덕의 심리적인 기반을 이루고
있기 때문이다.

프랜시스 후쿠야마, 『역사의 종말』

해설

이 글은 실제 시험에 등장하는 제시문에 비해 매우 분량이 짧다고 볼 수 있다. 그러나 용어의 전
문성과 생경함 때문에 주제를 파악하기가 여간 어렵지 않다. 장문임에도 쉬운 내용이 나올 수 있
고, 단문임에도 매우 어려운 내용을 포함한 지문이 나올 수 있다는 점을 유념해야 한다.

우선 각 단락의 중심 생각을 간단하게 메모할 필요가 있다. 첫 번째 단락은 '인지 문제 해결의 사회적, 역사적 조건' 정도로 메모할 수 있다. 첫 번째 단락의 특징은 코제브의 견해를 소개하고 있다는 점이다.

두 번째 단락은 '역사의 원동력인 인지 문제 혹은 인지 문제 해결을 위한 역사' 정도로 메모할 수 있다. 이 단락의 특징은 코제브의 주장과 글쓴이의 생각이 나란히 배열되어 있다는 점이다. 여기서 '왜냐하면 ~때문이다'는 이 글을 직접 기술하고 있는 글쓴이의 생각이다. 글쓴이의 생각과 인용 인물의 생각을 구분하는 지혜가 필요하다. 제대로 구분하지 못하면 혼동을 가져오므로 주의할 필요가 있다.

세 번째 단락은 '인지 문제 해결의 어려움'을 정치 및 정치적 해결과의 연관성 속에서 짚어내고 있다.

이렇게 각 단락의 중심 생각을 정리하고 나면, 글쓴이가 말하고자 하는 주제는 무엇이며, 주제문은 어떤 것인가 등에 대한 답을 내릴 수 있다. 이 글의 주제는 '인지 문제의 중요성'이라 보는 것이 적절하다. 완결된 글이 아니기 때문에, 주제문을 찾기가 쉽지 않다. 그러나 이 글에 한해서 보면, 두 번째 단락의 첫 문장이 주제문이라 할 수 있다.

참고로 여기서 인지는 '인식'으로 대체해도 무방하다. 구체적으로는 인간의 자기 인식으로 대체하면 적절하다. 인지라는 용어가 낯설고 어색하기 때문에, 무슨 말인지 모를 수가 있다. 형식적으로 각 단락의 중심 생각을 끄집어내고 주제와 주제문을 파악했다 하더라도, 사정은 변하지 않는다.

함축적 의미를 파악하라!

① 함축적 의미는 심층적 의미라고 할 수 있다. 제시문의 내용은 많은 정보를 지니고 있다. 정보 가운데 지문의 중심 내용이나 핵심 논지 등은 1차적 정보라 할 수 있다. 1차적 정보는 어휘 및 개념, 자료 등을 통해 파악할 수 있다. 그러나 직접적으로 파악이 어려운 2차 정보가 있다. 이것이 바로 함축적 의미를 파악하는 추론의 영역이라 할 수 있다.

■ 가능한 질문 유형 : 명시된 1차적 정보를 참고하여 2차적 정보를 추론한 것으로 올바른 것은?, 이 글을 토대로 볼 때 A에 대해 글쓴이가 보일 반응이라 하기에 가장 적절한 것은?

② 함축적 의미를 파악하기 위해서는 일반적 지식이 토대가 되어야 한다. 따라서 일반적 지식은 추론을 이끌어내기 위해 갖추지 않으면 안 될 필수적 요건이다. 이는 평소의 독서나 학습에 의해서 습득하게 된다.

- ■ 가능한 질문 유형 : 밑줄 친 (X)의 함축적인 의미로 볼 수 있는 것은?, 다음의 진술 중 X에 대한 적절한 해결책이라 볼 수 없는 것은?

③ 함축적 의미는 제시문의 일부를 빼 버린 상태에서 그 빠져 있는 부분에 대한 의미나 내용을 채워 넣는 형태로 모습을 나타내기도 한다.

- ■ 가능한 질문 유형 : 이 글에 이어지는 글로 적합하지 않은 것은?, 이 글의 다음 단락에서 담을 내용으로 보기에 가장 적절한 것은?

<예제>

　빛의 이중성은 인간의 상식이나 말이 자연의 실체를 파악하는 데 얼마나 역부족인가를 잘 시사하고 있다. 입자와 파동의 이중성이라는 것은 빛의 본질을 전하는 적절한 말이 없기 때문에 하는 수 없이 사용한 것이다. 그래서 상식으로 이해하고 있는 입자나 파동을 단순히 합친 어미만으로 빛의 이중성을 이해해서는 안 된다. 자연계에서 일어나고 있는 현상이 밝혀짐에 따라 과학자는 그 현상을 정확히 설명해 줄 말을 점점 잃어 간다는 딜레마에 빠졌다.

　불확정성의 원리를 주장한 하이젠베르크는 뉴턴 물리학으로는 설명할 수 없는 양자 세계의 불가해(不可解)한 리얼리티를 표현해 낼 언어나 개념이 존재하지 않는다는 사실을 절감한 과학자 중의 한 사람이다. 이러한 자각은 분석적이고 논리적 언어를 중시해 온 서구의 근대 과학의 필연적인 귀결일 수도 있다. 그러나 여기서 우리는 하이젠베르크의 고민이 불가(佛家)에서 말하는 '불립문자(不立文字)'나 '직지인심(直指人心)'이라는 가르침과 도덕경의 "도(道)라고 말할 수 있으면 이미 그것은 진정한 도가 아니다."(道可道非常道)라는 구절과 맞닿아 있다는 사실에 놀라게 된다.

해설

　이 글을 함축적으로 이해하기 위해서는 먼저 '입자'나 '파동', '불가해' 등의 어휘는 물론, '불확정성의 원리'나 '불립문자', '직지인심' 등의 의미를 숙지해야 한다.

　이 글의 1차적 정보는 빛의 이중성에 대한 개념 설명과 그 확장된 의미를 주어진 문장을 통해 알 수 있다는 것이다. 하이젠베르크와 불교, 도덕경이 서로 연결된다는 점도 1차적 정보에 해당한다. 그러므로 1차적 정보를 토대로 2차 정보를 추론할 수 있어야 한다.

사실 엄격히 보면 첫 번째 단락은 두 번째 단락을 함축한다. '빛의 이중성을 언어로 표현하는 것의 어려움'을 다루고 있는 첫 번째 단락을 통해, 우리는 사물과 언어의 관계, 언어의 한계 등을 추론할 수 있기 때문이다. 여기서 말하는 도(道可道非常道), 직지인심(마음을 직접 향한다), 불립문자(문자로서 교리를 세우지 않는다) 등이 곧 사물 혹은 세상과 언어의 관계, 언어의 한계 등을 지적하고 있다. 나아가 '인간 지식의 한계 혹은 미약함'이나 '과학적 지식의 한계'도 추론해낼 수 있다. 어차피 과학적 지식이라 하더라도 그것은 어차피 언어의 형태로 진술된 자연의 모습일 수밖에 없기 때문이다.

게다가 글쓴이가 암묵적으로 전제하고 있는 내용을 추론할 수도 있다. '인간 능력에 대한 신뢰의 부족'이나 '자연을 운동하는 전체로 보는 입장' 등이 깔려 있다. 인간 능력에 대한 신뢰가 있다면 파동설과 입자설의 대립을 조화시킬 수 있는 방안 혹은 해결할 수 있는 방안을 모색할 것이다. 자연을 동적인 것으로 볼 때, 비로소 정지시킨 상태에서 사물을 이해하는 정적인 사고, 다시 말해 논리적 사고는 성립할 수 없다. 또한 자연을 전체로 볼 때 나누고 쪼개서 사물을 이해하는 분석적 사고는 성립할 수 없다. 따라서 함축은 1차 정보 혹은 명시적 정보가 전제하고 있거나 그로부터 추론해낼 수 있는 정보이다. 숨겨진 전제 혹은 추론 가능한 진술을 묻는 문항이 함축과 관련해서 나오는 것도 이 때문이다.

④ 함축적 의미는 생략된 단어의 추론, 이어질 문장의 추론, 어떤 실험이나 이론에 대한 추론, 인물의 심리 추론 등등의 형태로 구체화된다.

■ 가능한 질문 유형 : 등장인물의 심리 상태를 정확히 설명하고 있는 것은?, 다음 빈칸에 들어갈 어휘로 맞는 것은?

⑤ 함축적 의미는 단어나 어휘, 지문이나 자료 또는 문장이 지니는 축자적인 의미를 반드시 초월한다. 축자적인 의미에 머물 때는 내용의 일치에 관한 것으로 이는 추론이라 할 수 없으며, 따라서 종합적인 사고를 필요로 한다.

■ 가능한 질문 유형 : 밑줄 친 문장에서 확장할 수 있는 생각으로 적절한 것은?, 글쓴이가 취할 수 있는 행동이라 보기에 적절한 것은?

⑥ 함축적 의미는 무엇보다 논리적이어야 한다. 축자적인 범위를 벗어난 내용이나 사고(思考)의 전개, 기발한 상상력이 돋보인다 하더라도 논리성이 전제되지 않으면 잘못된 추론에 해당한다.

■ 가능한 질문 유형 : 글쓴이가 기대하고 있는 세계에 대한 상상으로 설득력이 없는 것은?, 글쓴이가 염두에 두고 있는 해결책이라 할 수 있는 것은?, 글쓴이의 주장이 함축하고 있는 내용이라 볼 수 없는 것은?

　　내가 지금부터 이야기를 시작하겠지만, 릴리퍼트와 블레퍼스크라는 강력한 나라들은 지난 36개월 동안 한 치의 양보도 없는 전쟁을 치르고 있습니다. 그 전쟁은 다음과 같이 시작되었습니다. 그 나라들에서는 계란을 먹기 위해 그것을 깨는 가장 오래된 방법이 계란의 넓은 쪽을 깨는 것이었습니다. 그런데 릴리퍼트의 지금 국왕의 할아버지가 아직 소년이었을 당시 그 동안의 관습대로 계란을 깨다가 손가락을 베는 사건이 일어났습니다. 그러자 그의 아버지였던 당시의 국왕이 새로운 법을 만들어 계란의 좁은 부분을 깨도록 명령하고 이것을 어기는 사람을 엄벌에 처하도록 했습니다. 한동안 국민들은 이 법에 몹시 화가 나서 여섯 차례에 걸쳐 반란을 일으켰으며, 그 와중에 왕위를 잃은 사람은 물론, 심지어 목숨을 잃은 국왕도 있었습니다. 내란은 언제나 블레퍼스크에 의해 선동되었으며 진압이 되었을 경우, 그 주동자들은 언제나 블레퍼스크 왕국으로 망명을 하였습니다. 통계에 의하면 그 동안 1만 1천 명이나 되는 사람들이 좁은 방향으로 계란을 깨기보다는 죽음을 택하였던 것입니다.

　　이 문제에 관하여 수많은 책들이 출판되었습니다. 그러나 릴리퍼트에서는 넓은 쪽을 깨는 견해에 관해서는 출판과 판매의 자유가 금지되어 왔습니다. 그리고 법에 의하여 그들은 공직에 취임하지 못하는 것은 물론, 일상에서도 많은 제약을 받았습니다. 이러한 갈등이 일어나는 동안 블레퍼스크의 국왕은 릴리퍼트의 조치가, 그들(소인국)의 성서인 '브런데크랄' 제54절에 명시된 위대한 예언자 러스트롱의 가르침을 위배하는 것이기에 결국 종교 분열을 조장하는 만행이라고 비난하였습니다.

　　그러나 내가 볼 때, 이것은 성서에 대한 잘못된 해석에 불과합니다. 원래의 기록에는 "진정한 믿음을 가지고 있는 사람들은 계란의 편리한 부분을 깨도록 하라"고 되어 있기 때문입니다. 어느 쪽으로 계란을 깨는 것이 편리한 것인가에 대해서는 사람들 스스로의 판단에 달린 일이기는 하지만 그것을 규칙화해야 할 경우라면, 나는 그것을 국왕이 결정할 수 있다고 생각합니다.

　　어쨌든 계란의 넓은 쪽을 깨어 먹는 파에서 망명을 한 사람들은 블레퍼스크 국왕으로부터 많은 신임을 받고 있으며, 또한 고향인 릴리퍼트에 있는 자기 파의 사람들로부터도 많은 도움과 격려를 받고 있기 때문에 지난 36개월 동안 두 나라 사이에는 피비린내 나는 전쟁이 계속되었던 것입니다.

조나단 스위프트, 『걸리버 여행기』

해설

이 글은 양국 간의 전쟁이 일어난 배경을 계란 깨는 방법과 관련해서 소개하고 있다. 따라서 계란 깨는 방법의 사회적 함의를 이해해야 한다. 이 단순한 사실이 함축하는 내용을 이해해야, 글쓴이의 생각과 글의 요지를 이해할 수 있다.

지문에서 계란을 넓은 쪽으로 깨는 것은 릴리퍼트의 오랜 습관이었다. 따라서 좁은 부분으로 깨는 행위는 이른바 전통과 권위에 도전한 행위임을 추측할 수 있어야 한다. 그러나 이 권위와 전통을 깬 사람이 권력자였다. 그리고 국민들은 그것들을 깬 권력자에 저항을 했다. 블레퍼스크는 이것을 이용해, 릴리퍼트와의 전쟁을 지속했다.

아울러 글쓴이가 세 번째 단락에서 말하는, 계란의 편리한 부분을 깨도록 하는 것은 실용성이 전통이나 권위보다 중요하다는 점을 강조하는 것이다. 글쓴이의 생각이 그대로 녹아들어가 있다는 것을 알 수 있다.

그러나 여기서 글쓴이가 정작 말하고자 하는 바는, 전통과 권위는 권력자도 바꿀 수 없다는 것이 아니다. 정치적, 사회적 요인 때문에 계란 깨는 방법에 대한 지식이 바뀔 수 있다는 점이다. 따라서 이 글을 종합적으로 이해할 때, 어떤 것이 인간에게 유용하거나 좋은가에 대해 권력자의 힘으로 규칙화할 수 있다는 점을 추론해 낼 수 있다. 따라서 밑줄 친 부분이 이 글의 주제문이라 할 수 있다. 좀 더 나간다면, 좋거나 쓸모 있기 때문에 상식 혹은 지식이 된 게 아니라 권력자가 정했기 때문에 상식(지식)이 되었다는 점도 추론해낼 수 있다. 따라서 지식의 상대성마저 끌어낼 수 있다.

지엽적으로 보면, 첫 번째 단락의 끝에서 두 번째 문장에서 밑줄 친 '블레퍼스크'를 빈칸 □로 처리한 다음, 빈칸 □에 들어갈 어휘가 무엇인지 물을 수 있다. 이것은 문맥을 이해해야만 추론해낼 수 있는 문항 유형이다. 따라서 전체적인 함축뿐만 아니라, 문맥이나 문장과 관련해서도 함축된 전제나 결론을 묻는 문제를 출제할 수 있다.

입장을 파악하라!

① 모든 글에는 글쓴이의 입장이 있게 마련이다. 글쓴이가 어떤 입장에서 글을 써내려가고 있는지 파악해야 한다. 여기서의 입장이란 특정 주제에 대한 글쓴이의 관점 혹은 태도로, 글쓴이는 특정 관점이나 태도에 입각해 특정 주제를 다루게 된다.

> ■ 가능한 질문 유형 : 이 글에서 드러난 글쓴이의 태도로 가장 적합한 것은?, A)에 대한 글쓴이의 태도를 가장 잘 설명하고 있는 것은?

② 입장은 다소 애매한 개념이라, 때로는 논점과 동일시되기도 한다. 논점이란 특정 논제를 다루기 위해 취하는 방식 혹은 지점을 말한다. 따라서 논점은 글쓴이의 문제의식의 방향, 문제 이해의 깊이, 논의의 방향, 문제 해결 방향 등을 결정하는 기준이다. 따라서 타인의 글을 이해하거나 평가할 때는 글쓴이가 설정한 논점을 정확히 파악하는 것이 중요하다.

> ■ 가능한 질문 유형 : 이 주제에 대한 글쓴이의 접근 방식을 가장 잘 설명하고 있는 것은?, A)~E)중 글쓴이가 '논점일탈의 오류'를 범하고 있는 곳은?, 글쓴이의 논점에 대한 가장 적절한 반론은?

③ 입장은 종종 핵심 논지 혹은 핵심 주장과 같은 의미로 사용되기도 한다. '특정 주제에 대한 대립적 입장'이라는 표현에서, '입장'은 곧 핵심 논지를 지칭하기도 하며 핵심 주장을 지칭하기도 한다. 물론 논지와 주장은 다르기도 하고 같다고도 할 수 있다. 그러나 엄격히 따질 때 주장이 단지 논제에 대한 추상적 입장을 의미한다면, 논지는 논제에 대한 논점과 논증을 포함하고 있는, 정리된 구체적 입장을 의미한다.

> ■ 가능한 질문 유형 : 글쓴이의 핵심 주장을 가장 효과적으로 반박하고 있는 진술은?, 글쓴이의 핵심 논지로서 가장 적절한 것은?, A)에 대한 글쓴이의 반박이 가장 잘 드러나 있는 곳은?

④ 글쓴이의 입장에 대해 자신의 태도를 결정해야 한다. 다시 말해 독자의 입장에서 글쓴이의 주장에 동조할 것인지, 아니면 비난이나 비판을 할 것인지 결정해야 한다. 특히 창의적 이해라는 인

지 영역에서 가장 빈번하게 나올 수 있는 문제 유형이다.

- ■ 가능한 질문 유형 : 글쓴이의 입장을 반박하는 글로 설득력이 가장 약한 것은?, 글쓴이의 입장을 보완하기 위해 반드시 필요한 명제는?

⑤ 어떤 성격의 글이라 할지라도 글쓴이의 입장은 존재한다. 그러나 글쓴이의 생각이나 견해가 직접적으로 드러난 경우 입장을 파악하는 일이 어렵지 않으나 상징성을 띠거나 추상적인 경우 등은 그 잠재된 생각과 견해를 읽어낼 수 있는 안목이 필요하다. 암시하고 있거나 겉으로 드러나지 않은 글쓴이의 입장을 파악하는 훈련이 필요하다.

- ■ 가능한 질문 유형 : 작자의 입장을 가장 잘 대변하고 있는 진술은?, A)~E)중에서 글쓴이의 입장을 가장 잘 대변하고 있는 상징은?, 다음의 진술 가운데 글쓴이가 취할 수 없으리라 보이는 것은?, 다음에서 글쓴이의 입장을 가장 잘 드러내고 있는 진술은?

〈예제〉

　해커라는 말을 들으면 사람들은 흔히 부정적인 면을 떠올린다. 컴퓨터 실력은 뛰어나지만 도덕성이 결여되고 사회성이 부족한 괴짜나, 컴퓨터 범죄를 저지르거나 컴퓨터 바이러스를 만드는 행위를 하는 사람들을 생각하는 것이다.

　그러나 사람들이 모여 있는 어떤 사회라도 한 구석에 어두운 면을 가지고 있는 법이다. 해커도 나쁜 사람들만 모여 있는 집단은 아니다. 그 중에서 나쁜 길로 들어선 사람은 일부에 지나지 않는다. 많은 해커들이 순수하게 컴퓨터 공부에만 몰두하고 있으며, 그들은 전 세계적으로 컴퓨터의 발전에 크게 기여하고 있기도 하다. 해커들 중에는 회사원으로 근무하면서 아무런 대가를 바라지 않고 소속 부서나 회사의 전산화를 성공적으로 이루어 놓기도 하고, 동료 회사원들이 컴퓨터를 사용하면서 어려움에 처했을 때 이를 쉽게 해결해 줌으로써 생산성 향상에 크게 기여를 하기도 한다. 또한 해커들 중에서는 아마추어의 경지를 벗어나서 유용한 프로그램을 개발하여 많은 사람들에게 도움을 주고 자신도 프로그래머로 크게 성공하는 경우도 있다. 뿐만 아니라 정보 독점 사회에 반대하여 정보 민주주의에 앞장서는 투사가 되기도 한다.

　해커들에게는 자신들이 어떤 용도로 프로그램을 만드는가는 전혀 문제가 되지 않으며, 오로지 그 프로그램에서 코드의 효과를 극대화시키는 것에만 관심이 있다. 다만 자신이 컴퓨터를 사용하면서 얻는 즐거움과 여러 사람들이 자신의 프로그램을 사용한다는 것에 긍지를 느낄 뿐이다. 그것만으로 충분한 대가를 받았다고 생각하는 것이다.

문제는 나쁜 짓을 일삼는 해커가 가끔 있다는 것이다. 그런 사람들을 해커와 구별하기 위해 따로 대커(*Dacker*) 또는 크래커(*Cracker*)라고 부르기로 한다. 그러나 좋은 일을 하는 해커는 기사거리가 되지 않지만, 어쩌다 한 번씩 터지더라도 나쁜 일을 하는 해커는 매스컴을 타게 마련이다. 그러다 보니 일반인들은 매스컴을 통해서 나쁜 짓 하고 다니는 해커들에 대해서만 들을 수밖에 없는 것이다.

최근에는 해커라는 말과 함께 사이버펑크(*Cyberpunk*)라는 말도 자주 사용하고 있다. 사이버펑크란 사이버네틱스(*Cybernetics*)와 펑크(*Punk*)가 합쳐진 말로, 컴퓨터에 대한 전문 지식을 가지고 일반 관습이나 기존 질서에 대항하는 사람들을 일컫는 말이다. 그러나 그들의 의도는 기존 사회 제도를 전적으로 거부하는 것이 아니라 같이 살아갈 수 있는 좋은 사회를 만들고자 하는 것이다. 따라서 사회의 획일성이나 진부함에 대한 그들의 비판 정신은 사회와 문화의 발전에 원동력이 될 수 있다.

그러나 시간이 감에 따라 펑크족도 원래의 정신은 사라져 가고 그 정신을 표현하는 수단이었던 퇴폐성이나 선정성만을 흉내 내는 사람이 늘어갔듯이, 사이버펑크도 원래의 정신보다는 표현 수단이었던 컴퓨터 자체를 즐기는 사람이 늘어가게 되었다. 따라서 최근에는 컴퓨터 관련 신기술을 도락처럼 즐기는 사람들을 사이버펑크라고 부르는 경우가 많아졌다. 해커와 사이버펑크의 차이는, 해커는 컴퓨터의 기술적인 측면에만 관심을 가지고 열심히 파고드는 사람이지만, 사이버 펑크는 컴퓨터 신기술을 이용하는 측면에 관심을 가지고 즐기는 사람이라는 점이다.

해설

글쓴이는 해커에 대해 자신의 입장을 피력하고 있다. 사람들은 해커를 부정적으로 생각하지만, 글쓴이는 해커들에 대해 긍정적으로 받아들이고 있다. 사람들이 나쁘게 생각하는 해커에 대해 글쓴이는 특히 '대커'와 '크래커'를 예로 들며 구별하고 있다. 또한 '해커'와 함께 '사이버펑크'를 내세워 그들의 긍정적 측면을 부각시키고 있다.

따라서 이 글의 주제문 혹은 글쓴이의 주장을 묻는 문제나 그와 관련된 문제가 나왔을 경우, 글쓴이의 이러한 입장과 일치되는지 혹은 상충되는지부터 따져야 한다. 예컨대 '글쓴이가 수용하기 어려운 명제는?' 혹은 '글쓴이가 수용하기 어려워 보이는 진술은?'과 같은 문제가 출제되었을 경우, 입장을 파악하고 있다면 빠르고 정확하게 답을 찾을 수 있다.

아울러 두 번째 단락을 통해 글쓴이가 '정보 공유' 문제 등에 대해 매우 적극적인 입장을 취하고 있다는 것도 파악할 수 있다. 아무런 대가로 바라지 않고 정보를 공유하는 사람들에 대해 매우 높은 평가를 하고 있기 때문이다. 참고로 이런 입장을 가진 사람들은 '정보 독점권'을 인정하는 사람들의 의견에 동조하지 않는다는 특징을 갖고 있다.

또 하나 중요한 것은 비판적 이해를 테스트하는 문제와 관련해서, 글쓴이의 입장을 파악하면 매우 유용하다. 글쓴이의 입장을 반박하는 근거나 혹은 그것을 보완할 수 있는 내용을 빠르게 찾아낼 수 있기 때문이다.

④ 논설이나 논증의 글은 자신의 주장이 강하게 대두되고 있으나 설명의 형식을 취하는 글은 글쓴이의 주장이 나타나지 않고 등장인물의 주장이 나타나는 경우를 주의해야 한다. 이런 경우, 글쓴이는 등장인물의 주장에 어떤 태도를 지니고 있는지 파악할 수 있어야 한다.

- ■ 가능한 질문 유형 : 본문의 표현 가운데 주체가 다른 하나는 어느 것인가?, 대화에 참여하고 있는 인물이 아닌 것은?

⑤ 어느 경우에도 반론이나 반박할 준비가 되어 있어야 한다. 그 준비 절차로 가장 필요한 것은 글의 핵심, 좀 더 세부적으로 말하면 글에서 명시하고 있는 정보, 글쓴이의 주장, 등장인물의 주장에 대해 완전히 파악할 수 있어야 한다.

- ■ 가능한 질문 유형 : 이 글에 대한 반론을 제기할 때 그 논거로 충분한 것은?, 글쓴이의 주장을 가장 효과적으로 반박하고 있는 것은?, 글쓴이의 주장을 반박할 때 반드시 포함시켜야 할 내용은?

⑥ 글의 내용으로부터 객관적인 거리를 두고 각각의 입장을 파악한 다음 자신의 입장을 결정해야 한다. 주장이나 논지에 대한 반론의 경우, 비록 주관적인 입장을 벗어날 수 없더라도 반드시 논거에 입각해야 한다. 이런 과정을 거친 후에 글에 대해 총체적인 평가를 내리거나 가치 판단을 하게 된다. 이것이야말로 진정한 비판의 길이다.

- ■ 가능한 질문 유형 : 이 글을 통해 우리 사회가 추구해야 할 최상의 가치는 무엇이라 생각하는가?

〈예제〉

　순수하게 문헌학적인 연구들은 제쳐놓는다고 하더라도, 이 시대를 연구하는 대부분의 연구자들은 두 개의 집단, 즉 주로 뒤를 돌아보는 연구자 집단과 주로 앞을 내다보는 연구자 집단으로 나뉜다. 이들 두 집단은 가장 명백한 두 연구 형태 가운데 하나에만 집중하는 경향이 있다. 뒤를 돌아보는 연구자 집단은 1914년 8월이 시기적으로 매우 멀리 존재하는 것이며, 더 이상 돌아올 수 없는 계곡을 이미 넘어선 것으로 본다. 그러나 이와 동시에 역설적으로 20세기 후반의 특성들 대부분은 제1차 세계대전 이전의 30년 동안 지속되어 온 세월 속에 그 기원을 두고 있다는 견해도 존재한다. 아마도 첫째 부류에 속하는 가장 적절한 예는 '전쟁 이전 세계의 초상'이라고 할 수 있는 터치먼의 베스트셀러 『자랑스런 탑』이며, 후자를 대표하는 저작은 근대의 조합주의적 기제의 기원을 연구한 체들러의 『보이는 손』일 것이다.

뒤를 돌아보는 집단은 양적인 측면에서 그리고 유통의 측면에서 단연 압도적이다. 복원될 수 없는 과거는 훌륭한 역사가들에게 도전을 제기한다. 그들은 역사가 비시간적 용어로는 이해될 수 없지만, 반대로 압도적인 향수의 유혹을 갖고 있다는 것을 잘 알고 있다. 이성적이지 않고 감성적인 자들은 상층 계급과 중간 계급들이 (A) 황금의 아지랑이를 통해 사물을 보려 하는 경향이 나타났던 그 시대의 매력을 다시 붙들기 위해 끊임없이 노력한다. 이른바 아름다웠던 시절을 그리워하는 것이다.

이러한 접근 방식은 막대한 자금을 가진 흥행사들과 여타 매체 제작자들, 그리고 디자이너들의 구미에 자연스럽게 맞아 들어갔다. 이것은 아마 영화와 텔레비전을 통해 대중에게 가장 친근하게 다가갔던 시대의 판본일 것이다. (B) 이러한 작업은 결국 '유한계급'과 '금권주의'와 같은 용어들을 대중적인 언술 속에 유포시키면서 이 시대를 고도의 가시적인 형태로 잡아냈지만, 동시에 이는 매우 불만스러운 것임에 틀림없다. (C) 전혀 쓸모없지는 않겠지만 과거 향수적이고 지적으로 보다 미묘한 관념들, 예컨대 세계대전이 없었더라면, 러시아 혁명이 없었더라면, 또는 1914년 이전의 세계가 상실된 데 대하여 책임이 있는 다른 무엇이 없었더라면, 하는 가정을 통해, 회피될 수도 있었던 실수들이나 예측할 수 없었던 사건들로 인해 상실된 천국이 그렇게 되지 않았을 수도 있었음을 증명하고자 희망하는 저자들과는 한번 논쟁해 볼 수도 있을 것이다.

이와 다른 입장의 역사가들은 거대한 불연속의 반대 지점에 서 있는데, 이 거대한 불연속은 이른바 우리 시대에 남아 있는 특성들 가운데 많은 부분들이 1914년 이전의 수십 년 동안에, 때로는 갑작스럽게 기원한 것이다. 이들은 우리 시대의 뿌리들과 열망들을 탐구하는 데 이러한 역사적 사실들이 대단히 중요하다는 점을 인정한다. 정치적인 측면에서 볼 때 서유럽의 많은 국가들의 주요한 야당들 혹은 정권을 장악한 노동자 정당과 사회주의 정당들은 1875년에서 1914년 시기에 탄생한 후손들이며, 그 일가들의 한 지파로 동유럽 체제들을 지배하는 공산당의 경우도 여기에 해당된다. 사실 민주적인 선거에 의해 선출된 정부들이나 근대적인 대중 정당들, 민족적으로 조직된 대중노동조합들, 그리고 근대적인 복지 입법 기구들도 마찬가지로 이 시대에 그 연원을 두고 있다.

'모더니즘'이라는 이름 하에, 이 시대의 전위예술(*avant-garde*, 아방가르드)은 20세기의 고도의 문명적 결과물 중 대부분을 선점했다. 심지어 오늘날 더 이상 이러한 전통을 받아들이지 않고 있는 일부 아방가르드들이나 다른 학파들도 여전히 그들이 거부한 개념을 가지고 스스로를 정의하고 있다('포스트모더니즘'). 한편 일상성의 문화는 이 시기에 발생했던 세 가지 혁신에 의해 여전히 지배되고 있다. 근대적 형태를 띤 광고 산업, 신문이나 잡지류의 근대적 대중유통, 그리고 (텔레비전을 통한) 활동사진 혹은 필름들이 바로 그것들이다.

과학과 기술은 1875년~1914년 이래 먼 길을 걸어왔다. 그러나 과학의 경우 플랑크, 아인슈타인, 그리고 젊은 보어의 그것과 현재의 그것 사이에는 명백한 지속성이 있다. 기술적인 측면에서 볼 때, 역사상 최초로 이 시대에 등장했던 석유를 동력으로 하여 길을 달리는 자동차들과 하늘을 나는 비행기들은 오늘날에도 여전히 도시와 땅 위의 풍경을 지배하고 있다. 당시 발명된 전화와 무선 통신은 꾸준히 개선되어 온 것이지 대체된 것은 아니었다. 돌이켜보면 20세기의 마지막 10년은 1914년 이전에 성립된 틀에 더 이상 들어맞지 않을 수도 있을 것이다. 하지만 대부분의 목적들이 갖고 있던 지향점이란 측면에서 본다면 그 시대는 여전히 살아 있다고 할 수 있다.

에릭 홉스봄,「제국의 시대」

해설

다소 긴 지문이라, 글쓴이의 입장을 명료하게 파악하기가 쉽지 않다. 또 하나의 특징은 글쓴이의 주장과 타인의 주장을 구별하기가 쉽지 않다는 점이다. 덧붙여 글쓴이가 자신이 제시하고 있는 대립적인 두 입장에 대해 어떤 견해를 취하고 있는가도 파악해야 한다. 나아가 대립적인 두 입장 간의 차이가 무엇인지도 명료하게 정리할 수 있어야 한다.

우선 글쓴이는 1914년 제차 세계대전을 대하는 두 가지 입장을 소개하고 있다. 단절을 강조하는 뒤를 돌아보는 입장과, 지속을 강조하는 앞을 내다보는 집단이 그것이다. 이 둘의 입장을 간략하게 소개하고, 그와 관련해서 이들과 관련된 사실이나 사조를 나름대로 설명하고 있다. 그러나 글쓴이는 마지막 단락에서 자신의 생각을 분명하게 개진하고 있고, 이는 지속을 강조하는 입장과 맥을 같이 한다. 따라서 글쓴이는 1914년에 대해 지속을 강조하는 입장, 요컨대 1914년 이전의 시기와 현대를 연결시키고, 현대의 관점에서 그 시기를 이해하는 방식을 수용하고 있다.

이 글에서 압도적인 향수의 유혹이나 황금의 아지랑이 등이 지니는 함축적 의미를 읽어낼 수 있어야 한다. 이러한 의미가 훌륭한 역사가들, 유한계급과 금권주의와는 어떻게 연결되는지도 파악해야 한다. 또한 거대한 불연속이 황금의 아지랑이를 포함, 뒤를 돌아보는 역사 연구자들과 같은 입장에서 나올 수 있는 말이라는 점도 간파할 수 있어야 한다.

그리고 세 번째 단락의 밑줄 친 (C)에서 논쟁하고자 하는 사람이 곧 글쓴이라는 사실도 알 수 있다. (B)에서 불만을 토로하는 주체 역시 글쓴이기 때문이다. 따라서 글쓴이는 뒤를 돌아보는 집단에 대해 동의하지 않는다는 것을 확인할 수 있다. 이처럼 오해하기 쉬운 문장에서 글쓴이의 생각과 타인의 생각을 정확히 구분해내는 훈련이 필요하다.

아울러 뒤를 돌아보는 집단과 앞을 내다보는 집단이 두드러지는 차이도 명료하게 파악해야 한다. 두 번째 단락에서 말하듯이 전자는 1914 이전의 30년, 곧 제국의 시대가, 다시는 돌아올 수 없고 현대와는 단절된 시기라고 보고 있다. 따라서 역사의 단절을 강조하는 입장이다. 반면 후자는 현대의 주요 특성이 그 시기로부터 연원한다는 입장을 갖고 있다. 지속성을 강조하는 입장이다. 글쓴이 역시 마지막 단락에서 지속성을 강조하고 있다는 것이 확실히 드러난다. 따라서 이 글은 하나의 주제에 대해 대립적 입장을 소개하고, 그 중 하나의 입장을 옹호하고 있다는 것을 알 수 있다.

아울러 (A), 곧 황금의 아지랑이 관련된 것, 요컨대 금권주의, 유한계급, 향수의 유혹, 거대한 불연속 등이 뒤를 돌아보는 입장에서 나올 수 있거나 그와 깊은 연관을 가진 개념들이라는 것을 파악할 수 있다. 이들 용어들만 정확히 이해해도 뒤를 돌아보는 집단이 가지고 있는 입장의 특징이 무엇인가를 간파할 수 있다.

대안 및 활용 방안을 모색하라!

① 제시문에서 텍스트는 단순히 이해에 그쳐서는 안 된다. 자신이 숙지한 텍스트를 바탕으로 응용할 수 있어야 한다는 것이다. 본문 중에 등장하고 있는 용어나 핵심어를 활용해 새로운 문장을 만들거나, 글쓴이가 소개하고 있는 이론 및 원리를 가지고 시야의 지평을 확대하고 생활 속에 적용할 수 있어야 한다. 창의적 이해 영역에서 가장 중시하는 것 중 하나가 대안의 제시와 활용 방안이다.

■ 가능한 질문 유형 : 글쓴이의 생각을 참고할 때 가장 현명한 삶의 방식이라 판단되는 것은?, 글쓴이의 생각에 위배되는 행동이라 할 수 있는 것은?

② 대안을 제시하기 위해서는 어떤 현상의 원인을 정확히 파악해야 한다. 원인에 대한 잘못된 해결책을 제시했을 경우, 이에 대한 대안에 부딪힐 수 있기 때문이다. 아울러 글쓴이의 핵심 논지에 대한 정확한 이해가 선행되어야 하고, 글쓴이의 핵심 논지를 정당화시키는 근거가 이론적, 현실

적 정당성이 있는가를 따져야 한다. 그제야 비로소 글쓴이가 제시한 해결책을 넘어설 수 있다.

- ■ 가능한 질문 유형 : 이 글에서 제시한 해결책이 갖고 있는 근본적 문제점은 무엇인가?, 이 글에서 제시된 문제점을 극복하기에 가장 적절한 대책은?, 글쓴이의 주장이 현실에 적용되었을 경우 나타날 수 있는 가장 심각한 문제점은?, 다음에서 원인과 결과의 관계가 잘못 연결된 것은?

③ 활용 방안을 제시하기 위해서는 통합 능력이 있어야 한다. 통합 능력은 무엇보다 차이와 공통점에 대한 인식을 전제로 한다. 서로 상이한 영역에서 나타난 현상을 하나의 원리로 통합적으로 이해할 수 있어야 하며, 서로 상이해 보이는 현상이나 문제라 할지라도 그들 간의 공통점을 파악할 수 있어야 한다.

- ■ 가능한 질문 유형 : 가)~바)까지 전체를 관통하는 공통적인 주제는?, (자연)현상 A를 우리 삶에 적용할 경우 나타날 수 있는 문제라 하기에 적절한 것은?, A)~E)의 문제를 해결할 수 있는 고통의 해결책으로 가장 적절한 것은?

④ 활용 방안은 또 다른 능력을 필요로 하는데, 그것이 곧 전이 능력이다. 전이 능력이란 한 마디로 응용 능력이다. 합리적인 응용이 가능하기 위해서는 영역 간의 차이를 비교해야 할 뿐만 아니라, 영역 간 혹은 현상 간 공통점도 찾아내야 한다. 그래야만 하나의 영역에서 나타난 현상이나 문제점 혹은 해결책을 다른 영역에 전이할 수 있다.

- ■ 가능한 질문 유형 : A)의 (자연) 현상을 토대로 이끌어 낼 수 있는 가장 적절한 교훈은?, A)의 관점을 B)의 사건에 적용했을 경우 끌어낼 수 있는 가장 적절한 결론은?, A)의 방식을 도입해 B)의 문제점을 해결할 수 있는 방법으로 가장 적절한 것은?

⑤ 주장이나 주의, 현상 등을 토대로 그 우열을 따지거나 조화점의 가능성을 모색하는 경우에는, 먼저 문제점을 발견한 다음 정반합의 원리 등을 활용해 문제의 해결책을 찾아야 한다. 특히 글쓴이가 제시하고 있는 해결책이 있는 경우, 이보다 더 나은 대안(代案)을 제시할 수 있어야 한다.

- ■ 가능한 질문 유형 : 글쓴이의 주장에 대한 문제점과 그 해결책을 바르게 제시하고 있는 것은?

〈예제〉

산업화와 경제 성장은 자연의 자정 능력(self-purification capacity)을 상실케 함으로써 인간 및 생태계의 존립을 위협하게 되었다. 이로 인해서 산업화 중심의 발전과 자연 생태 간의 갈등이 심각한 문제로 떠올랐으며 수질 오염, 공기 오염, 토양 오염 등 자연 파괴로 인한 공해 문제는 이제 윤리적인 문제로까지 발전하게 되었다. 오늘날 윤리학은 인간관계만을 다룰 것이 아니라 인간과 자연의 관계도 다루어야 한다고 지적되고 있다. 이러한 점에서 산업화와 경제 발전으로 야기된 환경 문제는 앞으로 우리가 해결해야 할 가장 중요한 문제 중의 하나가 되었다.

우리나라에서도 지속적인 산업화 및 경제 성장 우선 정책으로 인해 1970년대 이후 공해 및 환경오염이 심각한 사회 문제가 되어 왔다. 그런데 정부 당국이나 대다수 국민들은 환경오염을 산업화 과정에서 불가피하게 생기는 부산물로 생각하거나 경제 성장을 위해서는 어쩔 수 없이 감수해야 하는 문제 정도로 생각하고 있다. 기업가들 역시 정부의 성장 위주 정책의 보호 아래 환경오염의 대가를 치르지 않고서는 부를 축적할 수 없다는 생각으로 환경 파괴를 가속화해 왔다.

해설

이 글의 요지는 산업화와 경제 성장으로 인한 자연의 훼손이 심각하여 윤리적 문제로까지 발전하게 되었다는 것이다. 게다가 글쓴이의 입장이 여러 용어들을 통해 암시되고 있다. 글쓴이는 경제 성장과 산업화의 논리로서는 직면한 환경 문제를 해결할 수 없다는 생각을 하고 있다. 또한 무엇보다 중요하거나 당면한 문제가 환경오염을 치유하는 것이라는 생각도 갖고 있음을 간파할 수 있다.

그러나 글쓴이가 지적하고 있듯이, 환경 문제 해결은 실로 어려워 보인다. 해결의 주체라 할 수 있는 정부나 기업가, 국민들까지도 경제적 성장을 위해 불가피한 것으로 여긴다는 데 문제가 있다. 이러한 문제를 어떻게 해결할 것인지를 고민해야 한다.

이 글은 대안 제시까지 포함하고 있지는 않다. 따라서 글쓴이의 입장에서 나올 수 있는 해결책을 추론해낼 수 있으며, 또한 그가 제시한 해결책에 대한 반론과 대안 제시까지 고려할 수 있어야 한다.

그러나 필요한 것은 근거이다. 글쓴이의 입장에서 보면, 경제 발전(正) – 환경오염(反) – 인간과 자연의 공존(合)의 원리를 달성해야 한다. 그러나 이것이 실현되기 위한 구체적 논거를 제시할 수 있어야 한다. 그러나 이 글에서 구체적 근거를 확보하기는 어렵다. 단지 글쓴이의 원인 진단을 통해 구체적 논거를 마련해야 한다.

글쓴이의 입장에서 볼 때 환경오염의 실질적 원인은 경제 성장이나 산업화를 중시하는 태도이다.

따라서 해결책을 제시하기 위해서는 이러한 원인을 반박하거나 넘어설 수 있는 근거를 찾아내야만 한다. 이로부터 우리는 글쓴이의 입장에서 나올 수 있는 구체적 근거가, '인간과 자연의 조화가 경제 성장이나 산업화보다는 우선되어야 한다.'일 수밖에 없다는 것을 알게 된다. 그리고 그러한 태도를 가지고 경제 성장 및 산업화와 자연을 조화시키려고 노력할 때, 비로소 환경오염을 막을 수 있다는 해결책을 제시할 수 있다.

◀ 단답형 대비 정리요약 ▶

교육인적자원부에서 당초 발표했던 정책 연구 과제와는 달리 법학적성시험 예비 시험에서는 단답형 5지 선다형 문제가 초반부 5문제 내외로 출제되었다. 따라서 앞으로 전개될 법학적성시험에서도 이러한 형태가 지속될 것으로 전망된다. 언어의 이해 과목의 경우, 관용 표현의 문제, 문장의 중의성, 어휘의 올바른 사용법 등 예비 법조인으로서 지녀야 하는 기초적 의사소통 능력과 자질, 사고력과 문제 해결력을 측정하기 위해 이러한 형식 역시 요구된다고 하겠다. 그런 의미에서 예상되는 단답형 방식을 위해 수험생이 반드시 갖춰야 할 기초 분야를 정리하도록 하자. 여기 제시된 것으로는 부족하기 때문에 유형을 익히는 데 그 주안점을 두기로 한다.

키포인트 1 - 어휘

(가) ㄱ. 바람잡다 : 허황한 일을 계획하다

  ㄴ. 선웃음 : 엉너리치는 웃음. 남의 마음을 사고자 능청을 떨어 억지로 웃는 것

  ㄷ. 앙증스럽다 : 격에 맞지 않게 작다

  ㄹ. 안절부절 못하다 : 불안하고 초조하다

  ㅁ. 손방 : 할 줄 모르는 솜씨

(나) ㄱ. 상달 : 시월. 시월상달의 준말

  ㄴ. 욱대기다 : 위협하다

  ㄷ. 달포 : 한 달 가량 된 동안

  ㄹ. 숫것 : 순수한 것. 수놈의 수컷과 구별

  ㅁ. 탁탁하다 : 살림이 넉넉하고 윤택하다

(다) ㄱ. 적이 : 조금

  ㄴ. 눈발이 서다 : 눈이 곧 올 듯하다

ㄷ. 벽창호 : 고집 세고 무뚝뚝한 사람

ㄹ. 무서리 : 처음 오는 묽은 서리

ㅁ. 마뜩하다 : 마음에 썩 들다

(라)　ㄱ. 눅자치다 : 눅이거나 눙치다

ㄴ. 열없다 : 좀 겸연쩍은 부끄럽다

ㄷ. 버성기다 : 사이가 탐탁하지 못한다

ㄹ. 한나절 : 하루 낮의 반(半日)

ㅁ. 푼푼하다 : 여유가 있고 넉넉하다

(마)　ㄱ. 상일꾼 : 별로 기술이 필요치 않은 일꾼

ㄴ. 한(쾌) : 북어 스무 마리로 된 단위

ㄷ. 변죽을 울리다 : 간접적으로 깨닫게 하다. 핵심을 말하지 않고 빙빙 돌려서 말하다

ㄹ. 두렁에 누운 소 : 편하고 팔자 좋은 사람

ㅁ. 제 시중 : 제 스스로를 위한 시중.(셀프 서비스)

(바)　ㄱ. 섣부르다 : 어설프게 빠르다.(졸속으로의 뜻)

ㄴ. 숫접다 : 순박하고 진실하다.(숫하다)(수줍다X)

ㄷ. 건건하다 : 별 맛이 없고 조금 짜다

ㄹ. 매무시 : 옷을 입은 뒤의 뒷단속.(매무새는 옷입는 맵시)

ㅁ. 봉창질 : 물건을 넌짓넌짓 모아서 감추어 두는 일

예제) 관용 표현의 쓰임이 적절하지 않은 것은?

1) 이번 일은 바람 잡아서 망친 셈이야!

2) 정말 훌륭하게 해냈어! 자넨 역시 이 방면엔 손방이야!

3) 변죽만 울리지 말고 핵심을 분명히 말해!

4) 달포가 지나도록 소식이 없구먼!

5) 세간이 탁탁하니 어려움 없어 좋겠어!

정답 2)

(가) ㄱ. 감기 고뿔도 남을 안 준다 : 몹시 인색하다는 뜻

　　　ㄴ. 갓 마흔에 첫 버선 : 오래 기다리던 일을 마침내 이루게 되었을 때 쓰는 말

　　　ㄷ. 난 부자 든 가난 : 겉으로 보기에는 떠벌리고 부자인 척 하나 실상 형편은 매우 가난한 이를 일컫는 말

　　　ㄹ. 내 속 짚어 남의 말 한다 : 제가 그러니 남도 그러려니 하고 짐작하여 남의 말을 한다는 뜻

　　　ㅁ. 도둑을 뒤로 잡지 앞으로 잡나 : 도둑은 분명한 증거를 가지고 잡아야지 의심만으로 잡아서는 안 된다는 말

(나) ㄱ. 맏며느리 손 큰 것 : 아무짝에도 쓸 데 없고 도리어 있어서 해로운 존재를 일컬음

　　　ㄴ. 밀양 놈 쌈 하듯 : 곧 결말이 나지 않고 오래도록 끌면서 싸움을 이름

　　　ㄷ. 봄비 잦은 것 : 봄비가 많이 오는 것은 쓸 데 없는 것이니 이로울 것은 조금도 없고 해롭기만 한 것을 일컬음

　　　ㄹ. 산은 오를수록 높고 물은 건널수록 깊다 : 어려운 고비를 당하여 갈수록 점점 더 어렵고 곤란한 일만 생긴다는 말

　　　ㅁ. 부처님 허리토막 : 성질이 온순하고 마음이 어진 사람을 두고 하는 말

(다) ㄱ. 삼사월에 낳은 애기 저녁에 인사한다 : 어린애가 태어난 그날 저녁에 인사한다는 말이니 삼사월은 하루해가 몹시 길다는 뜻

　　　ㄴ. 양반 김칫국 떠먹듯 : 아니꼽게 점잔을 빼는 사람을 보고 하는 말

　　　ㄷ. 어정칠월 동동 팔월 : 농가에서 칠월은 어정어정 무엇 한지도 모르게 지나가고 팔월은 추수 때문에 동동거리며 바삐 지낸다는 말

　　　ㄹ. 잠결에 남의 다리 긁는다 : 자기를 위하여 한 일이 남의 이익만 도모한 결과가 되었다는 말

　　　ㅁ. 재갈 먹인 말 같다 : 말문이 막혀 아무 소리도 없음을 이름

(라) ㄱ. 치마폭이 스물 네 폭이다 : 남의 일에 참견을 과히 한다는 뜻

　　　ㄴ. 처삼촌 뫼에 벌초 하듯 : 무슨 일을 함에 있어서 정성을 들이지 않고 하는 척만 한다는 말

　　　ㄷ. 키 큰 암소 똥 누듯 : 동작이 어설프게 보임을 조롱하는 말

ㄹ. 탕건(宕巾) 쓰고 세수 한다 : 일의 순서가 틀려 모양이 사납게 되었다는 말

ㅁ. 하룻망아지 서울 다녀오듯 : 철모르는 것이 아무리 좋은 것을 보아도 소용없다는 말

예제) 속담의 사용이 올바른 것은?

1) 손이 필요하던 참에 이렇게 와서 도와주니 마침 맏며느리 손 큰 격일세 그려!

2) 밀양 놈 싸움 하듯 빨리 해치워 버리세!

3) 아니꼽게 점잔빼기는 꼭 양반 김칫국 떠먹듯 하는구나!

4) 재갈 먹인 말처럼 왜 그렇게 잔말이 많은가?

5) 하룻망아지 서울을 다녀오듯 이제 겨우 철이 드는구만!

정답 3)

키포인트 3 - 한자

● 동자이음어(同字異音語)

(가)　　ㄱ. 見 ╱ 見聞 (견문)

　　　　　　　╲ 謁見 (알현)

　　　ㄴ. 內 ╱ 內規 (내규)

　　　　　　　╲ 內人 (나인)

　　　ㄷ. 度 ╱ 制度 (제도)

　　　　　　　╲ 度地 (탁지)

　　　ㄹ. 北 ╱ 北伐 (북벌)

　　　　　　　╲ 敗北 (패배)

　　　ㅁ. 索 ╱ 索莫 (삭막)

　　　　　　　╲ 搜索 (수색)

(나)　　ㄱ. 殺 ╱ 殺生 (살생)

　　　　　　　╲ 減殺 (감쇄)

　　　ㄴ. 說 ╱ 說明 (설명)

　　　　　　　╲ 遊說 (유세)

ㄷ. 屬 ╱ 屬國 (속국)

  ╲ 屬託 (촉탁)

ㄹ. 數 ╱ 數學 (수학)

  ╲ 頻數 (빈삭)

ㅁ. 咽 ╱ 咽喉 (인후)

  ╲ 嗚咽 (오열)

(다)　ㄱ. 刺 ╱ 刺客 (자객)

  ╲ 刺殺 (척살)

ㄴ. 辰 ╱ 辰宿 (진수)

  ╲ 星辰 (성신)

ㄷ. 差 ╱ 差等 (차등)

  ╲ 參差 (참치)

ㄹ. 行 ╱ 行脚 (행각)

  ╲ 行列 (항렬)

ㅁ. 滑 ╱ 圓滑 (원활)

  ╲ 滑稽 (골계)

(라)　ㄱ. 狀 ╱ 狀啓 (장계)

  ╲ 狀況 (상황)

ㄴ. 分 ╱ 分擔 (분담)

  ╲ 分錢 (푼전)

ㄷ. 茶 ╱ 茶果 (다과)

  ╲ 紅茶 (홍차)

ㄹ. 暴 ╱ 暴虐 (포학)

  ╲ 暴露 (폭로)

ㅁ. 拓 ╱ 開拓 (개척)

  ╲ 拓本 (탁본)

● 유사한자(類似漢字)

(가)   ㄱ. 延 : 延期(연기)

          廷 : 朝廷(조정)

       ㄴ. 因 : 原因(원인)

          困 : 疲困(피곤)

       ㄷ. 冶 : 陶冶(도야)

          治 : 政治(정치)

       ㄹ. 怒 : 憤怒(분노)

          恕 : 容恕(용서)

       ㅁ. 燥 : 乾燥(건조)

          操 : 操縱(조종)

(나)   ㄱ. 賞 : 授賞(수상)

          償 : 償還(상환)

       ㄴ. 侯 : 諸侯(제후)

          候 : 氣候(기후)

       ㄷ. 朗 : 明朗(명랑)

郞：郞君(낭군)

ㄹ. 肛：肛門(항문)

　　訌：內訌(내홍)

ㅁ. 踏：踏步(답보)

　　蹈：舞蹈(무도)

(다)　ㄱ. 卷：卷頭(권두)

　　　　券：證券(증권)

　　ㄴ. 忘：忘却(망각)

　　　　妄：妄想(망상)

　　ㄷ. 辨：辨明(변명)

　　　　辯：辯士(변사)

　　ㄹ. 魚：魚類(어류)

　　　　漁：漁業(어업)

　　ㅁ. 姿：容姿(용자)

　　　　恣：放恣(방자)

(라)　ㄱ. 凋：凋落(조락)

　　　　彫：彫刻(조각)

　　ㄴ. 惰：惰性(타성)

　　　　墮：墮落(타락)

　　ㄷ. 皮：皮骨(피골)

　　　　彼：彼此(피차)

　　ㄹ. 濁：淸濁(청탁)

　　　　燭：燈燭(등촉)

　　ㅁ. 旱：旱災(한재)

　　　　早：早晩(조만)

예제) 다음 가운데 한자의 표기가 잘못된 것은?

1) 朔月(삭월)

2) 喫煙(끽연)

3) 貸借(대차)

4) 諸侯(제후)

5) 沸騰(비등)

정답 4)

키포인트 4 – 맞춤법

가. 소리에 관한 것

① 'ㄴ', 'ㄹ', 'ㅁ', 'ㅇ' 받침 뒤에서 나는 된소리 : 산뜻하다, 잔뜩, 몽땅, 엉뚱하다.

② 두 모음 사이에서 나는 된소리 : 소쩍새, 오빠, 기쁘다, 어찌, 해쓱하다.

③ 'ㄱ', 'ㅂ' 받침 뒤에서 나는 된소리는 같은 음절이나 비슷한 음절이 겹쳐 나는 경우가 아니면 된소리로 적지 아니한다.

: 국수, 깍두기, 딱지, 색시, 법석, 싹둑.

④ 'ㄷ', 'ㅌ' 받침 뒤에 종속절 관계를 가진 '-이(-)'나 '-히-'가 올 적에는 그 'ㄷ', 'ㅌ'이 'ㅈ', 'ㅊ'으로 소리 나더라도 'ㄷ', 'ㅌ'으로 적는다.

: 맏이(마지 ×), 해돋이(해도지 ×), 같이(가치 ×)

핥이다(할치다 ×), 묻히다(무치다 ×)

⑤ 한자음 '녀', '뇨', '뉴', '니'가 단어 첫머리에 올 적에는 두음법칙에 따라 '여', '요', '유', '이'로 적는다.

: 여자(녀자 ×), 연세(년세 ×), 유대(뉴대 ×), 요소(尿素)(뇨소 ×)

이토(泥土)(니토 ×), 익명(닉명 ×)

⑥ 한 단어 안에서 같은 음절이나 비슷한 음절이 겹쳐 나는 부분은 같은 글자로 적는다.

: 딱딱(딱닥 ×), 똑딱똑딱(똑닥똑닥 ×), 꼿꼿하다(꼿곳하다 ×), 눅눅하다(눙눅하다 ×), 밋밋하다
(민밋하다 ×)

나. 형태에 관한 것

① 체언은 조사와 구별하여 적는다.
  : 떡이 : 떡을– 떡에– 떡도– 떡만
   넋이 : 넋을– 넋에– 넋도– 넋만
   몫이 : 몫을– 몫에– 몫도–몫만
② 용언의 어간과 어미는 구별하여 적는다.
  : 먹다 – 먹고 – 먹어 – 먹으니
   좇다 – 좇고 – 좇아 – 좇으니
   울다 – 울고 – 울어 – 우니
③ 명사 뒤에 '–이' 가 붙어서 된 말은 그 명사의 원형을 밝히어 적는다.
  : 낱낱이, 샅샅이 , 앞앞이
   바둑이, 육손이, 절뚝발이
④ 끝소리가 'ㄹ' 인 말과 딴 말이 어울릴 적에 'ㄹ' 소리가 나지 아니하는 것은 아니 나는 대로 적
  는다.
  : 따님(딸–님 ×), 마되(말–되 X), 마소(말–소 ×)
   바느질(바늘–질 ×), 부삽(불–삽 ×)
⑤ 두 말이 어울릴 적에 'ㅂ' 소리나 'ㅎ' 소리가 덧나는 것은 소리대로 적는다.
 : 멥쌀(메ㅂ쌀), 입때(이ㅂ때), 햅쌀 (해ㅂ쌀), 수캐(수ㅎ개)
  수컷(수ㅎ것), 안팎(안ㅎ밖), 살코기(살ㅎ고기)

예제) 맞춤법에서 규정한 표기법에 맞지 않는 것은?

  1) 살코기   2) 샅샅이
  3) 눅눅하다   4) 민밋하다
  5) 깍두기

정답 4)

① ㄱ을 표준어로 삼고 ㄴ을 버린다.

ㄱ	ㄴ	비 고
끄나풀	끄나불	
녘	녁	동―, 들―, 새벽―
부엌	부억	
살―쾡이	삵―괭이	

② ㄱ을 표준어로 삼고 ㄴ을 버린다.

ㄱ	ㄴ	비 고
강낭―콩	강남콩	
사글세	삭월―세	
굴―젓	구―젓	
적이	저으기	적이―나, 적이나―하면

③ ㄱ을 표준어로 삼고 ㄴ을 버린다.

ㄱ	ㄴ	비 고
돌	돐	
둘―째	두―째	'제2, 두 개째' 의 뜻
셋―째	세―째	'제3, 세 개째' 의 뜻

다만, '둘째' 는 십 단위 이상의 서수사에 쓰일 때에 '두째' 로 한다.

④ ㄱ을 표준어로 삼고 ㄴ을 버린다.

ㄱ	ㄴ	비 고
깡충깡충	깡총깡총	
―둥이	―동이	귀―, 막―, 바람―
오뚝―이	오―똑이	

⑤ ㄱ을 표준어로 삼고 ㄴ을 버린다.

ㄱ	ㄴ	비 고
부조(扶助)	부주	-금
사돈	사둔	밭-, 안-
삼촌(三寸)	삼춘	시-, 외-, 처-

⑥ ㄱ을 표준어로 삼고 ㄴ을 버린다.

ㄱ	ㄴ	비 고
아지랑이	아지랭이	
미장이	미쟁이	
멋쟁이	멋장이	
담쟁이 덩굴	담장이-덩굴	

⑦ ㄱ을 표준어로 삼고 ㄴ을 버린다.

ㄱ	ㄴ	비 고
으레	으례	
케케묵다	켸켸-묵다	
허우대	허위대	
허우적-허우적	허위적-허위적	허우적-거리다

⑧ ㄱ을 표준어로 삼고 ㄴ을 버린다.

ㄱ	ㄴ	비 고
-구려	-구료	
나무라다	나무래다	
바라다	바래다	
상추	상치	-쌈
지루하다	지리하다	
허드레	허드래	허드렛-물, 허드렛-일
호루라기	호루루기	

⑨ ㄱ을 표준어로 삼고 ㄴ을 버린다.

ㄱ	ㄴ	비 고
윗-넓이	웃-넓이	
윗-니	웃-니	
위-짝	웃-짝	
위-층	웃-층	
위-턱	웃-턱	
웃-국	윗-국	아래와 위의 대립이
웃-돈	윗-돈	없는 것은
웃-어른	윗-어른	'웃-' 으로
웃-옷	윗-옷	

⑩ ㄱ을 표준어로 삼고 ㄴ을 버린다.

ㄱ	ㄴ	비 고
구법(句法)	귀법	
구절(句節)	귀절	
결구(結句)	결귀	
어구(語句)	어귀	
시구(詩句)	시귀	

예제) 다음〈보기〉가운데 표준어 규정에 맞는 것끼리 묶어 놓은 것은?

〈보기〉

ㄱ 새벽녘　　　ㄴ 삭월세　　　ㄷ 귀둥이
ㄹ 멋장이　　　ㅁ 허드래　　　ㅂ 웃옷

1) ㄱ, ㄴ　　　　2) ㄷ, ㄹ
3) ㄴ, ㅂ　　　　4) ㄷ, ㅂ　　　　5) ㅁ, ㅂ

정답 4)

① '너머' 와 '넘어'

> 너머 : 어떤 대상이나 사물의 높은 것의 저쪽(명사 ; 재 너머에 있는 집)
> 넘어 : 높은 것의 위를 지나서(동사 ; 산을 넘어 물을 건너)

② '~로서' 와 '~로써'

> ~로서 : 신분을 뜻하는 자격격 조사(부모로서 자식을 나무라다)
> ~로써 : 수단, 도구를 나타내는 기구격 조사(환호로써 답하다)

③ '늘이다' 와 '늘리다'

> 늘이다 : 길이를 늘이는 것(고무줄을 늘이다)
> 늘리다 : 땅, 돈, 세력 등 부피, 양을 늘리는 것(투기로 재산을 늘리다)

④ '~더' 와 '~드'

> 더 : 과거시제 회상(선어말어미 ; 바람 불더니)
> 드 : '선택' 을 나타내는 선어말어미(떠난 사람이 돌아온다드냐)

⑤ '빌다' 와 '빌리다' 와 '빌어먹다'

> 빌다 : 어떤 것을 바라거나 호소하다(행운을 빌다)
> 빌리다 : 남의 물건이나 돈 따위를 나중에 갚기로 하고 쓰다(우산을 빌리다, 전문가의 말을 빌리다)
> 빌어먹다 : 남에게 구걸하여 거저 얻어먹다(게으른 자는 평생 빌어먹는다)

⑥ '빌려주다' 와 '꿔주다'

> 빌려주다 : 자신의 물건이나 돈 따위를 나중에 받기로 하고 내어 주다.
> 꿔주다 : 남의 것을 꾸어(혹은 빌려서) 다른 사람에게 빌려주다.(이것은 억지임. 이 경우는 '꿔 주다'
> 로 띄어 써야 함)
> ('빌리다' 는 물건 따위를 돌려주기로 하고 가져다 쓰는 일. '꾸다' 는 돈이나 양식 따위를 그 양만큼 갚아 주
> 기로 하고 얻어다 쓰는 일. 단, 돈의 경우는 다른 돈이라 할지라도 가치가 균등하므로 '꾸다' , '빌리다' 를
> 함께 쓸 수 있음. 곧, '빌린' 것은 그대로 되돌려 주는 일이며 '꾼' 것은 먹거나 써버리고 난 뒤 그와 동등한
> 가치로 갚아주는 것을 의미함)

⑦ '홑' 과 '홀'

　홑 : '겹' 이 아닌 것(홑이불)
　홀 : '혼자'를 의미(홀어머니, 홀아비)

⑧ '띠다' 와 '띄다'

　띠다 : '지니다'의 뜻(붉은색을 띠다)
　띄다 : '눈에 보이다', '간격을 벌리다'(경비원의 눈에 띄다, 띄어 쓰다)

⑨ '지그시' 와 '지긋이'

　지그시 : 슬그머니 혹은 슬며시 힘을 주는 모양. 또는 참고 견디는 모양(발판을 지그시 누르다)
　지긋이 : 나이가 든 상태(나이 지긋한 어른)

⑩ '장사' 와 '장수'

　장사 : '상행위'의 뜻(떡 장사를 시작하다)
　장수 : '상인'의 뜻(보따리장수)

예제) 다음 문항 가운데 그 표기가 잘못된 것은?

1) 나는 어제 구두를 마추었어!

2) 신념과 용기로서 로스쿨 시험에 도전할 거야!

3) 올해는 열심히 일해서 수입을 늘려야 해!

4) 손님들이 오기 전에 상품을 벌여 놓아야겠어!

5) 링컨은 미국의 열여섯 번째 대통령이야!

정답 2)

2부는 실전 문제로 구성되어 있다. 실전 문제는 난이도에 따라 세 등급으로 나뉜다. 어떤 등급부터 시작해도 상관없다. 그러나 독해력이나 사고력이 훈련되어 있지 않거나 경험이 부족한 경우라면, 낮은 등급부터 시작하는 것이 좋다.

Low Class에서는 짧은 지문과 다소 길더라도 쉬운 내용을 담고 있는 지문으로 구성되어 있다. Low Class에서는 무엇보다도 빨리, 그리고 정확하게 글의 핵심과 흐름을 파악하는 기초 훈련을 해야 한다. 짧은 지문의 경우에는 단락 간의 논리적 관계 등에 주목할 필요가 있다.

Middle Class에서는 비교적 긴 지문이 포함되어 있고, 그리 쉽지 않은 내용과 주제를 다루고 있다. 경우에 따라서는 매우 긴 지문도 있다. Middle Class 실전 문제를 통해 다소 어려운 내용이나 긴 지문도 빠르고 정확하게 이해하는 훈련을 해야 한다. Low Class 실전 문제에서 이미 글의 핵심 논지나 흐름을 파악하는 훈련을 거친 상태이지만, 결코 쉽지 않은 지문들이 포함되어 있다. 그럼에도 거의 동일한 시간에 글의 핵심과 흐름, 그리고 단락 간의 연관성 등을 파악해야 한다. 나아가 출제된 문항들도 다소 어렵고 유형도 다양하기에, Low Class 실전 문제에서 접하지 못했던 문제들을 만나게 될 것이다. 더욱이 Middle Class 지문은 출제될 가능성이 가장 높다. 따라서 말 그대로 실전이라 생각하고, 소요되는 시간까지 측정하면서 지문을 파악하고 문제를 풀어야 할 것이다.

High Class 실전 문제는 결코 쉽지 않은 내용을 담고 있는 지문들이 다수 포함되어 있다. 지문의 길이도 모두 긴 편이다. 그러나 마찬가지로 Middle Class 실전 문제에서 지문을 파악하는 데 소요되었던 시간과 비슷한 수준에서, High Class 실전 문제의 지문들을 파악해야 한다. 따라서 가장 중요한 것은 신속함과 정확함이다. 이를 위해서는 그 동안의 훈련을 토대로 짧은 시간 안에 글의 핵심 논지와 각 단락의 중심 생각, 단락 간의 논리적 관계를 정리하는 훈련을 하는 것이 좋다. High Class 실전 문제는 시간 싸움일 수밖에 없기 때문이다.

1. Low Class

교 육

가) _ 1990년대에 제도권 학교가 꽤 바뀔 것 같더니 2000년대 들어서 다시 입시 위주로 뒷걸음질하고 있다. 사교육시장 탓만은 아닐 것이다. 청년 실업률이 높아지고, 생존이 힘들어지는 사회에서 점점 고조되는 부모와 학생의 불안감 역시 이런 변화에 큰 영향을 미친다.

나) _ 중학교만 해도 수학여행과 소풍을 간다. 그러나 고등학교에 가면 수학여행은커녕 체육대회도 잘 못한다고 한다. 교장이 못하게 해서가 아니라 학부모 항의가 잇달아 꼼짝없이 입시 수업만 해야 한다.

다) _ 자아를 찾아 여행을 떠날 아이들을 가두는 제도권 학교를 보면 '구더기 무서워 장 못 담근다.'는 속담이 생각난다. 책임질 일이 안 벌어지는 게 목적이 되어 버린 조직이다 보니 일은 안 벌일수록 좋다. 좋게 이야기하면 온실이고 안 좋게 이야기하면 편안한 감옥이다.

라) _ 비인가 학교인 부산 '우다다학교'의 학생과 교사 4명이 지난달 무인도 탐사를 갔다가 폭우 때 사망한 사고 이후 벌써 삼우제가 지났다. 그 사건 이후 대안학교에 관여한 사람들은 모두 심란한 나날을 보내고 있다. 이런 일이 자기 학교에서 절대 안 일어난다는 보장이 없기 때문이다.

마) _ 대안학교에서는 사람과 일, 세상을 두려워하는 요즘 아이들이 자기 주도성을 회복하고 서로 협동하도록 만들려고 여러 가지 학습 방법을 개발했다. 내가 몸담은 하자작업장학교에서는 학생들이 8박9일 동안 꼬박 걸어서 바다까지 가는 도보 여행을 한다. 우다다학교는 용기와 자신감을 갖게 하기 위해 무인도 여행을 교과 과정으로 개발했던 학교다. 이번 사건을 보면서 그간 비인가 대안학교에서 아이들을 위해 헌신해 온 교사들은 자문한다고 한다. 이렇게 위험 부담이 큰 일을 계속할 것인가?

바) _ 사고의 책임은 누구에게 있을까? 새로운 학습을 하려는 열망을 가진 아이일까? 그들을 돌보기로 한 대안학교 교사일까? 아이들을 잡아두지 못한 제도권 학교일까? 아이들이 갈 만한 선택지를 만들지 못한 국가와 시민사회일까? 이 나라의 미래를 만들어 갈 10대를 위한 교육 정책이나 청소년 정책이 있기나 한 것일까?

(동아일보, 2007. 9. 17)

1. 이 글에 나타난 필자의 생각으로 적절하지 않은 것은?

  1) 우리의 입시 위주 교육은 생존을 위한 부모와 학생의 정서를 반영하고 있다.

  2) 오늘날 우리의 교육에서 가장 문제가 되는 것은 고등학교의 교육 방식이라 할 수 있다.

  3) 일선 고등학교 교장은 학부모의 요구를 받아들이지 않을 수 없다.

  4) 제도권 학교는 학생들에 대한 책임 의식이 없다.

  5) 자아를 발견하고 용기와 자신감을 갖게 하는 교육 방식은 찬성하지만, 무인도 여행이나 8박9일의 도보 여행 등은 수용하기 어렵다.

해제

분석적 이해 및 추론적 이해를 측정하는 문제이다. 글쓴이가 말하고자 하는 것을 정확히 파악하고 이를 토대로 추론하여, 문항에 적합한 답을 찾아야 한다. 무엇보다 글쓴이는 제도권 학교 및 그 곳에서의 교육 방식에 대해 비판적 태도를 가지고 있다. 이에 부합하지 않거나 이를 토대로 추론할 수 없는 진술을 찾아내야 한다.

1)은 가)단락에 명시되어 있으며, 글쓴이의 학교관, 교육관으로부터 충분히 추론할 수 있는 내용이다.

2)는 나)단락에 명시적으로 드러나 있다.

3)역시 나) 단락을 참조해야만 한다. 3)과 같은 표현은 없지만, 고등학교에서 체육대회를 열지 않는 배경을 토대로 충분히 추론해낼 수 있는 진술이다.

4)는 다) 단락의 내용을 토대로 추론해야 하는 진술이다. 여기에는 '책임질 일이 안 벌이지는 게 목적이 되어 버린 조직'이라는 표현이 나온다. 이로부터 학교의 책임감의 정도를 유추할 수 있다. 책임감이 높다면, 교육의 질을 높이기 위한 노력과 학생들의 자기 개발을 도와주는 모습을 보여야 할 것이다.

5)는 필자의 주장을 전면적으로 위배하는 것이다. 마)에서 보이듯이 필자가 몸담은 곳 역시 대안학교이다. 또한 바)에서 보이듯이 우다다학교의 사건과 관련해서도 근본적으로 국가의 교육 및 청소년 정책에 대해 문제를 제기하고 있다.

정답 5)

가) _ 〈레이트쇼〉는 NBC의 〈투나잇쇼〉의 경쟁 프로그램으로 지난 1993년 8월부터 방송되었다. 이는 프로그램의 진행자인 데이비드 레터맨이 직접 설립한 제작사인 사단법인 월드와이드 팬츠에 의해 제작되고 있다.

데이비드 레터맨은 NBC의 〈레이트 나이트〉의 아이템들을 이름을 바꿔 〈레이트쇼〉에서 방송하고 있는데, 〈레이트 나이트〉의 'Viewer Mail' 코너는 〈레이트쇼〉에서는 'CBS Mailbag'으로, NBC에서 진행할 당시 그의 독특한 아이디어를 표출하던 'Top Ten List'는 'Late Show Top Ten List'로 바꿔 진행하고 있다.

〈레이트쇼〉의 포맷은 경쟁 프로그램인 〈투나잇쇼〉와 유사하게 진행자인 데이비드 레터맨이 주요 인사들을 초대, 인터뷰를 하는 형식으로 이루어지는데, 최근에는 〈투나잇쇼〉의 제이 레노를 풍자하는 내용이 많아지고 있다. 이는 대부분 〈투나잇쇼〉의 시청률 선두를 염두에 둔 것으로 큰 악의는 없는 것으로 받아들여지고 있다.

한편, 〈레이트쇼〉는 다른 코미디 토크쇼에 비해 방청객 참여가 많은 편인데, 목요일 방송의 경우 'Know Your Current Events', 'Stump the Band', 그리고 'Audience Show and Tell' 등의 코너가 그렇다. 또한 〈레이트쇼〉가 NBC의 〈투나잇쇼〉와 크게 다른 점은 데이비드 레터맨의 경우 직접 몸으로 코미디를 하는 경우가 많다는 것과 자기 자신을 비난하는 발언이나 농담을 많이 한다는 점이다.

나) _ 〈데일리쇼〉는 현재 존 스튜어트가 진행을 맡고 있는데, 내용면에서는 〈토요일 밤 쇼〉의 'Weekend Update' 코너와 비슷하게 세상사의 위선이나 사람들의 단점에 대해 풍자하는 내용을 주로 하고 있다. 〈데일리쇼〉는 우수 방송 프로그램에 수여하는 피바디 상(Peabody Award)과 에미 상(Emmy Award)을 수상한 바 있는 인기 프로그램이다.

〈데일리쇼〉의 포맷은 여타 방송사들의 뉴스 프로그램의 형식을 빌려, 존 스튜어트가 앵커의 역할을 맡고 다른 코미디언들이 기자의 역할을 하면서 실제 주요사건을 풍자해서 보도하는 형태로 이루어진다. 〈데일리쇼〉의 특징 중 하나는 호스트인 존 스튜어트가 직접 작가와 공동 제작자의 역할을 담당하고 있다는 점이다. 이러한 존 스튜어트의 활약으로 인해 〈데일리쇼〉가 새로운 차원의 코미디 프로그램으로 발전하는 데 큰 역할을 했다.

이는 〈데일리쇼〉에 출연한 초대 손님의 면면에서도 알 수 있는데, 여기에는 전 대통령인 지미 카터, 빌 클린튼, 전 부통령 앨 고어, 전국무장관인 매들린 올브라이트, 헨리 키신저, 콜린 파월, 상원의원인 힐러리 클린턴, 존 데드워즈, 밥 돌, 존 케리, 조 리버만, 배럭 오바마 등이 포함된다.

(『해외방송정보』, 2007년 8월호)

1. 글 **가)**와 **나)**를 토대로 다섯 명의 학생이 자신의 생각을 진술하고 있다. 글의 내용에 가장 일치하는 진술을 보이고 있는 학생은 누구인가?

   1) 진욱 : 〈레이트쇼〉가 〈투나잇쇼〉를 모방한다는 것이 잘한 일은 아니지만, 법적으로 커다란 문제가 있어 !

   2) 정희 : 〈데일리쇼〉의 인기 비결은 존 스튜어트 활약과는 상관없어. 출연진이 인기를 만들어내는 거야!

   3) 영지 : 〈레이트쇼〉의 한계는 〈투나잇쇼〉와 차별화를 하지 못했다는 사실이야!

   4) 병문 : 〈데일리쇼〉는 정치에 관한 한 너무 진보적이지 못해. 그러니까 젊은이들이 정치를 외면하는 거 아니야!

   5) 현대 : 출연진도 중요하지만 날카로운 정치 풍자가 〈데일리쇼〉의 생명이라고 나는 생각해!

비판적 이해, 추론적 이해, 창의적 이해를 묻는 문제이다. 글의 요지를 정확히 파악한 후 이를 토대로 추론하거나 이를 다른 영역에 창의적으로 적용할 수 있어야 한다.

1)은 가)의 글 세 번째 단락에서 확인할 수 있다. 그러나 여기에는 법적 문제와 관련한 어떠한 진술도 담겨 있지 않다. 따라서 법적 문제를 거론하는 것은 지나친 추론이다.

2)는 나)의 글 두 번째, 세 번째 단락에서 확인 가능하다. 진행자의 능력이 쇼를 차별화시키고 있다는 점을 분명히 적시하고 있다.

3)의 영지도 잘못된 추론을 하고 있다. 가)의 세 번째 단락을 보면 〈레이트쇼〉가 〈투나잇쇼〉의 진행자를 문제 삼는 이유가 시청률을 의식했기 때문이라는 점이 드러나 있기 때문이다.

4)는 나)의 핵심 내용을 파악하지 못하고 있다. 나)는 사회, 정치적으로 중요한 사안이나 인물들을 다루고 있다는 점은 드러나 있지만, 쇼의 정치색은 드러나 있지 않다. 그리고 젊은이들과 정치의 관계를 이 쇼로부터 추론하는 것 역시 부당하다.

5)는 나)의 핵심을 정확히 짚어내고 있다. 이는 나) 전체에 걸쳐 확인할 수 있다.

정답 5)

역 사

가) _ E. H. 카는 "역사는 역사가와 사실과의 상호작용의 부단한 과정이며 현재와 과거와의 끊임없는 대화"라고 했지만, 그 상호작용, 대화의 성격과 질이 문제의 핵심이다. '대화' 보다는 넓은 의미의 '커뮤니케이션' 이라는 단어가 더 적합하다. 역사는 커뮤니케이션이다. 그래야만 한다. 역사를 그렇게 이해할 때에 인간이 역사에 끌려 다니거나 이용당하지 않는 주체성을 조금이라도 확보할 수 있다. 생각해 보자. 동서고금을 막론하고 정치가들은 늘 역사를 오·남용해 왔다. 물론 선의의 적절한 용법이 없었던 건 아니지만, 그런 경우보다는 자기 정당화나 미화를 위해 역사적 사실을 이용한 경우가 훨씬 더 많았다.

나) _ 역사를 선의로 이용할 경우에도 일반적인 역사 기술 방법 자체에서 비롯되는 문제가 있다. 역사가들은 역사의 객관성 확보와 자료 활용의 용이성 때문에 명시지(明示知)에 의존하며 암묵지(暗默知)를 배척한다. 명시지는 구체적으로 명문화하기 쉬운 지식인 반면, 암묵지는 그렇게 하기 어려운 지식이다. 객관성을 소중하게 여기는 역사가들이 명시지를 선호하는 건 당연하지만, 암묵지를 전면 배척할 경우 의도하지 않는 역사 왜곡이 발생할 수 있다.

다) _ 체제, 제도, 법, 규칙, 선거, 사건, 사고 등은 명시지의 영역인 반면, 정신 자세, 의식, 전통, 습속, 관습, 관행, 기질 등은 암묵지의 영역이다. 역사가 후자를 무시하고 전자 위주로 기록된다고 생각해 보라. 왜곡이 발생하는 것도 문제지만, 그런 역사 기술은 인간을 왜소하게 만들고 성찰을 무의미한 것으로 여기게끔 하는 결과를 초래할 수 있다.

라) _ 달리 말하자면, 기존 역사 서술은 커뮤니케이션과 과정을 소홀히 하면서 구조와 결과에 과도한 의미를 부여함으로써 '거대담론의 폭력성' 을 은연중 드러낸다고 볼 수 있다. 한국의 정권들을 대상으로 구체적인 이야기를 해보자.

김영삼. 김대중 정권의 주체였던 왕년의 민주화 투사들은 과거 자신들이 겪은 고난과 시련에 대한 '과도한 보상 욕구' 를 가졌었다. 이는 해방정국의 독립투사들이 가졌던 보상 욕구와 비슷한 것으로, 이것이 당시의 극단적 분열에 일조했다. 이 점을 논의하지 않은 채 기존 명시지 중심으로 역사를 기술하게 되면, 그 시대에 대한 정확한 이해를 어렵게 만들 수 있다.

(강준만, 「역사는 커뮤니케이션이다」)

1. 글쓴이의 견해와 전혀 다른 진술은?

   1) 역사가들은 객관성을 소중히 여기기 때문에 명시지를 선호한다.

   2) 역사를 암묵지에 의존해 기록할 때 인간의 존재는 작아지게 된다.

   3) 역사는 현재와 과거와의 끊임없는 대화보다 한 차원 넓은 세계이다.

   4) 정치가들은 자기 의지에 따라서 얼마든지 역사의 오·남용을 막을 수 있다.

   5) 한국의 정권들은 거대담론의 폭력성을 은연중 드러냄으로써 구조와 결과에 과도한 의미를 부
      여한다.

분석적 이해에 해당하는 문제이다. 각 단락의 연관성과 글 전체의 요지 및 흐름을 파악하는 것이 무엇보다 중요하다.

1)은 나)에서 분명하게 확인할 수 있다.

2)는 암묵지가 아니라 명시지에 대한 설명이다. 인간의 존재를 부각하려면 암묵지에 대한 강조가 필요하다고 나)에서 강조하고 있다.

3)은 가)에서 확인할 수 있다. 글쓴이는 이런 맥락에서 대화대신 커뮤니케이션이란 용어를 사용할 것을 주창하고 있다.

4)는 가)에 분명하게 드러나 있는 내용이다.

5)는 라)에서 확인할 수 있다.

정답 2)

2. 글쓴이의 태도로 보아 이 글 뒤에 이어질 내용으로 적절치 못한 것은?

   1) 노무현 정권은 지역주의 구도와 그에 따른 소용돌이 구조에 의해 권력을 쟁취한 아웃사이더이다.

   2) 훗날 역사가들 역시 객관성 및 자료 확보에 뒤따르는 위험 부담 때문에 노무현 정권에 대한 심
      층적 기술을 하지 않을 것이다.

   3) 역사를 그렇게 쓰고 현재마저 그런 식으로 이해하면 우리가 할 수 있는 일은 아무것도 없게 된다.

   4) 온갖 결정론과 예정론이 지배하는 '인간 없는 역사'를 우리는 물론 후세 사람들도 물려받을 것
      이다.

   5) 인간 중심의 커뮤니케이션이 정당한 대접을 받게 하기 위해선 역사를 곧 커뮤니케이션으로 이
      해하는 발상의 전환이 필요하다.

이 문제는 비판적 이해와 추론적 이해를 동시에 테스트하고자 한다. 글 전체의 흐름을 파악하는 것이 무엇보다 필요하다. 그리고 라)의 마지막 부분을 유의해야 한다. 이어지는 단락의 내용을 유추하는 일은 글의 구성을 이해하지 못하고서는 불가능하기 때문이다.

라)의 마지막은 명시지 중심의 역사 서술의 위험성과 그 폐해를 경고하고 있다. 따라서 추론할 수 있는 내용으로 가장 적절한 것은 이러한 서술의 위험성과 그 폐해와 직결된 구체적 사례가 나올 가능성이 높다는 사실이다. 아니면 이러한 위험성과 폐해로부터 나올 수 있는 역사 현실을 예측할 수도 있을 것이다.

1)은 노무현 정권을 평가하고 있다. 그러나 이런 평가는 이 글의 요지나 흐름에 맞지 않는다. 노무현 정권의 권력 쟁취 배경이나 이 정권의 성격에 대한 논의는 특히 그렇다. 역사를 대하는 노무현 정권의 태도나 혹은 명시지에만 입각한 노무현 정권에 대한 역사적 평가 등의 문제점 등은 다음 단락에서 이어질 수 있는 내용이다.

2)는 명시지에 집착하는 역사가들의 태도 때문에 발생하는 부당한 역사 기술 방식을 문제 삼고 있다. 따라서 충분히 다음 단락에서 나올 수 있는 내용이다.

3)역시 명시지만 중시하는 태도로부터 나올 수 있는 논리적 귀결이라 할 만하다. 인간에 대한 외면 혹은 배제의 성격을 담고 있는 것이 곧 구조와 결과 중심의 역사 서술이기 때문이다.

4)도 3)과 동일한 맥락에서, 다음 단락에서 충분히 나올 수 있는 예견이다.

5)도 그렇다. 라)가 마지막 단락이 아니라면, 글쓴이의 핵심 논지는 5)와 같은 형태로 명시될 수 있을 것이다. 그렇게 되면 이 글은 도입부와 끝 부분에서 글쓴이의 핵심 논지가 드러나는 양괄식 형태의 구성이라고 말할 수 있다.

정답 1)

생명윤리

가)_많은 사람들은 다음과 같은 발전에 만족해 할 것이다. 전 세계적 과학 기술 혁명이 중단되지 않고 진행되었다. 컴퓨터의 능력은 인간 뇌의 능력에 버금가게 되었고 로봇의 숫자는 늘어났다. 분자에서 세포가 재생되었고, 우주에 사람이 살게 되었고 인구 성장은 둔화되었으며 세계의 민주화가 이루어졌다. 국제 교역이 가속화되었고 사람들은 그 전보다 잘 먹고 건강해졌으며 수명이 연장되었다. 그리고 종교가 흔들리지 않고 유지되었다. 21세기의 이 낙관적인 전망에서 빠진 것이 있다. 우리는 그것을 영원히 상실했거나 발전의 담보로 제공했을 것이다. 그것은 바로 사람을 포함한 대부분의 생명이다.

나)_ 그러나 소수의 기술 만능주의자들은 이와는 다른 대답을 할 것이다. 결국 장기적인 관점에서 인간이 된다는 것은 무엇을 의미하는가? 우리는 이미 멀리 와 있고, 계속 전진할 것이다. 다른 생명들? 우리는 위험종의 수정란과 복제할 수 있는 조직을 액체 질소에 담가 두었다가 파괴된 생태계를 훗날 재건할 때 사용하게 될 것이다. 아니, 이것도 불필요할지 모른다. 때가 되면 유전공학으로 그 전의 것보다 인간의 필요에 더 잘 들어맞는 전혀 새로운 종과 생태계를 창조하게 될지 모른다. 호모 사피엔스가 종 자체를 새롭게 만들어 낼 것이고 그들은 우리가 고안한 새로운 생물학적 질서에서 더 잘 살게 될 것이다.

다)_ 이것은 과학 맹신자의 논리를 자연 세계에 확장, 적용해 본 것이다. 그러나 내 생각에 이런 시도를 한다는 것은 주사위를 테이블 위에서 한 번 던지는 것으로 생명의 미래를 결정하는 것 같은 위험한 도박이다. 필요한 수천 종… 거의 알려지지 않는 미생물까지 등록된다면 아마도 수백만 종… 을 되살리거나 합성하는 것, 그리고 제대로 기능을 하는 생태계에 이들을 투입하는 것은 현재의 과학으로는 이론적으로도 상상할 수 없다. 각 종은 서식처 내의 독특한 물리 · 화학적 환경에 적응하고 있다. 각 종은 다른 종들과 서로 어울려 살도록 진화되어 왔는데 생물학자들은 이제야 그 방식을 이해하기 시작했다. 흙이나 물에서 생태계를 합성한다는 것은 과냉각시킨 사람의 시체를 부활시키는 것보다 비현실적이다. 그리고 황폐화된 생물권에 더 잘 적응할 수 있도록 사람의 유전형을 개조하는 것도 공상 과학 소설에서 가능한 일이다. 이것은 상상의 영역에 맡겨 두도록 하자.

라)_ 도박을 하거나 자연계를 망치지 않아야 하는 또 다른 이유가 있다. 신종(新種)이 새롭게 등장하고 이들에 의해 안정된 생태계가 세워진다고 가정하여 논의를 시작해 보자. 그런 먼 훗날의 가능성을 믿고서 우리는 절멸 행위를 지속해야 하는가. 단기적인 이익을 위해 원래의 종과 생태계가 망가지도록 내버려 두어야 하는가? 그런가? 지구 생명의 역사를 지워 버리라는 말인가? 그렇다면 도서관과 미술관도 태워 버리고, 악기도 장작으로 만들고, 악보도 종이로 만들고, 셰익스피어, 베토벤, 괴테, 그리고 비틀즈도 없애 버리자. 왜냐하면 이들 모두 상당히 좋은 대체물로 재창조될 수 있기 때문이다.

마)_ 이 문제는 모든 위대한 결정과 마찬가지로 도덕적인 것이다. 과학이나 기술은 우리의 능력이다. 도덕은 우리가 하거나 하지 말아야 하는 것에 대한 합의이다. 도덕적 결정의 원천인 윤리는 규준 혹은 기준이다. 그리고 가치는 목적에 의존한다. 개인적이건 세계적이건, 양심의 목소리에 따른 것이건 성서 말씀에 감명을 받은 것이건, 목적은 우리가 자신에 대하여, 그리고 사회에 대하여 가지고 있는 이미지를 표현한다. 요약하자면, 윤리는 자아상에서 시작하여 목적, 가치, 윤리적인 지침을 거쳐 도덕적인 추론까지 이어지는 불연속적인 단계들을 거쳐 진화한다.

(에드워드 윌슨,「생명의 미래」)

1. 가) ~ 마)의 내용이 올바르게 기술되어 있는 것은?

  1) 가)-21세기 전망에서 가장 중요한 것은 인간의 수명이 연장될 것이라는 사실이다.

  2) 나)-인간에 의한 유전공학의 영향으로 파괴된 생태계를 새롭게 만들어낼 수 있을 것이다.

  3) 다)-생물학자들은 유전공학을 이용하여 다른 종(種)끼리 합성하는 것이 반드시 필요하다고 이해하고 있다.

  4) 라)-훗날의 가능성을 믿는다면 지구 생명의 역사를 무시해도 나쁘지 않다.

  5) 마)-생명의 창조에 대한 인간의 결정은 궁극적으로 도덕적 기준과는 별개의 문제다.

해제

분석적 이해를 묻는 문제이다. 각 단락의 중심 내용뿐만 아니라 단락과 단락 간의 연관성, 그리고 글 전체의 요지에 대한 파악이 선행되어야 제대로 해결할 수 있다.

1)의 경우, 21세기의 전망에는 물론 인간 수명의 연장이 포함되어 있다. 그러나 글쓴이는 과학 기술 맹신주의에 매우 비판적인 태도를 취하고 있기 때문에, 인간 수명 연장에 대한 심도 있는 문제의식을 갖고 있다고 보기 어렵다. 가) 후반부에도 보이듯이, 가장 중요한 전망은 생명에 대한 위협이다.

2)는 과학기술맹신주의의 입장으로, 나)에서 분명하게 명시된 내용이다.

3)은 글쓴이의 생각에 전면적으로 배치된다. 다)는 과학기술맹신주의가 주장하는 것과 같은 종의 합성에 대해 매우 부정적이며, 비현실적이라는 평가를 내리고 있다.

4)는 글쓴이의 입장에서는 나올 수 없는 진술이라, 라)에 담겨 있다고 추론할 수는 없다. 글쓴이는 분명 생태계 유지 혹은 복원을 역설하고 있다.

글쓴이는 마)에서 가치는 목적에 의해 의존한다고 지적하면서, 생명 창조의 목적을 문제 삼고 있다. 이는 글쓴이가 과학기술의 월권적 행위가 궁극적으로 도덕적으로 정당화될 수 없다는 주장을

정답 2)

2. 윗글의 글쓴이가 동의할 가능성이 가장 큰 진술은?

1) 인간은 유전공학을 활용해 가능한 새로운 생태계를 창조해야 한다.

2) 인간이 다른 생물과 공존하는 것은 지극히 자연스런 현상이다.

3) 인간이 황폐한 생물권에 잘 적응하도록 유전형을 개조해야 한다.

4) 인간을 위한 일이라면 과학적 측면에서 도박을 할 수 있어야 한다.

5) 가치는 목적에 의존하므로, 인류의 발전을 위한 것이라면 도덕에 어긋나는 것도 괜찮다.

해제

분석적 이해와 비판적 이해를 묻고 있다. 글의 핵심적 내용에 대한 정확한 이해와 글쓴이의 핵심 논지에 대한 이해를 토대로 문제를 해결해야 한다. 아울러 실천적 지침을 이론적 측면에서 이끌어내고 있기 때문에, 창의적 이해도 테스트하는 문제라 할 수 있다.

1)은 나)에서 나오는 과학기술맹신자주의의 입장이다.

2)는 현 생태계를 유지하려는 글쓴이의 입장에서 자연스럽게 나올 수 있는 주장이다.

글쓴이는 유전자 개조 등에 매우 부정적이다. 3)은 부당한 추론이다.

4)는 라)를 참조해야 한다. 인간과 생태계를 걸고 도박하는 것에 부정적 견해가 담겨 있다.

5)는 전혀 맞지 않다. 생명윤리를 강조하는 글쓴이의 입장에서 결코 받아들일 수 없는 진술이다. 더욱이 글쓴이의 입장에서 보면 명제 자체가 모순적이다. 인류의 발전을 위하면서 인류를 파멸로 몰아가는 것으로 보이기 때문이다.

정답 2)

가) 먼저 고대사를 고조선 시기, 삼국 시기, 이씨조선(李氏朝鮮) 시기의 세 시기로 구분해 보는 게 눈에 띈다. 그런데 일단 고려시대가 보이지 않는다는 것이 의문이다. 고려의 후삼국 통일 과정과 정치, 군사, 경제뿐만 아니라 거란, 몽고와의 전쟁까지 2쪽에 걸쳐 기술하고 있기는 하다. 따라서 왜 고려시대를 별도의 시기로 구분하지 않았는지는 의문이 아닐 수 없다.

나) 고조선 시기는 구석기시대의 유적부터 설명하는데, 약 50만 년 전부터 조선반도에 인류가 살기 시작하였다고 한다. 그리고 신석기시대의 개시를 지금으로부터 약 6,7천 년 전이라고 하면서, 평양 대동강 유역, 서울 한강 유역, 부산 동삼동 일대에 대표적인 유적지가 있다고 하였다.

다) 『삼국유사』의 단군신화 역시 그대로 소개하고 있다. 그러면서 만약 단군신화에 비추어 본다면 고조선의 건국은 대체로 기원전 2333년이지만, 기타 자료에서는 증명할 수 없고 구체적인 건국 연대는 지금까지 여전히 일치하지 않는다고 여운을 남기고 있다. 동북공정에서는 기자조선을 인정하고 있는데『열국지』에서는 기자조선에 대해 전혀 언급이 없다.

라) 고구려에 대해서는 『삼국지』에 근거해서 본래 예맥의 일파로 부여의 별종이고 언어가 부여와 많이 같았다고 하였다. 이 부분 역시 동북공정의 입장과는 많은 차이가 나는 것이다. 그리고 고구려의 건국과 발전 과정도 『삼국사기』를 기초로 서술하고 있으며, 수·당과의 전쟁에서 승리한 대목에 대해서도 비교적 상세히 적고 있다.

마) 다음으로 백제와 신라에 대해서도 대체로 『삼국사기』의 내용을 좇아 큰 무리 없이 개관하고 있는데, 특히 신라 부분에서 '화랑'을 주목하고 있는 것이 특징이다. 그리고 신라의 '삼국통일' 과정과 통일 이후의 발전 과정에 대해서도 대체로 국내의 시각과 큰 차이 없이 서술되어 있다.

바) 신라 말기의 혼란으로 신라, 후백제, 태봉의 후삼국 형세가 성립되었는데, 이 가운데 옛 고구려 지역 백성들이 세운 태봉은 원래 '후고구려국'이라 하였다가 마진—태봉을 거쳐 왕건의 집

권에 의해 고려로 국호가 바뀌고, 936년 고려가 후삼국을 통일하면서 한반도에 하나의 통일 왕
조가 건립되었다고 하였다. 고구려와 고려의 계승 관계를 인정하지 않는 동북공정의 입장과 큰
차이가 난다.

(국사편찬위원회, 『역사의 창』2007 여름)

*동북공정(東北工程)—중국 사회과학원이 중국 동북 변경 지방의 역사와 현황에 대해 2002~2006년까지
계획한 일련의 연구 작업

---

1. 1999년부터 저술하기 시작한 중국 역사서 『열국지』에 대한 역사학자의 글이다. 위 글의
   내용과 일치하지 않는 것은?

   1) 『열국지』는 여러 분야에서 한국의 입장을 반영하고 있다.

   2) 『열국지』는 한국의 역사를 자체 기술하면서 부분적으로는 객관적이고 공정한 태도를 취한 흔
      적이 보인다.

   3) 동북공정에서 인정하지 않던 단군조선을 『열국지』에서는 어느 정도 인정하고 있지만, 석연찮
      은 구석이 있다.

   4) 고구려에 대해서는 동북공정의 입장과 『열국지』의 입장에는 많은 차이가 나지 않는다.

   5) 동북공정과 달리 단군조선과 고구려의 역사적 정체성을 인정한 점은 높이 평가해야 한다.

해제

분석적 이해에 해당하는 문제이다. 글쓴이가 무엇에 대해서 쓰는지 명시적으로 드러나 있지 않기
때문에, 다소 혼동될 수는 있다. 그러나 문항에서 분명히 『열국지』에 대한 역사학자의 평가를 담
고 있는 글이라 명시하고 있기에, 이를 토대로 글의 핵심 논지와 내용들을 이해해야 한다.

『열국지』는 1999년부터 중국 사회과학원 중심으로 수백 명의 관련 학자가 모여 미국, 영국, 프랑
스, 일본, 러시아 등등 세계 각국의 정치, 경제, 사회, 역사 등을 집대성한 총 158권의 장서다. 이
글은 우리 역사와 관련해서 『열국지』의 주요 내용을 소개하고 있고, 『열국지』를 동북공정과 비교
하여 그 차이점을 분명하게 드러내고 있다. 『열국지』에는 전체적으로 보면 우리가 익히 알고 있
는 역사가 담겨 있으며, 동북공정과는 전면적으로 대립되는 내용을 담고 있다.

1)은 라)와 마)에서 확인할 수 있고, 2)는 우리의 시각에서 본 『열국지』에 대한 일반적 평가라 할
만하다. 3)은 다)에서 확인할 수 있고, 5)는 바)의 두드러지는 점이다. 그러나 4)는 이 글의 주요
내용과 전면적으로 배치된다.

정답 4)

다음은 개성공단 입주 기업에 대한 자료이다.

〈자료1〉 시범단지 입주 기업 수익 상태

〈자료2〉 시범단지 입주 기업 사업 전망

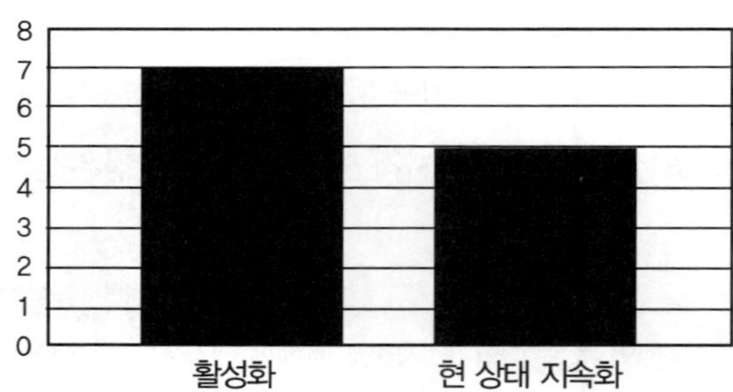

〈자료3〉 시범단지 입주 기업 향후 투자 계획

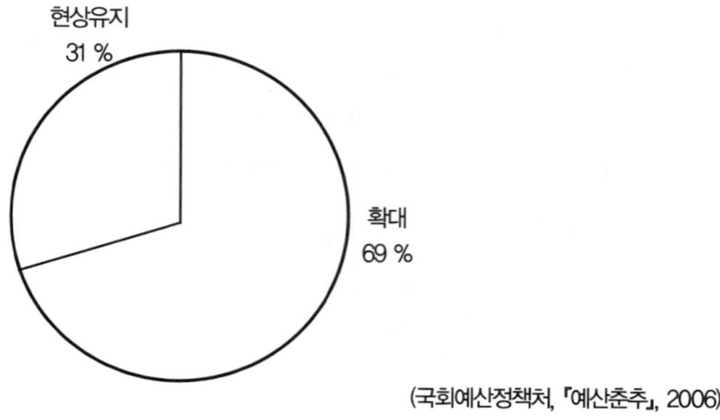

(국회예산정책처, 『예산춘추』, 2006)

1. 이 자료들에 대한 분석 중 적절하지 않은 것은?

  1) 2006년 현재 흑자를 내고 있는 기업은 없다. 사업 초기의 어려움이 점차 줄어들고 있지만, 대부분 입주 기업들은 현재 많은 어려움을 겪고 있다.

  2) 입주 기업들은 대체적으로 개성공단 사업을 긍정적으로 관망하고 있다. '축소' 될 것으로 전망하는 기업은 없고 대부분 '현상태 지속' 혹은 '활성화' 될 것으로 보고 있다.

  3) 확대 투자를 계획하는 이유는 가격 경쟁력 확보 가능, 근로자의 적극 의지, 생산성 향상 가능성 등에서 찾아볼 수 있다.

  4) '현상유지' 투자 계획을 수립하는 이유는 주문량과 판로의 확보, 인프라 충족으로 고정비 증가 요인 부재, 대외적인 요소로 발생하는 불안정성 등에서 찾아볼 수 있다.

  5) 어려움의 공통적 내용은 기본 인프라 미비, 복잡한 출·입경 및 통행, 통관 절차로 발생하는 관리비용 증가, 자금 부족, 인사권 미확보에 따르는 노무 관리 문제, 판로와 물량수주의 어려움 등을 예로 들 수 있다.

해제

분석적 이해, 추론적 이해, 창의적 이해를 동시에 평가하는 문제이다. 자료를 바탕으로 상황을 인식하고 예측해야 한다.

1)은 자료 1에서 확인할 수 있다. 적자와 현상 유지만 존재한다.

2)는 자료 2에서 확인 가능하다.

3)은 북한 현실과 남북한 관계에 대한 상식을 토대로 충분히 추정할 수 있는 내용이라 할 수 있다.

4)는 추정하기 어려운 이유이다. 판로가 확보되어 있고 인프라가 충족되어 있으며 고정비 증가 요인이 없다면, 오히려 투자를 확대하는 것이 상식이다. 따라서 현상 유지의 이유는 그 반대가 되어야 마땅하다. 요컨대 판로 확보의 어려움, 인프라 부족 혹은 부실, 고정비 증가 가능성 등이 되어야 한다.

5)는 북한의 현실 및 남북한 관계의 특수성에 대한 이해로부터 충분히 추론할 수 있는 이유라 할 수 있다. 법적으로 전혀 다른 국가이기 때문에 통관 문제가 생길 수 있고, 대기업들이 진출해 있는 것이 아니기 때문에 그리고 판매 부진으로 인해 자금 회전이 여의치 않기 때문에 자금 부족이 생길 수 있다. 북한의 산업 기반 시설이 미약하기 때문에 인프라와 관련한 곤란도 충분히 추정할 수 있다. 북한 노동자들이 개별 기업으로부터 임금을 받는 것도 아니기에, 인사권과 관련된 노무 관리의 어려움에 봉착할 수밖에 없다.

정답 4)

문화

가) _ 저녁 뉴스의 범죄 보도에서, 피로 물든 도로 위로 희생자의 시체가 포대에 싸여 끌려가는 장면을 보게 된다. 심지어 뉴스는 보지 않고 오락 프로그램만 시청하려고 해도 그 프로그램들이 적어도 하나 이상의 폭력 행위를 보여줄 가능성은 60%가 넘는다.

나) _ 우리 사회에 끊임없이 퍼부어지는 이런 메시지들 때문에 많은 사람들은 높은 범죄율과 폭력에 대한 책임의 일단을 미디어가 져야만 한다고 생각한다. 미국은 산업화된 다른 국가들과 비교할 때, 매우 높은 범죄율을 보이고 있다. 예를 들어 다른 선진국들은 대체로 연간 100만 명당 1.2건의 살인율을 보이지만, 미국에서는 평균 65건의 살인사건이 발생한다. 대부분의 미국 가정들이 처음으로 텔레비전 수상기를 구입했던 1950년대 초반부터 지난 50년 동안 700% 증가했다.

다) _ 어린이들도 현실 세계의 폭력에 깊이 연루되어 있다. 총기 관련 폭력으로 미국 어린이의 생명이 3시간마다 한 명씩 사라지며, 5분마다 한 명의 어린이가 폭력 범죄로 체포된다. 안전한 학교생활을 하기 위해서는 스스로를 무장해야만 한다고 많은 어린이들이 느끼고 있다면 믿을 수 있겠는가?

라) _ 청소년들의 우울증은 1950년대 이래로 10배나 증가했다. 프로잭(Prozac)과 같은 우울증 치료제를 사용하는 청소년들이 그 전의 어느 때보다도 훨씬 많아졌다. 그런 연유로 청소년의 자살률은 지난 30년 동안 3배나 증가했다.

(W. 제임스 포터, 『미디어와 폭력』)

---

1. 이 글을 올바르게 분석하고 있는 것은?

1) 미국에서 하루 동안 총기 관련 폭력으로 사라질 어린이의 생명은 10명 이상이며, 폭력 범죄로 체포되는 어린이는 286명 미만이다.

2) 미국의 살인율은 산업화된 다른 선진국보다 훨씬 높다고 할 수 있다.

3) 자신의 의지와 관계없이 폭력 행위에 노출되어 있으므로 미국 사회는 미디어 회사에 그 책임을 물을 수가 없다.

4) 청소년들의 우울증과 청소년의 자살률 사이에는 정비례 관계가 성립한다.

5) 미디어가 다양화되고 더욱 늘어난다고 하더라도 아이들은 이제 공격적이며 폭력적인 행동의 경향을 더 이상 드러내지 않을 것이라 예상된다.

분석적 이해에 해당하는 문제로 매우 평이한 문항이다. 글의 요지만 파악한다면, 별 어려움이 없다.

1)은 맞지 않다. 3시간 당 한 명이므로 8명이 맞고, 5분 당 한 명이 범죄에 노출되므로 286명 이상이라고 보는 것이 맞다. 다) 참고.

3)은 너무나 비상적인 진술이다. 물론 나)에서 오류임을 확인할 수 있다.

4)의 경우 라)를 참조하면 '정비례'라고 단정하기는 어렵다.

5)는 글 전체의 요지에 전면적으로 위배되는 내용이다.

정답 2)

경 제

다음은 노동시장의 변화 추이를 나타낸 자료이다.

자료1 · 〈취업자 추이〉(천 명, 전년동기 대비,%)

	2004년	2005년				2006년		
	연간	연간	3월	11월	12월	1월	2월	3월
취업자수	22,557	22,856	22,576	23,191	22,699	22,471	22,412	22,848
증감차	418	299	205	389	205	393	327	272
36시간미만	6.4	8.7	20.59	3.7	5.3	−4.0	−6.4	−6.7
36시간이상	1.2	0.3	−1.6	1.6	0.4	3.1	3.2	2.5
비임금 근로자	−0.9	0.1	−0.7	1.1	0.6	0.0	−0.6	−0.7
상용근로자	4.9	3.8	4.9	2.3	2.6	3.4	3.3	3.0
임시 · 일용근로자	1.9	0.0	−1.5	1.7	−0.5	1.8	1.6	1.3

자료2. 〈실업자와 비경제활동인구 추이〉(천 명, 전년 동기 대비,%)

	2004년	2005년				2006년		
	연간	연간	3월	11월	12월	1월	2월	3월
실업자	860	887	956	785	827	869	953	921
실업률	3.7	3.7	4.1	3.3	3.5	3.7	4.1	3.9
〈15~29세〉실업률	8.3	8.0	8.8	7.3	7.9	8.0	8.7	8.5
계절조정실업률	3.7	3.7	3.7	3.5	3.5	3.4	3.5	3.5
비경제활동인구	14,300	14,557	14,566	14,511	14,977	15,206	15,227	14,871
구직 단념자	100	125	109	121	130	135	138	109

(통계청, 『경제전망과 정책』, 2006년)

1. 이 자료들에서 추출하기 어려운 분석은?

1) 취업자 수가 해마다 증가하고 있고 고용의 질도 개선되고 있는 추세이다.

2) 2006년 3월 전체 취업자는 전년 동월 대비 27.2만 명 증가하여 지난해 3월에 비해 다소 개선되고 있다.

3) 취업자가 다소나마 증가하면서 실업률은 안정적이지만, 비경제활동인구는 전반적으로 증가하고 있다.

4) 2006년 3월 실업자는 전년 동월 대비 약간 감소하였고, 실업률도 전년 동월 대비 0.2% 하락한 것으로 나타나고 있다.

5) 자영업주 등 비임금 근로자의 규모는 최근 대체로 증가하는 추세이고, 임시 · 일용 근로자의 증가가 완만한 반면, 상용 근로자의 증가세가 전체 취업자 증가세를 주도하고 있다.

해제

분석적 이해와 추론적 이해를 측정하는 문제이다. 두 개의 자료를 동시에 정확히 이해해야 한다. 각 항목의 내용을 자료들과 대비하면 쉽게 해결할 수 있다.

1)과 2)는 자료 1에서 분명하게 끄집어낼 수 있는 분석이다. 3)은 자료 1과 2를 동시에 분석하면 분명 맞다. 4)도 자료 2에 분명하게 드러나 있다. 그러나 자료 1을 보면 자영업 등 비임금 근로자는 2005년 3월부터 지속적으로 감소하고 있고, 임시·일용 근로자는 증가했다고 볼 수 없으며, 상용 근로자는 들쑥날쑥하고 있다.

정답5)

❶ 재생 가능 에너지 이용의 활성화는 핵 발전의 억제나 포기가 전제되지 않고는 대단히 어렵다. 김대중 대통령이 원유 가격이 올랐으니 경제를 위해 에너지 절약을 해야 한다고 강조했지만, 이 말은 1970년대 초에 박정희 정권에서도 똑같이 나왔던 이야기이다. 그런데 1970년대의 석유 파동이 끝나고 원유 가격이 10달러대로 떨어지자 에너지 절약이나 '대체 에너지' 개발 이야기는 쑥 들어가고 말았다. 그리고 석유는 석유대로 엄청난 양을 수입하면서 핵 발전도 적극 확대하는 방향으로 정책이 나아갔던 것이다. 그러므로 이러한 인식에서 벗어나지 않으면, 얼마 후 원유 가격이 다시 떨어져 유가가 경제에 미치는 영향이 줄어들고 ❷ 경제가 계속 좋아질 경우에는 대통령의 에너지 절약 이야기도 들어갈 것이고, 핵발전을 줄이고 재생 가능 에너지 이용을 확대하자는 주장은 더더욱 관심을 끌지 못할 것이다. 에너지 절약을 강조하고 재생 가능 에너지 이용을 호소한다 해도 전력 생산 기조를 현재와 같이 핵 발전에 크게 의존하려는 정책이 바뀌지 않는 한은 – 핵 발전을 확대하려는 것은 전체적으로 에너지 소비 증가를 가정하는 것이고 이를 조장하는 것이다– 이러한 노력이 진정이 담긴 노력이 되기 어렵고 따라서 별다른 결실을 맺지 못한다는 것이다.

❸ 핵 발전을 하지 않거나 포기하기로 결정한 국가들은 일반적으로 기후 변화 문제라는 환경 문제에 대해서도 크게 우려하는데, 따라서 이들 국가들은 핵 발전을 포기하면서 다른 환경 문제를 낳는 화석 연료의 확대로 나아가려는 선택은 절대 하지 않는다. 그렇다면 핵 발전을 포기할 경우 지금까지 핵 발전으로부터 얻었던 전력을 무엇으로 충당하느냐 하는 문제가 심각하게 떠오른다. 이들 국가들은 거의 모두 이 공백을 이산화탄소나 오염 기체를 배출하지 않는 재생 가능 에너지로 채우려는 방향을 선택한다. 그렇기 때문에 독일에서는 사민당/녹색당 연립 정부에서 핵 발전을 포기하기로 결정하고 나서 재생 가능 에너지 확대 정책을 더 강화하여 10만 지붕 프로그램과 전력 매입법을 재생 가능 에너지에 크게 유리하게 개정한 것이다. 그러므로 **가)** 핵 발전을 포기해야 한다는 주장에 대해 종종 제기되는, 원자력 대신 화석 연료를 더 사용하게 됨으로써 기후 변화나 대기 오염을 악화시킨다는 반론은 성립하지 않는다. ❹ 재생 가능 에너지를 선택한 나라의 국민은 핵 발전의 위험과 화석 연료 사용의 결과에 대한 우려로부터 대안으로 모색한 결과 이러한 선택을 한 것이지, 단순히 핵 발전만은 안 되고 다른 것은 다 괜찮다는 생각으로 원자력 이용을 반대한 것은 아니기 때문이다.이러한 에너지 문제에 대한 각성이 있었기에 이들 나라의 재

생 가능 에너지 확대나 에너지 절약도 힘차게 진행되는 것이다. 그러므로 ❺ 우리나라의 에너지 절약 운동도 그것이 진정으로 성공적인 것이 되기 위해서는, 기후 변화의 심각성과 핵 발전 포기에 대한 고려가 반드시 병행되어야 한다.

(이필렬, 「녹색평론」 54호)

1. 글쓴이가 동의할 것으로 보이는 진술은?

    1) 경기가 좋아지면 핵발전소 건설이 미뤄질 가능성이 높다.

    2) 에너지 소비를 줄이려면 핵 발전을 포기해야 한다.

    3) 핵 발전을 포기한다면 화석 연료 사용의 증가로 갈 수밖에 없다.

    4) 핵 발전이야말로 가장 강력한 대체 에너지이다.

    5) 재생 가능한 에너지 개발은 핵발전소 건설의 전제이다.

해제

비판적 이해와 추론적 이해를 묻고 있다. 이 문제를 해결하기 위해서는 지문에 대한 정확한 독해도 필요하고 글쓴이의 생각을 논리적으로 전개할 수 있어야 한다.

다소 복잡한 내용들이 얽혀 있는 듯하지만, 이 글은 매우 논리적이다. 따라서 글 전체의 핵심 주장인 "재생 가능한 에너지 이용을 활성화시키려면 핵 발전을 포기해야 한다"는 명제로부터 시작해야 한다.

1)은 부수적인 내용이고 글쓴이의 생각에도 맞지 않다. 경제 상황이 좋아질수록 핵 발전 확대가 일어날 가능성이 높다. 더 많은 전력을 생산하기 위해 핵 발전이 가속화될 것이기 때문이다.

2)는 글쓴이의 핵심 주장은 아니지만, 밀접하게 연결된 진술이다. 핵 발전은 에너지 소비 증가를 전제로 한 것이기에, 핵 발전이 지속되는 한 에너지 소비 감소는 어렵다는 것이 글쓴이의 생각이다. 이는 첫 번째 단락 후반부와 마지막 단락 후반에 잘 나와 있다.

글쓴이에 따르면 재생 가능한 에너지라는 제 3의 대안을 배제하고 있기에, 3)은 성립할 수 없다.

4)는 글쓴이의 입장에서도 나올 수 없고 논리적으로도 성립하기 어렵다. '재생 가능한'과 '핵 발전'은 양립할 수 없기 때문이다.

5)도 4)와 마찬가지로 글쓴이의 입장에서도 나올 수 없고 논리적으로도 성립하기 어렵다.

정답 2)

2. 가)에 대한 설명으로 가장 적절한 것은?

1) 글쓴이의 논리적 억지이다.

2) 모든 화석 연료가 환경오염을 야기하는 것은 아니다.

3) 핵 발전이든 화석 연료든 어느 하나를 선택할 수밖에 없다.

4) 제 3의 대안이 있기 때문에 이런 주장을 할 수 있다.

5) 화석 연료를 사용하면서도 환경오염을 야기하지 않는 새로운 기술의 가능성이 존재한다.

해제

분석적 이해와 추론적 이해를 묻는 문제이다. 가)를 이해하려면 전후 문맥을 꼼꼼히 읽어야 한다. 원자력을 사용하지 않으면 환경오염이 된다는 주장은 논리적으로 봐도 그럴 듯하다. 그러나 글쓴이가 가)와 같이 말할 수 있었던 이유는 가) 이하에서 잘 드러난다. 요컨대 제 3의 대안이 있기 때문에, 양자택일의 문제가 아니라는 점이다.

1)은 맞지 않다. 논리적으로 보더라도 글쓴이의 주장이 설득력이 있기 때문이다.

2)와 5)도 이론적으로는 가능한 말이지만, 글 전체의 문맥상 전혀 어울리지 않는 말이다.

정답 4)

3. 이 글의 주제문으로 볼 수 있는 것은?

1) ❶

2) ❷

3) ❸

4) ❹

5) ❺

해제

분석적 이해에 해당하는 문제이다. 짧은 글이기 때문에, 주제문을 파악하는 것은 어렵지 않다. 그러나 여러 내용과 논리가 나오는지라, 다소 혼동할 수도 있다. 이 글은 첫 부분에 명시적으로 드러나 있다. 글쓴이가 말하고자 하는 것은 결국 재생 가능한 에너지 확대와 핵 발전과의 관계이다. 따라서 이에 대해 글쓴이의 입장이 분명하게 드러난 것은 ❶ 밖에 없다.

정답 1)

ⓐ 위층 복도의 거실 문 앞에 이르자 그는 잠시 멈춰 서서, 안으로 들어가라고 권하는 무두장이의 손을 잡았다.

"그런데 말일세."

그가 속삭이듯 말했다.

"자네, 그 동안 결혼은 했겠지?"

"그럼, 물론이지."

"그래서 하는 말인데, 자네 부인은 나를 모르지 않나. 그러니 나를 반가워하지 않을 수도 있을 거야. 난 자네 부부를 방해하고 싶지 않네."

"방해는 무슨!"

A)로트푸스는 웃으며 문을 활짝 열어젖히더니 크눌프를 환한 거실 안으로 밀어 넣었다. 거실 안의 널따란 식탁 위쪽에는 석유램프가 세 줄의 사슬에 매달려 있었다. 희미한 담배 연기가 허공을 떠돌다가 가느다란 선을 이루며 뜨거운 램프 주위로 모여들더니, 순식간에 소용돌이 모양으로 피어오르며 사라져 버렸다. 식탁 위에는 신문 한 장과 돼지 방광으로 만든 불룩한 담배쌈지가 놓여 있었다. 구석에 놓인 작고 좁다란 소파에서 젊은 부인이 당황해하며 벌떡 일어섰다. 마치 졸다가 놀라 깬 사람이 그것을 감추려는 듯한 모습이었다. ⓑ 크눌프는 한 순간 강렬한 빛에 놀라기라도 한 것처럼 눈을 깜박이더니 부인의 연회색 눈을 들여다보며 정중한 인사말과 함께 손을 내밀었다.

"집사람일세."

주인은 웃으며 소개했다.

"이 사람은 크눌프, 내 친구 크눌프야. 우리가 전에 이 친구에 대해 얘기를 나눴던 적도 있잖아. 당연히 우리 집에서 묵을 거고, 견습공 침대에서 자게 될 거야. 지금 비어 있으니까. 하지만 우선 같이 한잔 해야지. 그리고 크눌프는 요기를 해야 하구. 간 소시지가 아직 좀 남아 있지?"

부인이 급히 밖으로 나갔고, 크눌프는 그 뒷모습을 바라보았다.

"부인이 약간 놀란 것 같네."

그가 나지막이 말했다. 하지만 로트푸스는 그의 말을 수긍하려 들지 않았다.

"아이는 아직 없나?"

크눌프가 물었다.

그 때 그녀가 다시 들어와서, 주석으로 만든 접시에 소시지를 담고 빵 쟁반을 그 옆에 놓았다. ⓒ 쟁반 한가운데에는 검은 빵 반 조각이 잘린 면을 아래쪽으로 한 채 얌전하게 놓여 있었고, 그 가장자리를 따라 둥글게 '오늘 우리에게 일용할 양식을 주옵소서' 라는 글귀가 돋을새김으로 박혀 있었다.

"여보, 리스, 방금 크눌프가 내게 뭘 물어봤는지 알아?"

"그만 두게나!"

크눌프가 가로막았다. 그리고 그는 미소 지으며 부인을 향해 말했다.

"그럼 잘 먹겠습니다, 부인."

하지만 로트푸스가 그대로 있지 않았다.

"우리에게 아이가 없느냐고 이 사람이 물었다니까."

"아이 참!"

그녀는 웃으면서 다시 나갔다.

"아이가 없는 건가?"

그녀가 나가고 나자 크눌프가 물었다.

"응, 아직 없어. 집사람이 서두르지 않았으면 해서. 그리고 신혼에야 그게 더 좋은 법 아닌가. 그나저나 어서 들게나, 맛있게 먹게!"

부인이 이번에는 회청색 사기로 만든 과실주 항아리를 들고 들어와 세 개의 잔을 세우고는, 술을 가득 따랐다. 그녀는 이 모든 일을 능숙하게 해냈고, 크눌프는 그 모양을 바라보며 미소 지었다.

"건배하세, 옛 친구!"

라고 외치며 주인은 크눌프를 향해 자신의 잔을 내밀었다. 크눌프가 예의 바르게 응수했다.

"먼저 부인들을 위해 건배하는 법이지. 자, 부인의 건강을 위하여! 그리고 옛 친구를 위하여 건배!"

그들은 잔을 부딪친 후 마셨다. 로트푸스는 기쁨으로 얼굴을 빛내며 자신의 친구가 얼마나 예절 바른 사람인지 보라는 듯 아내를 향해 눈짓했다.

그녀는 진작 그것을 알아채고 있었다.

"보세요."

그녀가 말했다.

"크눌프 씨는 당신보다 예의가 바르시잖아요. 예절이 무엇인지를 아시는 분이라구요."

"아닙니다."

손님이 말했다.

"배우기만 하면 누구나 다 그렇게 하는 거죠. 예절에 관해서라면 저 같은 사람은 부인에게 갖다 댈 수가 없을 것 같은데요. 훌륭하게 대접해 주시니 꼭 최고급 호텔에 있는 기분입니다."

(ㄱ) "사실이야."

주인이 웃으며 말을 받았다.

(ㄴ) "하지만 이 사람도 역시 배운 거지."

(ㄷ) "그래요? 어디서죠? 아버님이 호텔 주인이셨습니까?"

(ㄹ) "아니에요, 아버지는 돌아가신 지 벌써 오래인 걸요. 이젠 기억도 잘 안 날 정도예요. 혹시 아실지 모르겠는데, 옥센이란 곳에서 제가 몇 년간 일을 한 적이 있거든요."

(ㅁ) "옥센이라구요? 그곳이라면 옛날에 이곳 레히슈테텐 최고의 호텔이었지요."

크눌프가 감탄하며 말했다.

(ㅂ) "지금도 마찬가지예요. 그렇죠? 숙박하는 손님들은 거의 다 출장중인 사업가나 관광객들이었어요."

(ㅅ) "그럴 겁니다, 부인. 분명히 그곳에서 재미있게 지내면서, 돈도 꽤 버셨겠는데요! 하지만 자신의 가정을 꾸려나가는 게 훨씬 더 좋지 않습니까?"

(d) 그는 천천히 음미하며 부드러운 소시지를 썰어 빵 위에 얹고 깨끗이 벗겨낸 껍질은 접시 가장자리에 밀어두었다. 때때로 잘 익은 노란색 사과주를 한 모금 마시기도 했다. 주인은 그가 가느다랗고 섬세한 손으로 필요한 일들을 그토록 깔끔하게, 유희하듯 해내는 모양을 유쾌하면서도 경이로운 마음으로 지켜보았고, 그의 아내 또한 그 모습을 만족스럽게 바라보았다.

"자네 그다지 좋아보이지는 않는군."

에밀 로트푸스는 이제 그를 나무라기 시작했다. 크눌프는 얼마 전에 몸이 아주 좋지 않았으며 병원에 입원했었다는 것을 고백하지 않을 수 없었다. 하지만 그는 언짢을 만한 이야기에 대해서는 입을 다물었다. (e)그의 친구는 이제 어떤 일을 시작할 생각인지를 묻고는, 언제까지라도 자신이 식사와 잠자리를 제공하겠다고 진심으로 제안했다. 바로 자신이 예상하고 기다렸던 제안이었는데도, 크눌프는 갑자기 수줍어하며 대답을 피했다. 그는 가볍게 고마움을 표시하고 이 문제에 대한 이야기를 다음날로 미루는 것이었다.

(헤르만 헤세, 『크눌프』)

1. 이 글을 통해 알 수 없는 것은?

   1) 시공간적 배경

   2) 등장인물들의 성격

   3) 인물들의 관계

   4) 주동인물의 직업

   5) 소설의 시점

분석적 이해 및 추론적 이해를 묻는 문제이다.

1)의 시간적 배경은 '저녁 무렵'(석유램프, 저녁식사), '공간적 배경'(로트푸스의 집) 등이다.

2)도 맞다. 크눌프, 로트푸스, 부인의 성격이 어렴풋이 드러나고 있다.

3)도 그렇다. 친구관계, 부부관계 등이 드러나 있다.

4)는 아니다. 주동 인물이란 주인공이다. 여기서 보면, 아직까지 크눌프의 직업은 알아차릴 수 없다.

5)도 맞다. 소설은 당연히 시점이 있다. 이 글은 작가가 관찰하고 있는 시점에다가 이따금씩 작가가 전지적 입장에서 기술하고 있다. 어떻든 시점을 알 수 있다.

정답 4)

2. 대화의 주체가 동일한 인물이 아닌 것으로 연결되어 있는 것은?

   1) (ㄱ) – (ㄴ)

   2) (ㄷ) – (ㅁ)

   3) (ㄹ) – (ㅂ)

   4) (ㅅ) – (ㅁ)

   5) (ㄷ) – (ㅂ)

분석적 이해, 추론적 이해를 측정코자 하는 문제이다. 해당 단락의 요지 및 흐름에 대한 정확한 파악에 입각해서 대화의 주체를 찾아내는 일이다.

(ㄱ), (ㄴ)-주인의 말이다. 여기서 주인은 무두장이 및 로트푸스와 동일 인물이다. (ㄷ), (ㅁ), (ㅅ)-크눌프의 말이다. 동시에 손님이기도 하다. (ㄹ), (ㅂ)-로트푸스 부인의 말.

정답 5)

3. 다음 〈보기〉 가운데 인물의 심리 상태에 대한 설명으로 적절하지 않은 것끼리 묶여진 것은?

〈보기〉

(ㄱ) 크눌프는 친구 부인의 출현에 대해 조금 부담스러운 눈치다.

(ㄴ) 로트푸스는 크눌프를 반가운 마음으로 맞고 있다.

(ㄷ) 로트푸스의 부인은 크눌프를 내심 경계하면서 자신의 과거를 숨기려 한다.

(ㄹ) 크눌프는 로트푸스의 아내가 호텔에서 일하는 것이 더 낫다고 생각한다.

(ㅁ) 로트푸스는 그의 아내를 사랑스럽게 여기고 있다.

1) (ㄱ)–(ㄴ)

2) (ㄴ)–(ㄷ)

3) (ㄷ)–(ㄹ)

4) (ㄹ)–(ㅁ)

5) (ㄱ)–(ㅁ)

해제

비교적 평이한 문제로 분석적 이해 및 추론적 이해를 측정하고자 한다.

(ㄱ)은 적절하다. 크눌프가 '결혼은 했겠지?' 묻는 대목 이후에 부담을 느낄 수 있다고 추측해 볼 수 있다.

(ㄴ)은 글의 첫 문장부터 느낄 수 있다.

(ㄷ)은 적절하지 않다. 부인은 크눌프를 경계하지 않고 과거를 들먹이며 자연스럽게 대화하고 있다.

(ㄹ)도 적절하지 않다. 크눌프는 호텔에서 일하는 것보다 가정을 꾸리는 것이 나을 거라고 말한다.

(ㅁ)은 적절하다. 로트푸스는 아내에게 예의바르지는 않지만 전체적으로 보아 사랑스럽게 여기고 있음을 알 수 있다. 따라서 (ㄷ)~(ㄹ)은 심리 상태의 설명으로 적절하지 않다.

정답 3)

4. 밑줄 친 ⓐ∼ⓔ 가운데 대화를 포함하고 있는 서술을 모두 고른 것은?

1) ⓐ-ⓑ

2) ⓐ-ⓔ

3) ⓑ-ⓒ

4) ⓑ-ⓓ-ⓔ

5) ⓐ-ⓑ-ⓔ

분석적 이해 및 추론적 이해를 측정하고자 하는 문제이다. 대화를 포함하는 서술이라 함은 일종의 '간접대화'라는 것인데 직접대화처럼 " "안에 들어가지 않고 서술자의 서술 속에 포함되는 의사 전달의 방식이다.

ⓐ의 경우, '안으로 들어가라고 권하는'에서 무두장이가 안으로 들어가라고 권하는 직접적인 표현이 생략되어 있음을 알 수 있다.

ⓑ의 경우 역시 '정중한 인사말' 대목을 통해 크눌프가 부인을 향해 말했을 장면을 쉽게 떠올릴 수 있다.

ⓒ의 경우, 대화의 분위기를 찾을 수 없을 뿐만 아니라 '오늘 우리에게 일용할 양식을 주옵소서.'는 다만 글귀에 지나지 않는다.

ⓓ역시 대화의 장면이 드러나 있지 않다. 천천히 음미하는 것은 그 대상이 무엇이든지간에 말로써 음미하는 것이 아니다.

ⓔ의 경우, '묻고는' '제안했다' 등의 대목을 통해서 대화를 포함하고 있음을 알 수 있다. 그러므로 ⓐ-ⓑ-ⓔ로 묶여야 맞다.

정답 5)

5. 밑줄 친 [A]를 통하여 작가가 연출하고자 했던 것으로 가장 적절치 못한 것은?

1) 로트푸스의 크눌프에 대한 인간미

2) 적막하고 허무한 일상의 되풀이

3) 단조롭고 위태해 보이는 삶의 모습

4) 인물들의 대립적 관계의 심화

5) 살포시 묻어 있는 상대에 대한 배려

분석적 이해 및 추론적 이해, 창의적 이해를 측정하는 문제이다. [A]는 소설의 서술과 묘사가 동시에 나타나고 있는 대목이다. 독자는 서술과 묘사를 통해서 등장인물들의 심리 및 시공간적 배경, 사건의 개요 및 전망 등을 이해할 수 있다. 그 밖에도 인물의 움직임이나 일의 사실을 현실감 있게 드러내도록 한다.

1)은 맞다. 로트푸스가 반갑게 크눌프를 맞는 대목에서 확인 가능하다.

2), 3)은 식탁 위의 신문 한 장과 담배쌈지, 사라져 버리는 담배 연기 등을 통해 느낄 수 있다. 세 줄의 사슬이나 작고 좁다란 소파 등도 2), 3)의 분위기를 자아내게 하는 도구 혹은 장치라 생각할 수 있다. 그럼에도 불구하고 서로에 대한 배려를 통해 인정미가 살포시 묻어 있음도 엿볼 수 있다.

그러나 인물들의 대립적 견해는 보이지 않는다. 로트푸스는 처음부터 크눌프에게 호의적이었으며, 크눌프 역시 로트푸스의 부인에게 정중히 대하며 악수를 청하는 것으로 보아 대립의 모습은 보이지 않는다.

정답 4)

문 학

- -

"우리 딸들과 무슨 관계가 있다는 거요?"

"당신은 정말 답답한 분이군요. 그 사람이 우리 딸 중의 하나와 결혼하게 되는 걸 생각하고 있는 거예요."

(ㄱ) "그런 속셈으로 여기 오는 거요?"

"속셈이라고요? 정말 어이가 없군요. 어떻게 그런 말을 할 수가 있어요! 하지만 우리 딸들 중의 누군가를 좋아하게 되는 건 있을 법한 일이예요. 그러니 그 청년이 이사 오면 당신이 곧 찾아가셔야 해요."

"나까지 나설 필요가 뭐 있겠소. 당신이 딸들과 같이 가면 돼요. 아니면 딸들만 보낼까? 그러는 게 좋을지도 모르지. 당신은 딸들보다 더 아름다우니 빙리 씨가 당신을 제일 좋아하게 될지도 모르잖아."

(ㄴ)"그럴듯하게 추켜세우는군요. 확실히 나도 아름다웠던 적이 있어요. 하지만 이젠 별 볼일 없어요. 성숙한 딸들이 있는 여자라면 자기의 아름다움을 생각할 수는 없을 거예요."

(ㄷ)"그런 경우엔 생각해 볼 만한 아름다움조차 없단 말인가!"

"아무튼, 여보! 빙리 씨가 이사 오면 꼭 찾아가 보세요."

"그런 약속은 못 하겠어."

"당신 딸들 때문이에요. 그만한 결혼상대자는 흔치 않으니까요. 루카스 씨 내외도 단지 그것 때문에 찾아갈 작정이래요. 그 부부가 새로 이사 온 사람들한테 얼마나 인색한지는 당신도 잘 아시잖아요. 그러니 당신도 꼭 찾아가셔야 해요. 당신이 먼저 가 주시지 않으면 우리끼리는 찾아갈 엄두도 못 내니까."

(중략)

베넷 씨는 가장 먼저 빙리 씨를 방문한 사람들 중의 한 명이었다.

아내에게는 끝까지 찾아가지 않겠다고 말했지만, 진작부터 찾아갈 작정이었다. 베넷 부인은 그 날 밤까지도 그 방문에 대해서는 전혀 모르고 있었는데, 그 날 저녁 얘기 도중에 드러나게 되었다. 두 번째 딸이 모자에 장식을 달고 있는 것을 보고 있던 베넷 씨가 갑자기 이렇게 말했다.

"빙리 씨의 마음에 들었으면 좋겠구나, 리지."

"하지만 우린 빙리 씨가 뭘 좋아하는지 모르잖아요. 우리 집에선 찾아가지 않았으니까요."

(a)베넷 부인이 원망스러운 듯이 말했다.

"그렇지만 어머니, 무도회에서 만나게 될 텐데요. 롱 부인이 소개해 주겠다고 약속하셨잖아요."

엘리자베스(리지)가 부드러운 미소를 지으면서 베넷 부인을 물끄러미 쳐다보았다.

"그 부인이 그렇게 해줄 리가 없지. 조카딸이 둘씩이나 있으니까 말이다. 이기적인 데다가 위선적인 여자야. 그 부인의 말은 전혀 믿을 수가 없어."

"그건 동감이오. 나도 믿지 않지. 당신, 롱 부인을 믿지 않는 건 정말 잘하는 일이야."

베넷 씨가 고개를 끄덕이면서 말했다. (b)베넷 부인은 이 말에는 대꾸하지 않았으나, 도저히 자기 감정을 억제하지 못하고 딸 중의 하나를 야단치기 시작했다.

"그렇게 기침 좀 하지 마, 키티. 넌 조금도 내 신경을 생각하지 않고 갈기갈기 찢어놓는구나."

"키티의 기침은 좀 분별이 없구나."

베넷 씨가 근엄한 표정으로 말했다.

"누가 기침을 하고 싶어 하나요."

키티가 짜증스러운 목소리로 대답했다.

"리지 언니, 다음 무도회는 언제지?"

"2주일 후."

"정말 그렇구나. 그렇다면 롱 부인은 그 전날까지 돌아오지 않을 텐데. 자기도 모르면서 그 사람을 소개해 줄 수는 없잖아."

(ㄹ)"그렇다면 당신이 부인을 빙리 씨에게 소개해 주면 되잖소."

"하지만 그렇게는 할 수 없어요, 여보. 그건 불가능해요. 나도 모르는데 어떻게 소개를 하란 말이에요."

"당신의 신중함에 감탄했어. 알고 지낸 지 2주일로는 충분하다고 할 수 없을 거고. 그 정도로는 어떤 사람인지 알 수 없지. 사실, 우리가 결단을 내려서 어떤 행동을 하지 않으면 누군가 다른 사람이 할 걸. 롱 부인과 조카딸들도 운명을 시험할 권리는 있으니까. 당신이 소개하지 않겠다면 내가 한번 해볼까? 롱 부인도 기뻐할 테니까......."

(c) 딸들은 모두 깜짝 놀라면서 아버지를 바라보았다.

"농담도 잘하시네!"

(d) 베넷 부인은 남편의 말에 별로 신경을 쓰지 않았다.

"농담이라는 건 무슨 뜻이오? 소개의 형식이나 소개를 존중하는 관습을 농담이라고 생각하오? 그런 점에선 나는 당신과 의견이 달라요. 그런데 메리, 네 의견은 어떠냐? 제법 사색가처럼 어려운 책을 읽으면서 메모도 하고 있잖아."

메리는 재치 있는 말을 하려고 궁리했으나 선뜻 떠오르지 않았다.

"메리가 생각을 정리하고 있는 중이니 화제를 잠깐 빙리 씨에게 돌리기로 하지."

베넷 씨가 말했다.

"빙리 씨 얘기라면 이제 더 이상 듣고 싶지도 않아요."

베넷 부인이 소리쳤다.

"이거 참 유감스럽군. 당신은 왜 (ㅁ)그 사실을 미리 알려주지 않았어? 오늘 아침에만 그걸 알았더라도 그 사람을 찾아가는 실수는 저지르지 않았을 텐데. 운이 나쁘군! 하지만 이미 방문해 버린 지금으로서는 모르는 척하며 살 수도 없겠지."

베넷 씨가 예상한 대로 식구들은 깜짝 놀랐다. 그 중에서도 아내가 더욱 그랬다.

한참 법석을 떤 후, 아내는 당신이 그럴 줄 미리부터 짐작하고 있었다고 너스레를 떨기 시작했다.

"여보, 당신은 정말 좋은 분이에요! 저는 미리부터 당신이 설득당할 줄 알고 있었어요. 딸들을 그렇게나 귀여워하시니 이런 좋은 기회를 결코 등한시할 리가 없다는 걸. 아, 이렇게 기쁠 수가! 그런데 오늘 아침에 갔다 오셨으면서 지금까지 한마디도 하지 않은 건 정말이지 너무하셨어요."

"이제 키티가 마음대로 기침을 해도 괜찮겠지?"

(e) 그렇게 말하면서 베넷 씨는 기뻐서 어쩔 줄 몰라 하는 아내의 모습에 넌더리를 치며 방에서 나갔다.

"너희 아버지는 얼마나 훌륭한 분인지 몰라! 얘들아, 너희들이 어떻게 그 친절에 보답할 수 있 겠니. 내게 대해서도 말이야. 우리 나이쯤 되면 날마다 새로운 사람을 사귄다는 게 그리 기쁜 일 만은 아니란다. 그렇지만 너희들을 위해서라면 뭐든지 할 거다. 리디아, 너는 나이는 제일 어리지 만 다음 무도회에선 분명히 빙리 씨가 너와 함께 춤을 추고 싶어 할 거다."

"예, 엄마. 나는 걱정 없어요. 나이는 어려도 키는 제일 크잖아요."

리디아가 자신만만한 목소리로 씩씩하게 말했다.

그들은 그 날 밤 내내 아버지가 방문한 것에 대한 답례로, 그가 찾아오는 것은 언제이며, 만찬 의 초대는 언제가 좋을까 하는 등등의 이야기꽃을 피우면서 시간을 보냈다.

(제인 오스틴, 「오만과 편견」)

1. 등장인물들에 대한 설명으로 적절치 못한 것은?

    1) 베넷 부인은 자기 마음속에 품고 있는 생각을 쉽사리 노출시키는 사람이다.

    2) 베넷 씨는 풍자적이며 농담을 잘하는 사람이다.

    3) 베넷 부인은 이해력과 지식이 빈약하며 마음이 불안한 사람이다.

    4) 베넷 씨는 외향적이지만 변덕스럽지는 않다.

    5) 메리는 리디아보다 신중한 성격의 소유자다.

여러 평가 항목을 동시에 측정하기 위한 문제이다.

1)은 맞다. 빙리 씨가 이사 온다는 소문을 듣고 어떻게든 자신의 딸들과 결혼할 수 있도록 호들갑 을 떠는 측면만 봐도 알 수 있다.

2)역시 맞다. 이런 상황에서도 느긋할 뿐만 아니라 웃음을 자아내게 하고 있다.

정답 : 4)

2. 이 글을 통해 추론해 볼 수 있는 것으로 적절한 것은?

1) 베넷 씨와 베넷 부인은 빙리의 결혼 상대자로 리지를 생각하고 있다.

2) 엘리자베스는 빙리 씨에 대해 별로 기대하고 있지 않다.

3) 빙리 씨는 여성들의 관심을 끌 만한 재력가는 아니지만 멋진 청년일 것이다.

4) 베넷 씨 부부는 아들이 없다.

5) 베넷 씨와 베넷 부인은 비록 성격은 달라도 공감하는 부분은 있다.

정답 : 5)

3. 다음 (보기)의 (ㄱ)~(ㅁ)에 대한 설명 가운데 지시하는 의미가 올바르게 기술된 것으로만 묶인 것은?

〈보기〉

(ㄱ) 딸을 빙리 씨와 결혼시킬 목적

(ㄴ) 부인의 미모를 인정하듯

(ㄷ) 성숙한 딸들을 가진 여자

(ㄹ) 2주일 후 무도회가 열린다면

(ㅁ) 듣고 싶어도 들을 수 없는 빙리 씨 얘기

1) (ㄱ)

2) (ㄴ)–(ㄷ)

3) (ㄷ)

4) (ㄷ)–(ㄹ)

5) (ㄱ)–(ㄷ)–(ㅁ)

해제

분석적 이해 및 추론적 이해의 문제이다.

(ㄱ)은 적절하지 않다. 딸을 빙리 씨와 결혼시킬 목적이 아니라, 빙리 씨가 딸들과 결혼할 목적으로 이사 오는 것을 의미한다.

(ㄴ)도 틀린 말이다. 마음에 없는 얘기를 하면서도 상대방이 믿게끔 추켜세우는 것을 말한다.

(ㄷ)은 맞다. 바로 앞의 대화를 참조하면 알 수 있다. 성숙한 딸들이 있다면 생각해 볼 아름다움조차 없는가를 의미한다.

(ㄹ)도 틀린 말이다. 원래의 뜻은 '어차피 모르는 가운데 소개할 입장이라면'이다. 구체적으로는 '롱 부인이 베넷 부인의 딸들을 빙리 씨에게 소개하지 못한다면'을 의미한다. 2주의 여유가 있으므로 베넷 부인이 먼저 빙리 씨와 인사를 한다면, 베넷 부인이 오히려 빙리 씨에게 롱 부인을 소개할 수 있다. 이는 뒷 문장을 보면 드러난다.

(ㅁ)도 틀린 말이다. 지칭 자체가 다르다. (ㅁ)은 부인이 빙리 씨 얘기를 더 이상 듣고 싶어 하지 않는다는 점을 의미한다.

정답 : 3)

4. 밑줄 친 (a)~(e)에 대한 이유를 설명한 것으로 가장 옳지 않은 것은?

1) (a) 베넷 부인은 리지보다 리디아를 빙리의 상대자로 생각하고 있기 때문이다.

2) (b) 롱 부인이 자신의 딸들을 빙리 씨에게 소개해줄 리 없다고 베넷 부인은 판단하기 때문이다.

3) (c) 평소 성품으로 보아 아버지처럼 소심한 분이 빙리 씨에게 롱 부인을 소개하기란 모험이나 같은 것이니까.

4) ⓓ 남편이 롱 부인을 빙리 씨에게 몸소 소개하는 일은 결국 일어나지 않는다고 생각하기 때문
이다.

5) ⓔ 빙리 씨와 딸들의 문제로 지나치게 호들갑을 떠는 아내가 지겹기 때문이다.

분석적 이해와 추론적 이해를 측정하는 문제이다.

1)은 틀린 말. 베넷 부인이 원망스러운 듯이 말한 이유는 남편 때문이다. 자신의 남편더러 빙리 씨를 만나라고 요구했음에도 불구하고, 그가 빙리 씨를 만나지 않아 빙리 씨가 무엇을 좋아하는지 모른다고 생각하고 있기 때문이다. 여전히 그녀는 자신의 남편이 빙리 씨는 모르는 상태였다. 이는 ⓐ의 이전의 설명과 대화를 보면 분명해진다. (b), (c), (d), (e)는 이유를 설명한 것으로 맞다.

정답 : 1)

5. 이 글에 나타난 베넷 씨 가족에 대한 비판으로 가장 잘 어울리는 속담은 어느 것인가?

1) 떡 본 김에 제사 지낸다.

2) 떡 방아 소리 듣고 김칫국 찾는다.

3) 떡도 떡답게 못해 먹고 생떡국으로 망한다.

4) 떡 고리에 손 들어간다.

5) 떡 먹은 입 쓸어 치듯 한다.

창의적 이해를 묻는 문제이다.

이 글은 떡 줄 사람은 생각도 않는데 김칫국부터 마신다는 의미로 정답은 2)이다. 2)는 같은 의미의 속담이다.

1)은 무슨 일을 계획 중에 마침 기회를 잡아 그것을 치른다는 뜻. 이 일과는 조금 거리가 있으며 비판의 뜻이 없다.

3)은 무슨 일을 다 해보지도 못한 채 실패를 하게 되었다는 말로, 이 글에서는 실패는 나타나 있지 않다.

4)는 오래도록 탐내던 것을 마침내 가지게 되었다는 말.

5)는 모르는 체 시치미를 뗀다는 뜻.

정답 : 2)

분명 몇몇 대통령들은 미디어를 이용해 상당한 권력을 누리는데, 미디어는 워싱턴에서 그들이 '인기게임'을 성공적으로 해낼 수 있도록 도와준다. 그러나 미디어의 이용과 높은 인기도를 위한 계속적인 요구는 가끔 대통령의 통치 능력을 약화시킬 수 있다.

❶ 우선 백악관에서 매일 행해지는 토론들의 상당한 양이 대 공중 이미지의 손상에 관한 것이다. 인기의 중요성이 점점 커지고 이에 따라 대통령과 그 조언자들은 웅변술과 대 공중 관계 연구에 더 많은 신경을 쓰고 있다. 이 점은 정책 입안과 주요한 국가적 문제에 관한 응답들을 계획하고 발전시키는 데 쓰여야 할 정부의 능력을 감소시키는 결과를 초래할 수 있다. 가) 대 공중 이미지에 몰두함으로써 생기는 기회비용에 관해 카터 대통령의 국내 정치 특별 고문이었던 로이크 커틀러는 다음과 같이 말하고 있다.

나는 백악관에서 행해지는 실제적인 결정들이 언론의 마감 시간에, 특히 저녁 뉴스의 마감 시간에 상당한 영향을 받고 있는 것을 보고 놀랐다. 만약 일례로 월요일에 어떤 사람이 대통령이나 그의 프로그램에 대해 강한 비판을 했다고 치자. 그러면 대통령의 업무는 중지된다. 다음날 아침 어떤 중요한 일을 하고 있더라도 대통령이 저녁 뉴스에 맞춰 어떻게 대응해야 할 것인가를 짜내기 위해, 하고 있던 그 일은 접어두어야 한다.

❷ 둘째, 이미지를 만들어냄으로써 대중에게 나아가는 전략은 공중이 정부 관리에 대해 비현실적으로 높은 기대를 갖게 하는 위험이 있다. 이 같은 기대는 어떤 현직 관리도 채워줄 수 없다. 미국 경제는 점차 미국 대통령만의 영향권을 넘어서 전 세계와 연결되어 있다. 계속적으로 긍정적인 사건만을 부각시키면서 대통령과 상원의원, 하원의원들은 부정적인 사건으로부터 비난을 모면하려 한다. 카터 대통령이 1970년 OECD가 석유 값을 올리는 담합 앞에서 할 수 있었던 일은 거의 없었음에도 불구하고 카터는 에너지 가격의 갑작스러운 폭주로 생긴 불경기 때문에 많은 비난을 받았다. 대중들의 관심을 끌기 위해 정책을 부각시키지만, 때로는 그 정책으로 인해 화살을 되돌려 받을 수 있다. 정치가들의 결정이 결과와 아무런 관련이 없다 할지라도 화살은 정치인들에게 책임을 추궁한다. 이런 식으로 이미지를 만드는 작업은 긍정적인 동시에 부정적인 면을 초래할 수도 있다.

❸ 인기를 위해 대통령은 종종 자신의 이미지를 만들 수 있는 위험한 결정과 정책들을 수행하도록 유혹받는다. 예를 들어 어떤 상황에서 대통령들은 그들의 강인함을 보여 주어야 한다. 이란이 미국 외교관들을 포로로 미국 대사관을 점령한 이후 카터 행정부는 인질 석방을 촉구하라는 강한 압력에 직면하였다. 1980년 4월 인질 구출을 위한 헬리콥터 구조대는 비극적인 결과와 상당한 인명 손실을 감수해야 했다. 이 사건은 구조대 파견을 반대하는 압도적인 세력의 비난에도 불구하고 다음과 같이 승인되었다. 지미 카터와 같이 평화를 사랑하고 종교적인 사람은 단지 미국 여론을 움직이기 위한 편리한 수단으로 이란에 구조대를 파견하지 않았다. 그것은 다른 식으로 작용했다. 여론이 대통령에게 단순한 모험 행동을 할 것을 강요한 것이다.

❹ 인기에 대한 집착은 또한 대통령의 정책 결정을 방해할 수도 있다. 특별히 인기라는 것이 정책 목표를 수행하는 데 꼭 필요한 것으로 간주되기 때문에 대통령과 관료들을 어려운 문제나 해결책과 씨름하려 하지 않는다. 고질적인 문제에 어려운 답을 제안하는 것은 대중에 대한 인기를 지불해야 하는 것이지만, 대중의 지지 없이는 이런 문제들을 언급할 기회도 가질 수 없다. 정치가들에게 남겨진 것은 인기 자체를 위해 인기를 추구하고 보호하는 것이다.

❺ 마지막으로 정부는 부패되거나 마비되어 버릴 수 있는 가능성도 갖고 있는데, 그것은 서로가 지나친 수사학적, 웅변적으로 과장하여 경쟁을 할 때이다. 대통령이 점점 수사학적인 리더십으로 나아가면 의회나 다른 곳에서의 그의 반대자들은 모두 대통령처럼 그런 방법을 이용하여 행동할 것이다. 재정 손실을 증대시키는 지나친 사회 개발 프로그램을 삭제하지 못한 것에 대해 부시 대통령이 민주당을 공격하는 반면, 민주당은 공화당이 부유한 중산층 이상의 사람들에게만 우호적이고 외교라는 명분하에 국내 문제는 무시한다면서 공화당을 공격한다. 제프리 툴리스의 말처럼 **나)** <u>"우리는 서로에 관한 문제를 뛰어넘어 광대한 무정형의 유권자들에게 이야기하고 있는 두 정치 정당의 매우 적나라한 모습을 대하고 있다."</u>

(유세경 – 『매스미디어와 현대 정치』)

1. 글의 성격 및 구성에 대해 잘못 지적하고 있는 것은?

   1) 서론–본론–결론의 짜임새 있는 구성을 보여 주고 있다.

   2) 글쓴이의 주장과 근거가 명시되어 있다.

   3) 구체적인 사례를 통하여 설득력을 높이고 있다.

   4) 두괄식 구성을 보여 주고 있다.

   5) 특정인의 행태를 분석하고 있다.

분석적 이해와 비판적 이해를 동시에 묻는 문제이다. 무엇보다 글 전체의 흐름과 서술 방식에 주목할 필요가 있다.

1)은 다소 문제가 있다. 글쓴이는 글 서두에서 자신의 주장을 명시적으로 개진하고 있지만, 완결적 논술문의 형태라 보기엔 미흡하다. 결론 부분이 빠져 있기 때문이다.

2)는 맞다. 글쓴이는 서두에서 자신의 주장을 개진하고 있고, 두 번째 단락부터는 현실을 분석하면서 주장의 근거를 동시에 제시하고 있다.

글쓴이는 미국 정치 현실이라는 구체적 사례를 통하여 설득력 있는 논의를 하고 있다. 따라서 3)도 답이 아니다.

글쓴이는 서두에서 자기주장을 명시적으로 피력하고 있기에, 4)도 답이 아니다.

미국 정치 현실 및 정치인들의 행태를 분석하고 있으니, 5)도 맞지 않는다.

정답 1)

2. 가)의 경우에 속하기 어려운 것은?

1) 국가 이익이 달린 군사 협약이 취소되었다.

2) 국가적 주요 문제와 관련된 정책 결정 시간이 길어졌다.

3) 정책 집행과 관련된 기관장들의 회합이 보류되었다.

4) 국민들의 관심을 끌 수 있는 정책이 조속히 만들어졌다.

5) 환경 보호법 추진에 필요한 세수가 감소되었다.

분석적 이해와 창의적 이해를 동시에 묻는 문제이다. 가)의 의미를 정확히 이해하려면 기회비용(opportunity cost)의 의미를 알아야 한다. 기회비용이란 경제학의 기본 용어로서, 하나의 재화를 선택했을 때 포기하게 될 수밖에 없는 재화의 가치를 의미한다. 요컨대 재화의 생산이 곧 재화 생산 기회의 희생으로 보는 개념이다.

1)은 기회비용의 경우에 해당한다. 정치인들의 이미지 관리에만 집착함으로써 지불하게 되는 비용의 경우라 할 수 있다. 즉 군사 협약이 국가 이익의 손해를 가져올 것이기에, 이미지에 대한 집착은 군사 협약을 통해 얻을 수 있는 국가 이익을 기회비용으로 지출한 셈이다.

2) 역시 마찬가지다. 주요 정책 결정 시간이 길어짐으로써, 국가 정책을 입안하고 추진하는 데 사

용하여 얻을 수 있는 이익을 기회비용으로 지출한 경우이다.

3)의 경우도 마찬가지다. 기관장들의 모임이 유보됨으로써, 기관장들이 자신들의 시간을 효율적으로 사용하여 국가 기관을 위해 사용했을 때 얻을 수 있는 국가적 이익이 기회비용으로 지출되었다.

4)는 대 공중 이미지에 매달림으로써 생기는 기회비용이 아니라, 대 공중 이미지에 매달리는 행위이다. 따라서 답이 아니다.

5)는 대 공중 이미지 때문에 충분한 세금을 확보하지 못한 경우이다. 따라서 인기에 집착하지 않았다면 더 확보할 수 있는 세수분이 기회비용이 된다.

정답 4)

3. 나)의 의미를 가장 적절하게 설명하고 있는 것은?

　1) 국민들은 안중에도 없이 정치인들은 자신의 이익을 위해 늘 싸운다.

　2) 정당이 다르더라도 정치인들의 행태는 언제나 똑같다.

　3) 유권자들은 늘 정치인들을 경멸한다.

　4) 누가 유권자가 될지 결정되지 않아 정치인들이 늘 혼란을 겪는다.

　5) 정치인들이 싸우는 목적은 유권자들에게 좋은 이미지를 심기 위해서이다.

해제

분석적 이해와 비판적 이해를 동시에 테스트하는 문제이다. 이 문제는 글 전체의 흐름과 나) 앞에 있는 문장 및 문맥에 대한 정확한 이해를 필요로 하다.

글쓴이는 글 전체에 걸쳐 이미지에 집착하는 정치인들 때문에 나타나는 폐해를 서술하고 있다. 나) 바로 위에서 글쓴이는 대통령의 수사학적 리더십 때문에 반대 정파도 그것을 모방하여 정쟁을 일으킨다고 지적하고 있다. 이를 종합하여 나)의 의미를 쉽게 해석하자면, 나)는 다음과 같이 풀어쓰는 것이 적절하다. 정치인들의 정쟁과 분쟁이란 대 국민 이미지에 집착하는 정당들이 유권자들을 상대로 하는 정치 전략일 뿐이다.

1)은 글 전체의 흐름과 글의 요지와도 맞지 않기 때문에, 나)에 대한 적절한 해석이 될 수 없다.

2)는 글쓴이의 입장에 부합하는 추상적인 표현이라고 볼 수는 있다. 그러나 나)의 의미를 가장 적합하고 명료하게 풀어쓴 것이라고 볼 수는 없다.

이 글은 유권자의 입장에서 정치인을 바라본 것이 아니라, 유권자들을 대하는 정치인의 태도와

정답 5)

4. 지문을 통해 유추할 수 있는 현대 정치의 양상이라 보기 어려운 것은?

1) 선거에서 정치 컨설턴트의 역할이 점점 커지고 있다.

2) 정책의 합리성보다는 정책의 정치적 효과를 중심으로 정책이 개발되고 있다.

3) 소신 있는 최고 권력자들이 정치적 영향력을 증대시키고 있다.

4) 진실한 정치인보다는 진실한 사람으로 보이려는 정치인이 늘어나고 있다.

5) 예리한 정치적 판단을 가진 공중이 실종되고 있다.

해제

다.

4) 역시 이미지 정치에 부합하는 진술이다. 인기를 얻으려면 대중에게 어떻게 보이느냐가 가장 중요하다. 따라서 실제 모습이 아니라 보이는 모습 혹은 대 공중 이미지가 중요할 수밖에 없고, 그래야만 정치적으로 이득을 얻을 수 있다.

5)는 다소 헷갈리지만, 지문의 내용과 맞아 떨어지는 양상이라 볼 수 있다. 유권자들이 정책과 이념 혹은 정치인들의 실제 모습에 대해 냉철히 판단한다면, 이미지 정치가 득세하기란 어렵다. 정치의 최종 소비자는 결국 유권자일 수밖에 없고 대중일 수밖에 없다. 따라서 이미지 정치의 만연은 결국 대중들이 능력 있고 진실한 정치인을 선별할 수 있는 능력을 상실했기 때문이며, 이미지 정치가 성공을 거두고 있기 때문이라고 말할 수 있다.

정답 3)

5. 글쓴이의 핵심 주장을 뒷받침하는 근거라고 보기 어려운 진술은?

1) 주요한 국가적 문제 해결에 필요한 정부 능력을 감소시킨다.

2) 유능한 정치인이 제 능력을 발휘하지 못한다.

3) 대통령은 자기 이미지를 좋게 만들 수 있는 위험한 결정과 정책들을 수행한다.

4) 대통령의 정책 결정이 방해 받는다.

5) 수사학적 리더십은 부패하거나 마비된 정부를 만든다.

해제

분석적 이해와 추론적 이해에 해당하는 문제이다. 이 문제를 해결하려면 글쓴이의 핵심 주장, 곧 글 전체를 관통하는 중심 명제를 도출해야 한다. 글의 구성에도 주의를 기울여야 한다. 글쓴이의 핵심 주장은 첫 단락에 나와 있다. '미디어와 인기에 대한 집착은 대통령의 통치 능력을 약화시킨다'가 그것이다. 그리고 글쓴이는 이 주장을 보완하거나 옹호하기 위해 미국 정치 현실 및 나타날 수 있는 정치적 결과, 그리고 원인 등을 다소 산만하게 나열하고 있다. 따라서 이 중에서 근거만을 선별하는 작업이 필요하다. 특히 글쓴이가 순서대로 나열하고 있는 네 가지가 모두 근거에 해당되지 않는다는 것을 명심해야 한다.

1)은 통치 능력 약화의 원인이 될 수 있다. 정부의 문제 해결 능력이 감소할수록 통치 능력은 약화될 수밖에 없다. 1)은 두 번째 단락에 나와 있는 표현을 다소 변형시킨 것이다. 물론 통치력 약화는 다시 문제 해결 능력의 감소를 결과하기도 한다.

2)는 주의해야 할 항목이다. 무엇보다 통치 능력의 약화를 초래한 원인으로 보기에는 어딘지 어색하다. 그렇다고 글쓴이의 주장과 전혀 무관한 것은 아니다. 인기에 집착해 통치 능력이 약화되

없을 경우, 언제든 나타날 수 있는 결과로 볼 수 있기 때문이다. 따라서 2)는 원인이 아니라 결과 혹은 효과에 해당한다.

3) 역시 원인에 해당한다. 자기 이미지에 집착한 정책과 결정들을 수행하게 되면, 대통령의 통치 능력은 분명 약화될 것이기 때문이다.

인기에 집착하면 당연히 정책 결정이 방해 받을 수밖에 없고 이는 결국 대통령의 통치 능력 약화로 귀결될 수밖에 없다. 따라서 4)도 원인이라 볼 수 있다.

5)도 원인이 된다. 수사학적 리더십 때문에 정부가 부패하거나 기능이 마비되면, 당연히 통치 능력의 약화가 일어날 수밖에 없다.

정답 2)

6. 지문으로부터 끌어낼 수 있는 교훈이라고 보기 어려운 것은?

1) 유권자들은 냉철한 이성적 판단으로 선거에 임해야 한다.

2) 언론은 계몽적 차원에서 정치 현실 및 정치인에 올바른 정보를 제공해야 한다.

3) 국민들은 정치 현실 혹은 상황을 정확히 이해하려고 노력해야 한다.

4) 대통령은 여론을 신경 쓰지 말고 소신껏 정책을 강력하게 밀어붙여야 한다.

5) 정치인들의 말과 행동은 국가와 국민의 이익을 위한 것이어야 한다.

해제

비판적 이해와 추론적 이해, 그리고 창의적 이해를 동시에 묻는 문제이다. 글쓴이의 주장과 근거를 분명히 이해해야 하고, 이를 통해 논리적 추론과 창의성을 통해 적절한 교훈을 끌어내야 한다.

1)은 이미지 정치에 반대되는 개념인 '냉철한 이성적 판단'을 담고 있다. 따라서 끌어낼 수 있는 교훈이라 볼 수 있다. 이 글은 분명 이미지 정치와 관련된 정치적 폐해와 관련되어 있기 때문이다.

2)도 마찬가지다. 언론이 선정적인 방식으로 정치 현실이나 정치인들에게 접근할수록, 국민들은 제대로 정치적 판단을 할 수 없고 이성적 판단보다는 감성에 의존해서 정치 현실과 정치인들을 바라볼 것이기 때문이다.

3)도 마찬가지다. 국민들이 이미지 정치에 현혹되지 않을수록, 정치인들의 이미지 정치 행태는 줄어들거나 사라지게 될 것이다. 정치 현실을 정확히 이해하는 것은 이성의 몫이다. 결국 감성에 의존한 이미지 정치를 멈출 수 있는 것은 국민들의 정확한 지식과 이성적 판단이다.

4)는 아주 혼동할 수 있는 교훈이다. 대통령이 인기 영합적인 행동을 주로 한다손 치더라도, 현대 정치는 여론 정치이다. 또한 대통령의 소신 있는 판단과 정책 집행보다는 여론의 판단이 더 합리

적이고 민주적일 가능성도 배제할 수 없다. 인기 영합적인 정책을 중지하라는 요구가 여론을 무시하는 요구와 등치될 수는 없다.

인기에 집착하는 정치인들의 행동은 국가와 국민을 위한다기보다는 자신들의 정치적 영향력과 힘을 강화하거나 놓치지 않으려는 데서 비롯된 것이다. 따라서 5)는 충분히 도출 가능한 교훈에 속한다.

정답 4)

7. ❶～❺ 중에서 적절하게 단락을 나누었다고 볼 수 없는 것은?

1) ❶

2) ❷

3) ❸

4) ❹

5) ❺

해제

분석적 이해에 해당하는 문제이다. 이를 해결하는 것은 어렵지 않다. 단락의 특성을 이해하면 되는 일이다. 단락은 생각의 단위이다. 따라서 글쓴이가 말하고자 하는 내용이나 다루는 내용이 달라지는 단락을 구분하면 된다. 혹은 구성을 잘 이해하기만 해도 단락을 구분하는 것은 어렵지 않다. 이 글은 첫 번째 단락에서 주장이 개진되어 있고 두 번째 단락부터 네 개의 근거를 포함하는 단락들이 이어지는 방식으로 구성되어 있다. 여섯 단락으로 구성되어 있지만, 사실은 다섯 단락이라는 것을 유념해야 한다. 따라서 하나의 근거를 담고 있지 못한 단락이나 하나의 근거를 담고 있음에도 두 개의 단락으로 나눈 것은 잘못된 구분이다.

❸은 두 번째 근거에 해당하는 세 번째 단락에 포함되어야 한다. "인기를 위해 대통령은 종종 자신의 이미지를 만들 수 있는 위험한 결정과 정책들을 수행하도록 유혹 받는다"는 ❸의 첫 문장은 분명 두 번째 근거에 해당한다. 따라서 하나의 근거를 담고 있음에도 두 개의 단락으로 나눈 오류이다. 명백히 ❸은 세 번째 단락 첫 문장인 "둘째, 이미지를 만들어냄으로써 대중에게 나아가는 전략은 공중이 정부 관리에 대해 비현실적으로 높은 기대를 갖게 하는 위험이 있다"와 연관되어 있다. 공중의 높은 기대감을 충족시키려다 보니 대통령이 위험한 결정과 정책들을 수행하도록 유혹을 받는 것이며, 그리고 이런 결정과 정책의 수행은 결국 대통령의 통치 능력 약화(글쓴이의 주장)라는 결과를 낳기 때문이다.

정답) 3)

정 치

성품 중에서 우선 첫 번째 것을 논한다면, 나는 후덕하다고 생각되는 것이 가장 바람직하기는 하지만, 후덕함이 정말로 당신이 후덕하게 여겨질 정도로 실천된다면, 당신에게 해롭다고 주장하겠다. 왜냐하면 당신이 만약 그 덕을 현명하고 정당하게 실천한다면, 그것은 알려지지 않을 것이며 당신은 그 반대의 악덕을 실천한다는 비난을 면치 못할 것이기 때문이다. 따라서 ❶ 후덕하다는 평판을 유지하고자 한다면, 사치스럽고 과시적으로 돈을 써야 할 것이다. 그렇게 행동함으로써 군주는 불가피하게 그의 모든 자원을 호화로운 자기 과시를 위해서 소모하기 마련이다. 그리고 그가 계속해서 후덕하다고 생각되기를 원한다면, 그는 궁극적으로 탐욕적이 되고 인민들에게 무거운 세금을 물리게 되며 가능한 모든 수단을 동원하여 인민을 수탈하지 않을 수 없게 된다. 그리하여 그는 그들에게 미움을 받기 시작하며, 또한 그가 궁핍해졌기 때문에 별 존경을 받지 못하게 될 것이다. 그의 후덕함이 많은 사람들에게 피해를 주고 단지 소수의 사람들에게만 이익을 베풀었기 때문에, 그는 불만의 징조를 느끼게 되며 그의 권좌에 대한 최초의 진정한 위협이 그에게 중대한 시련으로 다가올 것이다. 그가 이 점을 깨닫고 그의 처신을 바꾸자고 해도, 그는 즉각적으로 인색하다는 악평을 받게 될 것이다.

❷ 군주는 자신에게 해를 끼치지 않으면서 후덕함이라는 덕을 실천하고 동시에 그러한 평판을 얻을 수 없기 때문에, 애당초 인색하다는 평에 대해서는 신경을 쓰지 말아야 한다. 왜냐하면 그의 검약함으로 인해서 그를 공격하는 어떠한 적에 대해서도 방어할 만큼 그리고 전투를 수행하기 위해서 인민들에게 특별세를 부과하지 않아도 될 만큼 그의 재정이 충분하다는 점을 사람들이 깨닫게 되면, 궁극적으로 그는 더욱 후덕하다고 생각될 것이기 때문이다. 그리하여 그는 대다수의 사람들에게 후덕하게 행동한 셈이 되는데, 왜냐하면 그들의 재산을 건드리지 않았고 그가 아무것도 주지 않은 단지 소수의 사람들에게만 인색하게 행동했기 때문이다. 우리 시대에 위대한 업적을 성취한 사람들은 모두 인색하다는 평판을 들었다. 그렇지 않은 모든 사람들은 실패했다. 율리우스 교황은 교황이 되기 위해서 후덕하다는 평판을 키웠지만, 교황이 된 후에 그는 전쟁을 하려고 했기 때문에 그러한 평판을 유지하고자 애쓰지 않았다. 현재의 프랑스 왕은 자신의 검약한 생활로 인해서 항상 추가적인 경비를 충당할 수 있었기 때문에, 인민들에게 특별세를 부과하지 않고도 많은 전쟁을 수행했다. 현재의 스페인 왕이 후덕하다는 평판을 누리고 있었더라면, 그는 그토록 많은 전투를 성공적으로 수행할 수 없었을 것이다.

따라서 ❸ 현명한 군주는 인민들의 재산을 빼앗지 않기 위해서, 자신을 방어할 수 있기 위해서, 가난하여 경멸받지 않기 위해서, 그리고 탐욕적으로 되지 않기 위해서 인색하다는 평판을 듣는 것을 대수롭게 않게 생각한다. 인색함이야말로 그로 하여금 통치를 할 수 있게 하는 악덕들 중의 하나이기 때문이다. 시저는 넉넉한 씀씀이로써 권력을 얻었고 많은 다른 사람들 역시 씀씀이가 넉넉하고 또 그렇다고 생각되었기 때문에 높은 지위에 올랐다는 반론이 제기될 수도 있다. 이에 대해서 나는 당신이 이미 지배자가 되었는가 아니면 지배자가 되고자 노력하는 중인가에 따라서 다르다고 대꾸하겠다. 전자의 경우 넉넉한 씀씀이는 유해하고 후자의 경우 씀씀이가 넉넉하다고 인식되는 것은 분명히 필요하다. 시저는 로마에서 권력을 추구했던 인물들 중의 하나였다. 그러나 권력을 장악한 다음에 그가 생존했더라도 자신의 경비를 절약하지 않았더라면, 그는 자신의 권력을 잃었을 것이다. 후덕하다고 생각된 많은 군주들이 괄목할 만한 군사적 승리를 거두었다고 반론을 제기한다면, 나는 ❹ 군주는 그 자신의 또는 인민의 소유물을 쓰거나 아니면 타인에게 속하는 것을 쓰는데, 전자의 경우에 그는 인색해야 할 것이고 후자의 경우에 그는 가급적 씀씀이가 넉넉해야 한다고 대꾸하겠다. 군대를 통솔하면서 전리품을 취하거나 약탈하거나 강제로 징발함으로써 군대를 지원하는 군주는 타인의 것을 처분하는 것이다. 이 경우 그는 씀씀이가 넉넉해야 한다. 그렇지 않으면 병사들이 그를 따르지 않을 것이기 때문이다. 당신은 키루스, 시저, 그리고 알렉산더가 그랬던 것처럼 당신이나 인민들의 것이 아닌 재물로는 아주 후한 인심을 써도 무방할 것이다. 왜냐하면 타인에게 속하는 것을 후하게 주는 것은 결코 당신의 평판을 떨어뜨리는 것이 아니라 오히려 드높이는 것이기 때문이다. 당신에게 해가 되는 경우란 단지 당신의 것을 함부로 주는 경우이다.

후덕함처럼 자기 소모적인 것은 없다. 당신은 그 덕을 실천함에 따라서 실천할 수 있는 능력을 상실하게 된다. 당신은 빈곤해지고 경멸을 받거나 아니면 빈곤을 피하고자 하는 당신의 노력으로 인해서 탐욕으로 되고 미움을 받게 된다. ❺ 군주는 모름지기 경멸받고 미움 받는 일을 경계해야 하는데, 후덕함은 이 두 가지 길로 귀결된다. 따라서 비난은 받되 미움은 받지 않는, 인색하다는 평판을 얻는 것이 보다 더 현명한 방책이다. 이것이 후덕하다고 생각되기 위해서 결국 비난은 물론 미움까지 받게 되는, 탐욕스럽다는 평판을 얻게 되는 처지에 봉착하는 것보다 더 낫다.

(마키아벨리, 「군주론」)

1. 글쓴이의 생각이라고 보기 어려운 것은?

   1) 인민의 소유물을 넉넉하게 사용하는 군주만이 경멸과 비난을 피할 수 있다.

   2) 인색한 군주가 오히려 후덕하다는 평판을 받을 수 있다.

   3) 군주는 언제나 씀씀이가 커서는 안 된다.

   4) 군주는 당장 좋은 것과 오랫동안 좋은 것을 구별할 능력이 있어야 한다.

   5) 군주가 가장 두려워해야 할 것은 인민의 비난과 미움이다.

비판적 이해와 추론적 이해를 묻는 문제이다. 이 문제를 해결하려면 지문에 대한 정확한 이해와 이에 근거한 논리적 추론이 필요하다.

1)은 글쓴이의 생각이라 보기 어렵다. 첫 번째 단락에서 글쓴이는 군주가 인민의 소유물을 낭비할 때 그들로부터 비난과 미움을 받는다고 지적하고 있고, 마지막 단락에서 군주가 반드시 피해야 할 것이 인민들로부터 비난과 미움을 받는 것이라 말하고 있다.

2)는 군주의 생각을 적나라하게 보여주고 있다. 후덕하다는 평판을 위해 후덕함을 실천할수록 반대의 악덕, 곧 인색함으로 빠진다고 첫 단락에서 지적하고 있다. 이는 이 글 전체를 관통하는 글쓴이의 핵심 주장과 깊은 연관이 있다.

3)도 맞다. 글쓴이는 세 번째 단락에서 넉넉하게 사용해야 하는 경우와 인색하게 사용해야 하는 경우를 구별하고 있다.

4)는 추론적 능력이 필요한 내용이다. 후덕함이 당장 좋은 것이라면 인색함은 오히려 오랫동안 좋은 것이라 할 수 있다.

5)는 이 글 전체의 핵심 주장이라 할 수 있다. 후덕함을 비판하는 이유도 이 때문이다. 후덕함은 역설적으로 인민들로부터의 비난과 미움을 자초하는 꼴이기 때문이다.

정답 1)

2. ❶～❺ 중에서 이 글의 주제문에 해당하는 것은?

   1) ❶   2) ❷

   3) ❸   4) ❹

   5) ❺

분석적 이해에 해당하는 문제이다.

이 글은 양괄식에 해당한다. 첫 번째 단락과 마지막 단락에서 자신의 입장을 분명하게 개진하고 있다. 첫 번째 단락에서는 후덕함이 역설적으로 인민들의 비난과 미움을 자초한다고 말하고 있고, 마지막 단락에서는 다시 한 번 강조해서 군주가 가장 피해야 할 것이 인민들로부터의 비난과 미움이라고 정리하고 있다. 결국 후덕함은 군주의 덕목이 아니라는 것이 글쓴이의 핵심 주장이다. 따라서 이 주장을 담고 있는 문장을 찾으면 된다.

정답 5)

3. 글쓴이의 주장과 밀접한 연관이 있는 용어라 보기 어려운 것은?

1) 후덕

2) 인색

3) 권력

4) 미움

5) 비난

분석적 이해와 비판적 이해를 동시에 묻는 문제이다. 이 문제는 글쓴이의 주장과 그와 관련된 핵심어들을 찾아낼 수 있어야 해결할 수 있다.

글쓴이는 후덕함에 대해 매우 부정적 입장을 취하고 있고 인색함이 오히려 군주의 덕목이라고 말하고 있다. 또한 후덕함은 결국 인민들의 비난과 미움을 낳는다고 지적한다. 따라서 이들 용어들은 글쓴이의 주장과 매우 깊은 연관이 있다.

정답 3)

이반은 대학에서 공부하면서 많은 어려움을 겪었지만 아버지에게 어떤 연락도 하지 않고 지냈다. 그것은 아버지를 멸시하고 있던 그의 자존심과 어떠한 실제적인 도움도 받아낼 수 없으리라는 판단 때문이었다. 그래서 일자리를 구했는데 처음에는 가정교사 자리였다. 그러다 나중에는 신문사를 찾아다니며 거리에서 일어나는 갖가지 사건들을 취재하여 '목격자'라는 제목으로 기사를 제공했다. 일단 편집인들과 인연을 맺게 된 이반은 그들과의 관계를 유지하여 대학을 졸업한 후에는 여러 가지 전문 서적에 관한 매우 재미있는 글을 발표했다. 이로 말미암아 그는 문단에까지 알려지게 되었다.

이반은 막 대학을 졸업하고 유산으로 받은 2천 루블의 돈으로 외국 여행을 준비하면서 어느 큰 신문에 '교회의 재판권'과 관련된 논문을 발표하였다. 그는 이 문제에 관해 이미 발표된 몇 가지 의견을 분석한 후에 자신의 의견을 개진했다. 이 논문의 가장 두드러진 점은 논조와 예상치 못한 결론이었다. 대부분의 교회들은 그가 자기들의 입장을 옹호한다고 생각했으며, 종교에 관계치 않은 일반 사람들은 물론 무신론자까지 갈채를 아끼지 않았다. 그러나 몇몇 통찰력 있는 사람들은 그 논문이 뻔뻔스럽고 냉소적인 문장에 지나지 않는다고 혹평했다. 어쨌든 이 논문으로 많은 사람들이 그를 주목하게 되었다. 내가 특별히 이 사건을 언급하는 이유는 이 논문이 당시 교회 재판에 특별한 관심을 보이고 있던 우리 마을에 있는 유명한 수도원에까지 파급되어 큰 혼란을 일으켰기 때문이다. 더구나 그가 이 고장 출신이며 바로 그 표도르 파블로비치의 아들이라는 점에서 관심을 갖게 되었다. 바로 이즈음에 그가 불쑥 우리 마을에 나타났다.

그의 갑작스런 방문은 이상한 일이지만 자신을 기억조차 못하는 아버지란 사람의 집에서 두 달 동안 사이좋게 머물렀다. 아버지에게 영향력을 행사하기도 했다. 그의 아버지는 때때로 고집을 부리고 심통을 피웠지만 예전보다 행동이 점잖아지고 심지어는 아들의 말에 복종하기도 했다.

앞서 말한 바 있는 표트르 알렉산드로비치 미우소프가 파리에서 돌아와 영지에 머물고 있었던 것도 이 무렵이었다. 그는 이 젊은이에게 흥미가 있어 이따금 논쟁을 벌이기도 했다. 그 때마다 자신의 학식이 그와 비교하면 아무것도 아니라는 것을 깨닫고 가슴 아파했다. 그러면서도 이반이 이 마을에 온 이유를 궁금해 했다.

"그는 언제라도 돈을 벌 수 있고 외국에 나갈 돈도 있는데 여긴 뭣하러 왔을까? 표도르 파블로비치가 돈을 내줄 작자는 아니니까 돈 때문에 온 건 아닌 것 같은데.”

훨씬 나중에 안 일이지만 이반이 우리 마을에 온 것은 형 드미트리의 요청 때문이었다. 드미트리는 그 때 아버지에게 정식으로 소송을 제기할 계획을 하고 있었는데, 이반은 두 사람 사이의 중재자 입장이었다. 이것으로 인해 이 가족은 처음으로 한자리에 모였고 서로의 얼굴을 알게 되었다. 동생인 알렉세이는 1년 전부터 이곳에서 살고 있었기 때문에 셋 중에서 가장 먼저 고향에 돌아온 셈이었다.

이제 나는 내 주인공인 그를 수사(修士)의 수도복을 입혀 독자에게 소개할 생각이다.

당시 알료샤는 겨우 스무 살이었고, 이반은 스물네 살, 드미트리는 스물여덟 살이었다. 이 중에서 알료샤는 박애주의자라고 할 수 있었다. 그가 수도원 생활을 택한 것은 그러한 생활이 그의 마음을 감동시켰기 때문이었다. 그리고 어둠에서 광명으로 나아가려는 그의 영혼에 하나의 이상적인 도피처로 비추어졌기 때문이다.

그는 갓난아기 때부터 색달랐다. 이미 말했듯이 네 살 때 어머니를 여의었는데도 일생 동안 어머니의 얼굴과 사랑을 마치 눈앞에 살아 있는 것처럼 기억하고 있었다. 그는 특히 어느 여름날의 저녁을 선명하게 기억했다. 열려진 창문으로 석양빛이 스며들고 방 한구석에는 성상이 걸려 있었다. 그 앞에 촛불이 타고 있었으며 그의 어머니가 무릎을 꿇고 앉아 흐느껴 울고 있었다. 그녀는 두 팔로 아들을 으스러져라 껴안고 성모 마리아에게 아이의 장래를 기원했다. 또 성모 마리아에게 아들을 맡기려는 듯 두 팔을 성상 앞으로 내밀기도 했다. 이 때 갑자기 유모가 달려와 기겁을 하고 아이를 어머니에게서 빼앗아 갔다. 이것이 그가 기억하는 장면이었다.

알료샤는 사람들을 좋아하고 신뢰했다. 음탕의 소굴이라고 할 수 있는 아버지의 집에 와서 해괴망측한 광경을 목격했을 때도 슬쩍 자리를 피해 버렸을 뿐 조금도 경멸하거나 비난하는 기색을 보이지 않았다. 그런 그를 오해한 표도르 파블로비치는 처음에 아들을 무뚝뚝하게 대했다.

“그 녀석은 겉으론 말이 없는 듯하지만 속으로는 별의별 생각을 다 하고 있어.”

그랬는데 2주일이 채 못 되어 그는 아들을 끌어안고 눈물을 흘리기까지 했다. 일찍이 다른 사람에게서는 느낄 수 없었던 진실하고도 깊은 애정을 이 아들에게서 느낀 것이었다.

사실 그는 어디를 가나 사람들의 사랑을 받았다. 은인인 예핌 페트로비치의 집에 들어갔을 때도 친자식처럼 대접을 받았으며 학교에서도 선생이나 학우들의 절대적인 사랑을 받았다. 장난을 치거나 어울려 놀지는 않았으나 잘난 체하거나 자신을 내세우는 일이 없었기 때문이었다.

예핌 페트로비치 플레노프가 죽자 그의 부인은 가족과 이탈리아로 긴 여행을 떠났다. 그래서 알료샤는 예핌의 먼 친척인 두 부인의 집에서 살게 되었다. 거기서 중학교 2년을 더 다녔다. 누구

돈으로 어떻게 살았는지 알려고 하지도 않았을 뿐만 아니라 전혀 몰랐다. 천성적으로 돈과 생활
에 전혀 관심이 없었기 때문이었다. 그러나 중학교 과정을 다 마치지는 못했다. 졸업을 1년 앞둔
어느 날 갑자기 어떤 생각이 떠올라 아버지를 찾아간 것이었다.

표도르 파블로비치는 러시아 남부로 떠났다가 3년 전에 돌아와 있었다. 그 동안 그는 몰라보게
늙어 있었다. 얼굴은 푸석푸석해져 있었고 의심 많고 냉소적인 두 눈 밑으로는 흐물거리는 살덩
이가 축 늘어져 있었다. 또 뾰족한 턱 아래로는 마치 가죽지갑 같은 커다란 살덩이가 매달려 있었
는데, 그것 때문에 더욱 징그럽고 음탕해보였다. 행동도 더 뻔뻔스러워진 것 같았다. 특히 여자에
관한 한 구역질이 날 정도였다.

"넌 어쩌면 그 미친 계집하고 그렇게도 닮았니."

그는 술에 취하면 알료샤를 노려보면서 그렇게 말하고는 했다. 그는 죽은 아내, 즉 알료샤의 어
머니를 미친 계집이라고 불렀던 것이다.

고향에 돌아오자마자 알료샤는 곧 어머니의 무덤을 찾아 갔다. 어머니의 묘비는 하인 그리고
리의 정성으로 세워진 것이었다. 표도르 파블로비치에게 무덤을 잘 돌보라고 귀찮을 정도로 말
했지만 소용이 없었기 때문이었다. 알료샤는 어머니의 무덤을 보고도 특별한 감정을 나타내지
않았다. 그저 고개를 숙이고 서 있다 아무 말 없이 그곳을 떠났다. 그리고는 1년 동안 무덤 앞에
다시 서지 않았다. 이것은 표도르 파블로비치에게 색다른 영향을 주었다. 그는 갑자기 1천 루블
이나 되는 돈을 들고 수도원을 찾았다. 그러나 그것은 미친 계집을 위한 것이 아니라 첫째 아내인
아델라이다 이바노브나를 위해서였다.

그 날 저녁, 표도르 파블로비치는 술에 잔뜩 취해서 수도사들의 욕을 해댔다. 그런 아버지에게
알료샤는 수도원에 들어가고 싶다고 말했다. 사실 알료샤는 수도원 은자의 집에서 살고 있는 조
시마 장로에게서 감명을 받은 터였다. 표도르 파블로비치는 그것을 알고 있었기에 허락하기로
했다.

그러면서 그는 울기까지 했다.

(도스토예프스키, 『카라마조프가 형제』)

1. 이 소설의 인물에 대한 설명으로 적절치 못한 것은?

1) 드미트리는 이반에게 호의적인 인물이다.

2) 표트르 알렉산드로비치 미우소프는 이반을 적대시하고 있다.

3) 이반은 자립심이 강하며 자유로움을 추구하는 인물이다.

4) 알료샤는 남을 감동시키며 겸손한 성품을 소유한 인물이다.

5) 표도르 파블로비치는 사악하면서도 감상적인 인물이다.

해제

분석적 이해, 추론적 이해, 창의적 이해를 종합적으로 측정하는 문제이다.

1)은 이 글에 부합한다. 드미트리가 소송에 관한 일로 이반에게 도움을 청한 것으로 알 수 있다.

2)는 적절하지 않다. 표트르 알렉산드로비치 미우소프는 이반의 사촌 외삼촌으로 이반에게 흥미를 느끼는 것으로 보아 적대적인 것은 아니다.

3)은 역시 맞다. 학비를 스스로 일해서 마련할 정도이며, 2천 루블의 돈으로 외국 여행을 준비하고 있다는 사실을 통해 자유를 추구한 인물임을 알 수 있다.

4) 알료샤는 모든 사람들이 싫어하는 아버지마저 감동시킨 인물이며 말이 없고 겸손하다.

표도르 파블로비치는 비록 악한 인물이지만, 알료샤 앞에서 눈물을 보이기도 한다. 그러므로 5)도 맞다.

정답 2)

2. 글쓴이의 태도로 가장 적절한 것은?

1) 관찰자 입장에서 기술하고 있다.

2) 한 인물에 지나치게 편견을 보이고 있다.

3) 주인공 위치에서 서술하고 있다.

4) 냉소적인 태도를 취하고 있다.

5) 일거수일투족을 놓치지 않는 치밀한 태도를 보이고 있다.

분석적 이해, 추론적 이해, 비판적 이해를 측정하기 위한 문제이다.

1)은 관찰자 입장이 아니다. 관찰자 입장이라면 외적으로 보고 듣는 것만 묘사하고 서술할 수 있다.

2)도 아니다. 드미트리나 이반, 알료샤 등의 인물에 대해 편견 없이 기술하고 있다.

3)도 적절하지 않다. 작자는 주인공이 아니라 제 3자 입장에서 쓰고 있다.

4)도 그렇다. 냉소적인 태도는 보이지 않는다. 오히려 등장인물들에 대해 호의적이다.

5)는 맞다. 작자는 일거수일투족을 놓치지 않을 만큼 치밀하고 깊은 태도로 글을 쓰고 있다.

정답 : 5)

3. 마지막 단락 빈 칸에 들어갈 대화로 적절치 못한 것은?

1) 그래, 주정뱅이 늙은이와 못된 계집들 틈에 있는 것보다 수도원에 가서 수도사들과 함께 있는
   게 나을 듯싶구나.

2) 너 같은 천사를 건드릴 사람은 여기에도 없겠지만, 그래도 수사들 틈에 있는 게 낫지.

3) 이 망할 놈, 난 대체 너를 알 수가 없구나. 정히 그렇다면 그 이상한 소굴로 한번 들어가 보렴.

4) 아무튼 거기 가서 나쁜 것은 몽땅 태워버리고 깨끗하게 정화되어 돌아오너라.

5) 내 귀여운 아들아, 그게 나쁠 것은 없겠구나. 세상에서 날 비난하지 않는 사람은 너 하나뿐이란
   걸 알고 있다.

모든 평가항목을 종합적으로 측정하고 있다. 특히 생략된 지문을 메우는 문제는 추론적 이해와
더욱 관련이 깊다.

실제 지문에는 1), 2), 4), 5)가 동시에 나타나고 있다. 그러나 3)은 앞뒤의 정황으로 보아 어울리지
않는 대화의 내용이라 할 수 있다. 이미 표도르 파블로비치는 알료샤를 수도원에 보내기로 마음
을 굳힌 상태였다. 더군다나 아들을 보내는 것에 대해 울기까지 한다는 것은, 아들에 대해 여전히
애틋한 마음이 남아 있다는 것을 짐작할 수 있다. 따라서 3)처럼 잔악한 말을 할 리가 없다.

정답 : 3)

4. 다음 〈보기〉에 제시된 문학의 요소 가운데 이 글에 나타나 있는 것들을 모두 고른 것은?

〈보기〉

(a) 서사   (b) 묘사   (c) 갈등   (d) 화해

1) (a)

2) (a)–(b)

3) (a)–(b)–(c)

4) (b)–(c)–(d)

5) (a)–(b)–(c)–(d)

해제

분석적 이해 및 추론적 이해를 묻고 있다. 소설은 묘사, 서사, 갈등, 화해 등으로 전개된다. 묘사란 시각, 청각, 후각, 미각, 촉각 등 오감에 의해 사물이나 상황, 사건 등을 실감나게 표현하는 것이다. 서사란 시간적인 변화를 추구하며 소설이 전개되는 것을 말한다. 갈등은 인물의 대립을 말하며, 이 대립된 것이 풀릴 때 화해가 성립된다고 말한다.

이 글에서는 이 네 가지가 모두 사용되고 있다. 표도르 파블로비치가 처음에 아들을 무뚝뚝하게 대한 것은 갈등의 증폭이다. 다시 말해 심리적으로 대립된 상태, 그러나 결국 끌어안고 눈물을 흘리며 애정을 느끼게 됨으로써 화해의 단계에 들어선다. 소설이란 일종의 갈등과 화해의 연속이라 할 수 있다.

정답 : 5)

5. 등장인물에 대한 비평을 토대로 자신의 삶을 설계한다고 할 때 가장 어울리지 않는 것은?

1) 표도르 파블로비치처럼 책임감 없는 사람은 죽어도 싫어! 적어도 내가 낳은 자식만큼 제대로 키울 거야!

2) 이반처럼 나도 자립심을 키울 거야. 하지만 대학 등록금을 못 낼 정도의 처지라면 나는 당장 아버지를 찾아가겠어!

3) 알료샤처럼 순해빠진 사람은 성공할 수 없어! 그리고 사랑만으로 어떻게 세상을 살 수 있어?

4) 드미트리는 참 약삭빠른 사람이군! 아버지 재산을 형제들도 모르도록 저 혼자 가로챌 심산 아

니야? 난, 아버지가 줄 때까지 기다리겠어.

5) 내가 알료샤라면 그런 아버지를 가만두지 않았을 거야. 나는 내 목소리를 강력히 내세우며 살고 싶거든!

분석, 비판, 추론, 창의적 이해를 종합적으로 테스트하는 문제이다.

파블로비치는 자식에 대한 책임감이 없는 사람이므로 I)은 맞는 비평이다.

이반이 자립심은 있지만, 아버지를 찾아가 도움 요청을 않는 것도 문제는 있을 수 있다. 따라서 2)도 맞다.

3)도 맞다. 알료샤는 말이 없고 순박한 사람이다. 그리고 박애주의자다. 그러나 사랑만으로 세상을 살 수 없는 것은 맞는 말이다.

4)는 설득력이 없다. 드미트리는 약삭빠른 사람이 아니다. 그리고 아버지 재산을 혼자 가로챌 마음이 없다. 이반을 불러 도움을 요청한 것만 봐도 알 수 있다.

5)도 맞다. 알료샤는 아버지에 대해 적어도 이 글에서는 양보하고 이해하려는 입장이다.

정답 : 4)

경 제

미국 소비는 1월 소매 판매 증가율(0.5%)이 38년 만에 최악 수준을 기록했다. 미국 공급관리협회(ISM)가 발표한 1월 비제조업(서비스업)지수는 41.9로 전월 54.4에서 급락했다. 경제 전망 기관인 글로벌 인사이트는 "미국 경제가 올 1분기 −0.4%, 2분기 −0.6% 등 2분기 연속 마이너스 성장을 기록할 것"으로 전망했다. 모건스탠리는 미국이 올해 1분기와 2분기 연속 마이너스 성장을 거친 후 3분기에 회복 기미를 보이겠지만 다시 마이너스 성장으로 추락할 것이라 경고했다.

유럽도 예외는 아니다. 유로존 1월 서비스 지수는 50.6으로 전월(53.1)에 비해 낮아졌으며 지난해 12월 소매판매는 전년 동기 대비 2% 감소했다. 3개월 연속 하락세다. 1월 경기신뢰도도 101.7로 8개월 연속 하향 곡선을 그렸고 기업환경지수(BCI)도 하락했다. 영국중앙은행(BOE)은 7일 주택가격 하락과 미국 경기둔화 염려를 반영해 기준 금리를 5.25%로 0.25%포인트 인하했다.

장 클로드 트리셰 유럽중앙은행(ECB)총재는 이날 금리를 동결했지만 "경제 성장의 불확실성이 비정상적으로 높아졌다."며 금리 인하 가능성을 시사했다. ECB는 지난해 12월 올해 유로존 경제성장 예상치를 종전 2.6%에서 2%로 하향 조정했다.

일본 체감경기도 빠른 속도로 낮아지고 있다. 일본 내각부가 8일 발표한 1월 경기 조사에 따르면 체감경기를 반영하는 '현상판단 DI(지수)'가 전월보다 4.8%포인트나 급락한 31.8포인트로 나타났다. 이는 10개월 연속 나빠진 수치인 동시에 9.11테러 직후인 지난 2001년 12월 이래 6년 1개월 만의 최저치다. 세계은행은 지난 4일 중국 경제 성장률 전망치를 지난해 9월 내놓은 10.8%에서 9.6%로 하향 조정했다. 세계 경제 불확실성이 중국 수출과 투자에 타격을 줄 것이라는 염려 때문이다.

한편 G7은 서브프라임 모기지 쇼크로 촉발된 세계 금융시장 혼란을 수습하기 위한 공동 성명을 채택했다. G7은 공동 성명에서 서브프라임 모기지 문제로 인한 금융 시장 혼란에 대해 '앞으로 중앙은행들이 협조해 시장에 필요한 자금을 공급하고 각국 금융 기관이 정확한 서브프라임 모기지 관련 손실을 신속하게 공표하고 신뢰 회복을 위해 자본도 확충해야 한다'고 촉구했다. 또 각국 민간 금융 기관들도 자율적으로 증자를 해야 한다고 주장했다. 이 날 성명은 세계 경제 후퇴 염려를 심각하게 받아들여 적극적인 대응을 하자는 메시지를 전했으며 서브프라임 모기지를 비롯한 증권화 상품에 대해 적절한 가격평가에 입각한 완전하고 신속한 손실 공표를 요구했다는 측면에서는 평가할 만하다.

그러나 전 세계 경기 대책이나 성장 촉진 방안에 대한 구체적인 정책 협조 방안이 제시되지 않고 피상적인 논의에 그쳤다는 점에서 한계를 보여 줬다. 아울러 경기 부양책에 대해서도 미국, 유럽, 일본 간 시각 차이로 의견이 집약되지 못했다.

한편 헨리 폴슨 미국 재무장관은 이번 회의 폐막 후 미국 경제 침체를 부인했다. 폴슨 장관은 "미국 경제에 대해 확신을 갖고 있다"며 "우리는 계속해서 성장할 것이고 만일 어느 경제가 성장하고 있다면 침체에 빠졌다고 할 수 없는 것 아니냐"고 반문했다.

(매일경제신문, 2008년 2월 11일자)

---

1. 이 글을 포용할 수 있는 제목으로 가장 알맞은 것은?

　1) 미국의 경기 침체 최대 관심

2) 미국의 경제 성장 가능성 확신

3) 유럽 세계 경제 성장 걸림돌

4) 세계 경제 4대 축(軸) 동반 침체 비상

5) 아시아권, 세계 경제 견인차 역할 미흡

분석, 비판, 추론, 창의 등의 종합적 테스트의 문제이다.

1)의 경우, 물론 틀린 말은 아니나 글 전체를 포용하기에는 적절치 못하다.

2)의 경우, 성장 가능성의 부인에 대한 것은 있지만, 확신은 보이지 않는다.

3)역시 틀린 말이다. 그런 식의 얘기는 언급되고 있지 않다. 유럽의 각종 경제 지표 하강은 언급되고 있지만, 이것이 세계 경제에 걸림돌이 된다는 표현은 없다.

4)는 이를 잘 포용하는 표현이다. 미국과 유럽뿐만 아니라, 중국과 일본 역시 경기 침체 국면에 접어들었다고 지적하고 있다.

세계 경제 견인차 역할을 하기에 미흡한 것은 사실이나 이 글의 전체적인 취지로는 적절하지 않다. 따라서 5)도 맞지 않다.

정답 : 4)

2. 이 글의 내용과 부합되지 않는 것은?

1) 연초부터 불안한 세계 경제

2) 미국, 더블딥 가능성 제기

3) 유럽, 각종 경제 지표 하락

4) 중국, 수출 호조에도 성장 둔화 예상

5) 일본, 체감 경기 급속 냉각

분석적 이해 및 창의적 이해를 묻고 있다.

1)은 이 글의 전체적인 분위기로 보아 맞는 말이다. 이는 이 글의 제목에 해당하기도 한다.

2)는 첫 번째 단락 맨 아래 문장에서 확인할 수 있다. 더블딥이란 2분기 연속 마이너스 성장을 하

는 경우를 일컫는다. 글쓴이는 미국이 올해 1분기와 2분기 연속 마이너스 성장 거친 후, 3분기 회복 기미 보이다 다시 마이너스 성장으로 추락할 것이라고 말하고 있다.

3)은 두 번째 단락에서 글쓴이는 유럽의 각종 경제 지표 하락을 언급하고 있다.

4)는 틀린 진술이다. 네 번째 단락 아래 문장 참조. 10.8%에서 9.6%로 하향 조정한 것으로 되어 있다. 그리고 이러한 하향 조정에 큰 영향을 미친 것은 수출 둔화라 볼 수 있다. 그리고 이처럼 수출이 둔화된 것은 글쓴이에 따르면 세계 경제의 불확실성 때문이다.

5)는 맞다. 네 번째 단락 첫 문장을 그대로 요약하면, 체감 경기 급속 냉각은 잘 된 표현이다.

정답 : 4)

2. Middle Class

철 학

아마도 기억력으로 말하면, 나보다 못한 사람은 없을 것이다. 나는 머릿속에서 기억의 흔적 같은 것을 조금도 찾아볼 수 없다. 세상에 이렇게 기억력이 없는 사람은 또 있을 것 같지 않다. 그러나 나는 다른 모든 점에서는 평범하다. 다만 이 한 가지 기억력에 있어서만은 나는 매우 특이하고 보기 드문 인간이다. 그러므로 이 점에서는 명성을 얻을 만하다고 생각한다.

그로 인하여 내가 타고난 불편을 느껴 왔을 뿐만 아니라 사실 그 필요성으로 보면, 일찍이 플라톤이 이 기억력을 가리켜 강력한 여신이라고 부른 것은 지당하다. 우리 고장에서는 아무개가 지각이 없다고 말하는 대신 흔히 기억력이 없다고 말하며, 또한 내가 나의 기억력의 결함을 한탄하면 사람들은 내가 분별없음을 스스로 변호하는 것처럼 생각하고 인정해 주지 않고 믿어 주지도 않는다. 그들은 기억력과 이해력을 구별하지 못한다. 나의 입장에서 보면 이것은 분명 억울한 일이다. 그들은 나를 원망하고 있다. 경험에 의하면 뛰어난 기억력은 흔히 판단력이 약한 사람에게 더 많은 법이다. 그런데 나는 그들과의 우정은 어느 누구보다도 소중히 생각하는데, 그들은 나의 기억력이 빈약하다는 것을 내세워 곧잘 내가 배은망덕하다고 탓한다. 그들은 나의 빈약한 기억력 때문에 나의 우정까지도 의심한다. 그들은 말한다. '저 친구는 이런저런 청탁, 약속을 저버렸다. 그는 친구 생각을 조금도 하지 않는다. 그는 나를 위해 이러저러한 것을 말하고 행하고 또는 눈을 감아 주고 해야 하는데, 전부 잊어버리고 있다' 라고. 아닌 게 아니라 나는 곧잘 잊어버린다. 그러나 친구의 청탁을 소홀히 생각하는 일은 절대로 없다. 이것을 제발 나의 기억력의 결함으로 생각하고 단념해 주었으면 한다. 절대로 악의로 생각하지 않기를 바란다. 악의란 나의 기질로 보아 원수나 마찬가지니까 말이다.

나는 그럭저럭 자위하고 있다. 첫째로 이런 병폐야말로 자칫하면 내 마음속에 일어나기 쉬운 더욱 고약한 병폐, 즉 야심을 고칠 방도를 강구하는 기반이 된 것이다. 그도 그럴 것이 세상과 어울리려는 자에게는 이것이야말로 가장 큰 결함이 되기 때문이다. 그리고 천성의 발전 과정에서 많은 실례가 말해 주듯이, 이러한 능력이 약하기 때문에 자연은 나에게 더욱 많은 능력을 강하게 만들어 준 것이다. 사실 이 기억력 덕택에 남들의 창의나 의견이 언제나 내 마음 속에 오락가락한다면, 나도 세상 사람들과 마찬가지로 내 정신과 판단력은 남들이 해놓은 성과 위에서 시들어 갔을 것이다. 그리고 기억력의 부족으로 내가 하는 말은 어느 정도 간결하게 되었다. 기억의 창고는 사고의 창고보다도 많은 것을 보관하고 있는 것이다. 만일 내가 기억력이 좋았다면, 나는 수다를 떨며 친구들의 입을 봉해 버렸을 것이다. 여러 주제는 내가 다소 지니고 있는 변설 능력을 자극하여 나로 하여금 더욱 더 떠들게 하였을 것이다.

그렇게 되면 가련한 일이다. 나는 그것을 몇몇 친구들이 보여 준 실례에서 느끼고 있다. 즉 기억력이 그들의 마음속에서 사물의 모습을 고스란히 그대로 제공하기 때문에 그들은 이야기를 너무 먼 옛날로 끌고 올라가서는 시시한 이야기를 곧잘 지껄이곤 한다. 그리하여 모처럼 좋은 이야기를 하다가도 그 때문에 망치게 되는 것이다. 만일 그들의 이야기가 시시하게 되면 여러분은 그들의 강한 기억력을 저주하거나, 그들의 약한 판단력을 한탄하게 될 것이다. 아무튼 이야기에 신이 나면 좀처럼 이를 가로막아 중단시키기란 어려운 것이다. 한 마리 준마의 역량은 그 말이 적절히 발길을 멈출 수 있느냐의 여부에서 뚜렷이 엿볼 수 있다. 그런데 분수 있는 사람까지도 그 이야기를 좀처럼 적절히 중단하지 못하는 경우를 때때로 목격하게 된다. 그들은 이야기를 끝마칠 기회를 찾고 있으면서도 마치 허약한 사람이 쓰러지듯 이야기를 질질 끌고 가기가 일쑤이다. 특히 노인들은 대체로 지난날의 기억은 남아 있는데, 그 말을 되풀이한 것을 잊어버리기 때문에, 이런 위험이 더 많다. 원래는 재미있는 이야기였는데 한 귀족의 입을 통하여 들으니 진력이 나는 경우를 경험한 일이 있다. 동석한 사람들은 대개 그 이야기를 몇 백 번이나 들어왔기 때문이다.

둘째로 나는 이 무딘 기억력 때문에 전에 받는 모욕이 잘 생각나지 않는다. 옛 사람이 말한 것처럼 다리우스가 아테네인들에게서 받은 모욕을 머릿속에 언제나 새겨두기 위해 식탁에 앉을 때마다 시종을 시켜서 귀에 대고 세 번씩 "대왕님 아테네 놈들을 잊지 마십시오"라고 일깨워 주도록 한 것과 마찬가지로, 나도 어떤 방도를 마련해야 할 처지이다. 덕분에 내가 자주 보는 장소와 책들도 언제나 새 맛을 풍겨준다.

'기억력이 둔한 사람은 거짓말쟁이가 될 생각을 아예 말라'는 말은 일리가 있다. 나는 문법학자가 '거짓을 말한다.'와 '거짓말을 한다.'는 두 말을 구별하고 있는 것을 잘 알고 있다. '거짓을 말한다.' 함은 거짓을 말하면서도 그것이 참인 줄 생각하는 것이고, 라틴어에서 유래된 우리 프랑스 어인 '거짓말을 한다.'고 함은 자기 양심에 반대된다는 의미를 내포하고 자기가 알고 있는 것과는 반대되는 것을 말하는 경우를 가리킨다고 한다. 내가 문제 삼는 것도 이런 자들이다. 이들은 찌꺼기나 알맹이를 가리지 않고 모두 꾸며대거나, 참된 것을 토대로 변질시키는 것이다. 그런데 이렇게 꾸며서 변질시킨 말을 이야기하라면 말문이 막히게 마련이다. 왜냐하면 보고 듣고 느끼는 사실은 그대로 인식이나 지식의 통로를 거쳐서 기억에 남아 있으므로 원래 근거 없는 거짓말을 떠밀고 번번이 마음속에 떠오르며, 당초에 인식된 것이 나중에 첨가된 허위와 변질된 것에 대한 기억을 소멸시키기 때문이다. 한편 그들이 전적으로 꾸며댄 것은, 그들의 거짓말에 저촉되는 반대의 인상(impression)이 없으므로 그만큼 실패할 우려가 없는 듯이 생각되지만, 그 대신 그것은 근거 없는 허망한 것이므로 기억에서 사라지기 쉽다. 그러므로 결국 본인의 기억이 선명하지 않으면 안 된다. 이 점에 대하여 나는 때때로 체험하곤 한다. 더욱 우스운 것은 그들이 현재 교섭하고 있는 일에 맞장구를 치며, 윗사람들의 비위를 맞추기 위해 그렇게 할 수밖에 없다고 말하는 자들이 당하는 꼴이다. 그들로 하여금 그 소신과 본심을 굽히게 하는 주위의 사정이란 여러 가지 변화에 따라 태도가 달라져야 하므로, 그들의 말도 그때그때 달라져야 한다. 그리하여 그들은 같은 것에 대하여 때로는 검다고 하고 또 때로는 노랗다고 말해야 하며, 또 A에 대해서는 이렇게 말하고 B에 대해서는 저렇게 말을 바꿔야 한다. 만일 우연히 그들이 각각 들은 것과는 전혀 다른 이야기의 내용을 따지는 경우라도 생기면, 제아무리 그럴 듯한 이야기라도 망신만 당하게 되는 것이다. 그리고 그들은 자기 올가미에 자기가 걸려드는 경우도 흔히 있다. 왜냐하면 같은 재료를 그렇게 여러 가지로 꾸며댄 것이니 무슨 기억력으로 모두 머릿속에 넣어두느냐 말이다.

오늘날 사람들은 이런 뛰어난 재주를 갖고 있다는 자들을 부러워하기도 하지만, 나는 결국 그것이 조금도 실속 없는 짓이라고 생각한다. 거짓말을 한다는 것은 저주스러운 악덕이 아닐 수 없다. 우리가 인간으로서 서로 의지하고 있는 이유는 오직 <u>가)</u> 말에 안팎이 없기 때문이다. 만일 우리가 거짓말이 얼마나 가공할 만한 것인가를 안다면, 우리는 다른 어떤 범죄자보다도 이 거짓말쟁이를 마땅히 화형에 처해야 될 줄 믿는다. 세상 사람들은 흔히 어린이들의 죄 없는 실수를 부당하게 처벌한다. 아무런 흔적이나 결과를 가져오지 않으며 무심코 저지른 행위에 대하여 그들을 곧잘 괴롭히는 것이다. 다만 거짓말을 하고 고집을 부리는 것만은 우리는 경계하여 그 순이 싹 터 자라는 것은 저지하여야 한다. 이 두 가지 악은 그들이 성장함에 따라 커져 간다. 따라서 한 번 이 고약한 버릇을 붙이면 그것을 시정하기란 여간 어려운 것이 아니다. 나는 어엿한 신사이면서도 이 악습을 도저히 버리지 못하는 자를 가끔 목격한다. 나의 단골 양복점 주인은 참으로 얌전한 사람이다. 그런데 나는 그가 아직까지 한 번도 사실을 그대로 말하는 것을 본 적이 없다. 그대로 말하는 것이 그에게 이득이 될 경우에도 그는 거짓말을 하는 것이었다. 만일 진실과 마찬가지로 거짓말도 한 가지 뿐이라면 우리는 그나마 다행일 것이다. 왜냐하면 우리는 거짓말쟁이가 말하는 반대로만 해석하면 될 테니까 말이다. 그러나 진실의 반대는 백 가지, 천 가지로 갈라져 넓은 천지를 뒤덮고 있다.

피타고라스학파는 선은 확실하고 한정되어 있으며, 악은 한정되어 있지 않고 불확실한 것이라 주장하고 있다. 수천의 미로에서 오직 한 길만이 목적지에 이르게 된다. 하긴 나도 분명한 큰 위험을 모면하기 위해서는 엄숙한 표정으로 그럴듯하게 거짓말을 하는 경우가 전혀 없다고 단언할 수 없다. 옛날에 한 교부가 '말이 통화지 않는 사람과 함께 있느니, 차라리 친한 개와 함께 있는 편이 편하다'고 말하였다. 어쨌든 거짓말은 침묵보다 얼마나 고약한 것일까?

(몽테뉴 – 「수상록」)

1. 위의 가)의 의미를 가장 잘 풀어쓴 것은?

  1) 거짓말도 있고 진실한 말도 있다.

  2) 말을 믿지 않으면 안 된다.

  3) 말의 여러 측면을 고려하지 않으면 안 된다.

  4) 말하는 의도를 알아야 한다.

  5) 말은 거짓이 아니라 진실을 담아야 한다.

해제

단락의 흐름을 정확하게 파악해야 해결할 수 있는 문제로서, 분석적 이해가 주 평가 요소이다.

말의 안팎이란 말의 속과 겉을 의미한다. 말에 속과 겉이 없다는 말은 속이 곧 겉이요 겉이 곧 속이라는 의미로, 말이 진실을 담아야 한다는 것을 의미한다. 또한 화자의 진심을 담아야 한다는 것을 의미한다. 진실을 말하지 않거나 진심을 말하지 않는 것은 말의 안팎이 있기 때문이다. 결국 말에 안팎이 없다는 것은 진실과 진심을 담고 있다는 의미이다. 그것은 사람들 간의 신뢰를 유지하고 관계를 유지하기 위한 토대이기도 하다.

정답 5)

2. 글쓴이의 생각이라고 볼 수 있는 것은?

  1) 기억력이 좋은 사람들은 요점만 말하는 경향이 있다.

  2) 거짓말쟁이의 말을 반대로 해석한다고 해서 진실을 볼 수 있는 것은 아니다.

3) 기억을 잘하는 사람은 상황에 대처하거나 문제를 해결하는 판단력이 뛰어나다.

4) 약속을 잘 지키지 않는 사람은 모두 악의에 찬 사람이다.

5) 거짓말하는 버릇은 고치기가 수월한 편이다.

해제

지문 전체에 대한 정확한 독해가 필요한 문제로서 분석적 이해에 속하는 문제이다. 지문에서 다루는 주요 개념들은 기억력, 약속, 기억력과 판단력의 관계, 거짓말과 기억력의 관계, 거짓말의 폐해와 그 특성 등이다. 따라서 이들 개념들을 중심으로 글쓴이의 생각을 정리한다면, 이 문제는 어렵지 않게 풀 수 있다.

우선 글쓴이는 기억력이 좋은 사람은 판단력이 떨어진다는 것을 말하고 있다. 그 근거로는 자신의 경험을 들고 있다. 따라서 3)은 아니다.

아울러 기억력이 좋은 사람이 가진 또 하나의 단점은 주제에 부합하거나 핵심을 건드리지 못하는 시시한 얘기를 자주 한다고 지적한다. 그리고 그 이유는 기억력이 좋은 사람들이 세세한 것까지 기억하기 때문이라고 하다. 따라서 1)도 아니다.

다음으로 자신이 약속을 잘 지키지 못하는 것도 기억력 탓이라고 글쓴이는 말한다. 약속을 잘 지키는 않는 경우는 다양하겠지만, 글쓴이의 경우는 좋지 않은 기억력 때문임을 분명히 밝히고 있다. 따라서 4)도 성립할 수 없다.

5)도 거짓이다. 여섯 번째 단락 후반부에 거짓말과 고집은 고치기가 매우 어렵다는 점을 지적하고 있다.

글쓴이는 거짓말과 진실의 특성도 말하고 있다. 진실은 하나인 데 비해 거짓은 수도 없이 많기 때문에, 거짓을 반대로 해석한다 해도 진실을 알 수 없다고 말한다. 여섯 번째 단락에서 이를 잘 보여 주고 있다.

정답 2)

3. 글쓴이와 다른 주장을 펼 때 필요한 근거로 볼 수 없는 것은 ?

1) 선의의 거짓말

2) 즐거움을 주는 과장된 표현

3) 생존을 위해 불가피한 거짓말

4) 교정하기 어려운 거짓말 습관

5) 융통성 있는 삶의 태도

글쓴이의 주장을 비판적으로 평가하고 그에 대한 대안을 제시할 수 있는지를 묻고 있는 문제이다. 따라서 비판적 이해와 창의적 이해를 동시에 평가하려는 문제이다.

우선 글쓴이는 거짓말 혹은 거짓을 말하는 행위를 매우 부정적으로 보고 있고, 심지어 극단적인 혐오마저 보여 주고 있다. 기억력, 판단력 등 여러 용어들을 끌어들여 서술하고 있지만, 글쓴이가 주장하고자 하는 요점은 결국 거짓말의 해악이다. 거짓말과 고집 부리는 것을 두 가지 악이라 보고 있는 여섯 번째 단락에서도 잘 드러난다.

글쓴이의 주장과 반대되는 입장을 가지려면, 거짓말을 옹호하는 입장을 가져야 할 것이다. 거짓말을 옹호하는 근거로 일반적인 것은 현실성과 융통성이다. 거짓말이 도덕적으로 문제가 되는 것이기는 하지만, 거짓말이 가진 긍정적 기능을 도출할 수 있다면 거짓말을 옹호하기 위한 훌륭한 근거로 삼을 수가 있다. 이들 근거를 토대로 거짓말 혹은 그것을 하는 행위가 언제나 악은 아니며 때로는 긍정적 기능을 가질 수도 있다는 주장을 펼칠 수가 있다.

1)은 거짓말의 긍정적 기능에 속할 수가 있다. 거짓말을 통해 사람을 살릴 수 있다면, 거짓말이 큰 비난에 직면하지는 않을 것이다.

2) 역시 마찬가지이다. 과장된 표현 역시 거짓말에 속하는 것이라 볼 수 있기에, 도덕적으로 문제가 있다고 볼 수 있다. 그러나 그 목적이 타인 혹은 상대방에 대해 즐거움을 주려는 것이라면, 이야기가 달라질 수도 있다. 따라서 이 역시 거짓말의 긍정적 기능에 속하거나 거짓말의 해악을 약화시키는 근거로 작용할 수 있다.

3)도 그렇다. 생존을 위해 불가피한 거짓말 역시 정당화될 수는 없다. 그러나 생존과 직결된 거짓말이라면 큰 비난은 받지 않을 수 있다. 찬사를 받을 수는 없겠지만 함부로 비난할 수는 없는 경우이다. 따라서 거짓말을 악으로 보는 글쓴이의 입장을 반박할 수 있는 근거가 될 수 있다.

4)의 경우는 다르다. 이는 오히려 거짓말의 부정적 기능에 속한다. 거짓말 하는 습관을 고치기 어렵다는 것은 거짓말을 비판하게 되는 주요한 근거가 될 수 있다. 거짓말이 도덕적으로 문제가 있는데도 불구하고 그것을 고치는 것이 어렵다면, 거짓말은 도덕적인 측면에서 더욱 부정적 평가를 받게 될 것이다.

5)의 경우 역시 글쓴이의 입장에 반대하는 사람이 취할 수 있는 근거라 볼 수 있다. 현실적인 상황과 문제 그리고 삶의 어려움을 고려함이 없이, 즉 융통성 없이 거짓말(혹은 그 행위)만을 비난하는 것은 그리 권장할 만한 것이 아니다. 원칙도 좋지만 현실성과 융통성을 가지는 것은 세상과 타인의 삶을 평가하는 포용력 있는 기준이 될 수 있다. 따라서 거짓말의 긍정적 기능을 통해 글쓴이와 다른 입장을 옹호하려는 사람이 고려할 수 있는 하나의 근거이다.

정답 4)

4. 이 글의 논의 전개와 관련해 바르게 지적하고 있는 것은 ?

   1) 거짓말의 해악을 주장하기 위해 반대 입장을 치밀하게 반박하고 있다.

   2) 객관적인 서술로 시작하여 주관적인 서술로 끝을 맺고 있다.

   3) 두괄식 서술을 통해 자기 성격의 장점을 옹호하고 있다.

   4) 결론을 암시하는 복선을 깔고 글을 전개하고 있다.

   5) 주변 상황을 끌어들여 주제에 대한 담담하게 다루고 있다.

해제

글쓴이의 논의 전개 방식 혹은 서술 방식을 제대로 이해하고 있는지 묻고 있다. 단순히 지문 속의 내용을 분석하는 것이 아니라 비판적으로 지문을 분석하는 것이 필요한 문제이다. 분석적 이해와 비판적 이해가 주요 평가 요소이다.

우선 글쓴이는 주제와 관련해 반대 입장을 반박하는 것이 아니라, 자신의 생각을 담담하게 피력하고 있다. 따라서 1)은 답이 아니다.

개인적 이야기를 통해 객관적이고 공통적인 주제로 서술이 옮겨가고 있기 때문에 2) 역시 답이 될 수 없다.

또한 이 글은 미괄식 수필문의 형태라 볼 수 있기에 3) 역시 답이 아니다.

4)도 아니다. 여느 소설 작품에서 주제나 결론을 암시하는 복선을 깔고 논의를 전개한다고 볼 수 없다. 그저 담담하고 솔직하게 서술하고 있을 뿐이다.

5)는 글쓴이의 그 전개 방식을 잘 설명하고 있다. 글쓴이는 기억력에 대한 자신의 빈약함을 끌어들여, 거짓말과 기억력의 관계, 기억력과 판단력의 관계를 매개로 해서 거짓말의 해악이라는 주제로 나아가고 있다.

정답 5)

베이컨이 말한 **가)** 우상은 흔히 생각하듯 종교적인 의미에서의 미신이나 우상이 아니라, 일상 생활에서 보통 사람들이 갖고 있는 선입견이나 편견을 의미한다. 베이컨은 철학한다는 것은 바로 이러한 일상적 편견으로부터 자유로움을 의미하는 것이라고 우리에게 가르치고 있다.

그는 이러한 편견에서 벗어나는 방법을 다름 아닌 귀납법이라고 말한다. 귀납법이란 개별적인 경험 사례로부터 일반적인 결론을 이끌어내는 방법으로 주로 자연과학이 사용하는 방법이다. 그는 이 방법을 이용하여 중세의 이돌라(*idola*, 우상)로부터 벗어나려 했다. 그래서 그는 아리스토텔레스주의의 전가의 보도였던 삼단논법과 목적론을 비판하고 나선 것이다. 그가 자신의 책 이름을 『신기관』이라고 붙인 이유도 아리스토텔레스의 『기관』에 대항하기 위해서이다. '신'이란 말을 덧붙인 것은 아리스토텔레스의 낡은 방법에 대해 자신의 방법이야말로 새로운 방법임을 강조하기 위해서 의도적으로 그렇게 한 것이다. 이처럼 베이컨은 주로 아리스토텔레스주의를 비판한다. 아리스토텔레스주의야말로 인간의 지성을 왜곡시키는 '우상'이라고 생각했기 때문이다. 그럼으로써 그는 철학과 과학을 신한(?)의 우상으로부터 해방시킬 수 있었다. 이런 해방을 가능케 한 것이 그에겐 바로 자연과학적 방법이었다.

❶ 근대에서 자연과학은 진보와 혁명의 상징이었다. 이는 바로 자연과학 자체가 앞장서서 중세의 권위를 허무는 역할을 해왔기 때문이다. '아는 것이 힘'이라는 베이컨의 말도 이와 같은 자연과학적인 지식에 대한 신뢰를 말한다. 자연과학이 힘을 가진 것은 그것이 현실에서 실용화될 수 있기 때문이다. 요컨대 실용성이 없는 지식은 공리공담에 불과하다는 것이 베이컨의 주장이었다. 그래서 그는 "인간의 지식과 힘은 하나가 된다… 자연은 복종시키지 않고는 정복되지 않는다"고 말할 것이다. 이렇게 하여 그는 영국 경험론의 선구자가 되었고 영국 과학자들의 아버지가 되었다.

하지만 여기서 우리가 주의할 것이 있다. 그것은 '극장의 우상'이다. 우리도 베이컨의 권위에 눌려 그의 말을 그대로 믿어서는 안 된다. 만약 우리가 그의 권위에 눌려 그의 이론을 암기만 하고, 그의 말을 아무런 비판 없이 수용하려고만 한다면, 우리는 또 한 사람의 베이컨이라는 우상의 숭배자로 전락하고 말 뿐이다. 그래서 우리는 베이컨을 만나면 베이컨을 죽이고 칸트를 만나면 칸트를 죽여야 한다. 왜 죽여야 하는가? 그 이유는 우리가 그들의 사상적 노예로 전락하지 않기 위해서이다. 물론 우리는 인류의 스승인 그들에게서 많을 것을 배워야 한다. 고전을 읽고 소중히 여기는 이유도 바로 여기에 있다. 그러나 읽고 외우는 것이 배우는 것의 전부는 아니다.

그런데 여기서 많은 사람들은 착각을 일으킨다. 문제의 관건은 그들의 사상을 자신의 것으로 소화해내는 일이다. 즉 그들의 견해나 이론에 얽매이지 말고 자유롭게 스스로 사색하는 일이다. ❷ 주체적으로 사색하는 일이 제일 중요하다. 이것이 바로 베이컨을 만나면 베이컨을 죽이고 칸트를 만나면 칸트를 죽여야 하는 이유이다. 혼자 힘으로 자유롭게 새롭게 비판적으로 생각하는 것이 무엇보다 중요하다. 그래서 '지식은 힘이다' 라는 말을 비판적으로 생각할 수 있어야 하고, '자연은 복종하지 않고는 정복되지 않는다' 라는 베이컨의 말도 꼼꼼히 되짚어 봐야 한다. 왜냐하면 바로 이러한 말 속에 베이컨이 의식하지 못했던 근대와 근대 자연과학의 독단이 숨겨져 있기 때문이다. 만약 지식이 힘인 이유가 실용성 여부에 달려 있다면, '지식은 힘' 이라는 베이컨의 말은 역으로 실용성 없는 지식은 아무런 쓸모가 없는 무용지물이란 것을 의미한다. 실용주의란 것도 따지고 보면 베이컨의 말을 되풀이한 것에 불과하다. 물론 어떤 점에서는 실용주의의 주장도 맞다. 그러나 다른 각도에서 보면 그것은 엄청난 폭언과 폭력이 될 수도 있다. 생각해 보라. ❸ 실용성이 없는 지식이 무용지물이라면, 철학은 대부분 무용지물로 폐기처분되어야 할 것이다. 하지만 이런 주장은 그 자체가 하나의 폭력이다. 왜냐하면 실용성이 철학의 핵심은 아니기 때문이다.

실용성은 없을지 모르지만 우리의 삶에 없어서는 안 될 수많은 유산이 얼마든지 있다. 이를테면 지혜의 보고인 고전이 그와 같은 것들이다. 그래서 어떤 철학자들은 실증주의와 실용주의를 비판하면서, 비판이야말로 철학의 알파요 오메가라고 말한다. 이런 의미에서 그들은 철학은 '과학' 이 아니라 '비판' 이라고 주장하는 것이다. 자연을 정복 대상으로 간주하는 베이컨의 견해도 중요한 문제를 내포하고 있다. 오늘날 생태주의자들은 이러한 입장을 '인간중심주의' 라고 비판한다. 인간중심주의란 인간을 우주의 중심에 놓고 나머지는 단지 인간을 위해 존재하는 부차적이고 지엽적인 존재로 간주하는 입장을 말한다. ❹ 이런 인간중심주의에서 보면 자연은 단지 인간을 위해 봉사하는 존재에 불과할 뿐 그 자체로는 아무런 가치를 지닌 존재가 아니다. 베이컨의 '정복' 이란 말 속에는 자연을 적으로 간주하는 근대의 선입견이 숨겨져 있다. 적은 그 자체로서의 존재 가치를 갖고 있지 않다. 적은 자신의 생명을 위협하는 위험한 존재일 뿐이다. 따라서 자신의 생명을 지키기 위해서 취할 수 있는 유일한 방법은 상대방인 적을 정복하는 일이다. 정복한다는 것은 적을 줄여 잠재적인 위험으로부터 완전히 벗어나든가 아니면 적을 복종시켜 노예로 만드는 일이다.

전쟁의 논리가 바로 이러한 정복의 논리다. 옛날 전쟁에서는 적을 대부분 죽였다. 그러나 그 후에는 적을 주로 노예로 삼았다. 베이컨의 말은 이처럼 자연에 대한 선전포고다. 우리가 겪고 있는 공해와 생태계 파괴는 자연과의 이러한 전쟁의 부산물인 것이다. 그래서 생태주의자와 환경보호론자들은 베이컨을 비판하고 자연과의 전쟁이 아니라 자연과 인간의 공존과 상생이 무엇보다도 필요하다고 주장한다. 이처럼 오늘날 베이컨은 많은 사람들로부터 중요한 비판의 타깃이 되고 있다. 그러나 엄격히 따져 보면 이러한 비판도 베이컨의 말에 구속되지 아니하고 그의 사상을 실천에 옮긴 것에 불과할 뿐이다. 만약 철학자들이 그의 말을 암기만 했다면, 베이컨에 대한 비판적 성찰이나 사유는 불가능했을 것이다. 그의 우상론을 실제로 실천했기 때문에 철학자들은 그를 비판할 수 있었고, 이런 비판을 통해 그를 넘어설 수 있게 된 것이다. 이것이 바로 철학의 정신이다.

　베이컨의 우상론에서 우리는 베이컨처럼 자유롭게 사색하는 철학적 방법을 배워야 한다. 그가 말한 ❺ 철학의 정신을 배우는 것이 중요하지, 그의 말을 암기하고 해석하는 게 중요한 것은 결코 아니다. 그것은 어디까지나 부차적이고 지엽적인 일에 불과하다. 그런데 우리의 지성계에서는 이 부차적인 것이 가장 중요하고 본질적인 것으로 간주되고 있다. 본말과 주객이 전도되어 있다. 그 이유는 그들이 '정신' 이 아니라, '이론' 에 사로잡혀 그들 스스로가 자유롭지 못하기 때문이다. 그러나 철학의 정신은 다른 것이 아니다. 나) 자유! 그것이 바로 철학의 정신이다.

(최종욱 – 「일상에서의 철학」)

---

1. 이 글의 성격에 대한 설명으로 가장 적절한 것은?

　1) 특정 사상가의 사상을 심층적으로 분석하고 있다.

　2) 특정 사상을 끌어들여 자기주장을 옹호하고 있다.

　3) 다양한 사상들을 소개하고 있다.

　4) 하나의 논제에 대해 서로 상반되는 입장들을 조화시키고 있다.

　5) 자신의 입장과 반대되는 주장을 논박하고 있다.

분석적 이해와 비판적 이해를 동시에 묻는 문제이다. 글 전체의 흐름과 요지, 그리고 구성에 대한 이해가 필요하다. 글 전체의 흐름은 도입(주장 암시) – 베이컨의 철학 소개 – 베이컨 철학의 의의 – 베이컨 철학의 문제점 – 철학의 본령(주장) 순으로 이어지고 있다. 결국 글쓴이는 자기가 주장하는 바를 이끌어내고자 베이컨의 철학을 소개, 비판하고 있다.

정답 2)

2. 글쓴이의 핵심 주장이라 볼 수 있는 것은?

1) 실용적 지식을 넘어서야 한다.

2) 철학의 정신은 자유이다.

3) 자연과학은 혁명과 진보의 상징이다.

4) 철학자를 비판하려면 그를 알아야 한다.

5) 우상은 파괴하라고 존재하는 것이다.

정답 2)

3. 글쓴이가 가지고 있는 철학관이라 보기 어려운 것은?

1) 철학 지식보다는 철학적 지혜가 더 중요하다.

2) 권위에 의존하지 않고 주체적으로 생각해야 한다.

3) 철학자의 사상이 아니라 그 전제 혹은 가정을 문제 삼아야 한다.

4) 과학 지식이 축적되어야 진정한 철학이 나온다.

5) 철학 이론보다는 철학의 정신에 더 주목해야 한다.

해제

추론적 이해와 창의적 이해에 초점을 맞춘 문제이다. 글쓴이의 주장은 명료하다. '자유야말로 철학의 진정한 정신'이라는 것이다. 이에 부합하지 않는 진술을 찾아내면 될 일이다. 자유와 연관된 개념들을 지문 내에서 보면 '비판', '주체적 사색', '철학하는 방법', '지식과 이론에 함몰되지 않는 것' 등이 있다.

1)은 글쓴이의 입장에 잘 부합한다. 글쓴이는 다섯 번째 단락에서 철학의 본령은 과학이 아니라 비판이라는 것을 적시하고 있다. 과학은 대개 축적되지만, 비판은 타인의 지식을 타당성과 진리성을 문제 삼는 행위이므로 축적될 가능성이 거의 없다. 비판의 목적은 사실 지혜의 함양에 있다고 보는 것이 상식이다.

2)는 지문에서 명백하게 드러나는 진술로서, 글쓴이의 주장을 옹호하는 근거로서도 작용하고 있다.

3)도 글쓴이의 입장에 부합하는 진술이다. 글쓴이의 말처럼 철학이 비판이라면, 철학은 특정 사상을 수용하거나 이해하는 것이 아니라, 그것의 전제, 가정 등을 문제 삼아야 한다. 그러나 비판의 전제는 정확한 이해이다. 비판하고자 하는 사상이 전제로 삼고 있는 것을 통해 그 사상을 이해하지 못한다면, 그것은 제대로 된 이해라 할 수 없다. 전제나 가정을 이해하지 못한다면 어떤 사상을 넘어서거나 극복할 수 없다.

4)는 글쓴이의 철학관에 정면 위배된다고 말할 수 있다. 진정한 철학은 자유요 비판이요 주체적 사색이라고 글쓴이는 말한다. 따라서 과학적 지식이든 철학적 이론이든 그것들에 매이는 것이 아니라 문제 삼고 회의하고 비판하는 것이 제대로 된 철학 방법일 수밖에 없다. 따라서 과학의 축적이 진정한 철학의 전제일 수는 없다. 4)는 이와 반대되는 진술이다.

5)는 당연히 글쓴이의 입장에 부합하는 진술이다. 마지막 단락에 명시적으로 나와 있다.

정답 4)

4 가)에 해당한다고 볼 수 없는 진술은?

1) 모든 사람은 죽을 수밖에 없다.

2) 모든 사람은 이기적이다.

3) 맹자의 말은 우리에게 금과옥조이다.

4) 전라도 사람들은 음흉하고 경상도 사람들은 허풍쟁이다.

5) 이름 없는 꽃도 다 존재 이유가 있다.

비판적 이해와 창의적 이해를 동시에 묻는 문제이다. 여기서 우상은 베이컨이 말한 우상이 아니라, 일반적인 우상 혹은 편견이나 잘못된 선입견을 말한다. 베이컨이 말한 우상은 크게 4 가지이다. 의인화의 오류를 보여주는 종족의 우상, 권위만을 따르고 그것에 의존하는 극장의 우상, 사람들과의 접촉에서 얻게 되는 편견인 시장의 우상, 개인적 성향 때문에 나타나는 동굴의 우상이 그것이다. 그 외에도 여러 편견이나 선입견이 존재할 수 있다. 단 우상은 여기서 잘못된 것 혹은 오류라는 의미를 동시에 가지고 있다는 것을 유념할 필요가 있다.

1)은 오류 혹은 편견이라 보기 어렵다. 인간은 본래부터 죽을 수밖에 없는 운명을 갖고 태어났다. 인간은 그 자체로 생명이고, 생명 개념은 태어남과 소멸을 이미 포함되어 있기 때문이다. 따라서 우리의 일상 경험이나 판단 때문에 발생하는 우상이라 보기 어렵다.

2)는 명백히 편견 혹은 오류에 속한다. 모든 사람이 이기적이라는 판단은 대개 개인의 경험에서 나오고 그것을 일반화시킨 결과일 경우가 대부분이기 때문이다. 따라서 베이컨의 분류에 따르면 동굴의 우상에 속하는 경우라 할 수 있다. 설령 동물을 비롯한 인간은 본래적으로 이기적일 수밖에 없다는 학설에 근거한 견해라 할지라도 마찬가지다. 이 학설은 객관적이고 엄정하게 증명된 것일 수 없기 때문이다.

3)에서 말하는 맹자는 명백히 극장의 우상에 속한다. 맹자의 권위 때문에 그의 사상에 대한 엄밀한 검토 없이 그것을 숭배하는 것은 베이컨이 말하는 대표적인 우상이다.

4) 역시 오류이거나 편견이다. 굳이 베이컨의 분류에 따르자면 시장의 우상에 속한다고 할 수 있다.

5)는 혼동하기 쉬운 경우이다. 사실 어떻게 보면 심오한 진리인 것처럼 보이기도 한다. 그러나 이것을 엄격히 말해 식물에 우리 자신을 투영시킨 것에 불과하다. 꽃에다 이유를 붙일 수는 없다. 이유란 엄격히 인간적 개념이기 때문이다. 베이컨 식으로 말하면 종족의 우상에 속한다고 할 수 있다.

정답 1)

5. 나)에 부합하기 어려운 진술은?

1) 베이컨을 만나면 베이컨을 죽이고 칸트를 만나면 칸트를 죽여야 한다.

2) 과학이 철학일 수는 없다.

3) 실용성이 철학의 핵심일 리 없다.

4) 선대의 철학자들에게 배워야 한다.

5) 지식은 힘이다.

해제

분석적 이해와 추론적 이해를 중점적으로 묻는 문제이다. 나)의 의미는 이미 지문 전체에 걸쳐 설명하고 옹호하고 있기 때문에, 이에 부합하는 진술을 찾아내는 것은 어려운 일이 아니다. 다만 지문의 내용과 글의 요지를 제대로 파악하고 있느냐가 중요할 뿐이다.

1)은 글쓴이가 명시적으로 서술하고 있다. 베이컨에 매이고 칸트에 묶이면 자유롭게 철학을 할 수 없다. 나)의 정신에 잘 부합한다.

2)도 아니다. 과학이 지식의 축적이라면 철학은 과학적 지식의 진리성, 과학 방법의 정당성을 문제 삼는다. 그 때문에 글쓴이는 베이컨의 귀납법이나 실용주의적 지식의 한계를 지적하고 있는 것이다.

3)은 글쓴이가 베이컨을 비판할 때 잘 드러나고 있는 진술이다. 베이컨의 한계인 실용주의를 비판하면서, 글쓴이는 실용주의적 지식의 폐해와 부당성도 지적하고 있다.

4)는 다소 헷갈릴 수 있는 항목이다. 그러나 글쓴이는 지문 전체에 걸쳐 베이컨으로부터 철학하는 방법, 곧 철학의 정신을 배워야 한다고 말한다. 지식이나 이론을 배우는 것이 아니라, 정신과 방법을 배워야 한다고 진술하고 있다.

5)도 다소 혼동할 수 있는 진술이다. 지식은 매우 중요하다. 지식의 힘 때문에 문명이 발달했다는 사실을 부정할 수는 없다. 그러나 그것은 과학의 영역이다. 철학은 과학과 다르기에, 지식이 아니라 지혜를 문제 삼아야 한다. 지식이 이론이라면 지혜는 비판과 철학하는 방법이다. 따라서 5)는 나)의 정신에 부합하지 않는다. 그렇다고 위배된다고 보기는 어렵다. 무관하다고 보는 것이 적절하다.

정답 5)

6. ❶∼❺중에서 글쓴이의 주장을 뒷받침하는 가장 중요한 근거로 볼 수 있는 문장은?

1) ❶

2) ❷

3) ❸

4) ❹

5) ❺

주로 추론적 이해를 평가하는 문제이다. 이 문제를 해결하려면 글쓴이의 주장이 무엇인가를 분명히 확인해야 하며, 어떤 근거를 들어 자기주장을 옹호하고 있는가를 파악해야만 한다.

글쓴이의 주장은 마지막 단락에 명시적으로 정리되어 있다. '자유는 철학의 정신이다'가 글쓴이의 주장이다. 그리고 이를 뒷받침하는 근거들을 지문 속에서 찾을 수 있다. 그러나 자유라는 개념 속에는 누군가 혹은 무언가에 얽매이지 않고 주체적으로 생각하고 행동한다는 뜻을 담고 있다. 따라서 자유의 개념은 이미 그 근거를 함축하고 있다. 남이나 무언가에 얽매이고서는, 즉 주체적이지 않을 때에는 자유일 수 없다. 자유란 자율과 자결의 의미를 함축하고 있기 때문이다. 주체적일 때 비로소 온전한 비판이 가능해지며 선대 철학자들에게 예속되지 않는다. 따라서 주체성을 배제하고 자유를 말할 수는 없다. 주체성과 무관하거나 그것에 위배되는 진술, 자율과 자결에 위배되는 진술은 근거가 될 수 없다.

❶의 경우는 글쓴이의 단순한 생각 혹은 일반적 상식일 뿐이다.

❷는 철학에서 가장 중요한 것이 주체성이라고 말하고 있다. 따라서 자유가 철학의 정신이라는 주장을 옹호하는 근거가 될 수 있다. 주체성 없이 자유를 말할 수는 없기 때문이다.

❸은 실용주의에 대한 글쓴이의 비판 의식을 드러내지만, 그의 주장을 옹호하는 근거로 볼 수는 없다.

❹ 역시 실용주의와 연관된 인간중심주의를 비판하고 있을 뿐, 글쓴이가 자기주장을 옹호하기 위해 내세운 근거로 볼 수는 없다.

❺는 글쓴이의 중심 생각 중 하나이지만, 그것은 마지막 단락 마지막 문장에서 표현하고 있는 자기주장의 반복에 불과할 뿐이다. 근거라고 볼 수는 없다.

정답 2)

7. 베이컨에 대한 글쓴이의 평가라 보기 어려운 것은?

1) 베이컨이 사용한 방법은 중세의 권위를 허무는 데 일조했다.

2) 베이컨은 우리에게 철학하는 방법을 알려 주었다.

3) 베이컨으로부터 배우지 않아도 그를 넘어설 수 있다.

4) 베이컨의 사상은 근본적 약점이 있다.

5) 베이컨은 철학의 정신이 무엇인지를 보여 주었다.

해제

비판적 이해와 창의적 이해를 주로 묻는 문제이다. 글쓴이가 자기주장을 펼치기 위해 베이컨을 끌어들인 이상, 베이컨에 대한 글쓴이의 태도 혹은 평가는 글의 흐름 및 요지와 관련해서 매우 중요하다. 따라서 이 문제는 글 전체의 흐름과 글의 요지를 파악하지 못한다면 해결하기가 쉽지 않다. 베이컨에 대한 글쓴이의 평가는 지문 곳곳에 나타나 있지만, 핵심 평가는 마지막 단락에 가장 명료하게 정리되어 있다. 글쓴이는 그로부터 철학하는 방법을 배워야 한다고 지적한다. 그리고 글쓴이가 말하는 철학의 방법은 자유롭게 사색하는 일을 의미한다.

1)은 아리스토텔레스와 관련해서 베이컨이 수행한 역할을 서술하는 부분에서 잘 드러나 있다. 글쓴이는 베이컨이 아리스토텔레스의 철학과 그의 방법을 우상에 비유하고 있음을 지적하고 있다.

2)는 베이컨에 대한 가장 긍정적이고 적극적인 평가라 할 만하다. 글쓴이는 마지막 단락에서 이를 명시적으로 드러내고 있다.

3)은 다소 혼동할 수 있다. 분명 글쓴이는 베이컨을 넘어서야 한다고 지적하고 있다. 그러나 베이컨으로 배우지 않고도 그를 넘어서야 한다는 말은 하지 않는다. 베이컨으로부터는 가장 중요하다고 말할 수 있는 철학의 정신, 철학하는 방법을 배울 수 있기 때문이다. 덧붙여서 어떤 사상을 넘어서려면, 그 사상을 정확하고 체계적으로 이해해야 한다. 그래야만 그 사상의 가정이나 원칙을 문제 삼을 수 있고, 비로소 참다운 비판과 극복이 가능하기 때문이다.

4)도 충분히 추론할 수 있는 경우이다. 글쓴이는 베이컨의 사상의 근본 약점이 실용주의적 태도, 그리고 이와 연관된 인간중심주의에 있다고 지적한다. 글쓴이는 여섯 번째와 일곱 번째 단락에서 이를 분명하게 드러내고 있다.

5)는 마지막 단락에서 충분히 추론할 수 있는 진술이다. 글쓴이는 자유의 정신을 통해 진정으로 철학하는 방법이 무엇인지를 보여 주었기에, 베이컨으로부터 이를 배워야 한다고 말한다.

정답 3)

한 나라를 다스리는 것도 한 가정을 다스리는 것과 같은데 하물며 한 고을을 다스림에 관해서는 말해 무엇 하겠는가. 가정 다스리는 예를 들어 보자. 가정의 어른이 날마다 고함치고 성내면서 자제를 매질하고 노비들을 묶어 때리며 돈 한 푼을 훔쳐도 용서하지 아니하고 국 한 그릇을 엎질러도 용서하지 않으며, 심하면 철퇴로 어깨를 치고 다듬이 방망이로 넓적다리를 친다. 그런데도 자제들의 눈속임은 더욱 심해지고 노비들의 도둑질도 더욱 방자하게 된다. 온 집안이 모여 헐뜯고 오직 들킬까 봐 두려워하며 상하가 모두 눈가림으로 그 어른을 속인다. 슬프게도 이 가정의 어른은 독부가 되고, 가도가 어그러져 큰 혼란으로 빠져들어 마침내 법도 있는 가정을 이룩할 수 없게 된다. ❶ 이제 다른 가정의 어른 예를 들어 보자. 그는 새벽에 일찍 일어나 세수하고 머리 빗고 의관을 정제한 다음 엄숙, 단정하게 앉아 아침 문안을 받고 할 일을 나누어 맡기고 각기 그 일을 처리하도록 한다. 따르지 않는 자가 있으면 순순히 타일러 깨닫도록 하고, 수치스런 일이 있으면 숨겨두고 드러내지 않다가 한가한 때에 따로 불러서 차근차근 훈계하고 꾸짖는다. 어른이 부지런함으로 통솔하니 집안 사람들이 검박하지 않을 수 없고, 어른이 공손함으로 통솔하고 청렴함으로 표준이 이미 바르게 되니 모든 것이 순조롭지 않을 수 없다. ❷ 이러한 일로 살펴건대, 성색(聲色)으로 백성을 교화하는 것은 말단의 방법이며, 형벌로써 사람을 바르게 하는 것도 말단의 방법이다. 수령 자신이 바르면 백성이 바르게 되지 않음이 없고, 수령 자신이 바르지 않으면 비록 형벌에 가하더라도 바르게 되지는 않을 것이다. 천지가 생긴 이래로 이 이치는 항상 그러했던 것이니, 어찌 잡설로써 어지럽힐 수 있겠는가.

어떤 사람이 이렇게 묻는다. "간사한 아전과 교활한 군교들은 그 양심이 이미 없어지고 악습이 이미 고질화되어 인의로써 감화시킬 수 없고 오직 형벌로써 제압시킬 수밖에 없는데, 그대는 채찍으로 다스리고자 하니 가) 어찌 오활(迂闊)하지 않은가. 세상의 풍속이 점차 타락하고 순박한 기풍이 이미 멀어졌다. 그러므로 근세에 잘 다스림으로 이름난 사람들은 그 다스리는 것을 보건대 반드시 엄한 형벌에 사나운 곤장을 사용하여 큰 칼을 씌우고 꽁꽁 묶으니 설렁줄 요령 소리 한 번 울림에 온 고을이 송연해진다. 반대로 잘 다스리지 못한 것으로 소문난 자는 그 다스리는 것을 보건대 반드시 가벼운 채찍에 작은 회초리로 치고 부드러운 책망에 너그러운 명령으로써 하니, 기강은 이미 퇴폐해지고 온 맥이 풀어진다. 그 이루어지는 결과가 이와 같으니 그대가, '자기를 바로잡은 후에 남을 바로잡는다' 는 오활한 말로써, 교화시키기도 어렵고 제재하기도 어려운 이 사나운 풍속을 다스리고 하니, 이른바 간척의 춤으로 평성의 포위를 풀고자 하는 격이다. 어찌 오활하지 않은가.” 나는 이렇게 답한다. “이것은 속류들의 말이다. 잘 다스리고 잘못 다스리는 것은 그 사람에게 있는 것이지 형벌에 있는 것이 아니다. 저 잘 다스림으로 이름난 자가 만약 거기다가 형벌을 완화하면 그 치적은 더욱 높아지고 그 명예는 더욱 온전하게 될 것이니, 이는 형벌을 엄중히 해서 잘 다스리게 된 것이 아니기 때문이다. 그 잘못 다스림으로 소문난 자가 만약 거기에다 형벌을 준엄하게 되면, 그 치적은 더욱 낮아질 것이고 그 헐뜯는 말은 더욱 높아갈 것이니, 이는 형벌을 완화함으로써 다스림을 그르친 것은 아니기 때문이다.” ❸ 대저 청렴한 자는 그 형벌이 흔히 준엄하고, 탐욕스러운 자는 그 형벌이 흔히 느슨하다. 그러므로 말하기를 ‘청렴한 자는 이름을 좋아하여 사람의 상정(常情)에 가깝지 않다’ 고 하였고, 또 말하기를 ‘사람의 어진 것은 쓰고 그 탐욕은 버린다’ 라 하였다. ❹ 대개 옳은 것을 옳게 여기고 악한 것을 미워하는 마음이 이미 그처럼 진지하게 절실하면, 그 형벌이 사납지 않을 수 없다. 옳은 것을 옳게 여기고 그른 것을 그르게 여기며 선한 것을 선하게 여기고 악한 것을 미워하는 마음이 본래 흐리고 어두우면, 그 형벌이 저절로 흔히 느슨해질 것이다. 저 진지하고 절실한 자는 그 지혜에 분별이 있을 것이요, 이 흐리고 어두운 자는 그 지혜에 절도가 없을 것이니, 잘 다스리고 잘못 다스리는 것이 여기에서 서로 멀어지는 것이다.

그러나 인간이 성현의 경지에 이르지 못한 이상 반드시 한쪽에 치우치는 병폐가 있기 마련이다. 사람의 단점은 매양 장점에서 일어나며, **나)** 장점 역시 단점에 있는 것이다. 저 이른바 준엄한 형벌이란 것은 반드시 엄급하게 하는 고로 착오가 많아지는 것이다. 혹 죄는 가벼운데 벌은 무겁고 혹 죄는 의심스러운데 판결은 자신 있게 하고, 한때의 분한 마음으로 잘못 혹형을 시행하게 되고, 한쪽의 편견이 드디어 중죄를 결단하게 되니, 많고 적은 원통함과 억울함을 자연히 면치 못하게 된다. 이것이 장점이 단점에서 일어나는 것이다. ❺ 이른바 이러한 형벌을 완화한다는 것은 역시 형벌을 온화, 느슨하게 하는 고로 때로는 무해할 수 있고 본디 무거운 장형을 가하지 않았으니 큰 원통함이 있을 수 없고, 본래 명쾌한 판결이 없었으니 홀로 슬퍼할 일 또한 없다. 백성들은 수령을 두려워하지 않고 아전들은 법의 위세를 빙자할 곳이 없으며, 옥사에는 의안(疑案) 속에 있어서 백성들은 개미 같은 목숨을 조금이나마 연장할 수 있다. 그러므로 시골 백성들의 속담에 ‘악판과 농판은 이해가 서로 반반씩이다’ 라고 하였으니, 이는 까닭이 있는 말이다.

수령의 시비가 이미 밝게 되면, 전정, 부역, 첨정, 환곡이 저절로 명백하게 될 것이니, 아전들은 감히 속이지 못할 것이요 백성들은 감히 깔보지 못할 것이다. 여기에서 형벌을 덜어 주고 작은 허물을 용서하면 그 혁혁한 명예는 더 한층 높아질 것이다. 수령의 식견이 어둡게 되면 전정, 부역,

첨정, 환곡이 저절로 문란하게 될 것이니, 아전들의 농간질이 떨치게 되고 백성의 비방이 비등하게 된다. 여기에다 함부로 장형을 가하고 포학의 불길을 돋우면 떠들썩한 원망 소리가 온 고을에 사무칠 것이다. 따라서 잘 다스리는 것과 잘못 다스리는 것은 사람에게 달린 것이지, 형벌에 달린 것이 아니다.

(정약용 – 「목민심서」)

〈용어 해설〉
* 설렁 – 처마 끝에 매달에 놓고 사람을 부를 때 흔들어 소리를 내는 방울
* 간척의 춤 – 수공업 등 천업에 종사하는 사람들이 쓰는 가느다란 막대기 혹은 뱃사공의 노
* 평성의 포위 – 한 고조가 흉노족에서 평성에서 포위된 사건
* 악판과 농판 – 형벌을 준엄하게 하는 수령과 형벌을 느슨하게 하는 수령

1. 단락을 나누기에 가장 적절한 곳은?

1) ❶   2) ❷

3) ❸   4) ❹

5) ❺

해제

이 문제는 분석적 이해를 주로 묻고자 한다. 글의 흐름을 제대로 이해해야 해결할 수 있다. 글 전체의 흐름을 보면 다음과 같이 정리할 수 있다. 문제 제기(형벌로써 사람을 다스리는 것은 옳은 방법이 아니다) – 반박(엄히 다스리는 것이 현실적 방책이다) – 재반박(형벌을 완화해서잘 다스릴 수 있고 형벌을 강화해서잘못 다스릴 수 있다) – 근거 제시(잘 다스림의 요체는 지혜의 분별이다) – 근거 보완(지혜에 분별 있다고 이에 근거해 엄하게 형벌을 집행해서는 안 된다) – 결론(다스림은 형벌이 아니라 사람의 지혜에 달려 있다).

따라서 이에 맞추어 단락을 구분해야 한다. 단락이란 생각의 단위이기에, 중심 생각 혹은 말하고 싶은 내용의 성격이 바뀌면 단락을 바꿔 주어야 한다.

특히 ❷는 다소 헛갈릴 수 있다. 그러나 ❷까지 포함해서 하나의 문제 제기 단락으로 보는 것이 적절하다.

❸부터는 글쓴이가 근거를 제시하는 곳이라 단락을 구분하는 것이 맞다.

❹는 근거 제시 단락이 이어지는 부분이라 구분하는 것이 맞지 않다

❺는 근거 보완 단락이 시작되는 곳이라 할 수 없다. 앞부분과 내용이 자연스럽게 연결되기 때문이다.

정답 3)

2. 가)를 대체할 수 있는 가장 적절한 표현은?

1) 참으로 세상 이치를 모르는구나.

2) 얼마나 지혜로운가.

3) 정말 어이가 없구나.

4) 어찌 효과가 없을쏘냐.

5) 참으로 욕심도 많구나.

분석적 이해를 묻는 문제이다. 이 문제는 '오활'의 뜻을 정확히 이해하고 있다면 쉽게 해결될 문제이다. 오활이란 '사정에 어둡고 비현실적인'라는 뜻을 갖고 있다. 그러나 가) 전후의 문장들을 통해 그 내용상의 흐름을 읽어낸다면, 적절한 대체 표현을 찾는 것도 어렵지 않다. 더욱이 오활이라는 표현이 반복되기에 그 쓰임새를 찾아낸다면, 쉽게 해결될 수 있다.

우선 2)와 4)는 대체하기가 어렵다. 2)와 4)는 긍정적 의미를 가진 반면, 가)는 부정적 의미를 담고 있기 때문이다.

3)은 다소 혼동될 수 있다. 부정의 의미도 담고 있으며 대체하기에 부적절해 보이지도 않기 때문이다. 그러나 가)뿐만 아니라 밑에서 쓰인 오활이란 표현을 자세히 보면, 비현실성이라는 뜻을 담고 있다는 것을 끌어낼 수 있다. 더욱이 '어이없다'는 표현은 글쓴이의 주관적 감정을 드러내는 것이지, 글쓴이의 방책에 대한 비판의 의미를 담고 있다고 보기는 어렵다. 그러나 가)의 전후 문맥을 보면, 그것은 비판의 의미를 담고 있다고 봐야 하기 때문에, 3)은 적절하지 않다.

5)는 글쓴이의 태도나 마음을 비난하는 것이지 글쓴이의 현실 인식을 비판하고 있다고 볼 수 없다. 따라서 적절하지 않다. 반박하는 사람은 분명 글쓴이의 현실 인식을 문제 삼고 있다.

정답 1)

3. 이 글에서 나)의 의미에 가장 부합하는 경우는?

1) 청렴한 사람은 지혜가 없기 때문에, 백성들의 고통을 덜어 줄 수 있다.

2) 백성들의 잘못을 눈감아 주는 수령이 백성들로부터 존경을 받는다.

3) 시비에 어두운 사람의 느슨한 처벌이 백성의 아픔을 덜어 준다.

4) 형벌에 의존해 처벌하는 수령이 백성들을 잘 다스릴 수 없다.

5) 시비가 분명한 수령이 백성들의 눈물을 덜어 줄 수 있다.

분석적 이해를 묻는 문제이다. 그러나 나)에만 주목해서는 이 문제를 해결할 수 없다. 앞 단락에 주목해야 한다. 앞 단락에서 글쓴이는 두 종류의 수령을 대비시키고 있다. 청렴한 수령과 수오지심이나 시비지심이 부족한 수령이 그것이다. 나)에 해당하는 수령은 후자이다. 글쓴이는 청렴한 수령은 장점을 가지고 있지만 백성들에게 고통을 줄 수 있는 단점을 낳으며, 수오지심이나 시비지심이 부족한 수령은 오히려 그 단점이 백성들을 눈물을 덜어 줄 수 있는 장점이 될 수 있다고 말한다.

1)은 전혀 말이 안 되며 글쓴이의 생각에 전혀 부합하지 않는다. 청렴한 수령은 형벌을 엄히 하여 오히려 국민들의 해를 주고 있다고 글쓴이는 말한다.

2)는 지문에 전혀 나오지 않는 내용이며, 글쓴이의 생각에도 부합하지 않는다.

3)은 앞 단락에서 말하는 단점을 가진 수령에 해당하며, 그의 단점이 장점으로 바뀌는 이유이기도 하다.

4)는 글쓴이의 생각이라고 볼 수는 있지만, 나)에 해당하는 경우라 볼 수 없다.

5) 역시 글쓴이의 주장이기는 하지만, 나)의 의미에 부합하는 경우는 아니다. 시비가 분명한 사람, 곧 지혜에 분별이 있는 사람이 백성들을 덕으로 다스릴 때, 최고의 통치가 될 수 있다는 것이 글쓴이의 주장이다.

정답 3)

4. 이 글의 주제문이라 볼 수 있는 것은?

1) 청렴한 자는 그 형벌이 흔히 준엄하고, 탐욕스러운 자는 그 형벌이 흔히 느슨하다.

2) 옳은 것을 옳게 여기고 악한 것을 미워하는 마음이 이미 그처럼 진지하게 절실하면, 그 형벌이 사납지 않을 수 없다.

3) 진지하고 절실한 자는 그 지혜에 분별이 있을 것이요 이 흐리고 어두운 자는 그 지혜에 절도가 없을 것이니, 잘 다스리고 잘못 다스리는 것이 여기에서 서로 멀어지는 것이다.

4) 잘 다스리는 것과 잘못 다스리는 것은 사람에게 달린 것이지, 형벌에 달린 것이 아니다.

5) 인간이 성현의 경지에 이르지 못한 이상, 반드시 한쪽에 치우치는 병폐가 있기 마련이다.

분석적 이해와 비판적 이해를 동시에 묻는 문제이다.

이 글의 주제는 올바른 다스림의 방법이다. 이에 대한 글쓴이의 핵심 주장 또는 최종 주장이 담겨 있는 표현이 곧 주제문이다. 이 글은 양괄식에 해당하므로 주제문을 찾기란 어렵지 않다. 서론과 결론에 주목하면 주제문을 쉽게 찾을 수 있다. 글쓴이의 논의를 간단히 요약하면 다음과 같다. 형벌이 엄해도 잘 다스릴 수 없고 형벌이 느슨해도 잘 다스릴 수 있기에, 형벌의 강약에 따라 잘 다스림 여부를 판단해서는 안 되며, 지혜에 분별이 있되 형벌에 의존하지 않는 사람이 잘 다스리는 사람이라 할 수 있으니, 결국 잘 다스림은 형벌의 강약이 아니라 다스리는 사람 자체에 달려 있다.

정답 4)

5. 이 글에서 드러나 글쓴이의 사상이라 보기 어려운 것은?

1) 사필귀정　　　　　2) 덕치

3) 시비지심　　　　　4) 민본주의

5) 신독(愼獨)

해제

비판적 이해와 창의적 이해를 동시에 묻는 문제이다. 글의 요지와 글 곳곳에 산재해 있는 글쓴이의 생각을 끄집어낼 수 있어야 해결할 수 있는 문제이다.

1)은 이 글에 드러난다고 볼 수는 없다. 이 글의 핵심은 부정과 정의의 문제가 아니라 지혜로운 통치이기 때문이다.

2)는 글쓴이의 입장이 가장 잘 드러나는 경우이다. 글쓴이의 핵심 주장은 강한 형벌이 아니라, 수령 자신의 지혜로운 덕치가 잘 다스림의 첩경이라고 볼 수 있기 때문이다.

3)도 글쓴이의 입장을 잘 드러난다. 특히 마지막 단락에 명시적으로 드러나 있다. 청렴과 지혜의 분별이 바람직한 목민관의 덕목이라고 보고 있기 때문이다.

4) 역시 세 번째 단락에 잘 드러난다. 수령이 청렴함에 의존해 통치를 하는 것은 백성들의 아픔을 고려하지 않는 것이기에 그것은 분명 단점으로 바뀐다고 지적하고 있다. 이는 민본주의 사상을 깔고 있지 않으면 나오기 어려운 진술이다.

5)는 다소 혼동할 수 있다. 신독이란 혼자 있을 때 자신의 마음을 잘 다스리고 진실하게 하는 것이라 할 수 있기 때문이다. 글쓴이는 지혜로운 수령이 잘 다스릴 수 있다고 주장한다. 그러나 지혜로운 수령의 조건은 청렴이다. 청렴하지 않은 수령을 보고 군졸이나 백성들이 청렴해질 수는 없다. 수령은 군졸이나 백성의 모범이 되어야 하기에, 신독은 수령이 갖추어야 할 덕목이라 보는 것이 적절하다.

정답 1)

6. 글쓴이의 입장을 반박하기에 가장 적절한 진술은 ?

1) 윗물이 맑아야 아랫물이 맑다.

2) 먹을 가까이 하면 검어지고 인주를 가까이 하면 붉어진다.

3) 금동이의 좋은 술은 일천 백성의 피요, 옥소반의 맛있는 안주는 일만 백성의 기름이다.

4) 인사(人事)는 만사(萬事)이다.

5) 법률이 없으면 범죄도 없고 법률이 없으면 형벌도 없다.

비판적 이해와 창의를 '이해를 동시에 묻는 질문이다. 이 문제는 우선 글쓴이의 핵심 주장과 이를 뒷받침하는 근거를 찾아내야 한다.

글쓴이의 주장은 명료하다. '다스림은 사람에 달린 것이다'이며, 근거는 '수령의 바른 처신과 지혜로움이 잘 다스림의 요체이다'라고 할 수 있다. 즉 수령이 바르고 지혜롭다면 형벌을 약하게 해도 다스림은 더 잘 될 것이며, 그렇지 않다면 형벌을 강하게 한다 할지라도 다스림이 더 잘못될 것이기 때문이다. 따라서 이를 반박하거나 이에 전면적으로 위배되는 진술을 찾으면 된다.

1)은 오히려 글쓴이의 입장을 옹호하는 근거가 될 수 있다. 수령이 청렴하고 지혜로우면 백성들 역시 수령을 본받아갈 것이기 때문이다.

2)도 마찬가지이다. 수령이 청렴하고 지혜로울수록 이를 늘 접하게 되는 군졸이나 백성들 역시 수령을 닮아갈 것이기 때문이다.

3)은 춘향전에서 나오는 한시를 우리말로 옮긴 것이다. 이는 수령이 청렴하고 부패하지 않으며 백성들을 돌보아야 한다는 교훈을 준다. 따라서 바람직한 수령의 덕목인 청렴과 민본주의에 해당한다고 볼 수 있다.

4)는 제도나 법보다는 인재 활용의 중요성을 강조하는 사자성어이다. 사람을 적재적소에 쓰는 것은 훌륭한 지도자의 덕목이다. 그러나 글쓴이의 입장에 부합한다고 볼 수는 없다. 그렇다고 글쓴이의 입장에 반한다고 볼 수도 없다.

5)는 죄형법정주의를 말한다. 요컨대 다스림의 기초는 법률로 정해진 것이기 때문에, 판사나 지도자가 임의로 죄를 말거하거나 처벌해서는 안 된다는 법치를 의미한다. 여기서 잘 다스림의 요체는 바르고 지혜로운 판사나 수령이 아니라, 공평하고 철저한 법의 집행일 수밖에 없다. 이는 '청렴하고 지혜로운 수령이 잘 다스릴 수 있다'는 글쓴이의 근거에 전면적으로 위배되는 진술이며, 또 이를 반박하기에 적절한 명제이기도 하다.

정답 5)

❶ 복지 자본주의의 황금기에는 노동 연령 집단의 완전 고용(주로 남성의 경우였지만 점차 여성의 경우에도)이 실현되고 있었을 뿐만 아니라 일자리들도—흔히 제조업과 관련된 산업에서— 대부분 전일제 노동이었다. 새로이 등장한 대량 생산 산업은 고숙련 노동자의 보완 집단으로서 대규모의 반숙련 및 미숙련 노동자들을 필요로 했기 때문에 숙련의 유무는 고용에 아무런 장애가 되지 않았다. 완전 고용과 함께 대부분의 국가들에서는 노동조합 조직원의 수가 증가하였고, 단체교섭도 보다 확고히 정착되었다. 노동 수요가 팽창하고 생산성이 향상되면서 임금도 높아지고 노동 조건도 향상되었다. 아울러 예컨대 사회복지 프로그램들이 발달하지 않았던 미국 같은 나라에서도 노동자들을 대상으로 하는 기업 복지가 발달하였다. 말하자면 경제 성장과 생산성 증대의 과실이 노동자들의 몫으로 돌아갔던 것이다.

❷ 이처럼 포드주의 생산 방식 및 노사관계와 결합된 완전 고용은 고임금과 복지 급여가 주어질 뿐 아니라 안정성도 높은 전일제 일자리를 창출하는 데 이바지하였다. 물론 포드주의는 가부장적이었고 따라서 남성 임금 노동자/여성 가정주부라는 가족 임금의 패턴을 재생산해내는 문제를 안고 있었다. 그렇지만 적어도 포드주의는 가구 간의 평등 수준을 끌어올렸고, 보다 일반적으로는 상당한 수준의 소득과 안정성을 보장하였다. 사회 복지 체계와 관련하여 이것은 경제 그 자체가 빈곤과 결핍에 대한 예방 조치로 작용하였음을 의미하는 것이었다.

❸ 그러나 이렇게 따습고 배부르던 시절은 1960년대 말부터 동요하기 시작했다. 여기에는 많은 요인들이 작용하였다. 첫째, 일본을 비롯한 표준화된 소비재의 대량 생산 방식에 기초한 가격 경쟁력을 무기로 신흥 공업국들이 국제 시장에 진출함으로써 경쟁이 크게 격화되었는데, 이는 서구에서 제조업 부문의 고용이 감소하는 것을 의미하였다. 둘째, 자본의 이동성과 생산 입지의 해외 이전의 자유, 그리고 아웃소싱의 활용 등이 증대하면서 선진국 기업들이 통상적인 생산 공정의 일부를 제3세계로 이전하였다. 셋째, 기술과 생산 방식이 변화한 데다 경쟁이 격화되면서 전통적인 굴뚝 산업들의 기반이 무너지기 시작하였다. 네 번째 , 가령 미국이나 영국 같은 일부 국가들은 의도적으로 제조업 부문의 고용을 축소시키는 정책을 구사하였다. 이를테면 고금리 정책과 통화주의 그리고 국내 산업을 국제 경쟁에 노출시키는 조치들이 그런 정책들이었다. 그 결과로 나타난 것이 이른바 **가)** '탈산업화' 였다. 양국 모두 1950년대와 1960년까지만 해도 남성 완전 고용의 보루 역할을 해온 제조업 부문에서 일자리가 대량으로 줄어드는 사태를 겪어야 했다.

미국의 경우, 제조업 부문 노동력의 비중이 1950년의 약 1/3에서 1990년대에는 1/6로 감소하였다. 영국에서도 1979~90년 사이에 제조업 부문의 고용이 1/4 이상 감소하였다. 마지막으로 서비스 산업과 서비스 직업이 급성장한 것도 하나의 요인으로 작용하였다.

❹ 여기서 주목해야 할 점은 제조업 부문에서 사라진 일자리들은 대부분 노동조합이 조직되어 있던 일자리들, 그러니까 높은 임금과 함께 흔히 제대로 된 기업 복지가 제공되던 일자리들이었다는 점이다. 반면에 서비스 부문에서 새롭게 창출되는 일자리들은 저임금에 흔히 노조가 결성되어 있지 않으며 작업장 복지 또한 열악하거나 아예 없는 일자리들이 대부분이라는 것이다. 예를 들어 미국에서 전개된 '탈산업화'에 관한 연구에 따르면, 해고된 노동자의 극소수만이 이전과 비슷한 임금을 지불하는 일자리를 얻을 수 있는 것으로 나타난다. 미국에서 서비스 직업들의 평균 임금은 제조업은 그것에 비해 형편없이 떨어지는 경향이 있다. 아마도 그렇기 때문에 이들 대체 노동자들(*displaced workers*)은 대부분 임금 수준이 대폭 하락하는 고통을 맛보게 된 것으로 보인다.

❺ 좀 더 최근에 그러니까 1980년대와 90년대에 들어 국제 경쟁이 격화되면서 기업들은 린(*lean*) 생산으로 전환하기 시작하였다. 기업들이 이 같은 생산 방식으로 전환한다는 것은 곧 파트타임을 비롯한 '비정규적' 고용 형태가 큰 폭으로 증가하게 된다는 것을 의미하는 것이었다. 가장 최근의 발전은 상품의 재고품을 운반하는 데 드는 비용을 절약해주는 '적기(just in time)' 재고품에 상응하도록 '적기' 노동력 내지 가처분 노동력을 활용하는 방향으로 생산 방식이 이행하고 있음을 보여준다.

❻ 지구적 경쟁이 격화되면서 이제 '유연성'은 기업과 산업의 슬로건이 되었다. 작업 배치의 방식에서 나타나는 각종 비정규적인 형태들은 바로 그런 **나)** 노동 시장 '유연성'의 일례들을 보여준다. 예를 들어 파트타임, 임시직과 계약직, 가내노동, 하청 같은 비정규 노동들이 특히 미국과 영국을 비롯한 앵글로 색슨 국가들에서 급속히 증가해 왔다. 또 다른 형태의 유연성은 임금과 비임금 비용, 즉 작업장의 복지 급여와 관련된다. 노조 탈퇴 조건부 고용, 분권화된 단체 교섭, 노동 관계 및 노동 조건의 탈규제화 등은 노동을 하나의 상품으로 사용할 수 있는 고용주들의 자유를 증대시켜 주는 조치들이다. 이러한 유연성이야말로 지구화된 시장 경쟁에서 비용—효과성과 경쟁력을 갖추기 위해 결정적으로 중요한 조건들이 것으로 여겨진다.

❼ 아마도 미국은 뉴질랜드를 빼고는 이런 식의 유연성 면에서 가장 앞서가는 국가일 것이다. 그 결과 미국에서는 '한시적(*contingent*)' 노동이 급속도로 성장하였다. 일례로 1982년에서 1990년 사이에 미국에서 근로자 파견 산업은 전체 고용보다 무려 10배나 빠르게 성장하였다. 1980년

대에는 그래도 새로이 창출된 일자리들 가운데 비정규직 파트타임 일자리들이 대략 1/4 정도를 차지했지만, 1990년대 초에 새롭게 창출된 일자리들은 거의 절반이 비정규직 파트타임이었다. 예를 들어 1992년에 사적 부문에서 창출된 신규 일자리들의 2/3는 임시직이었다. 1990년대 초에 미국 노동력의 약 25~30%는 비정규직 노동자들로 추산되는데, 문제는 이 추세가 증가 일로에 있다는 점이다.

❽ 제조업의 일자리들이 감소하고 비정규직 노동력이 급속히 성장하며 노동조합의 조직률이 하락하는 등의 일련의 변화들이 미국에서 임금을 지속적으로 하락시키고 임금 불평등을 계속 증대시키는 주된 이유들인 것으로 보인다. 미셸과 번스타인이 언급하고 있듯이 "일자리들의 질이 계속 악화되어 온 것이 1979년 이래 미국인들 대다수가 경제적 행복을 좀먹는 핵심적 요인이었다. 대다수 노동자들의 시간당 실질 임금은 1970년부터 1993년까지 심각하게 침식되었다" 물론 이같은 침식은 1990년대 중반까지도 계속되었다.

❾ 저임금 외에도 일자리들의 질이 악화되는 현실을 보여 주는 또 다른 측면들은 고용의 안정성과 기업의 복지 급여가 보장되지 않는다는 점이다. 가령 많은 파트타임 일자리와 임시직 일자리들은 고용 보장과 부가 급여, 생활 임금 등을 제대로 제공하지 않을 뿐만 아니라 가족 부양의 책임이나 노조 가입의 기회 등도 제공하지 않는다. 뒤 리비주의 진단에 따르면, 비정규적 노동이 확산됨에 따라 "고용주—피고용주의 관계는 새로운 시대로 접어들었다. 의료 보장과 적정 임금, 심지어 일자리 창출 등을 보장해야 할 책임이 개별 노동자와 그 가족에게 전가되었다" 계약 기간을 1년 단위로 하는 파트타임 노동자의 3/4과 계약 기간이 1년에 미치지 못하는 파트타임 노동자의 88%가 그들의 직업에서 의료보험을 적용받지 못하는 것으로 나타났다. 이에 비해 계약 기간을 1년 단위로 하면서 전일제인 노동자는 20%가 의료보험 적용에서 배제되고 있다.

❿ 실제로 의료보험 분담금이 인상되는 데 대해 고용주들은 의료보험을 적용받지 않는 임시직 노동자들을 고용하고, 높은 수준의 공제액과 보험료 인상, 급여 범위 축소 같은 수단들을 통해 비용을 노동자와 그 가족들에게 전가하는 전략을 구사하는 식으로 대응하고 있다. 이런 사정을 감안할 때, 의료보험과 연금제도의 적용을 받는 노동자들의 비율이 점점 줄어들고 있는 현상은 결코 놀라운 일이 아닌 것이다.

(라메쉬 미쉬라, 『지구적 사회 정책을 위하여』)

1. 이 글의 성격을 가장 적절하게 설명하고 있는 것은?

   1) 다른 입장을 논박하고 있다.

   2) 사건을 경과를 설명하고 있다.

   3) 특정 현상의 원인과 결과를 서술하고 있다.

   4) 감정을 여과 없이 드러내고 있다.

   5) 특정 행위의 원인을 열거하고 있다.

해제

분석적 이해를 주로 묻는 문제이다. 이 문제는 글의 흐름과 맥락을 놓치지 않아야 분명하게 해결할 수 있다.

이 글의 주제는 '탈산업화 시대의 노동자의 처지(변화)'이다. 그리고 글쓴이는 기업들의 '노동 시장의 유연성' 정책 때문에 임금, 일자리 성격, 복지 등 여러 면에서 노동자의 처지가 악화되고 있다고 주장하고 있다. 따라서 이 글은 특정 현상이 일어나게 된 원인을 분석하고, 이 원인으로부터 나타난 결과들을 서술하는 방식으로 진행되고 있다.

정답 3)

2. 가)에서 말하는 탈산업화가 보여주는 특징이라 볼 수 없는 것은?

   1) 3차 산업의 증대

   2) 국제 경쟁의 격화

   3) 초국적 자본의 등장

   4) 대량 생산 방식의 확대

   5) 제조업의 약화

해제

분석적 이해와 추론적 이해를 동시에 묻는 문제이다. 이 문제는 가) 전후의 맥락을 정확히 이해하고 이에 기초한 논리적 추론을 통해 해결할 수 있다.

가)의 위에는 탈산업화가 일어난 배경을 말하고 있다. 가)의 뒤부터는 탈산업화로부터 나타난 결과를 서술하고 있다. 따라서 탈산업화의 원인(배경)으로부터 나타날 수 있는 현상이나 결과들이 주로 산업화의 특징이라고 파악하면 될 것이다. 그러나 확실하게 드러난 결과들은 문제 항목에서 배제되어 있기 때문에, 결코 쉽게 접근해서는 안 될 문제이다.

몇 가지 점에서 유의할 필요가 있다. 우선 탈산업화는 주로 선진국에서 나타났다는 점이다. 이는 가)의 첫 번째 이유에서 잘 드러난다. 요컨대 신흥공업국들이 국제 시장에 진출함으로써 서구 선진국들의 제조업이 후퇴하는 결과를 낳았고, 이는 결국 탈산업화로 이어졌다는 것이다. 다음으로는 제조업의 약화가 가져온 결과를 이해하려면 제조업의 일반적 특징과 생산 방식에 대한 이해를 있어야 한다. 그래야만 제조업의 특징이나 생산 방식과는 다른 특징이나 생산 방식을 탈산업화의 특징으로 끄집어낼 수 있을 것이다. 이 글 속에서는 다섯 번째 단락에서 나온 '린' 생산, 즉 소품종 대량 생산과는 정 반대인 다품종 소량 생산 시스템이 그것이다.

1)은 제조업의 약화와 이에 기인하는 서비스 산업, 금융 산업의 강화로부터 충분히 끌어낼 수 있다.

2)는 지문 속에 명시되어 있기 때문에, 분명한 특징이라고 말할 수 있다. 국제 경쟁의 격화는 탈산업화 시대를 야기했지만, 여전히 탈산업화 시대의 주요한 특징으로 남아 있다.

3)은 탈산업화의 두 번째 원인으로부터 자연스럽게 도출되는 특징이다. 자본의 이동성 증가, 기업들의 제3세계로 공장들 이전 등의 현상은 자본의 국적을 벗어버리게끔 만들 수밖에 없다. 이로 인해 다국적 자본 혹은 초국적 자본이 등장할 수밖에 없다.

4)는 제조업의 일반적 생산 방식이다. 글쓴이는 다섯 번째 단락에서 린 생산 방식으로 전환되었다고 지적하고 있다. 따라서 대량 생산 방식의 확대는 탈산업화 시대의 특징으로 볼 수 없다.

5)는 글 속에 명시적으로 나타난 원인이자 결과이며, 가장 핵심적인 특징이라 볼 수 있다.

정답 4)

3. 큰 틀에서 볼 때 글의 구성을 가장 적절하게 표현하고 있는 것은?

1) 도입 –문제 제기 – 원인 – 결과

2) 서론 – 근거 1– 근거 2– 결론

3) 현상 분석 – 원인 – 결과 – 해결 방안

4) 문제제기 – 반박 – 재반박 – 근거 제시 – 결론

5) 현상 양상 서술 – 행위 원인 – 극복 대책

해제

이 문제는 분석적 이해와 비판적 이해를 동시에 묻는 문제이다. 이 문제는 글의 흐름과 구성을 파악해야 해결할 수 있다. 우선 각 단락의 요지를 정리하면 다음과 같다. 복지 자본주의에서 노동

자의 처지 - 대량 생산 방식의 한계와 의의 - 복지 자본주의에서의 약화 요인(탈산업화) - 탈산업화 시대 일자리의 특징 - 탈산업화 시대 생산 방식 - 탈산업화 시대 노동 정책(유연성) - 노동 시장 유연성 정책의 결과 1(비정규직 증가) - 노동 시장 유연성 정책의 결과 2(임금 하락) - 노동 시장 유연성 정책의 결과 3(일자리 질의 악화) - 노동 시장 유연성 정책의 결과 4(복지 축소)

따라서 이 글은 일반적 의미의 논설이나 논술문처럼 서론-본론-결론이나 문제제기 - 근거 제시-결론 등의 짜임새 있는 구성을 보여 주지 못하고 있다. 물론 글쓴이의 주장과 근거가 나름대로 제시되고는 있지만, 그에 적합한 형식적 완결성을 갖고 있지는 않다. 더욱이 글쓴이의 주장이 글 앞머리나 마지막 부분에 명시적으로 정리된 형태로 제시되지 않고 있으며, 해결책이나 극복 방안 등도 담고 있지 않다. 따라서 큰 틀에서 보면 문제 제기 - 원인 제시 - 결과 나열 정도의 구성을 보여 주고 있다고 말할 수 있다.

정답 1)

4. 나)로부터 나타난 결과라 보기 어려운 것은?

1) 일자리 성격 변화

2) 기업 복지의 축소

3) 고용주의 권한 강화

4) 임금 격차 확대

5) 고용 안정성 증대

해제

분석적 이해와 추론적 이해를 묻는 문제이다. 몇 개의 항목은 지문 속에 분명히 명시되어 있지만, 몇 항목은 추론을 필요로 한다. 따라서 노동 시장 유연성 정책으로부터 비롯될 수 있는 결과들을 추론할 수 있는 능력을 필요로 한다.

1)은 노동 시장 유연성 정책의 결과로 볼 수 있다. 글쓴이도 지적하듯이 비정규직, 파견직, 임시직 등의 증가는 이 정책에 따라 나타난 결과이다.

2)는 마지막 단락에 나타나 있다. 의료보험 및 연금 제도의 축소 및 노동자에게로의 비용 전가 등이 이와 관련되어 있다.

3)도 지문 속에 명시되어 있다. 고용주의 자유 증대와 고용주의 권한 강화는 동일한 의미이다. 노동 시장 유연성 정책 때문에 비정규직이 늘어나거나 노동조합이 약해지면, 그리고 고용과 해고의 권한이 커지면서 고용주의 권한은 증대될 수밖에 없다.

4)는 지문 속에 드러나 있지만, 잠깐 언급만 되어 있기 때문에 추론이 필요하다. 비정규직의 증가와 노동조합의 약화는 필연적으로 임금 격차를 심화시킬 수밖에 없다. 정규직과 비정규직의 차이, 비정규직을 대변할 수 있는 조직의 부재, 비정규직에 대한 기존 노동조합의 간섭 제한 등으로 인해 정규직과 비정규직 간의 임금 격차가 늘어난다.

5)는 노동 시장 유연성 정책에 반하는 결과이다. 비정규직의 증대와 노동조합의 약화는 곧바로 고용 불안을 야기할 수밖에 없기 때문이다. 더욱이 비숙련, 반숙련 노동자들 대부분은 비정규직 형태로 취업할 수밖에 없고, 노동 시장 유연성 정책 때문에 고용과 해고와 관련한 노동조합 및 노동자들의 힘이 약화되기 때문이다.

정답 5)

5. 만일 단락을 통합할 경우, 가장 적절한 것은?

1) ❶, ❷, ❸
2) ❹, ❺, ❻
3) ❺, ❻
4) ❻, ❼
5) ❼, ❽, ❾

해제

비판적 이해를 주로 묻는 문제이다. 글의 흐름과 각 단락의 요지를 파악하지 못하면, 해결하기가 쉽지 않은 문제이다.

❶~❿까지의 단락은 각각 '❶도입 1 - ❷도입 2 - ❸문제 제기 - ❹현상 서술 1 - ❺현상 서술 2 - ❻원인 - ❼결과 1 - ❽결과 2 - ❾결과 3 - ❿결과 4'에 해당한다. ❶과 ❷, ❹와 ❺ 그리고 ❼과 ❽과 ❾와 ❿은 형식상 묶을 수 있다. 물론 내용적으로 접근하면 이렇게 묶기는 어렵다.

❶과 ❷는 내용상 전혀 다르다. ❶이 복지 사회에서 노동자의 처지라고 한다면, ❷는 대량 생산 방식의 한계와 의의이다. ❹는 탈산업화 시대의 일자리의 특성이고 ❺는 탈산업화 시대의 생산 방식이기 때문에, 둘도 묶이기 어렵다. 물론 탈산업화 시대의 특징이라고 해서 묶을 수는 있지만, 너무 포괄적이고 두 단락의 내용이 이질적이라 다소 무리이다. 다만 ❼과 ❽과 ❾와 ❿은 내용적으로도 묶는 것이 가능하다. 기업들의 노동 시장 유연성 정책 때문에 나타난 결과, 곧 노동자들의 처지를 서술하고 있기 때문이다.

정답 5)

6. 글쓴이의 핵심 주장을 확실하게 뒷받침하는 가장 적절한 근거는?

1) 제조업의 비중이 크게 줄고 금융업의 그것이 크게 늘었다.

2) 기업들이 노동 시장 유연성 정책을 추진했다.

3) 선진국들 간의 국제 경쟁이 매우 심화되었다.

4) 노동조합 조직률이 크게 감소하였다.

5) 경제 성장률이 크게 둔화되었다.

비판적 이해를 주로 묻는 문제이다. 이 문제를 해결하려면 논제와 주제문(주장)을 정확히 이해해야 한다.

논제는 탈산업화 시대의 노동자의 처지(변화)이다. 그러나 글쓴이의 핵심 주장을 담고 있는 주제문을 명시적이고 정리된 형태로 제시되지는 않고 있다. 따라서 글의 흐름과 논제에 대한 글쓴이의 생각을 토대로 주제문을 찾아내야 한다. 굳이 주제문을 찾자면 세 번째 단락의 첫 문장, 즉 "그러나 이렇게 따습고 배부르던 시절은 1960년대 말부터 동요하기 시작했다"라고 할 수 있다. 요컨대 탈산업화 시대로 진입하면서 노동자의 처지가 매우 악화되었다는 것이 글쓴이의 핵심 생각이다. 그리고 이를 뒷받침하는 가장 강력한 근거(혹은 원인)는 기업들의 노동 시장 유연성 정책 채택이라고 말하고 있다.

정답 2)

7. 글쓴이의 주장을 옹호하기 위해 보완해야 할 진술로 가장 적절한 것은 ?

1) 경제 성장률이 현저하게 떨어지지 않았다면, 상황은 달라졌을 것이다.

2) 선진국들은 신흥 공업국가와의 도전을 뿌리치지 못했다.

3) 노동자들의 임금 하락을 막으려는 정부의 적극적인 노력이 매우 부족했다.

4) 노동조합과 노동자들은 기업들의 노동 시장 유연성 정책에 제대로 대처하지 못했다.

5) 기업들의 노동 시장 유연성 정책은 시대의 흐름에 맞지 않는 부적합한 선택이었다.

비판적 이해와 추론적 이해를 중점적으로 묻는 문제이다. 글쓴이의 주장을 보완하기 위해서는 글쓴이가 제시한 근거 외에 또 다른 근거를 제시하든지 혹은 글쓴이가 제시한 근거의 논리적 약점을 찾아내어 이를 보완해야 한다.

앞서도 말했지만 이 글의 핵심 근거는 '기업들의 노동 시장 유연성 정책의 채택'이다. 글쓴이는 이것이 노동자들의 처지를 악화시킨 요인이라고 진단하고 있기 때문이다. 따라서 이에 준하는 근거를 추가하든지 이 근거의 논리적 약점을 찾아내서 보완해야 한다.

1)은 적합하지 않다. 경제 성장률이 떨어지지 않아도 기업들의 노동 시장 유연성 정책은 노동자들의 처지를 악화시킬 수 있기 때문이다. '고용 없는 성장'이라는 말은 이미 상식이 되었음을 유의해야 한다.

2)도 마찬가지다. 이는 탈산업 시대를 초래한 하나의 원인이기는 하지만, 선진국 노동자들의 처지를 악화시킨 직접적 원인이라고 단정 지을 수는 없다. 도전을 뿌리쳤다 하더라도 다른 요인들 때문에 탈산업화 시대로 진입할 수 있으며, 기업들의 노동 시장 유연성 정책이 추진될 수도 있기 때문이다.

3)은 비교적 상황에 맞는 진술이라 할 수 있다. 정부가 최저임금제 도입이나 적정 임금을 주는 기업들에 대한 지원제 등을 통해 적극적인 노력을 기울인다면, 임금 하락을 어느 정도 막을 수는 있다. 그러나 탈산업화 시대의 노동자의 처지는 임금 하락에만 기인하는 것이 아니라는 점이다. 따라서 '탈산업화 시대 노동자의 처지는 악화되었다'는 글쓴이의 주장을 옹호하기에는 미흡할 수밖에 없다.

4)는 글쓴이의 주장을 옹호하는 새로운 근거라기보다는 기존의 근거를 보완하는 진술이라 말할 수 있다. '노동조합과 노동자들이 기업들의 노동 시장 유연성 정책에 적극적으로 대처했다면, 노동자들의 처지가 지금처럼 악화되지는 않았을 것'이라는 추론은 매우 합리적이다.

5)는 새로운 근거 제시나 기존의 근거를 보완하는 것이 아니라, 글쓴이가 제시한 근거 자체를 부정하는 것이다. 따라서 글쓴이의 주장을 전혀 보완할 수 없다.

정답 4)

인간학

　생물학주의든 문화주의든 이데올로기적 신념이 표출되고 있다는 점에서는 다를 바가 없다. 도처에 경험적으로 검증될 수 있는 사실 말고도 이데올로기가 한 몫을 하고 있다. 문화주의 역시 오랜 전통을 자랑한다. 인간은 오로지 사회와 문화의 영향에 의해서만 각인되어 있고(환경설), 인간의 생물학적 기본 구조는 거의 마음대로 변화시킬 수 있으며, 사회와 문화가 이룩해 놓은 것들은

생물학적 사실들로 환원될 수 없다는 생각, 이런 생각의 뿌리는 꽤 오랜 옛날까지 거슬러 올라간다. 그러나 문화결정론이 생물학적 유전결정론에 맞서서 그 윤곽을 확연히 드러내기 시작한 것이 19세기 말, 20세기 초의 일이기 때문에 우리의 관심을 더 끄는 쪽은 아무래도 현대 쪽이다. 다윈의 이론과 비슷한, 아니 원칙적으로는 다윈의 이론과 똑같은 진화론을—다윈과는 별도로— 발전시킨 사람은 러셀 윌리스였다. 하지만 그가 적어도 인간에 관해서 내린 결론이란, 인간은 자기 삶의 조건을 스스로 창조해낼 수 있기 때문에 비유전적(사회문화적) 요인이 매우 중요하다는 것이었다. 생물학주의에 대한 비판이 생물학자 스스로의 진영에서 터져 나온 셈이다. 헤르트비히는 "우리의 모든 활동이 인간의 사회적 상호의존성 및 이와 밀접히 관련되어 있는 법과 관습에 근거하고 있음"을 강조함으로써 다윈주의가 사회적 의미로 확대 해석되는 것을 막아보려 했다.

인류학자 프란츠 보아스를 둘러싼 학파는 20세기 초반(부터 오늘에 이르는 수십 년 동안)의 문화결정론에 대단히 중요한 의미를 지닌다. 보아스는 생물학주의자들의 편파성과 유전결정론의 일면성을 당연히 꿰뚫고 있었고, 인간의 모든 속성이 유전 인자 속에 기록되어 있다는(아마도 도그마로 굳어버린) 학설을 맹렬히 공격했다. 자신의 저서 『미개인의 마음』에서 그는 이런 말을 했다.

<blockquote>

오직 인간만이… 자신의 환경이나 이웃과의 관계 속에서 행동 방식을 다양하게 변화시킬 수 있다. 동물의 경우는 종에 따라 행동 방식이 정해져 있지만… 인간의 행동 방식은 같은 종 안에서도 고정되어 있지 않다… 그것은 지역전 전통에 의존하며 배워서 습득된 것이다

</blockquote>

이 말로써 보아스가 문제 삼고 싶었던 것이 한편으로는 인간과 다른 생물들 사이의 차이점이었다면, 다른 한편으로는 사회문화적 영향에 민감한 인간 행동의 가변성과 유전 인간에 맞서는 학습의 중요성이었다. 그는 "사회적 자극이 생물학적 메카니즘보다 훨씬 위력적"이라는 명제를 내세웠다. 보아스 학파에서 중요하게 생각했던 문제는, 이를테면 문화를 생물학적, 유전적 메카니즘의 토대 위에서가 아니라 문화 그 자체로 설명하는 것이었다. 즉 "모든 문화는 문화로부터라는 캐치프레이즈에서" 문화를 독보적인 주제로 대하는 일이었다. 보아스의 제자였던 마거릿 미드는 자기 스승의 주장을 증명(확인)해 볼 요량으로, 사모아 섬 주민들의 청년기(소년기에서 성년기로 넘어가는 과도기적 성장 단계)를 연구하는 프로젝트를 떠맡게 된다. 사모아는 태평양 폴리네시아 군도의 일부로 피지 섬 동쪽에 위치해 있다. 미드의 연구 결과는 앞으로도 인류학에 괄목할 영향을 끼치게 될 것이다.

미드가 도달한 결론은 간단히 말해 다음과 같다. "사모아 사람들은 온순하다. 그래서 공격성,

경쟁심, 질투 따위를 모른다. 청교도적 성향과도 거리가 멀어서 시기심이나 죄책감이 빚어내는 콤플렉스로부터도 자유로운 상태이다. 이 사회의 모습은 마치 천국과도 같았다. **가)** 많은 사람들이 꿈꾸어 오던 바로 그 '반(反)문화' 의 모습이었다." 여기서 인류학이 이끌어내는 보편적 결론은 뻔하다. 생물학적으로 결정되어 있다고 생각되던 모든 현상들, 가령 공격적 행동 따위는 특정한 사회적 조건에서는 존재하지 않는다. 불변의 (생물학적) 조건들이 여기서는 전혀 중요하지 않다. 인간을 자연적 요인의 그물망으로부터 해방시키고 싶어 하는 사람들, 그리고 사회적 조건들을 변화시킴으로써 '좀 더 나은' 인간을 만들 수 있을 거라고 믿는 사람들에게 위의 결론은 당연히 힘을 실어 준다. '자유로운 인간' 에 대한 희망찬 시각은 생물학적 유산의 무게에 짓눌린 인류의 음울한 초상에 이렇게 맞서고 있다. 이러한 인간상이 특히 교육학에 영향을 끼쳤다는 것은 이해할 만한 일이다.

사모아 섬에서 미드가 행한 연구는 훗날 미심쩍은 것으로 판명되었다. 특히 프리먼은 미드의 결론이 너무 성급했음을 설득력 있게 설명할 수 있었다. 즉 미드는 문화결정론을 연구의 출발점으로 삼았던 것이다. 그리고 어떤 일이 있더라도 이를 확증하고 싶었다. 1940년 이래 규칙적으로 사모아를 방문했던 프리먼은 그 섬에서 미드가 그려낸 지상 낙원의 흔적은 도저히 찾아볼 수 없었고, 오히려 그와 상반된 모습만 확인할 수 있을 뿐이었다. 설령 미드의 관찰이 부정확하고 거기서 도출해낸 결론이 성급했다 치자. 그래도 문화주의가 한때 큰 호황을 누렸다(지금도 여전히 그러하다)는 사실이 그것 때문에 달라지지는 않는다. 헤켈 같은 생물학주의자들의 결론도 '인간의 본성' 에 관한 한 경솔하기는 마찬가지여서, 많은 사람들이 인종차별주의의 선전에 광분하는 것을 막을 수 없었다. 그리고 이와 유사한 일은 이 밖에도 더 있다.

20세기에 들어와서 문화주의는 생물의 행동을 자극과 반응이라는 도식으로 환원시키는 심리학파의 지원을 받게 된다. 행동주의가 바로 그것이다. 존 왓슨은 인간을 포함한 모든 생물이 무정형의 덩어리, 그러니까 온갖 것들이 다 들어찰 수 있는 빈 상자의 모습을 하고 태어났다고 굳게 믿었다. 그래서 인간이라는 생물은 학습(넓게는 교육)을 통해서 비로소 '모양새를 갖추게' 되는 것이다. 인간은 사회문화적 영향을 통해서 (좀 기분 나쁜 표현이기는 하지만) '만들어질 수 있고', 인간이 본래부터 가지고 태어난 잠재 능력은, 설사 그런 것이 있다 해도, 마음대로 바꾸어버릴 수도 있고 없애버릴 수도 있다. 여기서 한 가지 재미있는 사실은, 행동주의와 생물학적 결정론의 유사성을 확인할 수 있다는 점이다. 말하자면 두 경우 모두 어떤 의미에서 인간을 기계로 격하시키고 있다. 기계적인 구조로 환원시키고 있는 것이다. 행동주의는 인간을 환경적 기계 장치로, 생물학적 결정론은 인간을 유전 인자의 기계 장치로 각각 환원시키는데, 어느 경우든 인간은 미리 "결정되어 있다."

유전이냐 환경이냐, 생물학적 결정론이냐 사회문화적 결정론이냐를 둘러싼 모든 논쟁들은, 한쪽이 다른 한쪽을 희생시켜 가며 터무니없이 강조되는 분위기 속에서 끊임없이 사이비 해결책을 낳기만 했다. 그러나 이것은 많은 사람들에게 행위의 지침을 제시하기에는 충분한 것이었다. 가령 뮐러−힐이 단언하듯이 법조인들, 정신과 의사들, 혹은 정치가들은 '자기네 행위의 정당성을 자연으로부터 이끌어내고 상류 사회의 건방짐과 미묘한 분위기를 생물학적으로 정당화시키거나 설명'하고 싶은 강한 유혹을 느꼈다. 하지만 이와 반대 입장을 표명하는 사람도 역시 마찬가지로 자기네 행위의 정당성을 사이비 해법과 엉터리 논거로부터 이끌어내려 하지 않았던가. 법조인, 정신과 의사, 정치인들−교육학자도 빼놓을 수 없다−이 자기네 행위의 근거를 도그마, 즉 계급 없는 사회라는 이데올로기에다 두는 사례도 마찬가지로 흔한 일이었다. 어떻게 그런 사회가 '제대로 움직여 나갈 수 있는지'에 대한 확신도 없으면서 말이다. 이쯤 되면 이것은 이데올로기와 이데올로기의 대결이라고 말할 수밖에 없다. 양 편 모두 자기들이 궁극적 진리를 온전히 소유하고 있다고 생각한다(이 궁극적 진리란 것이 무엇이든 간에). 이들 이데올로기 가운데 어느 것 하나 옳게 적용할 만한 곳을 찾지 못하여 많은 사람들이 고통을 당하는 일이 없다면 그 또한 그리 나쁠 건 없으리라.

(부케티스, 『사회생물학 논쟁』)

----

1. 가)에서 말하는 '반문화'의 의미에 해당하는 것은?

1) 전혀 개발되지 않은 자연 상태

2) 정글의 논리가 온전히 보장되는 자연

3) 문화적이면서도 자연적인 상태

4) 인간의 비열한 성향과 행위가 없는 상태

5) 야만적이지만 무한정 자유로운 세계

분석적 이해와 추론적 이해를 묻는 문제이다. 무엇보다도 가)의 전후 문맥을 짚어보고 이에 기초해 논리적으로 추론해야 풀 수 있는 문제이다. 유의해야 할 점은 문화에 대한 긍정적 시각에 기초해서 접근해서는 안 된다는 점이다. 이런 관점이 상식적이긴 하지만, 이 문맥 속에서는 부정적 의미로 사용되었음을 유의해야 한다.

여기서 미드가 본 문화의 세계는 공격성, 경쟁심, 질투의 영역이다. 따라서 문화에 반하는 상태란

정답 4)

2. 글 전체를 포괄하는 글쓴이의 주장이라고 보기에 가장 적절한 것은?

1) 문화결정론과 생물학적 결정론의 이데올로기는 모두 틀렸다.

2) 문화결정론과 생물학적 결정론의 대립은 이데올로기의 대립이다.

3) 문화결정론도 생물학적 결정론도 모두 일면적이다.

4) 문화결정론을 받아들이면 생물학적 결정론은 받아들일 수 없다.

5) 이데올로기적으로 보면 생물학적 결정론은 문화결정론을 보완한다.

정답 2)

3. 글쓴이의 생각이라고 보기에 가장 적절한 진술은?

1) 인간 행동을 결정하는 데는 유전적 요인보다는 환경적 요인이 더 크게 작용한다.

2) 우생학적 연구는 역사의 진보를 앞당겼다.

3) 이데올로기가 개입되지 않은 이론은 제대로 된 것이 아니다.

4) 누군가의 행동을 보면 그의 심리 상태를 알 수 있다.

5) 자유의지를 빼놓고 인간의 행동을 결정하는 요인을 말할 수 없다.

분석적 이해와 비판적 이해를 묻는 문제이다. 이 문제는 글쓴이의 핵심 주장 및 그의 관점에 기초해서 논리적으로 추론해야 풀 수 있는 문제이다.

글쓴이의 핵심 주장은 두 이론이 결국 이데올로기의 대립이라는 것이다. 이로부터 논리적으로 추론될 수 있는지 없는지를 가려내야 하고, 글쓴이의 관점에 대한 파악이 필요하다. 그리고 이로부터 논리적으로 추론될 수 있는지 없는지를 가려내야 한다.

1)은 핵심주장으로부터도 그의 관점으로부터도 결코 추론될 수 없는 명제이다.

2)는 생물학적 결정론에 입각할 때만 정당화시킬 수 있는 명제이다.

3)은 글쓴이의 핵심 주장으로부터 결코 도출할 수 없다. 정면으로 모순되는 명제이기 때문이다.

4)는 행동 심리학의 관점이다. 글쓴이는 행동 심리학을 강력하게 비판하고 있다.

5)는 글쓴이의 관점으로부터 자연스럽게 도출될 수 있는 명제이다. 다섯 번째 단락 후반부에 보면 두 입장에 대한 글쓴이의 비판이 명료하게 정리되어 있다. 그의 요점은 인간이 기계가 아니기에, 인간의 행동은 결정되어 있지 않다는 것이다. 이는 인간의 자유 의지를 강조하는 것으로 볼 수 있고, 자유 의지를 인간 행동을 파악하는 데 가장 중요한 요인으로 인정하고 있다고 말할 수 있다.

정답 5)

역 사

콜럼버스의 항해로 스페인과 아메리카는 처음으로 관계를 맺었다. 그리고 장차 아메리카의 수많은 원주민 사회는 정복당할 운명에 처하게 되었다. 아메리카 본토에는 콜럼버스가 카리브 해에서 보았던 것보다 훨씬 많은 원주민이 살고 있고 또 훨씬 복잡한 여러 사회 집단이 형성되어 있었음에도 불구하고, 이곳을 탐험한 콜럼버스를 비롯한 그 이후의 스페인 사람들은 자기들이 이곳을 최초로 발견했으며 그에 따른 권리를 가진다고 주장했다. 새로운 곳을 발견한 탐험가들은 그곳에 살고 있던 원주민은 염두에 두지 않았다. **가)** 탐험대를 이끈 스페인 선장들은 본국에서 가르침 받은 대로 형식적이고 상징적인 행위로 이루어진 의식만 충실하게 따랐다. 이들이 새로운 땅을 발견한 즉시 이행해야 했던 가르침의 내용은 다음과 같았다.

몇몇 스페인 해양 탐험가는 이 가르침을 상이한 방법으로 해석했다. 바스코 발보아와 그의 부하들이 1513년에 파나마 지협을 건넘으로써 유럽 사람으로서는 처음으로 태평양을 보았을 때, 그는 이 바다를 '그레이트 사우스 씨 *Great South Sea*' 라고 명명했다. 이 때 발보아는 안전하게 지협을 통과하게 하고 그처럼 중요한 발견을 하게 해준 신에게 감사하는 마음으로 호위 병사들에게 무릎을 꿇고 테데움 성가를 부르게 했다. 이어서 그는 막 발견한 새로운 바다의 따뜻한 물에 몸을 담그고 파도에 몸을 맡겼다. 그리고는 자기가 몸을 적신 바닷물이 가서 닿는 모든 땅에 대한 소유권 선언을 스페인 왕의 이름으로 천명했다.

물론, 콜럼버스나 발보아가 스페인 영토라고 선언한 땅을 진정한 의미에서 최초로 발견한 것은 아니다. (a)이전에 아무도 살지 않았고 또 그런 땅이 있는지도 알려지지 않았던 땅이라야 진정한 의미의 발견이라고 할 수 있다. (ㄱ) 카리브 해의 여러 섬이나 태평양은 수백 년 동안 거기에 살던 사람에게는 자기 고향이었다. (ㄴ) 유럽의 탐험가들이 최초로 그것을 발견했다고 말한 이유는, 뒤이어 이루어질 자국민의 이주를 보장받기 위한 법률적인 근거를 마련하기 위해서였다.

러시아 사람들이 시베리아로 이주한 경우도 마찬가지다. 동토의 황무지인 시베리아에 이미 사람들이 살고 있었으며 따라서 그 땅의 존재가 이미 원주민뿐만 아니라 러시아 사람들에게도 알려져 있었다. 비록 시베리아의 자세하고 정확한 지형은 코사크 군대가 파견되어 그 땅을 정복하고 시베리아 법인을 러시아의 무역 체계로 흡수한 뒤에야 모스크바의 러시아 정부에 자세하게 알려지긴 했지만, 시베리아는 러시아에 인접한 영토로 이미 모든 사람들이 다 알고 있었다. (ㄷ) 러시아는 스스로를 시베리아를 발견한 주체로 규정했다. 시베리아에 대한 조사를 보충하기 위해서 과학적인 목적의 탐험도 이루어졌고, 19세기에는 시베리아의 역사가 새로 씌어졌다. 이러한 상황들은 모두 콜럼버스가 신대륙을 발견했을 때의 상황과 비슷하다. 단순한 정복자의 의미가 아니라 최초 발견자라는 의미는 매우 중요했다. 이런 상황을 한 역사가는 다음과 같이 표현했다.

> 탐험 경로로 활용할 수 있는 강, 물고기가 많은 커다란 호수, 그리고 키가 큰 참피 나무, 그들이 우거진 비옥한 계곡이 부지런한 이주민을 기다리고 있다. (중략) 새로 발견한 땅들은 인구가 과밀한 유럽 사람들에게 여유 공간을 제공한다.

스페인 사람들이 소유권을 천명하면서 행한 의식에는 오랜 세월 존중되어 온 법률적인 정당성이 담겨 있었다. 그리고 이 의식들은 기독교도와 이슬람교도 사이에 이베리아 반도의 소유권을 두고 수백 년 동안 진행되었던 전쟁 과정에서 형성된 관례에 기초했다. 역사학자인 패트리샤 시드가 설명했듯이, 스페인 이외의 다른 유럽 국가들은 역사적인 경험에 기초한 자기들만의 소유권 천명 방식을 가지고 있었다. 콜럼버스의 신대륙 발견 소식이 영국에 전해졌을 때, 브리스틀 영국 잉글랜드 에이번 주의 도시의 상인들은, 남쪽 항로를 잡았던 콜럼버스와 달리 북대서양을 횡단해서 중국에 이르는 항로를 발견한 이탈리아의 진취적인 탐험가 조반니 카보토의 영어식 이름 존 캐벗의 소문을 듣고 그를 후원하고 나섰다. 캐벗은 헨리 7세로부터 왕실의 인가를 받고 1497년 브리스틀을 출발해서 대서양을 횡단한 뒤, 마침내 뉴펀들랜드 −현재 캐나다 극동 지역의 주로 추정되는 미지의 땅에 도착했다. 그는 십자가에 못 박힌 예수 상을 들고 상륙해서 '로마 교황의 깃발과 영국의 깃발을 올림으로써' 그 땅이 영국의 영토임을 천명했다.

(ㄹ) 백 년 가까운 세월이 흐른 뒤 영국의 열정적인 식민주의자 험프리 길버트가 그의 뒤를 이어서 1583년에 뉴펀들랜드에 상륙했다. 거기에서 그는 가느다란 나뭇가지를 흙과 함께 수집했다. 이렇게 해서 뉴펀들랜드는 두 번씩이나 영국인뿐만 아니라 영국 본토의 영국인에게도 중요한 의미를 지녔다. (ㅁ) 길버트는 이 소식을 직접 영국 국왕에게 전하지 못했다. 영국으로 돌아오는 길에 바다에서 실종되었기 때문이다.

패트리샤 시드는 영국인이 소유권을 천명하는 의식에서 흙과 나뭇가지를 중요하게 여긴 배경을 '정원을 중요하게 여기고, 토지에 대한 소유권이 명확하며, 농경 관련 의식이 풍부한' 영국인 특유의 성격에서 비롯되었다고 설명하고 있지만, 이는 흙과 나뭇가지를 의식의 한 수단으로 삼았던 스페인 탐험가들의 관습에서 비롯되었다고 볼 수 있다.

포르투갈의 관습은 또 달랐다. (b) 이들의 관습은 발견한 땅의 위도를 정확하게 파악할 수 있게 해주었던 천문학 및 수학적 지식에 기초해서 형성되었다. 당시 유럽의 군주와 상인은 향료를 비롯한 수지맞는 물품을 구하려고 아시아와의 해상 교역로를 찾는 데 혈안이 되어 있었다. 이런 상황에서 포르투갈은 이슬람교도가 동방과의 중요한 교역로 가운데 하나로 차지하고 있던 콘스탄티노플을 정복함으로써 유럽의 다른 경쟁국들보다 결정적으로 유리한 입장에 있었다. 콜럼버스와 스페인 사람들은 서쪽으로 향했고 도중에 아메리카 대륙을 만나 시간을 빼앗겼다. 그러나 포르투갈 탐험가들은 천체를 관측하는 도구와 수학적 지식으로 무장했기에 적도를 통과해서 아프리카 대륙을 돌아 동쪽으로 인도와 인도 너머로 항해하는 보다 도전적인 모험에 나설 수 있었다.

포르투갈의 탐험가 바르톨로뮤 디아스는 1487년에 아프리카의 남동 연안까지 항해하며, 리스

본에서 데리고 온 아프리카 여자를--이 여자는 잊혀 역사에서 사라지고 말았는데--금과 은, 향료의 표본과 함께 거기에 내려 주며 아프리카 남동 연안의 사람들이 이런 것들을 가지고 있는지, 그것으로 교역을 할 수 있는지 알아보라고 시켰다. 다시 10년이 흐른 뒤 역시 포르투갈 사람인 바스코 다 가마가 다시 이곳을 찾았는데, 처음에 탐험대에게 호의를 베풀었던 코이코이 족이 적대적인 태도를 보였다. 그러자 다 가마는 대포를 위시한 군사력으로 코이코이 족을 제압하고는 자기가 왔다 갔다는 표시를 했다. 그것은 나무로 만든 십자가였는데, 나중에 유럽의 다른 탐험가들이 왔을 때 포르투갈 사람이 맨 먼저 왔음을 알리기 위한 것이었다. (c) 포르투갈의 탐험가들이 다른 유럽인이 결코 가지 못했던 곳까지 갈 수 있었던 것은 그들이 숙련된 항해 기술을 갖추었으며 또한 꼼꼼하게 정리된 항로 발견 기록을 가지고 있었기 때문이다.

돌기둥을 세우고 거기에 글을 새기고 꼭대기에는 십자가를 세운 파드라오(발견 기념비)는 포르투갈 탐험가들이 자기가 발견한 땅에 대한 정보를 기록하고 또 자기가 개척한 항로를 기록하는 수단이었다. 이것은 바다에서도 보이게 해안 언덕에 세워졌으며, 이 돌기둥에는 보통 그곳을 발견한 연도와 국왕 및 탐험 대장의 이름이 새겨졌다. 돌기둥에는 위도 위치가 적혀 있고 또 나중에는 다음에 올 탐험대를 안내할 목적으로 이 돌기둥들의 위치 정보가 출판까지 되었기 때문에, (d) 항해하는 선장들은 바다에서도 이 돌기둥을 기준으로 삼아서 자기 위치를 확인할 수 있었다. (e) 항로를 개척한 포르투갈은, 자기들만의 항해술로 발견할 수 있었던 땅이나 바다에 대한 소유권이 자기들에게 있다고 믿었다. 그러나 다른 유럽 여러 나라들은 포르투갈의 이런 주장을 인정하지 않았고, 특히 포르투갈의 항해술을 따라잡고 나아가 추월한 뒤에는 더욱 그랬다. 게다가, 다 가마가 이미 확인했듯이, 원주민은 파드라오를 밀어서 쓰러뜨리는 것만으로도 포르투갈의 소유권 주장을 간단하게 무시할 수 있었다. 그래서 포르투갈의 탐험가들이 발견한 땅에 아무리 표식을 남기고 소유권을 천명한다 하더라도 별 의미가 없게 되었다. 아프리카 남동 연안의 코이코이 족이 한 행위가 바로 이런 것이었다. 그들은 포르투갈의 함포 사격을 원하지 않았기 때문에 다 가마 일행이 바람을 타고 다시 나타나기 전에 그가 세운 돌기둥을 쓰러뜨려버렸다. 이런 일은 일상적으로 일어났다.

(데이비드 데이, 『정복의 법칙』)

---

1. 이 글의 내용을 가장 함축적으로 표현하고 있는 것은?

　1) 소유권의 분쟁

　2) 정복의 상징적 행위들

3) 기독교의 전파

4) 콜럼버스의 정복 의식

5) 파드라오의 의미

분석적 이해를 테스트 하는 문제이다. 특히 이 문제는 글의 제목을 이끌어내는 능력을 측정하기 위한 것으로, 방대한 글을 빠른 시간 안에 요약할 수 있는 힘과 지문의 중심 내용 및 핵심 논지를 파악할 것을 요구하고 있다.

1)은 본문에 없다. 소유권의 분쟁에 관한 내용은 어디에도 보이지 않는다. 소유권의 분쟁이라기보다 소유권 천명에 관한 의식이다.

2)는 맞는 답이다. 이 글은 새로운 땅을 발견한 탐험대가 가장 먼저 이행했던 상징적 행위들에 관한 것이다.

3)도 없다. 기독교의 전파에 관한 내용은 없다. 십자가를 들고 상륙하는 것이나 나무로 십자가 표시를 한 것은 기독교 전파가 아니라 자신의 상륙을 알리고 맨 먼저 왔음을 알리기 위한 것이었다.

4)도 없다. 콜럼버스 개인의 정복 의식에 관한 지문은 보이지 않는다. 또한 콜럼버스와 관련된 진술은 이 글의 내용 전체를 포괄하는 것이 아니라, 지엽적 내용에 불과하다.

5)도 마찬가지다. 파드라오는 위에서 보듯이 발견 기념비일 뿐이다. 이 글은 파드라오에 관한 것이 아니라 정복을 정당화하고 천명하기 위한 제반 행위에 관한 것이다.

정답 : 2)

2. 밑줄 친 가)를 참고하여 네모의 빈칸을 메운다고 했을 때, 그 내용으로 적절하지 못한 것은?

1) 서기로 하여금 공증을 하게 하라.

2) 가급적 유명한 사람 중심으로 증인을 많이 세우라.

3) 원주민을 모조리 죽여 없애라.

4) 나무나 나뭇가지를 베고 구덩이를 파라.

5) 눈에 잘 띄는 언덕에 작은 건물을 지어라.

이 문제는 분석적 이해 및 추론적 이해를 측정하는 문제이다. 이 문제를 해결하기 위한 선결 과제로 형식적이고 상징적인 행위에 대한 어휘 의미의 파악이 이루어져야 한다. 이것을 토대로 제시되지 않은 정보를 파악해 내야 하는 심층적인 이해까지 측정하고 있다.

1), 2)는 실제로 본문에서 언급되고 있으며, 4), 5)의 경우, 그 땅을 소유하는 상징적인 행위이다. 이밖에도 서기의 서명이 첨부된 증언을 확보하고, 이것으로 진술의 신뢰성을 보장하라는 것도 충분히 담길 수 있는 내용이다. 그러나 3)과 같은 조항은 없다. 그리고 이 네모 칸 앞부분을 보면, 원주민들을 염두에 두지 않았다고 분명히 명시하고 있다. 정복자들은 다만 무시하고 자기들의 정복과 소유를 상징하는 구체적 행위만을 했을 뿐이다.

정답 : 3)

3. (ㄱ)~(ㅁ)은 모두 접속어가 생략되어 있다. 접속어의 연결이 바르지 못한 것 2 개를 고르시오.

(ㄱ) (그리고)	(ㄴ) (그럼에도 불구하고)
(ㄷ) (그럼에도 불구하고)	(ㄹ) (그리고)
(ㅁ) (그리고)	

1) (ㄱ) (ㄴ)

2) (ㄴ) (ㄷ)

3) (ㄷ) (ㄹ)

4) (ㄹ) (ㅁ)

5) (ㄱ) (ㅁ)

분석적 이해, 창의적 이해를 동시에 측정하는 문제. 이 문제를 해결하기 위해서는 앞 뒤 문맥의 관계를 파악하고, 이를 토대로 여러 요소나 부분을 통합하여 하나의 접속어로 전후의 관계를 자연스럽게 연결하는 능력이 요구된다.

(ㄱ)은 '그러나'가 맞다. 접속사 앞은 아무도 살지 않음을 말하고 있고, 뒤는 살았던 사람을 말하고 있으므로 순접이 될 수는 없다.

(ㄴ)과 (ㄷ)은 ( )의 앞 뒤 문장이 동격일 수가 없으므로 순접이 될 수 없다. 따라서 문맥상 역접이

나 뒤에 나오는 행위를 강조하기 위해 '그럼에도 불구하고'가 사용되고 있다.

(ㄹ)은 ( )의 앞에서도 영국의 영토임을 천명했고, ( )뒤에서도 영국 소유로 천명되었다는 표현으로 보아 순접이 맞다.

(ㅁ)은 전후 내용상 순접이 들어올 수 없음을 알 수 있다. 그러나 역접 '그러나'도 어울리지 않는 까닭은 같은 것이 비교의 대상이 아니기 때문이다. ( )의 앞은 길버트가 행한 의식에 관한 것이나 뒤의 것은 뉴펀들랜드에 상륙한 소식에 관한 것이다. 따라서 내용의 전환이 일어나고 있다. 따라서 전환을 일으키는 '그런데'가 적당하다고 볼 수 있을 것이다.

정답 : 5)

4. 제 3자의 입장에서 볼 때, (a)~(e) 가운데 가장 설득력이 부족한 진술은?

1) (a)

2) (b)

3) (c)

4) (d)

5) (e)

해제

비판적 이해를 측정하는 문제이다. 글의 내용을 통해 제3자의 입장에서 판단하거나 평가해야 한다.

(a)의 의미는 자연스런 생각이다. 발견의 의미를 객관적으로 설명하고 있다. 따라서 글쓴이에 따르면 콜럼버스를 비롯한 탐험가들은 진정한 의미의 발견자가 아니다.

(b)는 다소 난해하지만, 분명 객관적 설득력을 갖고 있다. 본문을 꼼꼼히 읽어내면 분명 (b)가 객관적으로 설득력이 있다는 것을 파악할 수 있다. (b)를 이해하려면 (c)와 (d) 사이의 내용에 주목해야 한다. 돌기둥을 세우고 거기에 돌기둥의 위도 정보를 넣는 행위는 천문학적, 수학적 지식이 없다면 불가능할 수밖에 없다.

(c)역시 객관적인 서술로서 별로 비판의 여지가 없다. 포르투갈의 항해기술이 발전되었음은 본문에서 드러나고 있다.

(d)또한 (c)와 마찬가지로 객관적인 사실을 기술하고 있다. 항해사가 돌기둥을 기준으로 바다에서 자기 위치를 확인한다는 점은 의심의 여지가 없다.

(e)의 경우, 자기의 기술로 발견한 땅이나 바다에 관한 소유권이 오직 자기에게 있다는 것은 억측이다. 그곳에 살고 있던 원주민을 전혀 안중에 두지 않는 안하무인격 태도이다. 설령 먼저 발견한

사람이 소유권을 갖는다 할지라도 (e)와 같은 주장을 펼칠 수는 없다. 먼저 그곳을 먼저 발견했더라도 아무런 표식을 하지 않았을 수도 있기 때문이다. 따라서 (e)야말로 비판을 받아 마땅하다. 당시에도 이런 포르투갈인들의 주장에 반기를 들고 나온 유럽인들이 있을 정도였으니, 비판받기에 부족함이 없다.

5. 글쓴이가 가장 동의하기 어려운 것은?

1) 아메리카 대륙을 처음 발견한 사람은 콜럼버스가 아니다.

2) 땅의 발견은 생활 터전의 발견과 맞먹는다.

3) 포르투갈은 탐험에서 시종일관 독보적인 위치에 있다.

4) 항로를 개척한 방법도 다양하다.

5) 다 가마는 원주민들이 파드라오를 없애버려도 다시 찾아올 수 있다.

해제

분석적 이해와 추론적 이해, 창의적 이해를 종합적으로 측정하고 있다.

1)은 맞다. 물론 다소 혼동될 수 있는 진술이긴 하다. 그러나 콜럼버스가 아메리카 대륙을 처음 도착했을 때 이미 원주민이 거기에 살고 있었다. 글쓴이도 두 번째 단락에서 "이전에 아무도 살지 않았고 또 그런 땅이 있는지도 알려지지 않았던 땅이라야 진정한 의미의 발견이라 할 수 있다"라고 명시적으로 주장하고 있기 때문이다.

2) 역시 맞다. 유럽의 탐험가들이 최초로 그 땅을 발견했다고 말한 것도 자국민의 이주를 보장받기 위한 법률적 근거를 마련하기 위해서였다.

3)은 동의하기 어렵다. 포르투갈은 처음에는 독보적인 위치에 있었으나 나중에 유럽의 여러 나라가 추월했다.

4)의 경우, 글의 정황으로 보아 각자 자기만의 항해술을 가지고 있었다고 볼 수 있다. 심지어 자기와 다른 항해술로 발견한 경우 인정하지 않으려고까지 하였다.

5) 역시 맞다. 포르투갈은 돌기둥의 위치와 자기의 위치, 위도 등의 정보를 지니고 있었다. c) 이하에 보면, 돌기둥을 세운 이유가 다른 배들의 항해를 돕고 자신들의 소유를 천명하기 위해서였다는 점이 명시되어 있다.

실제로 유전자나 이것이 암호화하는 단백질의 역할을 입증하기란 쉽지 않다. 한 가지 방법은 유전자를 제거한 다음 무슨 일이 일어나는지를 관찰하는 것이다. 자동차에서 역할이 불분명한 조그만 나사 하나를 제거하면 그것의 역할을 확실히 알 수 있는 것과 같다. 백미러 하나만 떼어내도 자동차의 기능이 멈춰버릴 수 있다. 같은 실험을 쥐의 유전자에도 적용할 수 있다. 만약 노긴이 오랫동안 찾았던 형성체 분자라면, 결함이 있는 노긴 유전자를 가진 쥐는 분명 심각한 기형을 지닐 것이다. 이 배아의 세포들은 정보 부족으로 인해 자신들의 위치와 임무를 제대로 파악하지 못할 것이다. 노긴이 없는 상태에서 성장한 쥐는 척추나 뇌가 없거나 앞뒤 구분이 없는 모습으로 태어나거나, 최소한 임신 초기에 사산될 것이라고 여겨졌다. 그러나 1998년 쥐의 노긴을 인위적으로 제거하는 실험을 했을 때 믿을 수 없는 결과가 나왔다. 쥐가 상당히 건강한 상태로 태어난 것이다. 척수와 일부 근육이 비정상이긴 했지만 기형의 정도가 예상보다 상당히 미미한 수준에 불과했다.

그 이유는 아직 완전히 밝혀지진 않았지만, 형성체의 복잡성이 원인인 듯 보인다. 노긴 발견 이후 최소한 일곱 가지의 신호 전달 단백질을 밝혀냈는데, 그 중에는 지옥의 문을 지키는 머리 셋 달린 개에서 따온 '케르베로스'라는 무시무시한 이름을 가진 단백질도 있고, 독일어로 '바보'라는 뜻의 '디코프'라는 이름을 가진 것도 있다. 이러한 다양성에 당혹스러울 따름이다. 어떤 단백질들은 꼬리가 아닌 머리가 되도록 형태를 형성해 주거나, 중배엽이 아닌 외배엽에 지시 사항을 내리는 등 고유한 임무를 가지고 있지만, 어떤 단백질은 다른 단백질로 대체될 수 있다. 생물학자들은 다른 유전자와 같은 임무를 수행하는 유전자를 '잉여 유전자'라고 말한다. 이는 기업에서 정리 해고를 해도 회사의 운영에 큰 지장이 없는 종업원을 지칭하는 것과 비슷하다. 형성체 신호 중에서 최소한 노긴과 코르딘의 역할은 부분적으로 중복된 것으로 보인다. 노긴과 마찬가지로 코르딘 역시 세포에게 앞이 아닌 뒤가 되라고 지시하며, 피부가 아니라 뉴런이 되라고 지시한다. 이렇게 하는 과정에서 배아의 반대편에서 침투해 오는 BMP4 유전자를 차단한다. 또한 노긴 유전자에 결함이 있는 쥐와 마찬가지로 코르딘 유전자에 결함을 가한 쥐들도 사산되긴 하지만 어느 정도 정상적인 형태를 가지고 있다. 그러나 노긴 유전자와 코르딘 유전자 모두에 결함이 있는 이중돌연변이 쥐는 결코 빛을 보지 못한다. 이중돌연변이의 배아는 심각한 기형을 가지고 있으며, 출산되기 훨씬 전에 죽어버린다. 이중돌연변이인지를 확인하려면 임신 초기에 모체의 배를 갈라보는 방법밖에 없다.

힐다 프뢰숄트의 실험 결과는 1924년에 출간되었다. 하지만 그녀는 논문이 출간되기 전에 죽었다. 박사 과정 중 프뢰숄트는 슈페만 실험실의 동료 연구원인 오토 만골트와 결혼했기 때문에 현재 학계에도 힐다 만골트라는 이름으로 알려져 있다. 박사 학위를 받은 뒤인 1923년 12월 아들인 크리스티안을 출산하고 그녀는 연구실을 떠났다. 1924년 9월 4일 그녀가 슈바벤의 시댁에 머무르고 있을 때, 난로에 등유를 넣다가 옷에 불이 붙었고 심한 화상을 입은 그녀는 다음날 사망하고 말았다. 그 때 나이 겨우 스물 여섯이었으며, 바이마르 헌법 체계가 한창 융성하던 시절이었다. 프뢰숄트는 연구원 시절에 배아를 절개하지 않을 때에는 릴케와 슈테판 게오르게의 시를 즐겨 읽었으며, 에드문트 후설의 강의를 들었고, 집을 표현주의 화가들의 그림으로 장식했으며, 슈바르츠발트(흑림)를 오랫동안 산책하곤 했다. 그녀의 업적은 단 한 번의 훌륭한 실험밖에 없지만, 사람들은 힐다 프뢰숄트가 살아 있었다면 슈페만과 1935년 노벨상을 공동 수상했을 것이라고 말한다.

샴쌍둥이인 엥과 창은 미국을 순회하면서 미국 주화에 새겨진, 미국 시민이라면 누구나 알고 있는 문구인 (ㄱ) '에 플루리부스 우눔'을 선전 문구로 내걸었다. 그럴듯해 보이지만 절반의 진실만 포함한 말이었다. 앞에도 나왔듯이 결합쌍생아는 (ㄴ) '엑스 우노 플루레스(하나에서 다수를 이룬다)'에 속하기 때문이다.

인간의 쌍생아와 힐다 프뢰숄트가 만든 영원 결합쌍생아의 유사점을 보면 왜 그렇게 되는지를 짐작할 수 있다. 이를 위해서는 단일 배아 내에 형성체가 하나가 아니라 두 개가 존재해야 한다. 프뢰숄트는 인위적이고 약간은 조악한 이식 수술만으로 영원의 형성체를 둘로 만들었지만, 인간에서도 똑같은 결과가 나오려면 분자에 훨씬 미묘하고 복잡한 변화가 일어나야 한다. 게다가 노긴이나 케르베로스, 디코프와 같은 형성체의 신호 전달 단백질을 암호화하는 유전자는 다른 '제1 조절 유전자'의 조절을 받는다. 따라서 배아 내의 있지 말아야 할 곳에서 제1조절 유전자 중 하나가 발현되느냐에 따라 하나의 배아에서 두 개의 배아가 생길 수도 그렇지 않을 수도 있다. 제1조절 유전자가 비정상적인 장소에서 발현되는 이유는 전혀 밝혀진 바 없다. 인간의 결합쌍생아는 10만분의 1 수준으로 매우 드물게 발생하며, 예측도 불가능하기 때문에 원인을 찾을 뚜렷한 방법이 없다. 우리 주변에 있는 화학 물질을 원인으로 보기도 한다. 아주 드물게 사용하는 강력한 화학 요법제를 한 가지 이상 투여하면 쥐의 결합쌍생아가 유도되기 때문이다. 결합쌍생아의 궁극적 발생 원인이 무엇이든 '두 개의 형성체' 이론은 하나의 배아에서 두 개의 배아가 생기는 이유를 거의 완벽하게 설명해 준다. 그러나 결합쌍생아의 존재 이유, 다시 말해 그들의 가장 본질적 특징인 '결합'의 원인에 대해서는 아무런 설명도 하지 못한다.

결합쌍생아의 '결합 상태'를 깊이 연구한 사람으로는 에티엔 조프루아 생틸레르를 들 수 있다. 에티엔 조프루아 생틸레르는 당대 최고의 명석한 지성인이었다. 그가 쓴 거의 모든 글은 천재적 기질과 엉뚱한 생각을 동시에 담고 있었다. 그는 타고난 로맨티스트였다. 한편으로는 복어가 몸을 부풀리는 원리 등을 서술한 해부학자였지만, 다른 한편으로는 빛과 전기, 신경 에너지 등 우주의 계량할 수 없는 유체 사이의 상호작용처럼 좀 더 방대한 문제도 거리낌 없이 연구했다. 하지만 이에 대한 연구 결과를 출판하지는 않았다. 그는 또한 기형에도 많은 관심을 보였다. 실제로 기형학이 학문으로 자리 잡을 수 있었던 것도 그의 노고 덕분이다.

1799년 나폴레옹 보나파르트가 영국의 동진을 막기 위해 이집트 원정을 떠날 때 동행했던 학자들 중에는 에티엔 조프루아 생틸레르도 섞여 있었다. 그는 영국군이 이집트를 함락해서 그곳을 떠나야 할 때까지 악어와 몽구스, 따오기 미라를 연구하는 한편으로 '괴물'이 생기는 원리를 체계적으로 연구했다. 조프루아는 철저한 후성론자였다. 그는 자궁 내부의 우연한 사건에 의해 괴물이 만들어진다면 인위적으로 괴물을 만들 수도 있다고 생각했다. 나일 강 계곡의 농부들은 수천 년 동안 쇠똥을 연료 삼아 흙으로 만든 화덕에 계란을 넣고 부화시켰다. 일종의 인큐베이터 장치였다. 여기에 착안해서 조프루아는 비슷한 부화실을 만든 다음, 계란을 이리저리 흔들어보거나 구멍을 뚫거나 금박을 씌우는 등 여러 가지 방법을 총동원해서 계란의 부화 단계를 체계적으로 연구하였다. 사실 병아리들은 기형으로 부화되기도 전에 죽는 경우가 더 많았지만, 가끔은 구부러진 발가락이나 이상한 모양의 부리와 두개골을 가지거나 눈이 없는 상태로 부화하는 경우도 있었다. 괄목할 만한 성과는 아니었지만 후성설에 대한 충분한 확신을 얻은 조프루아는 이를 근거로 전성설을 맹렬히 비난하였다.

기형 닭에 대한 연구는 기형 인간에 대한 연구로 이어졌다. 1822년부터 조프루아는 기형아들에 대한 연구 논문을 연달아 출간했는데, 여기에서 그는 동물학자들의 곤충 분류법을 이용해 기형의 형태를 분류하였다. 예를 들어 눈, 코, 입이 어떤 것인지 분간하기 힘든 아이는 크립토세팔루스 속(屬)으로 분류하였다. 조프루아는 이와 같은 분류법을 인간뿐 아니라 개나 고양이, 심지어 물고기의 기형을 분류할 때에도 적용할 수 있다고 생각했다. 사실 그의 분류법은 모든 자연을 총망라하는 것이었다. 몇 년 후 아들인 이지도르는 아버지의 분류법을 체계적으로 정리했으며, 이후 몇 차례 수정이 가해지긴 했지만 이 방법은 오늘날의 기형학에서 그대로 쓰이고 있다. 가령, 프랑스어로 '지포파주'라고 말하는 리타-크리스티나처럼 옆구리가 붙고 머리가 두 개이고 팔이 네 개인 아이들을 '늑골결합 이두사지형 결합쌍생아'라고 한다.

그러나 기형학에 미친 에티엔 조프루아 생틸레르의 가장 큰 공헌은 기형이 인체 발생의 조절 법칙에 따른 자연스러운 결과이며, 올바로 관찰할 경우 이런 기형아들이 그러한 법칙을 드러내 준다는 사실을 깨달았다는 점이었다. 이것은 프랜시스 베이컨의 생각과 일맥상통하는데, 조프루아의 한 철학 논문에는 제임스 1세 시대의 대법관이었던 천재 베이컨에 대한 호의적인 견해가 적혀 있다.

조프루아는 결합쌍생아에서 인체의 조절 법칙이 가장 분명하게 나타난다고 생각했다. 1829년 리타–크리스티나 파로디를 해부하기 전에도 그는 수많은 결합쌍생아들을 해부해보았다. 그는 결합 상태가 배아 내의 정상적인 발생을 극명하게 반추한다고 주장했다. 배아의 기관은 따로 발생하다가 중력과 같은 불가사의한 힘에 이끌려 서로를 끌어당긴다. 바로 이런 힘의 작용으로 결합쌍생아가 서로를 끌어당기지만, 이 과정에서 힘이 잘못 배치돼 두 배아의 이웃한 기관이 융합된다는 것이었다.

이런 유도 결과에 매료된 조프루아는 당시 실증주의자들의 말을 인용해서 ‘대자적(對自的) 자아’에 대한 친화력이 라는 법칙을 만들어냈다. 에티엔 세르의 리타–크리스티나 해부 논문 초반부에는 ‘대자적 자아’와 함께 자신이 고안한 몇 가지 법칙이 설명되어 있다. 조프루아는 ‘대자적 자아’를 자신의 가장 위대한 발견으로 꼽았으며, 말년에는 이것을 한 차원 끌어올려 우주의 기본 법칙으로 삼았는데, 이는 ‘선택적 친화성’의 관점에서 우주의 법칙을 설명한 괴테의 생각과 다르지 않다. 조프루아의 지나친 자신감으로 인해 오히려 ‘대자적 자아’ 개념은 세상에서 거의 잊히고 말았다. 무척 안타까운 일이다. 비록 조프루아의 법칙은 미흡하고 모호하며 잘 못된 점도 많지만, 인간 배아의 형성 과정에 대한 중요한 요점을 담고 있었다. 그의 법칙은 결합에 대한 최초의 과학적인 설명이었다.

(아먼드 마리 드로이, 『돌연변이』)

1. 글쓴이에 대해 설명한 것으로 잘못된 것은?

    1) 과학적 지식이 풍부한 사람이다.

    2) 자신의 견해를 적극적으로 드러내지 않고 있다.

    3) 시신 해부에 대해 양심의 가책을 느끼지 않고 있다.

    4) 배아 형성에 대한 지식은 빈약하다.

    5) 조프루아의 견해에 대해 비난하고 있지 있다.

분석적 이해 및 추론적 이해, 비판적 이해를 동시에 측정하기 위한 문제이다. 이처럼 긴 지문의 핵심을 빠른 시간에 파악하는 것은 매우 어렵다. 따라서 이런 경우에는 지문 전체를 꼼꼼히 분석해서 정리하기보다는 출제된 문항의 각 항목의 내용을 중심으로 글의 내용을 파악하는 것이 합리적이다.

1)은 논의조차 할 필요가 없다. 과학적 지식이 없다면 이처럼 과학적인 글을 쓸 수 없다.

2)도 맞다. 이 글은 배아 형성과 관련된 과학의 역사에 대한 개괄이라 할 수 있다. 그러나 글쓴이는 자신의 견해를 명시적으로 드러내고 있지는 않다. 마지막 단락에서 단지 암시만 하고 있을 뿐이다.

3)도 맞다. 시신 해부에 대해 양심의 가책을 느끼고 있는 단서나 실마리를 글에서 볼 수 없다. 어떤 상황이든 이 글에 입각해서 파악해야 한다.

4)는 성립하기 어렵다. 이 글의 주제와 직결된 내용이 배아 형성이다. 따라서 배아 형성과 관련한 과학의 역사를 이처럼 상세하게 소개하고 있음에도, 배아 형성에 대한 지식이 빈약하다는 것은 말이 되지 않는다.

5)도 맞다. 마지막 단락에서 조프르아의 법칙이 다소 모호한 점이 있지만, 매우 중요한 요점을 담고 있다는 주장을 하고 있다.

정답 : 4)

2. 밑줄 친 (ㄴ)을 토대로 밑줄 친 (ㄱ)을 유추해 볼 때 가장 적합하지 않는 것은?

1) 다수로부터 하나를 이룬다.

2) 1776년 미국 독립선언 이전 북미지역의 영국 식민지들의 단합의 표어가 되었다.

3) 이민자들을 억압하기 위한 것이다.

4) (ㄱ) 다음에 나오는 '절반의 진실'이란 어설픈 정치적 의도를 뜻한다.

5) 다원주의자의 표어가 되었다.

분석적 이해, 추론적 이해, 창의적 이해를 동시에 측정하는 문제이다. 정확한 독해와 이에 기초한 추론과 적용이 필요한 문제이다.

1)은 적절하다. '에 플루리부스 우눔'의 뜻이 바로 다수로부터 하나를 이룬다는 것이다.

2)도 그렇다. 식민지들의 단합의 모토로 작용했다고 보는 것이 맞다. 미국을 순회하면서 미국민을 상대로 특정 슬로건을 역설한 것도 그렇고, '에 플루리부스 우눔'은 당시에 정치적으로 충분히 이용될 수 있는 슬로건이기도 하기 때문이다.

3)의 경우, 이민자들의 억압이 아니라 포용의 수단으로 이를 활용했다고 보는 것이 맞다. 이민족이나 이민자들을 배척하려면, '에 플루리부스 우눔'과 같은 슬로건을 내걸었을 리는 만무하다. 게다가 미국은 원래부터 다민족국가였고, 이민자들의 흡수를 필요로 하는 상태였다고 보는 것이 맞기 때문이다.

4)도 적합하다. 엥과 창이 미국을 순회한 것은 정치적 의도였다. 정치적 통합을 필요로 한 시기였기에, '다수로부터 하나'라는 슬로건이 필요했던 것이다. 그러나 정확한 과학적 지식에 기초한 것이 아니었기에, 어설픈 정치적 의도로 표현할 만하다.

5) '다수로부터 하나를 이룬다'는 것은 바로 다원주의자들의 표어로 작용했다. 그러므로 맞다.

정답 : 3)

3. 샴쌍둥이를 회상하며 나누고 있는 대화로 알맞은 것은?

1) 갑 : 두 개의 배아는 제1조절 유전자와는 관련이 없죠?

2) 을 : 결합쌍생아의 핵심은 형성체에 있지 않니?

3) 병 : 두 개의 배아는 두 개의 형성체와는 무관하지 않을까?

4) 정 : 샴쌍둥이가 어째서 결합되어 나오는지 두 개의 형성체 이론이 설명해 줄 거야.

5) 무 : 제1조절 유전자가 비정상적인 장소에서 발현되는 이유는 뻔해.

[해제]

분석적 이해 및 비판적 이해를 묻는 문제이다. 전공이 아니라면, 독해하기가 쉽지 않다. 꼼꼼하게 내용을 정리하는 것이 필요하다.

1)은 성립하기 어렵다. 다섯 번째 단락 중간 부분에서 보면, 제1조절 유전자의 발현에 따라 하나의 배아에서 두 개의 배아가 생길 수도 있고 그렇지 않을 수도 있다. 따라서 관련이 없다는 말은 틀리다.

2)는 성립할 수 있다. 다섯 번째 단락 중간 참조. 결합쌍생아는 두 개의 형성체의 관계를 통해 발생한다. 형성체야말로 결합쌍생아를 이해하는 핵심이다.

3)는 맞지 않다. 2)의 다섯 번째 단락 중간 참조, 두 개의 배아는 두 개의 형성체와 관련이 깊다. 제1유전자 배아 내에 이상한 장소에서 발현되면 두 개의 형성체가 생기며, 이것이 곧 두 개의 배아로 된다.

4)도 마찬가지다. 다섯 번째 단락 맨 아래 문장 참조. 두 개의 형성체 이론이 하나의 배아에서 두 개의 배아가 생기는 이유는 설명하지만, 결합의 원인은 설명하지 못한다.

정답 2)

4. 이 글을 분석한 것으로 적절한 것은?

1) 이중돌연변이 쥐를 이집트에서 발견할 수 있다.

2) 유전자는 고유 업무 측면에서 보면 역할중복은 일어나지 않는다.

3) 조프루아는 결합쌍생아의 발생 원인을 중력을 통해서만 설명하고 있다.

4) 조프루아의 법칙은 미흡하고 모호하여 과학적인 설명이 되지 못했다.

5) 힐다 프뢰숄트의 업적을 사람들은 높이 평가했다.

해제

정답 5)

5. 이 글에서 볼 때, 인류의 미래를 위해 앞으로 절실하게 수행해야 할 과제로 가장 적합한 것은?

1) 쥐의 노긴을 인위적으로 제거할 수 있는 실험의 성공

2) 잉여유전자의 제거

3) BMP4 유전자의 차단

4) 제1조절 유전자가 비정상적 장소에서 발현되는 이유를 밝히는 일

5) 대자적 자아에 대한 친화력

창의적 이해를 묻고 있는 문제, 분석 및 추론, 비판적 이해를 바탕으로 창의적으로 사고할 수 있는 능력을 측정하는 것이다. 구체적으로 보면, 부분들을 전체로 묶고 전체를 나누어 분석한다. 발상의 전환을 통해 문제에 접근하며, 시야의 지평을 넓히고 보다 나은 대안을 제시하는 일이다.

1)은 첫 번째 단락의 아래쪽에서 확인 가능하며, 이미 1998년에도 성공적인 결과를 얻었다.

2) 두 번째 단락 중간 부분 참조. 잉여유전자란 역할이 부분적으로 중복된 것을 말하는데 제거한다고 해서 획기적 결과를 얻는다고 보기 어렵다.

3)도 적합하지 않다. 두 번째 단락 하단 참조. 노긴이나 코르딘이 역할을 수행하면서 수행하는 기능으로 현재 일어나고 있다.

4)는 적합하다. 다섯 번째 단락 중앙 참조. 이것이 밝혀지면 제1조절 유전자가 비정상적 장소에서 발현하는 것을 막을 수 있을 것이다. 그러면 결합쌍생아를 막을 수 있다. 또한 글쓴이가 제시하고 있는 미래의 과제는 결합쌍생아가 나타나는 근본 요인, 즉 결합의 이유를 해명하는 것이다. 글쓴이는 조프루아의 이론만으로는 불충하다는 입장을 갖고 있다. 따라서 글쓴이는 결합쌍생아와 관련해서 해결해야 할 이론적 과제가 두 가지라고 보고 있다.

5)도 적합하지 않다. 이 글의 맨 끝 단락에서 확인 가능하며, 조프루아가 고안하여 만든 법칙으로, 여기서는 결합쌍생아가 결합하는 이유를 설명한 것이다. 그러나 글쓴이는 '대자적 자아에 대한 친화력'이라는 조프루아의 법칙이 세상으로부터 잊혀졌고, 미흡하고 모호한 점이 많다고 지적하고 있다. 따라서 미래의 연구 과제가 되기에는 적절하지 않다. 원래 대자(對自)란 '자기에게 맞섬 혹은 자기를 바라봄, 요컨대 자기 존재에 대한 의식'의 뜻을 지니고 있다. 여기서는 두 개의 배아의 결합을 표현하고 있는 개념이다.

정답 4)

질병에 대한 승리는 이미 달성한 것과 다를 바 없다고 믿는 사람은 완전히 잘못 알고 있는 것이다. 실제로 우리는 세계적으로 질병들과의 절망적인 경주를 벌이고 있고, 언제라도 새로운 전염병이 나타날 수 있는 상황이다. 일명 사스(SARS)라고 불리는 중증 급성 호흡기 증후군은 몇 백 명의 생명을 앗아갔다. 동물원성 감염증, 다시 말해 동물로부터 사람으로 전이되는 질병은 틀림없이 또 나타날 것이고, 초기에 그 전염병을 제압할 수 있을지는 누구도 알 수 없는 일이다. 그렇지만 그보다 더 가까운 곳에 새로운 위험이 도사리고 있는데, 인류의 보검인 항생제의 칼날이 점차 무뎌지고 있는 것이다. 내성을 갖춘, 더 나아가 복합 내성을 갖춘 병원균이 세력을 넓히고 있다. 예를 들면 설사병, 폐결핵 그리고 말라리아의 경우이다. 독일에서만 매년 2만 명이 항생제가 효력을 발휘하지 못하는 전염병으로 인해 사망에 이르는 것으로 추산된다. 박테리아의 진화는 세계 유수의 제약 기업들이 새로운 약제를 개발하는 것보다 더욱 빠르게 진행되고 있다. 그에 대한 책임은 특히 항생제의 무분별한 사용에 있다. 오 · 남용은 물론 너무 일찍 사용하는 경우도 적지 않았다. 동물을 사육하고, 애완 동물을 치료할 때 사용하는 것도 큰 문제이다. (a) 이제 항생제의 시대는 종말을 맞이하게 될 것인가? 어떻든 새로운 치료 개념을 개발할 필요성은 코앞까지 다가와 있다.

(ㄱ)정확한 목표를 알고 질병에 맞서 싸우는 방법이 하나의 우회로가 될 수는 있다. 모든 치료법들은 원칙적으로 환자에게 맞게 적용되어야 한다. 그렇지만 많은 만성질환 환자의 경우에는 약물의 복용량에 따라 분류된다. 다시 말해 약을 한 알 먹느냐, 반 알 먹느냐의 차이이다. 그렇지만 약물을 개인에 맞추어 선택하고 복용량을 정하는 것은 첫째 단계에 불과하다. 둘째 단계에서는 복용하는 약물을 특정한 사람에 맞게끔 개발해야 한다.

이를 위한 출발점은 유전체학과 단백질체 분석학이 제공해 준다. 2020년까지 인간이 지닌 유전적 다양성의 대부분이 파악되고 완벽하게 자료화될 것이다. 휴먼게놈 프로젝트는 단지 시작일 뿐으로 인간 유전자의 표준적인 지도를 작성한 것이었다. 유전자형의 약 99.9%는 모든 사람들에게서 동일하다. 그렇지만 중요한 것은 나머지 0.1%의 차이이다. 그 차이가 각 개체의 기질과 유전병의 위험 요소 그리고 여타의 질병적 소인(素因)을 담고 있다. 그런 이유에서 수많은 학자들이 DNA의 각 위치에서 발견되는 단일 염기의 차이, 보통 '스닙스'라고 부르는 단일 염기 다형성에 연구의 초점을 맞추고 있다. 지금까지 가장 완성한 유전자변이 지도는 미국 캘리포니아에 위치한 기업인 페레젠 사이언스의 작품이다. 이들은 유럽, 아프리카, 중국 태생의 미국인 71명의 *DNA*로부터 공통되는 스닙스 160만 개를 찾아냈고, 전 대륙의 더 많은 유전자형 표본을 분석함으로써 460만 개의 스닙스를 더 찾아낼 것으로 추정하고 있다. 종종 스닙스는 조합을 이루어 큰 덩어리로 전달되는 경향이 있고, 하나의 염색체 세트(*Haplo-Type*, 일배체)에서 특정한 형태의 유전자 패턴을 만들어낸다. 그리고 흥미롭게도 이런 일배체 유형은 특정 민족이나 특정 집단에 따라 상당히 불규칙하다.

2002년부터 진행되고 있는 국제적인 프로젝트인 햅맵(*HapMap*), 다시 말해 일배체 지도(*Haplo-Type Map*)에서는 전 세계의 혈액 표본을 대상으로 인간 유전체의 유전자 변이를 파악하고 있다. 이 프로젝트는 질병을 야기하는 근본적인 원인을 추적할 수 있을 뿐 아니라, 인종, 민족 등 각 집단의 역사를 탐색하는 방법이 될 수도 있다. 그 집단이 어떤 뿌리를 가지고 있는가? 다른 집단과 접촉했었는가? 만일 그렇다면 언제 접촉이 일어났는가? 인간의 유전체는 스닙스를 이용해 인류의 역사에 대한 새로운 시각을 제공해 주는 것이다. 그러자 갑자기 날카로운 정치적 목소리들이 건강에 관한 연구에 섞여들기 시작했다. 이 연구를 통해 유전공학의 정신으로부터 인종 차별주의가 부활하게 되는 것일까? 특히 미국에서 햅맵 프로젝트를 둘러싼 논쟁이 폭풍처럼 휘몰아쳤다. **(b)** 질병을 유발하는 원인에 대한 연구 뒤에는 또 무엇이 연구될 것인가? 지능? 그렇다면 어떤 민족들이 호모 사피언스의 원형에 가장 가까운지, 다시 말해 가장 원시적인지 밝혀지게 될까? 그렇다면 햅맵 프로젝트는 중단되는 편이 낫지 않을까?

인간과 관계된 여러 연구의 결과들은 거의 항상 기존의 원한 관계에 근거해서 잘못 해석되곤 했다. 그러나 객관적으로 햅맵이나 그와 유사한 프로젝트들은 오히려 지금까지 불이익을 받아왔던 소수 집단에게 이익이 될 수도 있다. 이제까지의 임상 실험들에서는 보통 평균적이거나 어느 정도 대표성을 띠고 있는 중년의 표본단을 대상으로 이루어졌다. 서로 다른 집단에서 약물의 효능이 뚜렷한 차이를 보일 수 있다는 사실은 그저 통계적 편차 정도로 무시되어 왔던 것이다. 그런 관행은 예를 들면 미국에서 백인에게는 좋은 효능을 보이지만, 아프로-아메리칸(*Afro-American*, 아프리카에 뿌리를 둔 미국 흑인들)에게는 별로 효과가 없는 치료제가 무분별하게 처방되는 결과로 이어진다. 물론 그 반대의 결과도 찾아볼 수 있다. 예를 들면 만성심부전증 치료제인 빌딜(*Bildil*)은 처음 검사에서 별로 효과가 없는 것으로 판명되었다. 그러나 후일 그 약제는 백인-아메리칸의 경우에는 제대로 효과를 발휘하지 못하지만, 아프로-아메리칸에게는 아주 효과적이라는 사실이 밝혀졌다. 2005년 여름, 미국의 식품의약국은 빌딜에 대해서 최초의 '특정 인종에 제한된 허가' 판정을 내렸다. 즉, '스스로를 흑인이라고 인정하는 환자에게만 허가된 약제' 인 것이다.

아이슬란드의 기업 디코드(deCode)는 전체 주민의 유전적인 차이를 확인하는 것이 유익하다는 사실을 증명했다. 8년 동안 이 기업은 주민의 유전자형과 혈통을 연구했다. 그럼으로써 심장 질환과 순환기 질환, 신진대사 장애를 거쳐 암에 이르기까지 특정한 문명 질병을 유발하는 유전적 변이와 그러한 변이로부터 발생하는 물질을 파악하는 데 성공했다. 예를 들면 심근경색은 염증을 가속화하는 특정한 효소가 관여하고 있다는 것을 알게 되었다. 이런 효소의 생성을 억제하는 약제가 2004년부터 임상 실험중에 있다. 물론 그 약제를 사용하기 전에 *DNA*에 기초한 검사를 통해 환자가 실제로 위험 요소로 판별된 유전적 변이를 가지고 있는지 확인해야 한다. 이런 시도는 특정한 집단을 위한 맞춤형 약제로 가기 위해 한 걸음 내디딘 것으로 평가될 수 있다.

2020년까지 오늘날의 유전공학적 진단은 각 유전병으로부터 개인의 유전체-단백질체 분석으로 계속 발전하게 될 것이다. 하버드 메디컬 스쿨의 노벨상 수상자 월터 길버트와 같은 학자들은 2030년대가 되면 전체 유전자 분석을 순식간에 해낼 수 있으리라고 전망했다. 약국에서 피 한 방울로 손바닥 뒤집듯이 쉽게 DNA 염기서열을 그려낼 수 있게 된다는 것이다. 어쩌면 그 자료를 집으로 전송하여 편안한 상태에서 적절한 스닙스-소프트웨어를 이용해 자료를 분석하고 평가할 수도 있을 것이다. ⓒ과연 지금 한참 유행하고 있는 자가 치료 이후에는 마이크로소프트 마이진 (*Microsoft MyGene*)' 이라는 프로그램으로 자가 진단하는 날이 오게 될까?

그러나 2020년에도 개인의 유전자를 완전히 그려내는 일은 어려울 것이다. 그렇지만 나노공학에 대해 설명하며 언급했듯이 지멘스, *GE* 혹은 다른 기업들이 신진대사의 특수성에 관한 초고속 진단을 위한 분석 칩을 제공한다면 이야기가 달라질 수도 있다. 그렇게 되면 의사는 피나 땀, 침 한 방울을 분석 칩 위에 떨어뜨리는 것만으로 충분하다. 몇 초 후에 소형 분석기를 들여다보면 질병의 발생이나 특정한 위험 요소를 확인할 수 있게 되는 것이다. 이것으로 끝이 아니다. 의사는 제약 회사의 데이터베이스를 호출하여 어떤 조건이나 수치에 적합한 약물은 무엇이고, 또 어떤 약물이 금기인지 검색한다. 그리고 환자에게 최고로 적합한 약물을 가장 알맞게 계산된 양으로 처방한다.

다음 단계는 환자 맞춤형 약물의 발전이다. 몇 가지 예외적인 경우를 제외하고는 이런 개인의 유전 정보에 따른 맞춤형 약물의 제조는 2020년에도 미래의 일로 남아 있을 것이다. 그렇지만 그 시대에는 면역시스템의 '변조' 가 이루어질 것으로 예측할 수 있는데, 오늘날의 예방 접종과는 공통점이 없는 면역 시스템을 말한다. 한편으론 신체에 적합한 면역 능력을 목표 지향적으로 활성화시킨다. 말하자면 면역 시스템이 암세포를 알아보도록 만드는 것이다. 다른 한편으로는 거꾸로 면역 시스템의 민감성을 원하는 만큼 낮추는 조치(부정적 예방 접종)가 취해질 것이다. 오늘날 많은 사람들이 알레르기 등 실제로는 아무 해도 없는 자극에 대해 신체의 방어 시스템이 과도하게 반응하는 탓으로 고통을 겪고 있다. 또한 전신 홍반성 낭창, 당뇨병 제1형, 류머티스성 관절염 등 자가면역 질환 역시 그런 과민 반응에 원인이 있다. 신체 기관을 이식할 때에도 낯선 기관을 쫓아내려고 하는 면역 반응에서 문제를 일으킨다. 현재는 면역 반응을 전체적으로 억제하는 약물의 도움을 받고 있다.

전체적으로 볼 때 2020년까지 의학이 각각의 환자에게 더욱 정확하게 맞추어진 치료법을 개발하고, 환자와 관련된 자료를 체계적으로 모으고 평가함으로써 각자의 유전적 특수성에 대한 정확한 진단을 기대할 수 있을 것이다. 그렇게 되면 의학의 천국이 한층 더 가까워질 수 있다.

(d) 물론 건강이 돈 주머니의 문제로 남지 않는다면 말이다.

현재 세계적으로 연간 2천 5백만 명이 영양 결핍과 결핵, 말라리아 같은 치료 가능한 질병으로 죽어가고 있다. 부를 누리는 사람들을 위해 비아그라, 시알리스, 보톡스 등 점점 더 많은 라이프 스타일에 관련 약품이 공급되고 있는 반면에 대형 제약 회사들은 주로 가난한 사람들에게 걸리는 질병에 대한 약품은 거의 개발하지 않고 있다. 1975년부터 2000년까지 세계적으로 1,360종의 새로운 약품이 출시되었다. 그 중 단 10종만이 제3세계의 고통을 덜어주기 위한 것이었다. 희귀 아동 질병의 경우에도 제약 회사들은 비용을 회수할 수 있는 시장 잠재력이 충분하지 않기 때문에 이른바 '버림받은 아이들의 약품' 은 개발하지 않고 있다. (e) 과연 개인의 유전 정보에 맞춘 약을 개발하는 비용이 전체 인류가 그 혜택을 볼 수 있을 만큼 줄어들기를 기대할 수 있을까?

(앙겔라 슈타인 뮐러, 「기술의 미래」)

----

1. 글쓴이의 전체적인 태도를 가장 적절히 설명하고 있는 것은?

1) 우울하고 절망적이다.

2) 비관 속에서도 희망을 잃지 않고 있다.

3) 리드미컬하고 낭만적이다.

4) 진취적이면서도 약자를 배려하고 있다.

5) 장미 빛 환상을 꿈꾸고 있다.

분석적 이해 및 추론적 이해이다. 글에 대한 정확한 독해를 중심으로 글쓴이의 감정과 관점을 끌어낼 수 있어야 한다.

1)은 맞지 않다. 첫 번째 단락에서 보면 '절망적인 경주', '항생제 시대의 종말' 등의 우울한 표현을 하고 있다. 그러나 두 번째 단락 이후부터는 다소 긍정적이며 희망적인 태도를 보이고 있다.

2)도 마찬가지다. 오히려 그 반대로 말하는 것이 더 적절하다. 마지막 단락을 보면 글쓴이는 희망 섞인 연구들을 서술하면서, 상업적 요인의 개입 때문에 비관적 전망을 하고 있다.

3)도 그렇다. 이런 유형의 태도는 일반적으로 에세이에서 주로 활용된다. 의학적이며 전문적인 글의 태도로는 맞지 않다.

4)는 맞다. 아홉 번째 단락, 열 번째 단락, 열한 번째 단락을 참조하면 글쓴이는 매우 진취적으로 2020년의 상황까지 제시하면서도 또한 염려되는 부분도 언급하며 환자 혹은 약자에 대한 배려를 잊지 않고 있다.

5) 여덟 번째~아홉 번째 단락 참조. 여기에서는 일종의 환상적 상황까지 제시하고 있다. ('분석 칩', '맞춤형 약물의 제조' 등) 그러나 열한 번째 단락에서는 '버림받은 아이들'을 통해 반드시 장미빛이 아님을 보여주고 있다.

정답 4)

2. 밑줄 친 (ㄱ)의 의미로 가장 적당한 것은?

1) 만성질환 환자의 경우에는 약물의 복용량이 소량이어야 한다.

2) 무엇보다 약물을 개인에 맞추어 선택해야 한다.

3) 유전체학과 단백질체 분석학을 통해 특정 환자에 맞는 약물을 개발해야 한다.

4) 환자에 맞는 치료법이 없다는 것이 유감이다.

5) 게놈 프로젝트를 빨리 완성해야 한다.

분석적 이해에 해당하는 문제이다. 해당 단락의 요지 및 단락 간의 연관성에 주목해야만 풀 수 있다.

1)은 틀린 말이다. 약물의 복용량이 소량이면 물론 좋겠지만, 한 알 더 먹고 효과를 볼 수 있는 것이 낫다. (ㄱ)의 의미와는 거리가 있다.

정답 3)

3. 이 글의 내용을 잘못 반영하고 있는 것은?

1) 의학의 천국은 경제의 문제와는 별도로 다가온다.

2) 인류는 맞춤형 약제의 시대로 진입을 시도하고 있다.

3) 경제적 능력에 따라 의료 혜택의 수혜 정도가 다를 것이다.

4) 사스(SARS)보다 항생제 효과의 감소가 더 위험하다.

5) 똑같은 약제라도 민족에 따라 처방의 효과가 달리 나타난다.

정답 1)

4. 과학자들에게 가장 시급히 요구되고 있는 것은?

    1) 항생제를 능가하는 새로운 치료 개념의 개발

    2) 만성질환자에 필요한 약품 개발

    3) 햅맵 프로젝트의 완성

    4) 만성심부전증 치료제 빌딜의 허가

    5) 마이크로 소프트 마이진 프로그램 개발

분석적 이해, 추론적 이해, 창의적 이해를 동시에 테스트 하는 문제이다.

1)은 맞다. 첫 번째 단락 후미에 잘 나타나 있다. 항생제의 내성 강화로 박테리아가 빠르게 진화되고 있고, 그에 따라 새로운 치료 개념이 시급히 요구된다는 내용이 명시적으로 드러나 있다. 이 글의 핵심 주장을 찾아내어도 쉽게 유추할 수 있다. 따라서 첫 번째 단락은 주장을 암시하고 있는 문제제기 단락이다.

2)는 두 번째 단락 참조. 이미 만성질환자는 약물이 있지만, 약물의 양의 조절이 아닌 특정한 사람에 맞는 약물을 개발해야 한다는 점이다.

3)은 네 번째 단락 참조. 햅맵 프로젝트는 만약 완성된다 하더라도 문제를 지니고 있다. 맨 끝 문장에 글쓴이는 직접 중단되는 편이 낫다고 호소하고 있다.

4)는 다섯 번째 단락 참조. 이미 치료제가 개발되고 지금은 제한된 허가 판정만 내려졌다. 시급히 요구된 것과는 거리가 멀다. 그리고 허가는 과학자의 사항이 아니다.

5)는 일곱 번째 단락 참조. 최첨단 의술의 시대에 가능한 것으로 당장 시급한 것은 아니다.

정답 1)

5. 밑줄 친 (a) ~ (e) 가운데 글의 성격이 다른 하나는 어느 것인가?

    1) (a)   2) (b)

    3) (c)   4) (d)

    5) (e)

종합적 측정 문제로서 분석, 추론, 비판, 창의를 모두 테스트하고자 하는 문제이다. 특히 분석과 추론을 바탕으로 비판의 태도를 취할 수 있도록 하자는 취지이다. 따라서 비판적이지 않거나 부정적 측면을 전망을 드러내고 있지 않은 진술을 찾으면 될 것이다.

(a)는 다소 혼동될 수 있다. 언뜻 보면 비판적 의미를 담고 있는 것 같아 보이지 않기 때문이다. 그리고 마지막으로 새로운 치료제 및 치료 개념의 등장이, 정치적 요인과 상업적 요인에 의해 불투명해지고 있다는 점을 지적하고 있기 때문에, 이에 대해 부정적이거나 회의적인 태도를 갖고 있다고 보는 것이 적절하다.

(b)의 경우, 글쓴이는 미국의 햅맵 프로젝트의 방향과 관련해서 우려와 염려의 태도를 보여주고 있다.

(c)는 문제의 정답. 이는 비록 설의법으로 끝나고 있어도 부정적 메시지가 아니라 긍정적 희망을 내포하고 있다. 따라서 비판과는 거리가 멀다.

(d)도 염려와 우려 섞인 전망을 담고 있다. 따라서 부정성을 담고 있는 표현이라 할 수 있다.

5)역시 회의적인 전망이라 할 수 있다. 마지막 단락에서 상업적 요인 때문에 약의 천국으로 가는 길이 방해받고 있다고 분명하고 지적하고 있기 때문이다. 따라서 부정성을 담고 있다.

정답 3)

역 사

무엇보다 시급한 것은 어떠한 종류의 역사적 전망을 가져야만 한다는 점이다. 왜냐하면 20세기 후반에도 사람들은 여전히 1914년에 종결된 시대(아마도 1914년 8월은 역사상 누구도 부정할 수 없는 '자연스런 분기점'의 하나일 것이다)와 감정적으로 연결되어 있기 때문이다. 당시에 그것은 한 시대의 종착지라고 느껴졌고, 현재에도 여전히 그렇게 느껴지고 있다. 물론 이러한 느낌은 이제 서서히 사라져간다고 주장할 수도 있다. 반대로 제1차 세계대전은 시대를 넘어서는 지속성을 갖고 있으며 역사적 흐름에 우뚝 서 있다고 주장할 수도 있다. 결국 역사란 종착지에 도착할 때마다 차량의 모든 승무원과 승객이 바뀌게 되는 버스 노선과는 사뭇 다른 것이다. 그럼에도 불구하고 단순하게 시대 구분을 위해 필요로 하는 것 이상의 중요한 시점이 존재한다면, 1914년 8월이 그 것일 것이다. 그 시점은 부르주아를 위해 그리고 부르주아에 의해 만들어진 세상의 종말을 고하 는 것으로 받아들여진다.

그 시대가 아마추어와 전문 역사가들, 문화·문학·예술계의 수많은 저자들, 전기 작가들, 영 화 제작자들과 TV 제작자들, 심지어 의상가들에 이르기까지 많은 사람들의 매력을 끌고 있는지 의심할 나위 없이 중요한 이유는 ㉠ 그것이 함축하고 있는 의미 때문이다. 필자는 영어 사용권 세 계에서 과거 15년 동안에, 1880년에서 1914년까지의 시기에 대해 적어도 매달 하나씩은 중요한 글—책이든 논문이든—이 제출되었을 것이라고 추측한다. 이것들 대부분은 역사가들이나 다른 영역의 전문가들을 위해 쓰인 것들이다. 이것들이 다루고 있는 시기는 이미 우리가 살펴본 대로 근대 문화의 발전에 결정적인 시기였을 뿐만 아니라, 1914년 이전의 수년 사이에 근거하여 국내 외적으로 격렬하게 촉발되었던 역사상의 논쟁들—예컨대 제국주의에 관한 논쟁, 노동운동과 사 회주의 운동의 발전에 관한 논쟁, 영국의 경제적 몰락에 관한 논쟁, 러시아 혁명의 본질과 기원에 관한 논쟁 등—에 대한 기본적인 가닥을 제공해 주는 시기이기도 했다.

명백하게도 이러한 논쟁거리들 가운데서도 가장 잘 알려진 것은 제1차 세계대전의 기원과 본 성에 관한 것인데, 실제로 이 주제에 관해서는 현재까지 수천 권의 책들이 쏟아져 나왔으며 앞으 로도 엄청난 양이 더 나올 게 분명하다. 그것은 여전히 살아 숨쉬는 문제라고 할 수 있다. 왜냐하 면 불행하게도 세계 전쟁들의 기원에 관한 문제는 1914년 이래 현재까지도 사라지지 않고 있기 때문이다. 사실 과거와 현재를 분명하게 연결해 주는 명백한 사례는 다른 어떤 시기보다도 제국 의 시대라는 그 시점에서 가장 명백하게 드러난다.

순수하게 문헌학적인 연구들은 제쳐놓는다고 하더라도, 이 시대를 연구하는 대부분의 연구자 들은 두 개의 집단, 즉 주로 뒤를 돌아보는 연구자 집단과 주로 앞을 내다보는 연구자 집단으로 나뉜다. 이들 두 집단은 가장 명백한 두 연구 형태 가운데 하나에만 집중하는 경향이 있다. 뒤를 돌아보는 연구자 집단은 1914년 8월이 시기적으로 매우 멀리 존재하는 것이며, 더 이상 돌아올 수 없는 계곡을 이미 넘어선 것으로 본다. 그러나 이와 동시에 역설적으로 20세기 후반의 특성들 대부분은 제제1차 세계대전 이전의 30년 동안 지속되어온 세월 속에 그 기원을 두고 있다는 견해 도 존재한다. 아마도 첫째 부류에 속하는 가장 적절한 예는 '전쟁 이전 세계의 초상'이라고 할 수 있는 터치먼의 베스트 셀러 《자랑스런 탑》이며, 후자를 대표하는 저작은 근대의 조합주의적 기제 의 기원을 연구한 체들러의 《보이는 손》일 것이다.

뒤를 돌아보는 집단은 양적인 측면에서 그리고 유통의 측면에서 단연 압도적이다. 복원될 수 없는 과거는 훌륭한 역사가들에게 도전을 제기한다. 그들은 역사가 비시간적 용어로는 이해될 수 없지만, 반대로 압도적인 향수의 유혹을 갖고 있다는 것을 잘 알고 있다. 이성적이지 않고 감성적인 자들은 상층 계급과 중간 계급들이 ⓛ 황금의 아지랑이를 통해 사물을 보려했던 경향이 나타났던 그 시대의 매력을 다시 붙들기 위해 끊임없이 노력한다. 이른바 아름다웠던 시절을 그리워하는 것이다.

이러한 접근 방식은 막대한 자금을 가진 흥행사들과 여타 매체 제작자들, 그리고 디자이너들의 구미에 자연스럽게 맞아 들어갔다. 이것은 아마 영화와 텔레비전을 통해 대중에게 가장 친근하게 다가갔던 시대의 판본일 것이다. 이러한 작업은 결국 '유한계급' 과 '금권주의' 와 같은 용어들을 대중적인 언술 속에 유포시키면서 이 시대를 고도의 가시적인 형태로 잡아냈지만, 동시에 이는 매우 불만스러운 것임에 틀림없다. 전혀 쓸모없지는 않겠지만 과거 향수적이고 지적으로 보다 미묘한 관념들, 예컨대 세계대전이 없었더라면, 러시아 혁명이 없었더라면, 또는 1914년 이전의 세계가 상실된 데 대하여 책임이 있는 다른 무엇이 없었더라면, 하는 가정을 통해, 회피될 수도 있었던 실수들이나 예측할 수 없었던 사건들로 인해 상실된 천국이 그렇게 되지 않았을 수도 있었음을 증명하고자 희망하는 저자들과는 한번 논쟁해볼 수도 있을 것이다.

이와 다른 입장의 역사가들은 거대한 불연속의 반대 지점에 서 있는데, 이 거대한 불연속은 이른바 우리 시대에 남아 있는 특성들 가운데 많은 부분들이 1914년 이전의 수십 년 동안에, 때로는 갑작스럽게 기원한 것이다. 이들은 우리 시대의 뿌리들과 열망들을 탐구하는 데 이러한 역사적 사실들이 대단히 중요하다는 점을 인정한다. 정치적인 측면에서 볼 때 서유럽의 많은 국가들의 주요한 야당들 혹은 정권을 장악한 노동자 정당과 사회주의 정당들은 1875년에서 1914년 시기에 탄생한 후손들이며, 그 일가들의 한 지파로 동유럽 체제들을 지배하는 공산당의 경우도 여기에 해당된다. 사실 민주적인 선거에 의해 선출된 정부들이나 근대적인 대중 정당들, 민족적으로 조직된 대중노동조합들, 그리고 근대적인 복지 입법 기구들도 마찬가지로 이 시대에 그 연원을 두고 있다.

'모더니즘' 이라는 이름하에, 이 시대의 전위예술(*avant-garde*, 아방가르드)은 20세기의 고도의 문명적 결과물 중 대부분을 선점했다. 심지어 오늘날 더 이상 이러한 전통을 받아들이지 않고 있는 일부 아방가르드들이나 다른 학파들도 여전히 그들이 거부한 개념을 가지고 스스로를 정의하고 있다(' 포스트모더니즘'). 한편 일상성의 문화는 이 시기에 발생했던 세 가지 혁신에 의해 여전히 지배되고 있다. 근대적 형태를 띤 광고 산업, 신문이나 잡지류의 근대적 대중 유통, 그리고 (텔레비전을 통한)활동 사진 혹은 필름들이 바로 그것들이다.

과학과 기술은 1875년~1914년 이래 먼 길을 걸어왔다. 그러나 과학의 경우 플랑크, 아인슈타인, 그리고 젊은 보어의 그것과 현재의 그것 사이에는 명백한 지속성이 있다. 기술적인 측면에서 볼 때, 역사상 최초로 이 시대에 등장했던 석유를 동력으로 하여 길을 달리는 자동차들과 하늘을 나는 비행기들은 오늘날에도 여전히 도시와 땅 위의 풍경을 지배하고 있다. 당시 발명된 전화와 무선 통신은 꾸준히 개선되어온 것이지 대체된 것은 아니었다. 돌이켜보면 20세기의 마지막 10년은 1914년 이전에 성립된 틀에 더 이상 들어맞지 않을 수도 있을 것이다. 하지만 대부분의 목적들이 갖고 있던 지향점이란 측면에서 본다면 그 시대는 여전히 살아 있다고 할 수 있다.

하지만 과거의 역사를 이런 식으로 드러내는 것만으로는 충분하지 않다. 의심할 바 없이, 제국의 시대와 현재의 시점 사이에 놓여 있는 지속성과 단절성에 관한 질문은 오늘날에도 여전히 문제가 되고 있다. 그것은 우리의 정서가 역사적 과거인 이 시대와 여전히 직접적으로 연결되어 있기 때문이다. 그럼에도 불구하고, 이 문제만을 고립시켜놓고 본다면 역사가들의 관점에서는 지속성과 단절성이란 문제는 하찮은 문제일 따름이다. 우리는 이 시기를 어떻게 위치시킬 것인가? 결국 역사를 쓰는 사람 편에서나 역사를 읽는 사람 편에서나, 핵심적인 관심사란 현재에 대한 과거의 관계인 것이다. 양편 모두 과거가 어떻게 해서 오늘날과 같은 현재가 되었는가를 알고자 하며 혹은 알기를 원해야만 하며, 양편 모두 과거를 현재와 같지 않은 주요한 장애물로서 이해하기를 원하는 것이다.

(에릭 홉스봄, 「제국의 시대」)

---

1. 이 글의 전개방식으로 가장 적절한 것은?

  1) 시종일관 사실을 설명하고 있다.

  2) 대립된 두 견해를 조화시키고 있다.

  3) 대립된 견해 모두를 강력하게 비판하고 있다.

  4) 발상의 전환을 통해 두 입장과는 전혀 다른 새로운 입장을 개진하고 있다.

  5) 대립되는 두 입장의 약점을 보완하고 있다.

분석적 이해를 측정하는 문제이다. 글에 대한 정확한 독해도 필요하다.

글쓴이는 대립된 견해를 핵심으로 하면서 조화를 모색하고 있다고 볼 수는 없다. 대립된 두 견해

정답 : 5)

2. 글쓴이의 생각과 일치하지 않는 것은?

1) 1914년의 사건은 역사적 전망을 갖는 데 큰 도움을 준다.

2) 1914년 이래 현재까지도 세계 전쟁들의 기원에 관한 문제가 사라지지 않은 것은 불행한 문제다.

3) 우리의 정서가 과거와 직접적으로 연결되어 있기 때문에 제국의 시대와 현재의 시점 사이에 놓여 있는 단절성에 관한 질문은 이제 문제되지 않는다.

4) 우리가 누리고 있는 현대 문명의 이기들을 볼 때 그 목적의 지향점은 1914년을 의미 있게 하지만 과거 역사를 드러내는 측면에선 충분하지 않다.

5) 역사 저술가나 역사를 읽는 사람들 모두 지속성과 단절성 문제보다 과거가 어떻게 현재가 되었는지 알고자 하는 데 관심이 있다.

정답 : 3)

3. ㉠에서 말하고 있는 의미와 관계가 먼 것은?

1) 제국의 시대는 단절성과 지속성을 동시에 가지고 있다.

2) 시대를 구분하는 분기점이다.

3) 근대 문화의 발전에 결정적인 시기였다.

4) 부르주아 시대의 종말을 알리는 시기였다.

5) 여전히 현재의 문제로 자리매김하고 있다

해제

분석적 이해를 측정하는 문제이다. 무엇보다도 ㉠의 전후 문장들과 글의 흐름을 이해하는 것이 필요하다. ㉠에서 '그것'은 바로 제1차 세계대전이다. 따라서 제1차 세계대전이 가진 의미에 대한 해석 중 적절하지 않은 것을 고르면 된다. 주로 첫 번째 단락과 두 번째 단락에서 제1차 세계대전이 함축하는 의미를 찾아내면 될 것이다.

1)은 제1차 세계대전을 보는 두 가지 관점과 관련되어 있다. 이는 첫 번째 단락에서 두 가지 시각이 병존한다는 사실을 드러내고 있다. 요컨대 그것을 단절로 볼 수도 있고, 지속적 흐름의 일부로 볼 수도 있다는 것이다.

2)는 제1차 세계대전을 단절로 보는 시각에서 나올 법한 주장이다. 이 역시 첫 번째 단락에서 찾아볼 수 있다.

3)은 혼동될 수 있는 진술이다. 그러나 유심히 두 번째 단락을 살펴보면 근대 문화의 발전에 결정적 시기는 1880~1914년 사이임을 알 수 있다. 따라서 제1차 세계대전은 근대와의 단절로 보는 것이 오히려 맞다.

4)는 첫 번째 단락 후반부에 명시적으로 드러나 있다.

5)는 이 글의 주제와 연관된 진술로서, 제1차 세계대전을 어떻게 이해해야 하는가와 직결되어 있다. 이에 대한 글쓴이의 주장이 담긴 것이 곧 5)이다. 이는 세 번째 단락과 마지막 단락의 중심 생각이기도 하다.

정답 : 3)

4. 다음의 진술 중 화자(話者)가 다른 하나는?

1) 무엇보다 시급한 것은 어떠한 종류의 역사적 전망을 가져야만 한다는 점이다.

2) 1914년 8월은 역사상 누구도 부정할 수 없는 '자연스런 분기점'의 하나일 것이다.

3) 역사란 종착지에 도착할 때마다 차량의 모든 승무원과 승객이 바뀌게 되는 버스 노선과는 사뭇 다른 것이다.

4) 소위 '앞을 내다보는 연구자 집단'을 대표하는 저작은 챈들러의 『보이는 손』일 것이다.

5) 1914 이전 30년은 근대 문화 발전의 결정적 시기였다.

해제

비판적 이해와 추론적 이해를 동시에 묻는 문제이다. 이 문제는 글 전체에 대한 정확한 독해도 필요하지만, 문맥 속에서 문장 내용과의 논리적 연관을 이해할 수 있을 때 해결할 수 있다.

1)은 이 글 첫 문장으로서, 화자는 글쓴이라는 점이 분명하다.

2) 역시 첫 번째 단락에 나오는 말로서, 화자가 글쓴이라는 것은 어렵지 않게 추론할 수 있다.

4)와 5)도 마찬가지로 화자는 글쓴이다. 4)는 네 번째 단락을 5)는 두 번째 단락을 주의해서 읽으면 분명하게 드러난다.

문제가 되는 것은 3)이다. 언뜻 보면 글쓴이의 말인 것처럼 보인다. 그러나 앞 문장과의 논리적 관계를 이해한다면, 이는 화자가 글쓴이라 말할 수 없다는 점이 분명해진다. 앞 문장은 역사의 지속성을 강조하는 입장으로 지시하고 있다. 그런데 3)의 진술은 분명 역사의 지속성을 드러내고 있다. 종착지에 도착할 때마다 모든 승무원과 승객이 바뀌게 되는 버스 노선이란, 곧 단절을 의미한다. 그러나 지은이는 여기서 단절을 옹호하는 입장과 지속성을 강조하는 입장 중 명시적으로 어느 편도 들고 있지 않다. 따라서 5)는 지속성을 강조하는 입장에서 나오는 진술이라 보는 것이 적절하다.

정답 : 3)

5. 위의 ⓒ황금의 아지랑이 비유와 관련이 없는 것은?

1) 거대한 불연속

2) 압도적인 향수의 유혹

3) 아름다웠던 시절

4) 역사의 지속성

5) 유한계급과 금권주의

분석적 이해와 추론적 이해를 평가하는 문제이다. 이 문제를 해결하려면 ⓛ 전후의 문장들과 그 것이 속한 단락의 흐름을 이해해야 한다.

여기서 황금의 아지랑이는 '현재의 역사가들에게 향수를 불러일으키는 과거의 아름다웠던 시절' 과 같은 의미를 지니고 있다. 동시에 복원될 수 없는 거대한 불연속이기도 하다. 이는 역사 연구 의 방식 가운데 뒤를 돌아보는 연구자 집단과 관련이 있으며 이것이 대중문화화 되면서 유한계 급과 금권주의 등의 용어를 배태하게 된 것이다.

그러나 4)는 뒤를 돌아보는 연구자가 아니라 앞을 내다보는 연구자 집단과 직접 관련되어 있다. 이들은 1914년 이전에 대한 향수가 없으며, 1914년 이전을 바라보는 시각 역시 뒤를 돌아보는 연 구자 집단과는 다르다. 그들은 현재의 특성을 이해하는 하나의 역사적 계기 정도로 보고 있을 뿐 이다. 따라서 이들은 역사의 지속성을 강조하는 입장이다.

정답 : 4)

사회복지

가) 1990년대 민주당과 공화당의 정책 입안가들은 '혼외출산'이 일으키는 도덕적 문제에 집중 하면서 결혼을 통해 가족경제를 확립하는 것을 복지개혁의 초석으로 삼았다. 공화당원들은 도덕 적 측면에서 결혼의 필요성을 강조하였으며 혼외 자녀의 출산을 막을 수 있는 강력한 벌칙 조항 들을 만들기 위해 노력하였다. 한편 민주당원들은 아버지의 경제적 역할을 강조하였으며 경제적 책임을 강제할 수 있는 방법들을 강화하였다. 민주당과 공화당이 어머니들을 강제로 결혼하게 할 수는 없지만, 두 당은 어머니들과 관계를 맺은 남자들에게 그 자녀를 경제적으로 부양하게 함 으로써 남편과 아버지의 역할을 강제할 수 있다고 주장하였다. 이러한 주장에 기반하여 강력한 친자 확인 과정과 매우 엄격한 자녀 부양 의무의 부과 및 집행이, 1994년에 클린턴 대통령이 제 안한 복지법의 가장 핵심적인 내용이었다. 이와 마찬가지로 1996년 공화당 의회에서 통과된 개 인책임법에서도 가장 중요한 내용이 되었다. 이러한 조항들은 복지 급여를 필요로 하는 어머니 에게 자녀의 생부를 밝히고, 찾아내고, 그들로부터 자녀 양육비를 강제로 받아내는 데 협조하도

록 강제한다. 이러한 조항들은 빈곤한 모자가정 어머니들이 그들의 가족을 위한 복지 급여를 수급할 수 있는 조건으로, 헌법에 보장된 기본적 권리인 '자유롭게 관계를 맺을 자유'와 '재생산에 관한 의사결정의 자유'를 포기하게 만들고 있다.

나) 강제 친자 확인과 자녀 부양 의무의 부과는 개인책임법과 관련된 논쟁에서 큰 관심을 끌지는 못했는데, 이는 부분적으로 '아버지들에게 자녀 양육의 책임을 지게 하는 것'이 일반 대중들에게 광범위하게 받아들여지고 있는 생각이기 때문이다. 실제로 공화당의 개인책임법 자체를 반대했던 사람들조차도 이 부분에 대해서는 별다른 반대를 하지 않았다. 아버지의 부양 의무와 관련된 이러한 조항들은, 복지 수급 기간 동안 태어난 아이에 대해서는 복지 수급 자격을 박탈하는 조항과, 결혼하지 않은 10대 어머니와 그 아이에 대해서는 복지 급여를 지급하지 않는 조항 등을 통해 혼외 출산을 처벌하고자 했던 공화당의 노력에 사람들의 관심이 모아지면서 그 중요성이 가려진 것이다. 그러나 이상과 같은 혼외 자녀 출산에 대한 공화당의 가혹한 벌칙 조항들은 결과적으로 공화당원들이 원했던 방식으로는 법제화되지 못하였다. 개인책임법에 따르면 주정부가 복지 수급 기간에 출생한 자녀의 복지수급권을 박탈할 수는 있지만, 반드시 그 수급권을 박탈해야만 하는 것은 아니었다. 또한 10대의 어머니와 그 자녀에 대해서도, 만약 그들이 성인의 지도 아래 살고 있다면 복지 수급 자격을 유지할 수 있도록 허락하였다.

다) 역설적이게도 보수적인 정책 협의 내용들 중 특히 여성들의 재생산 선택권에 대한 논의에서는 이처럼 한 단계 양보된 결과가 나타나는 일이 많다. 이는 많은 공화당원들이 낙태를 반대하고 있는 것과 관련 있다. 대부분의 공화당원들은 낙태를 반대하기 때문에 혼외자녀 출산을 막기 위한 조항들을 엄격히 적용시키면 미혼모들의 낙태가 증가될 수 있다는 점을 두려워했다. 그들은 또한 개인책임법에 근거해서 혼외자녀 출산율을 가장 많이 감소시킨 주에 특별 보너스를 지급하는 정책이, 주정부가 낙태에 대해 보다 허용적인 정책을 실시하게 할 수도 있다는 사실을 격정하였다. 그리하여 개인책임법은 '혼외자녀 출산율'을 감소시켜 연방으로부터 보너스를 받기 위해서는 반드시 낙태율도 감소시켜야만 한다는 사실을 명시하였다. 혼외출산을 철저히 예방하는 것은 불가능하기 때문에 공화당원들은 민주당원들과 협력하여 혼외 자녀들에 대한 강력한 친자 확인 의무와 아버지의 자녀 부양 의무 강화를 통해 양부모가족 구조와 유사한 구조를 확립하고자 노력한 것이다.

라) 물론 공화당원들 중의 일부는 혼외자녀들에게 복지 혜택을 제공하지 않음으로써 혹은 결혼해야만 지속적으로 복지급여를 받을 수 있게 함으로써, 어머니들에게 거의 강제적인 결혼 명령을 부과하기를 원했다. 그러나 헌법의 원칙은 결혼 여부를 떠나 개인의 재생산권을 보호하며,

출생 당시의 어머니의 결혼 여부에 근거하여 아동을 차별하지 못하도록 되어 있다. 30년 동안 대법원은 결혼제도 내에서 태어난 아동과 그렇지 않은 아동을 차별하여 대우하는 법을 무효화시켜 왔다. 법원에 따르면 이러한 차별을 허용하는 법은 문제가 있다. 그것은 혼외 아동 스스로가 통제할 수 없는 환경을 근거로 법이 그 아동들을 차별하기 때문이며, 동시에 이러한 법은 자녀를 이용하여 부모의 결혼에 대한 선택권을 통제하려는 것이기 때문이다. 법원은 '혼외 아동에 대해 벌칙을 가하는 것은 공정하지 않을 뿐만 아니라 결혼하지 않은 상태에서 부모가 되는 것을 막는 방법으로도 효과적이지 않다.' 고 판결했다. 혼외자녀 출산에 대한 법원의 판결은 아버지의 자녀 부양 의무와 아버지가 인정한 경우 혼외자녀도 유산을 상속받을 수 있는 권리 등을 보호하였다. 이러한 판결은 또한 결혼하지 않은 가족들의 복지 수급권도 지켜 주었다. 1973년 법원은 주가 '결혼식을 행한' 부모들에게만 복지 수급 자격을 주어서는 안 된다는 것을 명백히 선언하였다. 이러한 헌법상의 제약들에 기반하여 볼 때 복지법의 조항들이 결혼을 고무시킬 수는 있지만 그것을 강제해서는 안 된다는 것을 보수주의자들도 수긍할 수밖에 없었다. 즉, 복지법의 조항들은 공식적으로 결혼을 강제할 수는 없기 때문에 (결혼의 형태를 띠면서) 이성으로 이루어진 가족 형성을 촉진할 수밖에 없었던 것이다.

마) 개인책임법도 혼외출산에 대한 명시적이고 직접적인 제약을 부과하고 있지는 않고 있다. 그러나 이 법은 복지급여를 필요로 하는 가난한 모자가정 어머니들의 자녀출산 및 자녀양육을 막는 매우 엄격한 조건을 국가적 차원에서 부과하였다. 실제로 강제 친자확인 조항에 따르면 어머니의 복지 수급권 확보 여부는 그 어머니가 복지 사무관에게 자녀의 아버지 신상에 대해 어느 정도나 폭로할 것인가에 달려 있다. 친자확인의 목적이 자녀의 생부에게 자녀 부양 의무를 부과하는 것이기 때문에, 이 조항은 어머니들에게 자녀 부양 명령을 설정하고 수정하고 강제하는 과정에 적극적으로 협조할 것을 요구한다. 한편 이 법은 아동을 위해 최선이라고 판단될 때로 국한하여, 이러한 협조 의무로부터 몇몇 어머니들을 면제시킬 수 있는 선택권을 주에 부여해 주기는 하였다. 이러한 면제 조항은 아마도 최악의 상황에 처한 몇몇 가족들 —예를 들어 가족을 학대하는 아버지가 있는 가족들— 을 구제해 줄 수는 있을 것이다. 그러나 과거의 사례에 입각해 볼 때 이러한 면제 조항이 가족의 고통을 덜어주는 정도가 그다지 크지는 않을 것이다. 사실 많은 경우 가족의 사생활이나 비밀을 낱낱이 이야기하는 것은 어렵기 때문에 과거의 복지법 하에서는 복지급여 지원자의 단지 1% 이하만이 '타당한' 면제 사유를 주장할 수 있었다. 아마도 개인책임법 아래에서는 더 적은 수의 여성들만이 '타당한' 면제 사유를 주장하거나 이를 통해 실제로 면제를 받을 수 있을 것이다. 왜냐하면 과거의 '피부양 아동이 있는 가족을 위한 원조 프로그램' 의 경우

'타당한' 면제 사유에 대한 국가 차원의 기준이 설정되어 있었지만, 현재의 '빈곤 가족에 대한 한시적 부조 프로그램'은 면제의 범위와 기준을 결정하는 권한을 각 주에 부여하고 있기 때문이다.

(바) 1968년부터 친자 확인 과정에 대한 어머니들의 의무적 협조와 생부의 자녀부양 의무 강화가 복지정책의 주요한 부분이었기 때문에, 1996년에 통과된 새 복지법은 복지 제도의 새로운 차원을 열었다기보다는 과거로부터 이어져 오던 복지 제도 변화의 경향을 완성시킨 것이라고 보는 것이 타당하다. 지난 30년간 정책 입안가들은 이 과정에 대한 어머니들의 협조 요구를 조금씩 강화시켜 왔다. 대법원의 판결에 의해 더 이상 주정부가 복지를 수급하는 어머니들의 남자(자녀의 생부가 아닌 경우)에게 자녀 부양 의무를 부과하거나 기대할 수 없게 되자, 의회는 그들의 주장을 재빨리 바꾸어 법적으로 부양의무를 부과할 수 있는 사람(즉 생부)을 밝히는 데 어머니들이 협조해야 한다고 주장하였다.

(밍크, 「복지의 종말」)

---

1. 이 글의 각 단락 가)~마)에 대한 설명으로 가장 적절한 것은?

1) 가)는 민주당과 공화당의 주장이 서로 다른 것을 부각시키고 있다.

2) 나)는 개인책임법이 복지수급권 박탈의 최후의 제재수단임을 보여 주고 있다.

3) 다)는 출산율 저하와 낙태율 저하가 양립하기 어려운 모순성을 지니고 있음을 보여 주고 있다.

4) 라)는 공화당의 일부 의원들이 강제적 결혼명령부과를 주장하는 것에 대해 헌법의 원칙으로부터 이끌어낸 주장임을 보여 주고 있다.

5) 마)는 개인책임법이 과거의 복지법 경우보다 타당한 면제사유를 주장하는 비율이 높은 것이라고 말하고 있다.

> **해제**
>
> 분석 및 추론적 이해를 평가하는 문제이다.
>
> 가)의 글은 민주당이나 공화당의 주장이 결국 같은 맥락에서 기술되고 있다.
>
> 나)는 반드시 박탈해야 하는 것은 아니다.
>
> 다)는 맞다. 출산율과 낙태율은 서로 반비례 한다고 보면, 모순성을 지니고 있다는 말은 맞다.
>
> 라)의 경우는 맞지 않다. 헌법은 강제적 결혼명령을 허용하지 않는다.
>
> 마)는 그 반대이다. 마지막 문장에서 확인할 수 있다.

정답 3)

2. 이 글의 취지를 살려 부제(副題)를 붙일 때에 적절치 않은 것은?

    1) 경멸당하는 어머니들

    2) 강제 친자 확인

    3) 자녀 부양 의무 강제부과

    4) 권리의 불평등

    5) 어머니들의 협조 요구 축소

분석적, 비판적, 추론적, 창의적 이해를 종합적으로 측정하는 문제이다. 특히 제목이나 부제를 묻는 문제는 추론 및 창의성을 측정하는 심층적인 문제이다.

1), 2), 3)은 맞다. 이 글의 실제 부제이기도 하다. 1)의 경우, 혼외출산의 어머니들에게 있어 사생활을 드러내야 한다는 점에서 그렇다.

4)의 경우, 자유롭게 관계 맺을 자유와 재생산에 관한 의사결정의 자유를 포기하게 만들고 있다는 점에서 불평등하다고 볼 수 있다.

5)는 맞지 않다. 어머니들의 협조 요구를 축소한다면 강제 친자 확인의 취지가 약화되고, 이로 인한 자녀 부양에 대한 강제 부과를 달성할 수 없게 된다.

정답 : 5)

3. 글의 전개에 대한 설명으로 올바른 것은?

    1) 글 가)에 대한 반론이 글 나)이다.

    2) 글 다)는 글 나)를 전면 부정하고 있다.

    3) 글 라)는 글 가)를 부정하면서 글 나)를 옹호하고 있다.

    4) 글 마)는 새로운 목표를 설정하고 그 해결책까지 제시하고 있다.

    5) 글 (바)는 사실의 나열이라기보다는 글쓴이의 주장으로 보는 것이 타당하다.

추론적 이해 및 창의적 이해를 측정하는 문제이다. 글 가)~라)의 전개는 같은 주제를 가지고 다각적인 면에서 다루고 있으며, 그와 관련한 내용들을 객관적인 측면에서 기술하고 있다. 따라서 반론이나 부정 등의 태도는 드러나지 않고 있다.

정답 : 5)

4. 이 글을 종합적으로 고찰할 때, 자녀 부양 의무의 강제 부과로 인한 문제점이라 볼 수 없는 것은?

1) 어머니와 자녀의 안전을 위협할 수 있다.

2) 자녀에 대한 어머니의 양육권과 후견권을 위태롭게 만들 수 있다.

3) 결혼하지 않은 어머니들에게 성적 파트너의 신원을 노출하라고 정부가 요구한다는 것이다.

4) 복지 수급 어머니들의 자녀의 생부에 대해 정부가 알 권리를 가짐으로써 사생활 보호권을 정당하게 행사한다.

5) 가난한 모자가정 어머니들의 경우 자녀의 생부와 어떤 식으로든 관계를 맺어야 한다는 것을 강제한다.

해제

정답 4)

5. 모자가정에 대한 필요한 조치로 가장 적절한 것은?

1) 혼외 자녀 출산을 막기 위한 조항들을 엄격히 적용한다.

2) 혼외 자녀 출산율이 가장 낮은 주(州)에 특별 보너스를 지급한다.

3) 혼외 출산을 철저히 예방해야 한다.

4) 혼외 자녀들에 대한 강력한 친자 확인 의무와 아버지의 자녀 부양 의무 강화.

5) 자녀 양육비를 지불하지 않는 아버지들은 소득에서 빚진 양육비만큼 원천징수 당해야 한다.

추론적 이해 및 창의적 이해를 측정하고 있다.

1)의 조항을 엄격히 적용하면 낙태율이 올라가게 된다. 그렇게 되면 모자가정에 대한 지원이 줄어들 수밖에 없다.

2)의 경우처럼 보너스 지급하게 되면 낙태 허용 정책이 보다 많이 실시될 우려가 있다.

3)의 경우, 추상적인 선언이라 실제적으로 혼외출산을 예방하기 어렵다.

4)와 같은 조치를 취하게 되면, 실효를 거둘 수 있다. 생부로부터 지원을 받을 수 있고, 이를 통해 모자가정의 경제적 곤란이 다소나마 해소될 수 있기 때문이다.

5)의 경우는 바람직할 수는 있지만, 모자가정에는 실질적인 도움이 되지 못한다. 원천징수 당하지 않기 위해 자녀 양육비를 지원한다고 보장을 할 수는 없기 때문이다. 자녀 양육비 지원은 강제 사항이 되어야 한다. 물론 '원천징수한 돈을 모자가정에 지급한다.'는 조항이 첨부된다면, 이것도 모자가정에도 도움이 될 수 있다. 그러나 5)에는 이러한 첨부 조항이 없다.

정답 4)

여 성

당대 중국 여성은 정치·법률·경제상으로 상당히 많은 권리를 누리지만 이에 상응하는 여성의식과 성별로서의 집단의식은 오히려 결핍되고 혼란되고, 갈피를 잡을 수 없는 지경까지 이른 것이다. 이 시기는 극히 특수한 역사적 시기였다. 민주혁명과 '개성해방'에 수반되는 여성해방이라는 명제는 '5·4' 문화운동이 시작되었을 때부터, 중국 사회 변혁의 주요 명제이자 필요 명제로 인식되었다. 그러나 웅장한 기세와 늘 새로운 사건으로 가득 찼던 20세기 중국의 웅대한 역사적 풍경 속에, (ㄱ)<u>성숙하고 독립적이며 어느 정도 규모를 갖춘 여성해방 운동</u>은 좀처럼 나타나지 않았다. 이 때문에 1949년 이래, 여성 지위에 있어서 천지개벽할 변화는 상당 부분 외부적 힘에 의한 것이었다고 할 수 있다. 바꿔 말해 그것은 중국 여성에게 주어진 천재일우의 기회이자 행운이었다. 사회주의 실천과 50년대 중국의 공업 혁명에 있어서의 수요가 이 시기를 '자매들이 일어나는' 위대한 시기로 만들었다. 중국 여성은 공전의 규모와 깊이를 가지고 당대 중국 역사에 뛰어들었다. 여러 역사적 문헌과 통계 도표가 이러한 사실을 보여 준다.

그러나 외적인 힘이 여성해방 운동에 있어 주요하고 심지어 유일한 동력이었기 때문에, 여성의 자아와 집단의식이 저하되어 현실 혁명과 부조화를 이루게 되는 당연한 상황이 발생하게 됐다. 문제는 역사 단계론적 '합법화' 과정이 필수적인가 아닌가가 아니라 현실 속 여성해방에 근본적으로 수반되어야 하는 여성의 문화적 혁명이 결핍되었다는 데 있었다. 일단 여성의 노동력을 해방시키고 여성의 정치·경제적 지위를 개선하자, 법률적 형식이 이러한 변혁적 현실을 확인하고 보호했다. 당대 중국의 주류 담론 시스템에 있어 여성해방이란 바로 완료시제로 방금 완성된 문서가 되어 버렸다. 특정한 정치적 세대 구분법을 통해 권위적 역사 담론이 여성 서사를 흑백이 분명한 물과 기름 같은 역사의 시간적 단락 속에 나누어서 배치해 버렸던 것이다('신사회와 구사회의 다른 하늘', '구사회는 인간을 귀신으로 만들고, 신사회는 귀신을 인간으로 만든다.'). 1949년에서 1979년까지라는 특정한 역사적 단락에서 여성에 관한 유일한 서사는 다음과 같았다. 암흑천지 구 중국(1949년 이전)에서 여성은 노역에 처해지고, 유린되며, 모욕당하고, 피해만 보는 비참한 운명을 살아야 하고, 고통스럽고 아득하며, 도와줄 이라고는 없는 절망적 상황을 맞아야 한다는 것이었다. 게다가 이것은 결코 여성만의 특수한 운명이 아니라 피억압계급이라면 공히 만나야 할 운명이었다. 5·60년대 광범위하게 유전된 「여성해방가」는 그 좋은 예였다. "구사회는 칠흑같이 어두운, 만 길의 낡은 우물. 그 안, 고통 받는 우리가 있나니, 그중에서도 가장 미천한 자, 여성이어라." 그래서 여성의 운명에 대한 묘사는 구 중국 노동대중 모두의 운명을 말하는 것이자 그것을 적절하고 깊이 있게 상유한 것이었다. 공산당원의 빛이 그녀(ㄱ)들의 하늘을 비추고 신중국이 건립되면서, 고난에 찬 운명은 영원히 지나가버린 역사 속의 한 페이지가 되었다. 신중국 초기의 고전 「바이마오뉘(白毛女)」는 분명 이에 가장 적합한 예다. 소작인의 딸은 빚 대신 노예로 팔려갔다가, 지주의 욕정에서 벗어나기 위해, 그리고 다시 팔려가는 운명을 피하기 위해, 깊은 산으로 도망가 야인이 된다. 공산당 군대가 오자 비로소 그녀는 햇빛을 다시 볼 수 있고 인간으로서의 삶을 회복할 수 있게 된다.

신중국 초기 여성해방 담론에 있어 신중국의 건립은 여성이 노예의 역사로부터 벗어나게 되었음을 의미했고, 이와 동시에 부권과 남성권력 사회에서 영원한 '제2의 성'이었던 여성의 역사와 수천 년 동안 이어져온 남존여비의 역사적 인습과 타성이 하루아침에 전복되었음을 의미했다. 이러한 역사적 세대 구분법은 두 시대를 분명히, 그리고 완전히 가르는 담이었다. 그것은 신중국 여성인 해방된 여성이 처한 새로운 사회·문화·심리적 문제를 은폐했으며 미약하게나마 유지되던 전근대의 여성 문화와 '5·4' 문화 혁명 이래의 여성 문화 전통을 당대 중국 여성의 문화적 시야 밖으로 단절시켰다. 계급 담론은 여성의 역사적 조우와 운명을 두드러지게 보여 주었지만 반대로 해방된 여성이 대면한 새로운 생존과 문화적 현실을 은폐했던 것이다.

특정한 문화적 실천으로서 신중국 영화 또는 '17년' 영화는 효과적이고 정확하게 여성의 현실과 문화상의 역설을 표현했다. 필자가 일찍이 지적했듯이 1949년을 기점으로 중국 현대 영화사와 당대 영화사를 나누는 것은 분명 정확하고 타당하다. 1949년 대륙에 발생한 것은 정치적 격변과 정권의 교체뿐만 아니었다. 일련의 사회적 격변의 결과로 중국 영화사에는 선명한 단절의 선이 그어졌다. "소위 백지가 새롭고 아름다운 그림을 그리기에 가장 좋고, 새롭고 아름다운 문장을 쓰는 데 가장 좋았던" 것이다. 어떤 의미에서는 3·40년대 이미 성숙한 서사 형태를 갖춘 중국 영화가 시작되었고, 적어도 4·50년대 교체기에 단절의 징조가 보였다고 할 수 있다. 영화 제작 체제 및 영화 제작 '대오'의 극적인 변화, 중국 영화 전통의 단절, 헐리웃 영화와의 이데올로기적 대치, 사회주의 소련 영화 문화 및 영화 전통과의 단절 등으로 인해, 당대 중국 영화가 시작되었을 때 영화 제작에 참고할 수 있는 것이라곤 신정권의 영화에 대한 정치적 자리매김과 강력하게 구축 중이던 주류 이데올로기뿐이었다. 1949~1955년의 중국 영화는 대부분 소박하고 유치한 예술 언어로 완성된 것으로 새로운 이데올로기의 표현을 영화적으로 재확인한 것이었다. 그러나 1959년 후, 무에서 유로, 조금씩 완전한 모습을 띠어가던 신영화는 중국 좌익 영화 전통과 융합하면서 점차 혁명 고전 영화의 성숙한 형태를 만들어갔다.

중국 사회 변화에 발맞추어, 영화 기제 사이에 내재하던 성별 질서와 성별 서사의 본질적인 변화가 새로운 고전적 영화 형태에 일어났다. 이 시기 작품들의 골간을 보면, 내재적으로 남성 욕망의 시야와 연결시켜 여성을 표현하던 방식이 점차 사라졌으며, 욕망에 관한 서사와 영화의 카메라 언어에 '필수적인' 욕망의 시선이, 이데올로기 담론을 참고하여 만들어진, 엄밀한 영화 서사의 정치적 수사학에서 점차 지워졌음을 알 수 있다. 욕망의 서사와 욕망의 언어가 사라짐으로써 (ㄴ) 헐리웃식의 고전적인 영화 서사 기제에 내재하던 특정한 남성권력 이데올로기 담론은 성공적으로 제거되었지만, 이것이 당대 중국의 영화적 실천에 있어 혁명 고전 영화 모델이 철저하게 남성권력의 질서와 서사를 전복시켰다는 것을 의미한 것은 아니었다. 그것은 분명 남성 중심적인 영화 형태를 흔들어 놓았지만 그것을 대체한 것은 강력한 부권 이데올로기를 바탕으로 수정된 영화 서사였다. 이 새로운 고전영화는 우선 여성 스스로의 진술이 아닌, 거의 예외 없이 권위적 시선(당연히 남성적인 시선이지만, 결코 남성적 욕망의 시선은 아니다)을 통해 서술되는 여성을 보여 주었다. 그리고 여성 형상은 더 이상 남성 욕망과 시선의 객체는 아니었지만, 아직은 남성으로부터 독립한 성별적 집단도 아니었다. 게다가 핵심적인 시점을 점유하거나 발할 수 있는 존재는 더더욱 되지 못했다.

(다이진화, 『무중풍경(霧中風景)』)

1. 밑줄 친 (ㄱ)의 내용이 의미하는 것으로 가장 적절한 것은?

1) 대혁명 역사의 삽입곡

2) 무의식중 여성 작가의 펜 끝에서 나온 서술

3) 영화사에서 다양하게 나타난 여성 형상

4) 여성 담론의 시리즈

5) 여성 집단의식의 표출 영화

해제

분석적 이해 및 추론적 이해의 문제이다.

1) ~ 4)는 (ㄱ)의 내용으로 맞다. 성숙하고 독립적인 규모의 여성해방 운동은 바로 5)항처럼 여성 집단의식을 토대로 한 운동이다. 그러나 이런 의식의 동반 없이 1) ~ 4)와 같은 변방적인 태도만 나타나므로 현실 혁명과 부조화를 이루게 되었던 것이다.

정답 : 5)

2. 밑줄 친 (ㄴ)의 내용으로 어울리지 않는 것은?

1) 남성 욕망

2) 여성 형상

3) 바람난 여성

4) 보는 남성

5) 보이는 여성

추론적 이해를 묻는 문제이다.

(ㄴ)은 헐리웃의 고전적 영화에서 추구했던 카메라 언어 모델로서의 남성권력 이데올로기 담론을 말한다. 남존여비, 남성 중심 등의 시각을 주로 담고 있는 담론들이다. 따라서 남성의 욕망이 중시될 수밖에 없고, 여성도 남성의 시선으로 보는 여성일 수밖에 없다. 이는 다른 말로 하면 영화의 주제나 내용 모든 것이 남성의 시선이 중심이며, 여성 역시 본래의 여성이 아니라 남성에게 드러난 이미지로서의 여성이라 할 수 있다. 바람난 여성은 여성의 비천함을 상징하는 측면도 있지만, 다른 한편으로 여성의 자유를 상징한다고 볼 수 있다. 따라서 (ㄴ)의 내용과는 어울리지 않는다.

정답 3)

3. 이 글의 내용에 위배되는 것은?

1) 여성의 문화적 혁명의 결핍보다 합법화 과정이 더욱 필요하다.

2) 구중국에서 여성의 운명은 피억압계급의 운명과도 같은 것이다.

3) 고전 『바이마오뉘』(白毛女)의 구세주는 공산당이었다.

4) 여성들은 당대 중국 역사에 뛰어들었지만 자아의식은 성숙하지 못했다.

5) 신중국의 건립은 여성의 성적(性的) 상승이요 존엄성을 한순간에 획득함을 의미한다.

분석 및 추론적 이해를 평가하는 문제이다. 글의 요지와 흐름에 대한 이해를 토대로 각 항목들을 평가할 수 있어야 한다.

1)은 문제가 있다. 합법화 과정의 필요 유무가 아니라 여성의 문화적 혁명이 결핍된 것이 더 문제이다. 두 번째 단락의 핵심이 이것이다.

2)는 맞다. 두 번째 단락을 보면 구중국에서 여성들의 지위와 상태에 대해 적나라하게 언급하고 있다.

3)역시 두 번째 단락 마지막 문장에서 분명하게 확인할 수 있다.

4)는 이 글 전체의 주제와 관련된 것이다. '신중국 시대의 여성의 지위에 대한 담론'이 주제가 될 것이기 때문이다. 그리고 글쓴이의 핵심 생각은 정치적 현실의 변화가 여성들의 실질적 해방을

예 술

1920년대 전에 데니숀 무용단은 인정을 받게 되었지만, 춤 계 내의 지배력 측면에서나 예술적 측면에서 인정받아 가는 도중에 데니숀 무용단의 지위를 둘러싸고 알력이 생겨나 난처하게 되었다. 고전적인 대칭 방향의 양쪽에 두 사람의 반항아가 자리 잡고 있었으니, 한쪽에는 숀의 귀염을 받던 그레이엄(1894-1991), 한쪽에는 세인트 데니스의 귀염을 받던 험프리(1895-1958)가 있었다. 험프리와 긴밀하게 작업한 와이드맨(1901-1975)도 반항적 행동에 가담하였다. 그들의 이탈은 역사적 중요성을 갖는데, 그것은 스스로들 데니숀 무용단을 떠나고 난 후에 그들이 오늘날 현대무용이라 부르는 극장춤 형식을 낳았기 때문이다.

1927년 무렵 '현대무용'이라는 용어가 만들어졌을 때, 춤이 당대의(이 문맥에서는 1900년대 이후 시기를 지칭하므로 '현대의'라는 뜻과 같음)급선무와 마음가짐을 반영하여 마땅하다는 것이 현대무용을 지향하는 무용가들의 신념이었으므로 현대무용이라는 용어는 그들이 생각하는 춤을 나타내는 데 적격이었다. 그레이엄이 그리스 신화를 소재로 작품을 만들었을 경우들에서처럼 심지어 이들 무용가들이 다른 시대를 배경으로 작품을 했을 때조차 그들은 (ㄱ)세기의 관점에 바탕을 두고 소재를 다듬어 나갔다. 하지만 시간이 흐르자 '현대무용'은 광범위한 원리와 테크닉을 아우르게 되었고, 몇몇 무용가가 원래의 현대무용가가 지향했던 목표와 동 떨어지는 사례도 드물지 않았다. 오늘날에 와서 더 이상 현대무용이라는 용어는 현대 생활을 표현하는 일에만 전념하는 외골수적 입장을 의미하지 않는다.

그레이엄, 험프리 그리고 와이드맨은 데니숀에게 많은 공감을 샀던 신비스런 마력과 이국풍을 거부함으로써 시작하였다. 왜냐하면 그들은 춤이 단순히 오락을 제공하는 데 그치기보다는 응당 자극을 주고 도발하며 깨우침을 주어야 한다고 믿었기 때문이다. 그들은 세상 사람들이 직면하는 문제들과 맞닥뜨리고 싶어 하였다. 이들 무용가의 작품을 관객들은 때때로 추하며 음울하다고 느꼈다. 그렇다고 하여 이들 안무가들이 현실 도피적인 무사안일에 탐닉한 것은 아니었다. 인간이 처한 조건에 대해 무용가들이 표한 관심은 서로 다른 방식으로 표명되었다. 그레이엄이 대체로 개인의 심리를 탐색하였다면, 험프리는 개인과 집단의 상호 관계에 많은 관심을 표명하였다. 와이드맨은 인간의 결함을 지적해내려고 해학과 풍자를 가장 잘 이용한 인물로 평가된다.

발레와 데니숀의 춤에서 데카당스하며(일반적으로 퇴폐적이라는 의미를 갖는데, 퇴락한 것을 일컫는 의미로도 쓰임) 인공적인 멋부림으로 간주되는 따위의 것들을 일소하기 위한 노력의 일환으로 그레이엄과 험프리는 움직임의 근본 원리들을 모색하였다. 이 두 사람은 자신들의 춤 테크닉에 기본이 된 이론들을 계발해내었다. 호흡이 인간에게서 갖는 근본 기능은 그레이엄에게 이완과 수축의 이론을 착상하도록 하였는데, 이 이론은 후에 여러 이론과 제휴하여 복잡한 조직으로 탈바꿈하였다. 가슴을 안으로 구부리고 등을 둥글게 굽히는 수축의 자세는 춤꾼에게 자신의 중심을 향해 집중하도록 만든다. 수축의 자세는 (ㄴ) 위축 또는 내향성을 암시하는 데 사용될 수 있을 것이다. 양쪽 허파에 공기를 채워 넣음으로써 가슴을 확장시키는 이완의 자세는 (ㄷ) 또는 황홀경을 의미할 수 있을 것이다. 서로 연결되어 사용될 경우, 이 두 가지 움직임은 서로의 효과를 드높여 주었다. 또한 이들 자세가 전달하는 정서 상태들도 미묘하게 다양해질 수 있었다. 이완과 수축의 원리는 인체의 다른 부위에 대해서도 적용될 수 있을 것이다. 자신의 춤 테크닉을 발전시켜 나감에 따라 그레이엄은 자신의 춤에 보다 서정적인 차원을 부여하려고 나선형과 같은 형체들을 첨가하였다.

험프리는 낙하와 회복의 이론을 공식으로 만들어 이것을 '두 가지 죽음 사이에 걸쳐진 궁형(弓形)의 호(弧)'라 하였다. 두 가지 죽음의 한쪽 끝에는 중력에 대해 완전히 굴복하는 자세가, 또 다른 쪽의 끝에는 균형과 안정을 달성하는 자세가 위치한다. 험프리에게 있어 이 양쪽 끝의 어느 쪽도 그 자체로는 관심을 끌지 못하였다. 즉 오히려 춤의 정서적, 육체적인 드라마는 중력과 관성에 대해 벌이는 춤꾼의 투쟁적인 몸부림 그리고 평형 상태를 저버릴 위험을 감수할 정도의 의지력에서 비롯한다.

세인트 데니스를 이미 자기들의 확고한 스타로 자부해온 무용단에서 자신의 야망이 실현될 전망이 설 수 없다고 믿었기 때문에 그레이엄은 1923년에 데니숀으로부터 탈출을 감행하였다. 1926년에 자기 스스로 처음 가진 독자적인 춤 발표회에 올린 작품들이 비록 데니숀의 흔적(예컨대, 독무〈타나그라〉에서 데니숀이 애호한 장치였던 파도치는 휘장 막을 등장시킨 장면이 있었음)을 안고 있었음에도 불구하고, 그레이엄은 곧 자기 자신의 창조적 목소리를 갖추기 시작하였다. 그레이엄의 음악 감독이던 호스트(1884-1964)는 그레이엄이 안무가로 자리 잡을 때까지 스승으로서 봉사하였다. 그는 그레이엄의 초기 작품들에서 음악을 많이 작곡했으며, 또 그레이엄이 (사뮈엘 바버, 아론 코플랜드, 힌데미트 그리고 카를로 메노티 같은) 다른 현대 작곡가들에게도 곡을 의뢰하도록 권유했으며 실제로 이들 작곡가들은 그레이엄을 위해 곡을 지었다. 그리고 호스트는 사진을 통해 그레이엄에게 뷔그만의 예술을 소개해 주었다.

그레이엄이 만든 최초의 집단 무용으로서 중요한《이교도》(1929)에서는 숱한 상황들에 그대로 적용될 수 있는 (ㄹ) 표현에 의거하여 어느 개인을 무자비하게 내팽개치는 집단이 묘사된다. 이 작품은 많은 관객을 당황시킬 그 정도로 강인하며 충격적인 스타일로 펼쳐졌다. (불끈 쥔 두 주먹, 쿵하고 떨어지는 발뒤축, 춤꾼의 몸들로 벽을 쌓아 올리기와 같은) 단순하면서도 단호한 움직임들은 간소한 의상 그리고 춤꾼들의 의도적으로 매력적이지 못한 용모와 결합하여 데니숀의 이국적인 구경거리와는 전혀 다른 모습을 창조해 내었다.

그레이엄의 초기 작품들은 움직임과 의상에서 모두 단호하게 금욕적이었다. 이 시기를 후에 그레이엄 스스로 '기다란 모직 의상'의 시기라 불렀다. 그레이엄은 손수 의상을 디자인했고 아무 장치도 없이 춤을 만들었다. 솔로 작품《비가》(1930)에서는 직물의 성질들을 노련하게 이용하는 그레이엄의 솜씨가 잘 나타난다. 즉, 춤꾼이 착용한 팽팽한 저지천의 팽팽하고 긴 통을 통해 창출되는 각지고 팽팽한 선들에서 춤꾼의 (ㅁ)이 표현되었다. 그러나 그레이엄도 세월이 흐르면서 무대 장치, 의상 및 조명을 더 많이 활용하기 시작하였다. 그와 자주 공동 작업을 한 사람은 일본계 미국인 디자이너 이사무 노구치로서, 그의 양식화된 장치는 그레이엄의 안무가 지닌 비사실적 양식에 잘 어울렸다.

(수잔 오, 『발레와 현대무용』)

----

1. (ㄱ)~(ㅁ)에 들어갈 어휘로 가장 적절한 것은?

　1) (ㄱ) 19세기의

　2) (ㄴ) 환희

　3) (ㄷ) 거절

　4) (ㄹ) 보편적인

　5) (ㅁ) 우아함

분석적 이해 및 추론적 이해를 측정하는 문제이다.

1)은 적절하지 않다. '20세기의 관점'이 맞다. 본문에서, 이들 현대무용가들이 그레이엄처럼 다른 시대를 배경으로 작품을 했을 때조차 현대무용 관점에 바탕을 두었다고 지적한 부분을 주목해야 한다. 그레이엄은 현대무용의 창시자였으므로 '그레이엄의 경우처럼'이라는 논리가 성립할 수 없다. 따라서 20세기가 적절하다.

2)도 맞지 않다. 본문에서 수축이 의미하는 것은 공포나 비탄이다.

3)의 이완의 경우는 본문에서 거절이 아니라 확신, 수락의 의미를 담고 있다.

4)는 바로 앞에 있는 표현, 곧 "숱한 상황들에 그대로 적용될 수 있는"을 이해하면, 쉽게 해결할 수 있다.

5)에서 말하는 각지고 팽팽한 선이 풍기는 이미지는 우아함이 아니라 비탄 혹은 긴장 등이 적절하다.

정답 : 4)

2. 위 글에 제시된 '그레이엄'의 입장에 대한 설명으로 타당하지 못한 것은?

1) 춤이란 오락보다 삶의 문제이다.

2) 호흡은 춤에 있어서 자연스런 원리를 제공해 준다.

3) 독자적인 첫 춤 발표는 데니숀으로부터 완전히 탈피하기 위한 것이었다.

4) 음악이나 의상의 중요성을 인식하고 있다.

5) 나선형 등의 형체는 인공성을 배제하기 위해 첨가된 것이다.

분석적 이해 및 추론적 이해의 문제이다.

1)은 적절치 않다. 그레이엄은 춤이란 오락보다 세상 사람들이 직면하는 삶의 문제로 보고 있다.

2)도 마찬가지다. 그레이엄은 호흡의 원리를 가지고 춤의 원리를 모색하였다.

3)은 맞다. 그레이엄의 첫 춤 발표는 나름의 독자적인 것이었지만 데니숀의 흔적을 안고 있었다고 지적하고 있다.

4)는 음악 감독 호스트와 함께 일한 사실로 확인할 수 있으며, 특히 간소한 의상을 사용한 것으로

보아 맞는 말이다.

5)도 맞다. 나선형의 형체는 그레이엄이 서정성을 부여하기 위해 활용한 것으로 인공이 아닌 자연의 기본 형식 가운데 하나로 작용했다.

정답 : 3)

3. 위 글의 내용으로 볼 때, 그레이엄과 험프리의 춤에 대한 태도로 가장 적절한 것은?

1) 그리스 신화는 고전적 미의 창조에 바탕을 두어야 한다.

2) 춤은 대중적이지 않으면 안 된다.

3) '질투하는 인간'이 그레이엄의 영역이라면 '존중하는 인간'은 험프리의 영역이다.

4) 성(性)의 문제를 거부함으로써 세상 사람들이 직면하는 문제에 접근하였다.

5) 율동적 움직임은 데카당스한 것이므로 일소해야 한다.

여러 영역을 종합적으로 측정하는 문제이다.

그레이엄과 험프리는 그리스 신화 역시 20세기 관점에 바탕을 두고 소개 활용했다. 그러므로 1)은 적절하지 않다.

2)도 마찬가지다. 대중적이려면 오락적이어야 하는데, 이들은 오락보다 깨달음에 집중하고 있다.

3)은 난해한 내용이다. 이를 이해하려면 세 번째 단락 후반부를 꼼꼼히 읽어야 한다. 여기서 그레이엄과 험프리의 차이가 드러나 있다. 이에 근거해서 다음과 같이 말할 수 있다. 그레이엄은 개인의 심리를 탐색했으므로 '질투'가 맞고, 험프리는 개인과 집단을 탐색했으므로 '상호존중하는 인간'이 맞다.

4)는 아니다. 세상 사람들이 직면하는 문제에 다가서려면 성(性)의 문제를 받아들여야 한다.

5)도 그렇다. 데카당스를 일소하기 위한 노력이 바로 움직임이다.

정답 : 3)

철 학

　고상하고 재능이 뛰어난 사람은 인간에 대한 지식과 처세술에 커다란 결함이 있다. 이 때문에 기만당하거나 다른 사람에게 미혹되기 쉬운 점이 많으며, 특히 젊은 시절에 그러한 경향이 심한데, 이에 반해서 저급한 사람은 훨씬 더 빨리 그것도 교묘하게 세상에 순응한다. 그 원인이 어디에 있는가 하면, 경험이 없는 동안에는 선천적으로 판단을 내려야만 하는데, 어떠한 경험도 선천성에는 대적할 수가 없기 때문이다. 즉 평범한 사람에게는 이러한 선천성(에 의한 정확한 판단)을 그 사람 자신의 자아가 받아들이지만, 고상하고 우수한 사람은 그렇지 않다. 고상하고 우수한 사람은 고상하고 우수하므로 다른 사람과는 확연하게 다르기 때문이다. 따라서 고상하고 우수한 사람이 자신의 사고와 행위를 기준으로 다른 사람의 사고와 행위를 측정하면 그것이 맞지 않게 되는 것이다.

　그런데 전반적으로 봐서 인간에게 어느 정도 기대를 걸 수 있는가 하는 점, 자세하게 말하면 인간의 약 5/6에 해당하는 사람들은 도덕적, 지성적으로 봐서 어쩔 수 없이 교섭을 해야 하는 경우가 아닌 한은, 미리 피하고 가능한 한 접촉권 외에 있는 편이 나을 정도의 인물이라는 사실을, 고상하고 우수한 사람들도 후천적으로, 즉 다른 사람들로부터 배우고 스스로의 경험에 의해서 결국에는 알게 된다. 그래도 역시 인간의 하찮음, 비참함은 제 아무리 시간이 흘러도 충분히 알지 못하며 살아 있는 동안에는 언제나 이 지식을 확충해 나가야만 한다. 그리고 그러는 동안에 몇 번이고 잘못 측정하여 손해를 입게 되는 것이다.

　그런데 그 후 주어진 교훈이 진정으로 몸에 밴 뒤에도 우연히 모르는 사람들 사이에 들어가게 되면, 이야기하는 모습이나 얼굴이 모두 매우 이성적이며, 정직하고 예의바르며, 도덕적으로 견고하고, 영리하며 기지에 넘치는 사람으로 보여서 이상한 기분에 빠지게 되는 경우가 있다. 하지만 이러한 사실에 현혹되어서는 안 된다. 대자연의 조화는 하찮은 문사(文士)와는 다르기 때문이다. ❶ 하찮은 문사가 악당이나 어리석은 자를 묘사할 때 그 방법이 매우 서툴고 꾸며낸 듯하기 때문에 독자는 마치 제 각각 이러한 인물 뒤에 작가가 있어서 인물의 사상, 태도와 말과 행동을 그 자리에서 부인하고 '이 녀석은 악당이다. 이 녀석은 멍청이다. 이 녀석이 하는 말은 문제 삼을 필요가 없다.'고 경고가 담긴 외침을 올리고 있는 것이 눈에 훤히 보이는 듯하다. ❷ 이에 반해서 대자연의 조화는 셰익스피어나 괴테와 마찬가지다. 작중의 모든 인물이 가령 악마라 할지라도 거기에 서서 이야기하는 동안에 그들은 어디까지나 옳다. 인물이 객관적으로 파악되어 있어서 우리들까지 인물 자체의 이해관계 속으로 빨려 들어가 좋든 싫든 인물에게 동정을 하게 되기 때문이다. 즉 인물이 대자연의 작품과 마찬가지로 내면적인 원리에 의해서 전개되고 있다. <u>가) 인물의 말과 행동이 내면적인 원리에 의해서 자연스러운 것이 되며, 따라서 필연적인 것이 된다.</u> 그렇기 때문에 세상의 도깨비에는 뿔이 돋아 있으며 세상의 어리석은 자는 피에로의 두건에 방울 달고 돌아다닌다고 결론짓는 사람이 있다면, 그러한 사람은 언제나 그들에게 사로잡혀서 우롱을 당하게 될 것이다. ❸ 그런데 여기에 더해서 세상 사람들의 교제하는 모습은 달이나 꼽추는 연상하게 한다. 즉 언제나 반 쪽 면만을 보여 주는 것이다. ❹ 게다가 누구에게나 자신의 인상을 하나의 가면으로 바꿀 수 있는 선천적인 재능이 있다. 이 가면은 자신이 원래 가지고 있어야 할 모습을 극명하게 묘사하고 있다. 그것도 본인의 개성에만 맞게 만들어졌기 때문에 몸에 꼭 맞아 그 효과를 그야말로 진위를 논할 필요가 없을 정도이다. 사람들에게 환심을 사려고 할 때만다 이 가면을 착용한다. '제 아무리 악한 개라도 꼬리를 흔들지 않는 개는 없다.' 는 탁월한 이탈리아의 속담을 명심하고 이 가면을 초를 먹인 천으로 만든 가면이라고 생각하고 대해야 한다. ❺ 어쨌든 이제 막 알게 된 사람을 매우 좋은 사람이라고 생각하지 않도록 세심한 주의를 기울여야 한다. 그렇게 하지 않으면 대부분의 경우에 실망을 하게 되어 자신이 생각하기에도 부끄러운 일을 당하거나 심지어는 손해를 보게 되기도 할 것이다.

그리고 다음의 점들도 염두에 두기를 바란다. 요컨대 긴장감을 필요로 하지 않는 사소한 일에서 인간은 오히려 그 성격을 드러내는 법인데, 이러한 때에 일시적인 행동이나 사소한 태도에 타인을 조금도 뒤돌아보지 않는 극심한 이기주의를 충분히 엿볼 수 있으며, 후에 커다란 문제에 봉착하게 되면 실은 그 이기주의가 가면을 쓰고 있어도 저절로 모습을 드러내게 되는 법이라는 점이다. 따라서 이러한 기회는 놓치지 않도록 해야 한다.

어떤 사람이 일상의 사소한 생활 과정이나 상황 속에서, 즉 '법률은 사소한 일은 다루지 않는다.' 는 원칙이 적용될 만한 일에 관해서, 안하무인격으로 행동하고 타인을 불리함에 빠지게 하더라도 자신의 이익, 자신의 편익만을 꾀하거나 모두를 위해서 있는 물건을 자기 것으로 취하거나 그 외에도 이와 비슷한 일을 한다면, 그 사람의 마음에는 정의 같은 것은 조금도 깃들어 있지 않은 것이다. 법률과 권력으로 구속하지 않으면 곧 커다란 문제에서도 악당의 모습을 발휘할 인간이 될 것이라고 확신하고 함부로 믿어서는 안 된다. 실제로 뻔뻔스럽게 클럽의 약속을 어기는 자는, 자신에게 위험을 초래하지 않는 일이라면 곧 국가의 법까지도 어기게 될 것이다.

한편 우리들이 교섭을 하고 있는 혹은 교제를 하고 있는 사람이 불쾌한 태도 내지 화가 나는 태도를 취했을 경우, 앞으로도 몇 번인가 같은 태도를 그것도 더욱 심하게 취해도 참아야 한다는 생각이 들 정도로 소중한 사람인지를 마음에 물어보기만 하면 된다. 용서를 하고 없었던 일로 삼는 것은 자신이 얻는 귀중한 경험을 가볍게 버리는 것과 같은 것이다. 그 사람이 그만큼 소중한 사람이라면 무슨 말을 해도 아무런 소용이 없기 때문에 그것에 대해서는 할 말이 거의 없다. 불평을 하든지 속으로 삭이든지 해서 그 일을 흘려보낼 수밖에 없는데, 그것은 다시 한 번 그런 행동을 해달라고 부탁하는 것과 다를 바 없는 일이라는 사실을 명심하기 바란다. 반대로 그럴 정도로 소중한 사람이 아니라면 그 자리에서 영원히 그 친구와 절교를 하거나, 하인이라면 해고를 해야만 한다. 지금은 엄숙하게 성심성의를 다해서 그와는 반대되는 것을 맹세하지만 막상 중요한 순간에는 그것과 똑같은 행동, 적어도 비슷한 행동을 할 것임에 틀림없기 때문이다. 어떠한 일도 잊지 못할 것은 없지만, 자신의 본질적인 성격만은 잊을 수가 없다. 아주 당연한 말이다. 인간의 모든 행동은 내면적인 원리에 바탕을 두고 있는 것으로, 이 원리에 의해서 인간은 같은 상황에 처하게 되면 언제나 같은 행동을 할 수밖에 달리 도리가 없기 때문에, 성격이라는 것은 전혀 수정을 할 수 없는 것이다. **나)** 「의지 자유에 관한 나의 수상 논문」을 읽고 미망에서 벗어나길 바란다. 그렇기 때문에 한 번 절교했던 친구와 화해를 하게 되면 그것이 약점이 된다. 친구는 기회가 있을 때마다 다시 절교의 원인이 되었던 그 행동을, 더욱 대담하게 그리고 자신이라는 인간이 상대에게 없어서는 안 될 인간이라는 사실을 마음속으로 가만히 의식하면서 되풀이할 것이다. 그 때에 이르러야 이 약점에 대한 보상을 하게 되는 것이다. 해고했던 하인을 다시 고용하는 경우도 마찬가지다.

이것과 마찬가지 이유로 어떤 사람이 전과 다른 상황에 있어도 전과 같은 행동을 취할 것이라고 기대하기란 어려운 일이다. 오히려 인간은 자신의 이해관계가 변하면 사상과 태도 그리고 행동도 그에 따라서 급속하게 바뀌어간다. 뿐만 아니라 인간의 의식적, 계획적인 면에 있어서 발행되는 어음은 기간이 극히 짧기 때문에 이 어음의 거절 증서 작성을 의뢰하지 않기 위해서는, 더욱 단기 거래의 자세를 취해야만 한다.

따라서 어떤 인간을 어떤 환경으로 옮겨야겠다고 생각한 경우, 그 인간이 그 환경에 처했을 때 어떤 행동을 취할 것인가를 알고 싶다면 이 점에 있어서는 그의 약속이나 보장의 말을 믿어서는 안 된다. 그 사람이 성심성의껏 한 것이라 할지라도, 그의 말이 가진 문제점은 그 자신과 관계가 없는 것이기 때문이다. 따라서 오직 그가 있어야 할 상황, 그 상황과 그의 성격과의 심한 갈등을 생각하여 그 행동을 예측하지 않으면 안 된다.

하지만 대부분의 인간의 있는 그대로의 참된 모습, 오히려 크게 슬퍼해야 할 진상에 대해서 없어서는 안 될 확실하고 철저한 이해를 얻기 위해서는 문학에 나타난 인간의 행동을 실생활에 있어서의 인간의 행동에 대한 주석으로 이용하고, 또한 반대로 후자를 전자의 주석으로 이용한다면 매우 유익할 것이다. 이렇게 하면 자신에 대해서도 타인에 대해서도 잘못된 생각을 하지 않게 되는데 커다란 도움이 된다. 하지만 실생활이나 문학 속에서 특별히 저열한 성질이나 우둔한 성질과 만나게 되었을 때, 이것을 결코 불쾌함이나 분노의 재료로 삼아서는 안 되며 단순히 인식의 재료로 삼아 인류 성격학에 대한 새로운 기여라고 보고 그런 의미에서 잘 기억해두어야 할 것이다. 그렇게 하면 대부분의 경우에 있어서 광물학자가 자신의 눈에 띈 매우 특징적인 광물 표본을 볼 때와 같은 눈으로 보게 될 것이다. 하지만 언제나 예외는 있다. 터무니없을 정도로 위대한 예외가 있다. 개성의 차이에는 놀랄만한 것이 있다. 그럼에도 불구하고 전체적으로는 상술한 것처럼 세상은 참으로 두려운 상태에 빠져 있다. 야만스러운 자들은 서로를 먹으며, 조용한 자들은 서로를 속인다. 이것을 이 세상의 움직임이라고 이름 붙였다. 대외적이나 대내적으로 방대하고 인위적인 기구와 권력 수단을 옹호하고 있는 국가란, 끝없이 자행되는 인간의 부정에 제한을 가하기 위한 예방 수단이 아니고 그 무엇이겠는가? 역사를 살펴보면, 세상의 모든 임금들은 지위를 확립하고 조금이라도 국가가 번영하게 되면 곧 이 번영을 이용하여 강도단과도 같은 군대를 이끌고 이웃 나라를 덮치지 않았는가? 거의 모든 전쟁이 결국은 강도 행위가 아니었는가? 먼 고대는 말할 것도 없고 부분적으로는 중세에 있어서도 패배자는 승자를 위해서 일을 했다. 그런데 전쟁 과세를 내는 자도 역시 승자를 위해서 일을 하게 된다. 즉 과거의 노동으로 얻은 수익을 바쳐야 하는 것이다. '모든 전쟁은 말하자면 강도 행위다' 라고 볼테르는 말했다. 독일 사람들은 귀를 기울여 잘 들어두기 바란다.

(쇼펜하우어, 「인생론」)

----

1. 글쓴이가 주고자 하는 교훈에 해당하는 것이라 할 수 없는 것은?

1) 사람의 겉만 보고 판단하면 오류에 빠진다.

2) 누군가를 도우려면 그의 성격을 고쳐 줘야 한다.

3) 인간에게 신뢰를 기대하는 것은 어리석다.

4) 누군가를 알려면 그의 일상에 관심을 가져야 한다.

5) 누군가를 제대로 알려면 냉정함을 잃지 말아야 한다.

분석적 이해를 묻는 전형적인 문제이다. 글 전체의 요지와 글의 흐름을 정확히 이해해야 수월하게 풀 수 있다.

글쓴이의 인간관은 매우 부정적이다. 인간을 하찮고 비참한 존재로 보고 있기에, 그들의 말고 행동을 믿거나 일관성일 믿거나 하는 것은 잘못된 것이라 보고 있다. 그리고 인간의 행동을 결정하는 것은 근본적으로 각 개인이 가지고 있는 본래적인 성격이라고 말하고 있다.

2)는 글쓴이의 생각과 전면 배치된다. 글쓴이는 여섯 번째 단락에서 개인의 성격은 고쳐질 수 없는 것이라 말하고 있다.

정답 2)

2. 세 번째 단락을 여섯 개로 나누고자 할 때 가장 적합하지 않은 곳은?

1) ❶　　　　2) ❷

3) ❸　　　　4) ❹

5) ❺

분석적 이해와 비판적 이해를 동시에 묻는 문제이다. 세 번째 단락은 크게 보면 하나의 생각으로 묶일 수 있다. 곧 사람의 말과 행동, 요컨대 겉모습만 보고 사람을 평가하면 반드시 피해를 본다는 것이 이 단락의 중심 생각이라 할 수 있다.

그러나 너무 많은 내용을 담고 있기에 세분화하는 것도 가능하다. 이 단락을 세분화해보면, 인간에 대한 이해가 있어도 세상 사람들의 실제 행동을 보면 알고 있는 것과 달라 당황하게 된다고 말하면서, 그 경우를 세 가지로 정리하고 있다. 첫째는 하찮은 문사와 대자연의 조화를 구별하지 못함으로써 생기는 경우, 둘째는 반쪽밖에 보이지 않는 사람들의 교제, 세 번째는 가면의 존재이다. 그리고 마지막으로 사람을 잘못 파악하게 됐을 때 나타나는 결과를 제시하고 있다. 따라서 네 단락으로 나눌 수 있지만, 첫째의 경우는 하찮은 문사와 대자연의 조화를 나눌 수 있다.

두 번째 단락은 하찮은 문사의 경우에, 세 번째 단락은 대자연의 조화 혹은 원리에, 네 번째 단락은 반쪽밖에 보이지 않는 사람들의 교제에, 다섯 번째 단락은 가면의 경우에, 여섯 번째 단락은 사람을 잘못 파악하게 됐을 때 나타나는 결과에 해당한다. ❷, ❸, ❹, ❺는 제대로 구분이 되었지만, ❶은 다르다. 이 단락이 초반부이자 바로 앞의 문장인 "이상한 기분에 빠지는 경우가 있다."로 한 단락을 마무리하는 것이 좋다. 따라서 "하지만 이러한 사실에 현혹되어서는 안 된다"는 문장 앞에 ❶이 놓이는 것이 적절하다.

정답 1)

3. 이 글의 주제라고 하기에 가장 적절한 것은?

1) 인간의 이중성

2) 인간에 대한 심오한 이해

3) 인간의 이기심

4) 인간에 대한 이해

5) 인간의 선천성

분석적 이해에 해당하는 문제이다.

글이 다소 산만한지라 주제 파악이 그리 쉽지는 않다. 더욱이 수필 형태의 글이라 엄격한 논증과 논리 구조를 갖고 있지 않다. 그러나 대개의 글은 첫 단락에서 주제를 제시하거나 암시하기 마련이다. 첫 단락을 주의해서 읽으면 주제를 찾기란 어렵지 않다. 이 글의 주제는 첫 문장에서 제시되고 있다. 인간에 대한 이해와 처세술이 그것이다. 물론 그렇다고 해서 엄격하게 이 주제를 다루고 있거나 이에 대한 글쓴이의 주장이 명료하게 드러나 있지는 않다. 그러나 이 글에서 주로 다루는 것이 인간에 대한 이해와 처세술임은 분명하다.

정답 4)

4. 이 글 전체를 관통하는 글쓴이의 핵심 주장이라고 할 수 있는 것은?

1) 인간은 하찮고 비참한 존재이기에, 제대로 알려면 그에 대한 지식을 확충해나가야 한다.

2) 인간은 이중적이고 가면적인 존재이기에, 겉모습만을 믿어서는 안 된다.

3) 인간은 이기적인 존재이기에 누군가의 말을 그대로 믿어서는 안 된다.

4) 자연을 이해해야 인간을 이해할 수 있다.

5) 자유의지만이 인간에 대한 참된 인식의 통로이다.

분석적 이해와 비판적 이해에 해당하는 문제이다.

특히 이 글은 주제와 글쓴이의 주장을 논리적으로 파악하기 어려운 글이다. 그러나 첫 단락에서 밝힌 것처럼 이 글의 주제는 인간에 대한 이해와 처세술에 관련되어 있다. 이에 대한 글쓴이의 주장은 다소 산만하거나 복잡하다. 그러나 전체적으로 보면 이 글의 핵심 주제는 처세술이 아니라, 인간에 대한 이해와 관련되어 있다. 따라서 인간에 대한 정의와 이해 방법을 닮고 있는 진술을 찾으면, 그것이 글쓴이의 주장이 될 가능성이 매우 높다.

1)이 그렇다. 1)은 두 번째 단락에서 명시적으로 드러난 글쓴이의 견해로서, 이 글의 주제에 대한 글쓴이의 생각을 담고 있는 주제문이라 할 만하다.

2), 3), 4)는 지엽적인 내용이다. 글쓴이의 주요 생각이긴 하지만, 글 전체를 아우르는 핵심 주장이라 부를 수는 없다.

5)는 글쓴이의 입장에 전면 위배된다. 여섯 번째 단락을 주의해서 읽어보면, 글쓴이의 생각과 전혀 다른 진술임을 알 수 있다.

정답 1)

5. 가)의 의미에 가장 잘 부합하는 진술은?

1) 인간의 행동은 필연적으로 그의 자유의지에 의해 결정된다.

2) 이해관계에 기초한 말과 행동은 자연스럽고 그것을 따르는 말과 행동은 필연적이다.

3) 위대한 작가는 인물의 성격에 따라 그의 사상과 행동을 묘사한다.

4) 가면을 벗어버릴 때 가장 자연스런 인물이 나온다.

5) 말과 행동이 자연스러우려면 상황에 부합해야 한다.

해제

비판적 이해와 추론적 이해를 동시에 묻는 문제이다. 이 문제를 해결하려면 이 글 전체의 맥락 속에서 가)를 이해해야만 한다. 가)에서 가장 핵심적인 것은 바로 '내면적인 원리'이다. 이 말만 봐서는 정확히 그 뜻을 헤아리기 어렵다. 따라서 전후 맥락에 대한 이해가 선행되어야 한다.

가)에서 말하는 내면적 원리는 대자연의 작품과 동일한 지위를 갖는다. 대자연의 작품은 인위적으로 혹은 어색하게 인물의 말과 행동을 서술하지 않는다. 따라서 직접적으로 봐도, 대자연의 작품이란 위대한 작가들에게서나 보일 수 있는 면모라 할 수 있다. 그런데 문제는 가)를 포함하고 있는 단락 어디에서도 '내면적 원리'의 의미가 분명하게 드러나지 않는다는 점이다. 이것의 의미를 정확히 이해하려면 여섯 번째 단락의 중반부 이하에 주목해야 한다. 여기서는 내면적 원리를 개인이 가지고 있는 근본적 본성 혹은 성격으로 말하며, 이는 수정될 수 없다고 말한다. 나아가 인간의 모든 말과 행동은 결국 이것에 의해 좌우될 수밖에 없다고 지적한다.

1)은 글쓴이의 생각에 전면 위배된다.

2)의 경우는 다소 헷갈릴 수 있지만, 일면적으로만 맞는다. 모든 인간이 이해관계에 따라 좌우되지는 않기 때문이다. 본성상 혹은 성격상 이해관계에 좌우되는 사람보다는 훨씬 적겠지만, 없다

정답 3)

6. 나)의 「의지 자유에 관한 자신의 수상 논문」의 핵심 주장이었으리라 추정하기에 가장 적절한 것은?

   1) 의지 자유가 있다고 해서 인간이 진정 자유로운 것은 아니다.

   2) 의지 자유는 인간의 희망일 뿐인 헛된 망상이다.

   3) 의지 자유란 자극에 대한 단순한 반응일 뿐이다.

   4) 의지 자유란 신의 섭리에 다른 표현이다.

   5) 의지 자유는 인간의 진정한 본질이다.

해제

문학/어학

속담은 몇 가지 기준에 의해 분류할 수 있는데, 하나의 메시지를 전달하기 위해 하나의 형식만이 사용된 경우와, 그렇지 않고 다양한 형식이 동원된 경우로 나누어 전자를 '단일형식 속담'으로, 후자를 '다중형식 속담'으로 분류하고자 한다.

1) 속담의 종류

가. 단일형식 속담 : 하나의 의미를 하나의 형식으로 표현한 속담

나. 다중형식 속담 : 하나의 의미를 둘 이상의 형식으로 표현한 속담

단일형식 속담은 예컨대, (ㄱ) '가난도 비단 가난' 과 같이 하나의 의미를 하나의 속담 형식이 전담하는 경우이다. 반면, 다중형식 속담은 가령 다음과 같이 하나의 의미에 다양한 속담 형식들이 대응하는 경우를 말한다.

2) 의 미

제 격에 맞지 않음

3) 형 식

가게 기둥에 입춘, 개 발에 놋 대갈, 개 발에 주석 편자, 거적문에 과 돌쩌귀, 거적문에 돌쩌귀, 돼지우리에 주석 자물쇠, 방립에 쇄자질, 사모에 갓끈이다. 사모에 영자, 삿갓에 쇄자질, 석새 짚신에 구슬 감기, 조리에 옻칠한다. 짚신에 국화 그리기, 짚신에 정분 칠하기, 초헌에 채찍질, 홑중의에 겹말

(3)의 여러 속담 형식들은 공히 (2)의 의미를 지향한다는 점에서 동일 속담의 '변이형식' 이라고

부를 수 있다. 즉, (2)의 의미를 가진 것을 '속담 A'라고 부를 때 (3)의 개별 형식들은 공히 '속담 A'를 구성하는 변이형식들이다.

이때 주의할 것은, (3)의 형식들을 동일 속담의 변이형식으로 간주하기 위해서는 개별 속담 형식들이 가지는 글자 그대로의 의미에 매달릴 것이 아니라 그 궁극적인 의미가 무엇인지를 파악해야 한다는 점이다. 개별 형식들이 가지는 글자 그대로의 의미는 세세하게는 다를 수 있으나 그것들이 궁극적으로 의미하고자 하는 바는 어느 선에서는 동일하기 때문이다. 이러한 관계에 놓인 속담 형식들을 '환언관계'에 있다고 정의하고자 한다.

4) 환언관계

구체적인 개별 의미나 형식은 다를지라도 궁극적으로 전달하고자 하는 바가 같은 두 개 이상의 언어 단위 간의 관계

환언관계는 일반적인 문장에서도 적지 않게 발견하게 되는데, 그 전형적인 경우들을 간략히 들어 보면 다음과 같다.

5) 환언관계의 전형적인 사례1 : 능동문-피동문

가. 능동문 : 경찰이 도둑을 잡았다.

나. 피동문 : 도둑이 경찰에게 잡혔다.

6) 환언관계의 전형적인 사례2 : 직접사동-간접 사동

가. 직접사동 : 엄마가 아이에게 우유를 먹였다.

나. 간접사동 : 엄마가 아이에게 우유를 먹게 하였다.

7) 환언관계의 전형적인 사례3 : 단형부정-장형 부정

가. 단형부정 : 아이가 유유를 안 먹었다.

나. 장형부정 : 아이가 우유를 먹지 않았다.

8) 환언관계의 전형적인 사례4 : 어휘 선택과 선택 제약

가. 주다 : 철수가 영희에게 책을 주었다.

나. 받다 : 영희가 철수에게서 책을 받았다.

엄격히 말해 (5)~(8) 각각의 가)와 나)는 그 의미가 완전히 동일하지는 않을 것이다. 그러나 그 궁극적인 의미를 고려한다면 공히 동일한 의미를 전달하기 위해 바꾸어 쓸 수 있는 관계, 즉 환언관계에 놓여 있다고 말할 수 있다. 이러한 관계 설정은 의미의 추상화 혹은 탈색화를 요구한다. 마찬가지의 관점에서 (3나)의 여러 속담 형식들의 의미를 추상화하여 그들이 궁극적으로 (3가)의 의미를 지닌다는 점에서 서로 환언관계에 있는 속담 형식들이라고 간주한다.

(중략)

이제 다음과 같이 정의하기로 한다.

11) 가. 축소 : 필수 성분의 생략

   나. 확장 : 수의 성분의 첨가

   다. 교체 : (필수 성분과 수의 성분 모두에서) 대등한 기능의 다른 성분들로 바뀜

   라. 전위 : 성분의 도치

우선 (11가)는 문장의 필수 성분이 생략되어 동사구가 간결해지는 절차 따위를 말한다. 생성문법의 기본 시각에 따라 절이나 문장 또한 일종의 구(IP)로 간주하며, *Grimshaw*(1991)의 제안에 따라 *IP*를 *VP*의 확대 투사로 보아 사실상 절이나 문장을 VP로 기술한다. 따라서 가령 주어가 생략되는 현상은 동사구 축소로 기술한다. 한편, (11나)는 명사구가 확장되거나 동사구에 수의 성분(부가어)이 추가되는 것을 말한다. 명사구 확장은 임홍빈(1987)에 따라 명사 핵을 수식하는 내적확장과, 조사가 결합하는 외적확장으로 구별한다. 동사구 확장에는 부사의 수식뿐만 아니라 종속절의 부가도 고려된다. (11다)는 어떠한 성분을 그와 대등한 다른 것으로 대체하는 것을 말한다. 예컨대, '개발에 놋대갈'과 '개 발에 주석 편자'는 다른 것은 모두 같고 '놋 대갈'과 '주석 편자'가 교체 관계를 보인다. 마지막으로 (11라)는 어순 재배치와 같은 것으로서 '가난 구제는 나라도 못 한다'에서처럼 성분 이동에 따른 어순 변화를 가리킨다.

(김의수, 「환언관계 속담들의 통사구조 비교」)

----

1. 밑줄 친 (ㄱ)의 의미를 가장 적절히 설명하고 있는 것은?

  1) 가난이 가난을 불러 더욱 가난해짐.

  2) 부자였던 사람이 비단을 이제 가질 수 없어서 애가 타는 가난.

  3) 가난은 가난일 뿐 굶어 죽지는 않는다는 말.

4) 아무리 가난하여도 몸을 함부로 가지지 않고 본래부터 내려오던 점잖은 가계를 더럽히지 않는
   다는 뜻임.

5) 비단을 창고에 가득 쌓아두고서도 자린고비처럼 먹지 못하고 사는 사람을 헐뜯는 말임.

분석적 이해 및 추론적 이해를 동시에 측정하고자 하는 문제로, 어휘의 연결 관계를 살펴야 하며 문장의 핵심어를 추출할 수 있어야 한다. 이러한 과정을 거친 다음, 속담의 너머에 존재하는 심층적인 의미를 읽을 수 있어야 한다.

(ㄱ)의 '가난도 비단 가난'의 핵심어는 '비단'이다. 비단이 가난을 꾸미면서 의미를 심층적으로 이끌어 가고 있다. '비단'이 가치 있고 고결하다는 이미지를 상기하면서 문제의 해결책을 찾으려고 해야 한다. 따라서 이 말은 가난하면서도 가치 있고 고결한 것, 즉 비단을 잃지 않는다고 해석해야 한다. 그리고 여기서 비단은 체통의 의미에 해당한다고 보는 것이 적절하다.

정답 : 4)

2. '속담A'의 변이형식들로 보기 어려운 것은?

1) 거적문에 돌쩌귀.

2) 방립에 쇄자질.

3) 홑중의에 겹말.

4) 고양이 목에 방울 달기

5) 돼지우리에 주석 자물쇠

분석적 이해 및 추론적 이해를 바탕으로 창의적 이해를 측정하는 문제이다. '속담A'의 의미와 속담A'의 변이형식들이 무엇인지 본문을 통해 먼저 확인할 수 있다.

특히 '속담A'의 구성 요소가 (3)의 개별 형식들이란 사실을 추출할 수 있다.

2)의 방립은 가느다란 대오리를 엮어 겉을 삼고 왕골로 속을 만든 삿갓형 모자, 쇄자질이란 갓이나 탕건의 먼지를 터는 솔질, 따라서 제격에 어울리지 않는다는 뜻.

3)의 '홑중의'는 남자의 여름 홑바지를 일컫는 말이다. '홑'이란 짝을 못 이루거나 겹이 아닌 것을 말한다. 또한 '겹말'이라 함은 같은 뜻의 말이 겹치는 것으로 '양옥집', '처갓집', '고목' 따위 그 뜻이 겹치는 것을 일컬음. 따라서 격에 어울리지 않는다는 의미가 들어 있다.

정답 : 4)

3. (5)~(8)처럼 환언관계로 전환하기 어려운 것은?

1) 가 : 선생이 제자를 때렸다.

　나 : 제자가 선생한테 맞았다.

2) 가 : 개가 밥을 먹지 않았다.

　나 : 개가 밥을 안 먹었다.

3) 가 : 군중들이 광장을 점령해버렸다.

　나 : 군중들이 광장에 가득차버렸다.

4) 가 : 갑돌이는 갑순이에게 사랑을 주었다.

　나 : 갑순이가 갑돌이에게 사랑을 받았다.

5) 가 : 도둑이 경찰한테 총을 맞았다.

　나 : 경찰이 도둑한테 총을 쏘았다.

정답 : 3)

4. 위의 글 (11)의 정의에 입각하여 다중형식 속담을 분석할 때 그 분석이 틀린 것은?

   1) 거적문에 돌쩌귀 – 축소 현상을 보인다.

   2) 가게 기둥에 입춘 – 외적확장이 드러나 있다.

   3) 조리에 옻칠한다 – 내적확장은 없고 외적확장이 보인다.

   4) 사모에 갓끈이다 – 내적확장도 없고 외적확장도 없다.

   5) 방립에 쇄자질 – 축소 현상은 있고 내적확장은 없다.

분석적 이해 및 추론적 이해를 통해 생각의 폭을 확장하는 창의적 이해를 측정하고자 하는 문제이다. 이 문제를 풀기 위해 무엇보다 글 (II)에 대한 이해가 필수적이다.

1)의 경우, 주어가 생략되어 있으므로 (II가)의 축소에 해당한다.

2)의 경우, 주어도 생략되어 있고, 조사가 결합되어 있으므로 외적확장이 드러나 있다.

3)의 경우, 내적확장이란 본문에서 보듯 명사핵을 수식하는 경우이다. 따라서 내적확장은 없고, (조리에)에서 보듯 조사가 결합되어 있으므로 외적확장은 보인다.

4)의 경우, 내적확장은 없지만, 외적확장은 있다(사모에).

5)의 경우, 주어가 생략되어 있으므로 축소 현상은 있지만, 명사핵을 꾸미는 어휘는 없으므로 내적확장 역시 없다.

정답 : 4)

5. 글쓴이가 동의하기에 가장 적절치 못한 것은?

   1) 속담의 실제적인 쓰임은 어느 정도 형식의 변이가 있다.

   2) 속담은 비록 어휘는 달라도 같은 의미를 지닐 수 있다.

   3) 환언관계는 궁극적인 의미를 고려한다면 별로 의미가 없다.

   4) 다중형식 속담들을 통해 그 형식들 간에 어떤 절차가 존재하는지 파악하는 의미 있는 작업이다.

   5) 사고의 언어화 과정에서 동일한 메시지를 전달하는 데 사용되는 구조들의 상관성을 밝히는 것은 의미가 있다.

비판적 이해를 측정하는 문제이다. 분석적 이해와 추론적 이해를 통해서 비판의 여지를 탐색하고, 글쓴이의 관점이나 태도 등을 파악하는 문제이다. 이런 유형의 문제는 글의 내용으로부터 객관적인 시각에서 판단하고 평가해야 한다.

1)은 본문에서 환언관계를 통해 알 수 있다.

2)역시 다중형식 속담이 있음을 통해 확인된다.

3)은 적절치 않다. 하나의 의미 내용을 그 핵심적인 내용에 손상을 크게 입히지 않으면서도 다채롭고 지루하지 않게 표현한다는 데 그 의미가 있다.

4)의 경우, 우리는 속담이라는 특정 영역에 존재하는 특정한 문법 형식의 한 면을 살펴볼 수가 있다.

5)는 글쓴이가 추구하고 있는 생각으로, 자신의 생각을 효과적으로 전달하기 위해 의미 있으며, 의사소통의 다양한 통로가 될 수 있다.

정답 : 3)

MEMO

MEMO

3. High Class

심리학

우리는 타부의 본질을 악령들에 대한 불안에서 찾을 수 있다는 분트의 견해에 동의해야 할 듯 싶다. 한 가족의 소중한 일원이었던 사람이 죽는 순간에 유가족들에게 오직 해만 끼치게 될 악령이 되며, 유가족들은 갖은 수단을 동원하여 이 악령의 행패를 막으려 한다는 이 이론의 전제는 너무나 유별나서, 사람들은 우선 믿을 수가 없다고 할 것이다. 오로지 이에 관하여 권위 있는 저자들의 거의 대부분이 미개인들에게 이 이론을 적용시킨다. 내가 보기에 타부를 다룸에 있어 너무나 적은 주의를 기울이는 웨스트마르크는 "나의 사실 자료에 따르면 죽은 사람은 친구로서보다 적으로서 여겨진다는 결론을 내릴 수밖에 없다. 죽은 사람의 악의는 적에게만 향하는 것이 하나의 규칙이고, 죽은 사람의 후손과 친척들의 생명과 형편에 대해서는 아버지처럼 염려한다고 사람들이 믿었다는 주장은 틀리다."고 말한다.

클라인파울은 그의 책에서 문명 민족들에게서 발견되는 고대 영혼 신앙의 유물을 살아 있는 사람들과 죽은 사람들 사이의 관계를 묘사하는 데 사용하였다. 그에 따르면 죽은 사람들이 살아 있는 사람들을 죽이고자 하는 데서 그 절정을 이룬다. 죽은 사람들이 죽인다. 오늘날 죽음의 형상화로서의 해골은 죽음 자체가 죽은 사람이라는 것을 묘사한다. 살아 있는 사람은 자신과 죽은 사람 사이를 물로 떼어놓기 전까지는 죽은 사람의 추적으로부터 안전하다고 느낄 수 없다. 이승과 저승이라는 표현은 여기에서 나온 것이다. 죽은 사람의 악의는 나중에 순화되어 한을 품을 만한 특별한 이유가 인정되는 범주에 제한하여 적용되었다. 예를 들면 살인을 당한 사람이 악령이 되어 그 살인자를 추적한다든지 신랑의 죽음과 같은 채워질 수 없는 갈망의 대상이 되었던 사람이 죽는 경우이다. 하지만 원래는 죽은 사람들은 모두 흡혈귀였고 살아 있는 사람들에 대해 한을 품고 있었으며, 그들의 생명을 빼앗으려 했다고 클라인파울은 생각한다. 악한 영의 개념을 처음으로 제공한 것은 시체였다.

가장 사랑하던 사람이 죽음과 함께 악령으로 변한다는 가정이 또 다른 물음을 불러일으키는 것은 당연하다. 무엇이 미개인들로 하여금 그들이 귀히 여기던 사람이 죽었을 때 그 죽은 사람에게 이러한 의미 변화가 일어난다고 여기게끔 하였는가? 웨스트마르크는 이 물음에 쉽게 대답할 수 있다고 생각한다. "죽음은 대체로 인간에게 닥칠 수 있는 최악의 불행으로 여겨지기 때문에, 사람들은 죽은 사람들이 그들의 운명에 대해 아주 불만스러워 한다고 믿는다. 자연 민족들의 견해에 따르면, 그것이 폭력의 결과이건 또는 마술의 영향이건 사람은 오직 살해될 뿐이다. 그렇기 때문에 사람들은 죽은 사람의 혼이 복수심에 불타 있고 폭발 일보직전이라고 보았다. 죽은 사람들은 살아 있는 사람들을 부러워하고 예전에 자기와 가까웠던 사람들과 다시 함께 있기를 갈망한다는 것이다. 따라서 죽은 사람들이 살아 있는 사람들과 합치기 위하여 질병을 통하여 그들을 죽이려 하는 것은 이해될 수 있다. 사람들이 혼을 악하다고 여기는 것을 설명할 수 있는 다른 이유는 혼에 대한 본능적 두려움인데, 이 두려움은 또한 죽음에 대한 불안의 결과이다."

노이로제로 인한 정신 장애에 관한 연구는 우리에게 웨스트마르크의 설명을 포함하는 보다 포괄적인 설명을 제시한다. 어떤 여자가 자기 남편을 또는 어떤 딸이 자기 어머니를 죽음으로 인해 잃었을 때, 그 살아남은 자가 자신의 부주의나 태만으로 인해 사랑하는 사람의 죽음에 대한 책임이 있지 않나 하는─우리가 흔히 '강박성 비난'이라고 부르는─ 난처한 고민에 빠지는 것은 드문 일이 아니다. 환자가 살아 있을 때 얼마나 정성스럽게 간호했는가에 대한 어떤 기억도, 부주의나 태만 때문에 죄책감에 빠진다는 주장에 대한 어떠한 사실적 반박도, 죽음을 슬퍼하는 사람의 병리적 표현으로 나타났다가 시간이 흐르면서 천천히 덜어지는 고통을 중지하게끔 할 수 없다. 이런 경우들에 대한 정신분석적 연구는 우리에게 그러한 고통 안에 있는 비밀 태엽을 알려 주었다. 우리는 이 강박성 비난이 어떤 의미에서 정당한 것이고 바로 그렇기 때문에 반박이나 이의에 대해 건재할 수 있다고 생각한다. 죽음을 애도하는 사람이 죽음에 대해 정말로 책임이 있거나 실제로 소홀한 점이 있었던 것은 아니다. 하지만 죽음을 슬퍼하는 사람 안에 다른 하나의 무의식적인 욕망이, 즉 죽음에 대해 불만스러워 했던, 보다 구체적으로는 그럴 수 있는 힘이 있었더라면 죽음을 재촉하고 싶었던 소망이 자리 잡고 있었다. 사랑하던 사람이 죽고 난 뒤에 이 무의식적 소망에 대한 비난이 반작용한다. 이와 같은 부드러운 사랑 뒤의 무의식 속에 감추어져 있는 적대감은 특정 인물에 대한 강렬한 감정 결합 대부분의 경우에 있다. 이것은 인간의 감정이 갖는 이중성의 고전적 경우이며 본보기이다. 이런 이중성은 사람마다 기질에 따라 다소 차이가 있다. 보통의 경우에는 강박성 비난이 발생할 정도로 강하지 않다. 하지만 이중성이 강할 경우에는, 전혀 예상하지 못한 데서, 특히 가장 사랑하던 사람과의 관계에서 명시적으로 드러난다. 우리가 타부 문제를 다루면서 자주 비교의 대상으로 끌어들였던 강박성 노이로제의 성향은 근원적 감정 이중성의 높은 강도를 특별히 잘 보여준다고 생각한다.

이제 우리는 죽은 지 얼마 안 된 사람의 혼에 관한 허황된 악령론 일체와 타부 규정들을 통하여 이것으로부터 자신을 보호해야 할 필요성을 설명할 수 있는 이유를 알게 되었다. 강박성 환자들의 정신 분석 결과에서 나타나는 이중성과 같은 정도로 높은 이중성이 원시인들의 감정 생활에 자리 잡고 있다고 가정하면, 강박성 비난을 통해 증명된, 무의식 안에 잠재하는 적대감에 대한 비슷한 반응이 필연적임이 이해될 수 있을 것이다. 하지만 무의식 안에서 죽음이라는 사람에 대한 만족으로서 느껴지는 적대감은 원시인들에게 있어서 다른 운명을 겪게 되었다. 그들은 적대감을 적대감의 대상, 곧 죽은 사람에게로 미루면서 그 적대감을 해소했다. 우리는 정상 상태에서도 질병 상태에서와 마찬가지로 나타나는 이러한 방어 과정을 투사(*Projection*)라고 부른다. 생존자는 자기가 사랑하던 죽은 사람에 대해 적대감을 전혀 가진 적이 없다고 부인한다. 단지 죽은 사람의 혼이 적대감을 불러일으키고 상을 치르는 동안 그 적대감을 행사하려고 애쓴다는 것이다. 이러한 감정 반응의 처벌적이며 후회적인 성격은 투사를 통한 성공적 방어에도 불구하고, 두려워하고 자포자기하는 데서 드러난다. 여기에서 우리는 다시 한 번 터부가 이중적 감정 태도의 토양에서 자라났음을 발견하게 된다. 죽은 사람에 대한 터부 또한 의식된 고통과 죽음에 대한 무의식적 만족 사이의 대립에 근거를 두고 있다. 망령들이 품는 한의 이러한 출처에 비추어 보았을 때, 가장 가까웠고 가장 사랑했던 사람들이 이것을 가장 두려워한다는 것은 당연하게 이해된다.

여기에서 타부 규정들은 노이로제 증상에서와 마찬가지로 양면성을 띤다. 터부 규정들은 한 편으로 제약으로서의 특징을 통하여 죽음에 대한 애도를 나타내고, 다른 한 편으로 그것들을 통해 감추려고 하는 것, 다시 말해서 죽은 사람에 대한 적대감―이 적대감은 이제 정당방위로서 나타난다―을 분명히 보여준다. 우리는 터부 금지들의 어떤 부분을 유혹에 대한 불안으로서 이해하는 것을 배웠다. 죽은 사람은 무력하고 죽은 사람에 대한 적대감이 충족되려고 자극될 때, 이 유혹에 대하여 금지가 대처할 수밖에 없다.

야만인들은 폭력에 의해 죽은 삶과 자연스럽게 죽은 사람 사이에 아무런 차이도 두지 않는다. 무의식적 사유에 있어서는 자연사로 인해 죽은 사람도 피살된 사람이다. 왜냐하면 악의가 있는 소원들이 그를 죽였기 때문이다. 부모와 형제를 비롯한 소중하게 여겨지는 친척의 죽음에 관한 꿈의 출처와 그 의미에 대해 관심을 가졌던 사람은 누구나 꿈을 꾼 사람에게서, 어린이에게서, 그리고 야만인에게서 죽은 사람의 행태가 완벽하게 일치한다는 점을 확인할 수 있는데, 이 일치는 앞서 말한 감정의 이중성에 근거한다.

우리는 터부의 본질을 악령에 대한 두려움에서 찾을 수 있다는 분트의 견해에 동의할 수 없다고 하면서 동시에 죽은 사람에 대한 터부가 악령이 된 죽은 사람의 영혼에 대한 두려움으로 소급할 수 있다는 그의 설명에 동의하였다. 이것은 하나의 모순인 것처럼 보인다. 하지만 이 모순을 해결하는 것은 어렵지 않다. 우리는 악령들을 가정하기는 하였지만, 최종적인 것으로, 그리고 심리학에 있어서 해결할 수 없는 것으로 간주하지 않았다. 우리는 이 악령들을 죽은 사람에 대한 생존자의 적대감의 투사로서 인식하면서, 악령들의 배후에 이르렀다.

우리는 충분히 뒷받침되고 있는 가정에 따랐을 때, 죽은 사람에 대한 양면적인–애증이 겹치는– 감정들은 사람을 잃은 시점에서, 애도와 만족으로서, 모두 유효함을 보이려 한다. 이 서로 대립하는 감정들 사이에 갈등이 생겨난다. 그런데 적대적 측면은 전부 또는 대부분에 있어서 무의식적이기 때문에, 갈등의 출발은 사랑하는 사람이 병들었을 때 관대하게 대하듯이 의식적으로 한쪽 면을 강하게 하면서 양 측면이 갖는 강도 사이의 차이에 성립할 수 없다. 오히려 그 과정은 정신분석에서 투사라고 불리어 온 특별한 심리 기제를 통하여 이루어진다. 그것에 대하여 알지 못하고 또 알려고도 하지 않는 적대감은 내부 지각으로부터 외부 세계로 투사되는데, 이것은 자기 자신이 아닌 다른 사람에게로 미루어진다. 살아 있는 우리들이 이제 우리가 죽은 사람들로부터 풀려났다고 기뻐하는 것이 아니다. 우리는 죽은 사람에 대하여 슬퍼한다. 그런데 죽은 사람이 이상하게도 악령이 되어 우리에게 불행과 죽음을 가져오려 한다. 살아남은 사람은 이제 악의가 있는 적으로부터 자신을 보호해야 한다. 살아남은 사람들의 내적 부담은 덜어졌지만, 이것은 바깥으로부터의 압박으로 대체된다.

죽은 사람을 악의에 찬 적으로 만드는 이 투사 과정이, 사람들이 기억하고 있고 그 때문에 비난할 수 있는 실제의 적대감과 연관되어 있음을 부인할 수 없다. 즉 강경함, 지배욕, 부당함 등은 가장 사랑하는 사람들 사이의 관계 배후에 있는 것들과 연관되어 있다. 하지만 이 이유가 그 자체만으로서 악령의 투사적 창조를 이해시켜주리라고 단순하게 넘어갈 수 없다. 죽은 사람이 저질렀던 잘못이 살아남은 사람이 갖는 적대감에 대한 동기 유발의 일부를 포함하고 있지만, 만약 살아남은 사람이 스스로 적대감을 불러일으키지 않는다면, 이것만으로는 효과가 없다. 죽음의 순간은 설사 합당한 비난이라고 하더라도 이를 기억나게 하는 계기로서 가장 부적합하다. 우리는 규칙적으로 작용하는 원래의 추진 동기로서의 무의식적 적대감을 피할 수 없다. 가장 가깝고 또 가장 소중하게 여기는 가족에 대한 이 적대적 움직임은 그 대상이 살아 있는 동안 잠재 상태에 머무를 수 있다. 다시 말해서 그 적대감은 어떤 대체 형성을 통하여 직접적으로도 간접적으로도 의식에 드러나지 않을 수 있다. 사랑하면서 동시에 미워한 사람이 죽었을 때 이것은 더 이상 불가능하며 갈등은 첨예화된다. 고조된 애정으로부터 나오는 슬픔은 한 편으로 잠재적 적대감에 대해 더 이상 참을 수 없게 되면서, 다른 한 편으로 잠재적 적대감으로부터 만족감이 생겨나는 것을 허락할 수 없다. 이와 함께 투사 방법을 통하여 무의식적 적대감은 억눌려진다. 이를 억누르기 위해서 악령들에 의한 형벌의 두려움으로 표현되는 의식들이 형성되었다. 시간이 경과하면서 이 갈등도 점차 둔화되어 죽은 사람에 대한 터부도 약화되거나 망각 속으로 사라지게 된다.

(프로이드, 「토템과 금기」)

1. 글쓴이의 서술 방식이라고 볼 수 없는 것은?

  1) 구체적 사례를 활용하여 설득력을 높이고 있다.

  2) 타인의 입장을 온전히 비판하고 있다.

  3) 자신의 주장을 엄밀하게 논증하고 있다.

  4) 자신만의 독특한 접근법으로 논의를 마무리하고 있다.

  5) 자기의 주장을 정당화하기 위한 통로로서 타인의 주장을 인용하고 있다.

해제

이 문제는 글쓴이의 서술 방식을 정확하게 이해하고 있는가를 묻고 있다. 따라서 분석적 이해를 테스트하고 있다. 이를 해결하려면 글의 흐름을 형식적 측면에서 정확히 이해해야 한다.

우선 이 글은 다양한 민족, 풍습, 정신분석 등의 사례를 끌어들이고 있다. 따라서 1)은 아니다.

2)도 아니다. 글쓴이는 분트의 입장을 수용하고 있는 듯하면서도 나중에는 반박하고 있기 때문이다. 웨스트마르크의 주장도 충분치 않다는 점을 지적하고 있다.

4) 역시 아니다. 글쓴이는 다른 저자들을 인용하면서도 문제를 해결하기 위한 방법은 정신분석 연구임을 밝히고 있다. 이는 네 번째 단락 이후부터 잘 드러나고 있다.

또한 다른 저자들을 인용하면서 그들을 통해 자신의 주장을 정당화하기보다는 그들 주장을 보완하거나 약점을 지적하면서 자신의 주장을 펼치고 있다. 따라서 5) 역시 아니다.

그러나 3)의 경우는 다르다. 글쓴이는 다양한 풍습과 다양한 사람 그리고 정신분석학적 용어를 인용하면서 설명하고 해석할 뿐, 자신의 주장을 논증하고 있지는 않다. 논증이 성립하려면 전제나 원칙을 끌어들여 자기 주장의 정당성을 도출해내야 한다. 글쓴이는 타인의 주장을 보완하거나 약점만을 지적하면서 주장을 펼칠 뿐이다. 아니면 누구라도 인정할 수 있는 명백한 사실을 끌어들여 자기 주장의 정당성을 입증해야 하지만, 이 글에는 그런 부분이 없다.

정답 3)

2. 글쓴이의 주장이라 볼 수 없는 것은 ?

1) 원시인들의 터부의 본질은 악령에 대한 두려움이 아니라, 죽은 사람을 대하는 산 사람의 내부 문제이다.

2) 죽은 사람과 생전에 맺었던 적대 관계가 죽은 사람을 악의에 찬 악령으로 만드는 것은 아니다.

3) 죽음은 최악의 불행이라 죽은 사람의 혼이 산 사람을 괴롭히는 것 때문에, 산 사람이 죽은 사람을 무서워하는 것이다.

4) 누군가의 죽음에 대해 정말로 책임이 있거나 실제로 소홀하지 않았음에도, 산 사람이 죄책감에 빠지는 이유는 강박성 비난 때문이다.

5) 일종의 강박성 비난으로부터 자신을 보호하기 위한 투사가 죽은 사람을 악의에 찬 악령으로 만든다.

해제

이 문제 역시 분석적 이해에 해당한다. 이 문제를 해결하려면 난해한 지문을 정확히 이해해야만 한다. 꼼꼼한 독해가 필요하며 단락 간의 연관성에 주목해야 한다.

우선 1)은 아니다. 터부의 본질을 악령에 대한 두려움으로 보는 것은 글쓴이의 생각이 아니라 분트의 견해이다. 첫 단락을 보면 알 수 있다.

2)도 아니다. 죽은 사람과 생전에 맺었던 적대 관계 때문에, 산 사람이 죽은 사람을 악의에 찬 악령으로 만드는 것이 아니라는 주장은 맨 마지막 단락에 나와 있다. 꼼꼼하게 읽어보면, 글쓴이는 이런 입장을 반박하고 있음을 알 수 있다.

3)은 문제가 있다. 이 견해는 글쓴이의 생각이 아니라, 글쓴이가 비판하는 웨스트마르크의 입장이다. 세 번째 단락을 보면 알 수 있다.

4) 역시 다소 난해하지만, 정답은 아니다. 강박성 비난은 죽은 사람에 대한 자책감에 기인한다. 그러나 실제로 죽은 사람에 대해 책임이 있거나 그를 소홀히 대했기 때문에 강박성 비난에 빠지는 것은 아니다. 다만 그렇게 여겨 자신을 비난할 뿐이다. 네 번째 단락을 꼼꼼히 읽으면 분명하게 드러난다.

5)도 아니다. 다소 어려운 말이지만, 네 번째 단락과 다섯 번째 단락을 보면 글쓴이의 주장임이 명백하게 드러난다. 글쓴이에 따르면 투사는 일종의 강박성 비난에 기인하는 자기 보호, 자기 방어 행위이다. 자기가 소중히 여겼던 사람에 대한 적대감을 가진다면 이는 결국 자기 비난을 초래하게 된다. 그 자신이 받아들일 수 없는 욕망이기 때문이다. 산 사람은 이를 벗어나 스스로를 보호하거나 방어하려는 목적으로, 죽은 사람의 혼이 산 사람에게 적대감을 갖는 것으로 적대감의 주체와 대상을 대체시킨다. 따라서 산 사람은 자신의 적대감을 죽은 사람의 악령의 적대감으로

대체시켜 자기의 잘못, 정확히 말하면 자기 위기를 벗어난다. 이것이 죽은 사람을 터부의 대상으로 설정하게 되는 배경이다.

3. 다음 중에서 글쓴이의 입장에 부합하는 경우라 볼 수 없는 것은 ?

1) 자기를 합리화시키고 방어하려는 태도가 죽은 사람을 위로하는 의식을 낳는다.

2) 죽은 사람의 묘를 잘 쓰지 못하면 그의 혼이 산 사람을 해코지한다.

3) 무의식적 욕망을 인식하지 못하는 한, 자기의 행위를 제대로 이해할 수 없다.

4) 스스로 받아들일 수 없는 욕구를 가진다 해도 인간은 그것을 자기의 욕구로 인정하지 않는다.

5) 죽은 사람의 혼이 산 사람에 대해 적대감을 가질 수는 없다.

해제

추론적 능력을 테스트하는 문제이다. 글쓴이의 주장으로부터 논리적으로 도출될 수 없는 경우가 무엇인지를 묻고 있다는 것에 유념해야 한다. 글쓴이의 주장과 각 항목과의 논리적 연관성을 파악할 수 있어야 한다.

우선 1)은 글쓴이의 주장에 부합한다. 산 사람은 일종의 강박성 비난 때문에 자기를 방어하고 보호하려는 심리를 갖고 있다. 죽은 사람의 혼이 보여주는 적대감을 달래는 것은 결국 산 사람이 자신을 보호하거나 방어하려는 태도로부터 기인한다.

2)의 경우는 부합하지 않는다. 죽은 사람의 힘을 실체화시켰기 때문이다. 글쓴이는 정신분석학적 측면에서 터부의 문제를 다루고 있다. 따라서 죽은 사람의 혼의 문제는 결국 산 사람의 문제로 귀착된다.

3)의 경우도 글쓴이의 입장으로부터 자연스럽게 나온다. 산 사람은 자신의 무의식적 욕망에 대한 인지 및 그것을 받아들이지 않으려는 태도 때문에 자신의 적대감을 죽은 사람의 적대감으로 투사한다. 죽은 사람의 혼을 두려워하는 것은 결국 자기 자신에 대한 불명확한 이해로부터 비롯된 것이다.

4)의 경우도 투사부터 자연스럽게 도출될 수 있다. 투사란 스스로 받아들일 수 없는 자신의 욕구를 타인의 것으로 보면서 스스로는 그런 욕구를 가진 적 없다고 보는 자기 방어 기제이다. 투사 때문에 산 사람은 자신이 죽은 사람에 대해 적대감을 가진 적이 없다고 하면서, 자기를 합리화시키고 방어할 수 있다.

5) 역시 정신분석학적 입장에서는 당연히 받아들일 수 있는 경우이다. 원시인들이 가졌던 죽은

정답 2)

4. 글쓴이의 주장에 동조할 경우, 우리가 가져야 할 태도라고 보기 어려운 것은?

1) 자기 자신을 잘 알고 있다고 함부로 확신해서는 안 된다.

2) 죽은 사람의 힘에 대한 과도한 공포를 가질 필요가 없다.

3) 자기 탓도 할 줄 알아야 한다.

4) 죽은 사람에 대한 터부와 심리학을 탐구하는 것은 별개의 영역이 아니다.

5) 자기 자신을 두려워하지 않을 때 남도 두렵지 않다.

해제

글쓴이의 주장과 논리적으로 연관될 수 없는 경우를 따지는 문제로서, 추론적 이해에 해당한다. 죽은 사람의 터부에 대한 정신분석학적 설명에 일치하지 않는 태도를 찾아야 한다.

우선 1)은 정신분석학적 태도와 연결된다. 우리는 누구나 무의식적 욕망을 갖고 있다. 이를 깨닫지 못하면 원시인들처럼 죽은 사람을 터부의 대상으로 여기게 된다.

2)는 당연하게 도출될 수 있는 태도이다. 정신 분석학에 따르면 죽은 사람의 힘에 대한 공포는 결국 산 사람의 자기 방어 메커니즘 때문에 나타나는 것이다.

3) 역시 당연히 나올 수 있다. 죽은 사람에 대한 타부는 결국 자신의 심리 메커니즘을 이해하지 못했기 때문에 나오는 것이다.

4)도 마찬가지다. 글쓴이에 따르면 원시인들의 터부 문화를 설명하기 위한 가장 적실한 접근법은 정신분석학적 방법이다. 글쓴이의 입장에서 보면 원시인들의 터부 문화를 해석하고 연구하는 일은 결국 인간의 심리를 탐구했을 때나 가능하다.

5)의 경우는 정신분석학적 태도와 별 연관이 없다. 지문에서 글쓴이가 말하는 것은 죽은 사람과 산 사람의 관계에 대해서다. '나'와 '타인'의 관계에 대한 설명을 담고 있지 않다. 따라서 나와 타인이라는 문제 영역으로 곧바로 적용하는 것은 맞지 않다.

정답 5)

5. 글쓴이가 암묵적으로 가정하고 있는 전제로 볼 수 있는 것은?

1) 죽은 사람의 영혼이란 존재하지 않는다.

2) 산 사람들이 자기 방어를 위해 죽은 사람을 터부의 대상으로 삼는다.

3) 모든 사람은 근원적 이중 감정의 지배를 받는다.

4) 죽은 사람들에 대한 원시인들의 심리 상태와 현대인의 그것은 동일하다.

5) 무의식이 의식을 지배한다.

글쓴이의 주장을 뒷받침할 수 있는 가장 적합한 전제를 찾는 문제로서, 추론적 이해와 비판적 이해가 핵심 평가 요소이다.

난해한 지문에서 글쓴이가 암묵적으로 가정하고 있는 전제를 파악하는 것은 쉽지 않다. 글쓴이가 자신의 주장을 정당화하기 위해 끌어들이는 논리가 무엇인지를 파악하는 것이 무엇보다 중요하다. 포괄적으로는 정신분석학적 태도라고 말할 수 있지만, 구체적으로는 강박성 비난 혹은 강박성 노이로제를 원시인들의 심리 상태에 적용했기 때문이다. 다섯 번째 단락에 보면 "강박성 비난을 통해 증명된, 무의식 안에 잠재하는 적대감에 대한 비슷한 반응"이라는 부분이 나온다. 죽은 사람들에 대한 원시인들의 터부 의식은 결국 죽은 자에 대한 적대감을 죽은 자의 적대감으로 전환시키려는 태도에 기인한다. 그리고 이러한 태도는 정신분석학적 방법에 따르면 결국 투사를 통한 자기 보호, 자기 방어 메커니즘으로부터 비롯된 것이다.

1)은 글쓴이의 주장에 별 영향을 미칠 수 없는 내용이다. 글쓴이의 핵심 주장은 '죽은 사람들의 터부는 산 사람들이 투사를 통해 자기를 방어하려는 메커니즘 때문에 나타난다.'이다. 따라서 별 상관이 없는 주장이다.

2)는 글쓴이가 명시적으로 제시하고 있는 결론이다.

3)은 글쓴이의 주장에 강력한 영향을 미치지도 못할 뿐 아니라, 진실도 아니다. 강박성 비난이 모두에게 나타나지 않듯이, 누구나 근원적 이중 감정의 지배를 받는 것은 아니다. '근원적 이중 감정이 존재한다.'와 '근원적 이중 감정에 지배된다.'는 명백히 다르다. 네 번째 단락 후반부에서 강박성 노이로제 형태로 근원적 이중 감정에 의해 지배된다는 내용이 서술되어 있다.

5)는 혼동할 염려가 있다. 이는 정신분석학 혹은 프로이드의 이론에서 핵심적인 명제인 것이 분명하다. 그러나 이 지문 안에는 그것을 기초로 하는 어떤 주장도 없다. 막연히 정신분석학에 대한 지식을 토대로 접근하면 낭패를 보게 된다.

정답 4)

6. 글쓴이의 주장에 대한 가장 효과적인 논박이라 볼 수 있는 것은?

1) 죽은 사람의 혼이 존재하지 않는다는 주장은 단순한 선입견에 불과하다.

2) 죽은 사람이 산 사람에게 보이는 적대감은 실재하는 것이다.

3) 무의식을 통한 설명은 증명될 수 없기에 충분한 설득력을 가질 수 없다.

4) 산 사람을 통해 죽은 사람의 혼을 설명할 수는 없다.

5) 산 사람이 죽은 사람을 무서워하는 것은 그의 생전에 그에게 잘못했기 때문이다.

어떤 주장을 제대로 논박할 수 있는지를 묻고 있다. 따라서 비판적 이해가 주 평가 요소이다.

어떤 주장을 논박하기 위해서는 그 전제 혹은 가정을 문제 삼아야 한다. 글쓴이의 주장을 암묵적인 전제로 볼 수 있는 것은 '현대인의 심리 상태를 죽은 사람들에 대한 원시인들의 심리 상태에 적용할 수 있다'이다. 따라서 이 전제를 문제 삼아야 한다. 그러나 중요한 것은 그 내용이다. 지문에서 현대인의 심리 상태와 관련된 것은 소위 강박성 비난이다. 그리고 강박성 비난에서 글쓴이가 끌어들이는 것은 무의식적 욕망이다. 죽음을 재촉하고 소망했던 무의식적 욕망에 대한 비난이 곧 강박성 비난의 핵심이기 때문이다. 그러나 무의식적 욕망의 존재는 증명하기 어렵다. 이에 기초해 설명을 하게 되면 언제나 반박에 부딪힐 소지를 안고 있다. 이를 문제 삼으면 설득력 있게 논박할 수 있는 가능성이 있다. 나머지는 단순히 글쓴이의 주장을 거부하고 있을 뿐이다. 거부와 논박은 엄연히 다르다. 따라서 이들은 답이 아니다.

정답 3)

사회학

실제로 이상적인 평등에 가까울수록 사회 제도는 덜 필요하게 된다. 그러나 그것도 오직 정도의 문제일 뿐이다. 한 가지 종류의 상속은 언제나 존재한다. 그것은 타고난 재능의 유전이다. 지능, 소질, 과학적·예술적·문학적·산업적 능력과 용기, 그리고 솜씨 등은 마치 재산의 상속자가 자본을 물려받고 귀족이 작위와 직위를 물려받는 것처럼, 출생과 더불어 물려받는 선물이다.

그러므로 자연에 의해서 더 적게 물려받은 사람들이 그들의 불리한 몫을 받아들이게 하기 위해서는 도덕적 훈련이 필요하다. 그러나 모든 사람이 똑같은 몫을 가지게 되고 보다 유용하고 가치 있는 사람들이 더 많이 받지 못하도록 하는 것은 좋은가? 그러한 경우에는 그들이 평범하고 무능한 사람들과 동일한 취급을 받아들이도록 하기 위해서 더욱 강력한 훈육이 필요하게 된다.

그러나 그와 같은 훈육은 사람들이 그것을 정당한 것으로 받아들일 때만 유용하다. 그러한 훈육이 관습과 강제에 의해서만 유지된다면, 평화와 조화는 환상일 뿐이다. 불안과 불만이 잠재할 것이며, 피상적으로 억제된 욕망은 반란을 일으킬 것이다. 이와 같은 현실이 귀족과 평민으로 구성된 옛 조직의 근저에 있는 신념이 흔들렸을 때의 로마와 그리스에서 일어났었으며, 귀족주의적 편견이 과거의 지배적 지위를 상실하기 시작했을 때의 근대사회에 있어서도 일어났었다. 그러나 이러한 봉기의 상태는 예외적인 것이다. 봉기는 사회가 어떤 비상적인 위기를 거쳐 갈 때에만 일어난다. 정상적인 조건에서는 집합적 질서는 대다수의 사람들에 의해서 정당한 것으로 간주된다. 그러므로 질서를 개인에게 부과하기 위해서 권위가 필요하다고 하는 것이, 폭력이 그 유일한 수단임을 의미하지는 않는다. 규제는 개인의 열망을 제약해야 하기 때문에 개인을 지배하는 권위에 의존해야 하지만, 그 권위는 두려움이 아닌 존중을 통해서 인정받아야 한다.

그러므로 인간의 활동이 모든 제약으로부터 자유로울 수 있다는 것은 진실이 아니다. 이 세상에서 그와 같은 특권을 누릴 수 있는 존재는 어디에도 없다. 모든 존재는 우주의 한 부분으로서 다른 나머지의 부분들에 대하여 상대적이며, 따라서 그 성격과 표현의 방법은 자신뿐만 아니라 다른 존재에게도 의존하는 것이므로 제약은 불가피하다. 그러므로 광물과 생각하는 인간과의 차이는 정도와 형태의 차이가 있을 뿐이다. 인간의 특권은 그가 받는 제약이 물리적인 것이 아니라 정신적인 것, 즉 사회적인 것이라는 점이다. 인간은 물질적 환경에 의해서 무자비하게 지배되는 것이 아니라, 자신보다 우세한 또는 우세하다고 자신이 느끼는 의식에 의해서 지배된다. 인간 존재의 보다 위대하고 훌륭한 부분은 육체를 초월할 수 있으므로 그는 육체의 멍에는 벗어날 수 있지만, 그 대신 그는 사회의 멍에는 진다.

그러나 만일 사회가 고통스러운 위기나 유익하되 급격한 전환을 당하게 되면, **가)** 그와 같은 영향력을 행사할 수 있는 능력을 일시적으로 상실한다. 그러한 때에는 앞에서 지적한 바와 같은 갑작스러운 자살곡선의 상승이 일어난다. 경제적 위기의 경우에는 실제로 사회적 분류를 혼란시킴으로써 어떤 개인들은 전보다 낮은 지위로 갑자기 떨어지게 되기도 한다. 그렇게 되면 그들은 필요와 욕구를 감소시키고 제한해야 되며, 더욱 자제를 배우지 않으면 안 된다. 그들에 관한 한 사회적 영향력의 이점은 모두 상실되며, 그들의 도덕적 교육은 다시 시작되어야 한다. 그러나 사회는 그들을 새로운 생활에 즉각적으로 적응케 하고 그들에게 익숙하지 않은 더 많은 자제를 가르칠 수가 없다. 따라서 그들은 자신들에게 강요된 조건에 적응하지 못하게 되며, 그와 같은 결과를 예상하는 것만도 참기 어렵다. 그리하여 그들은 미처 노력해 보기도 전에 자신의 감축된 생존을 버리게 하는 고통을 당하는 것이다.

위기의 원인이 갑작스러운 권력과 부의 성장이라 해도 결과는 마찬가지이다. 생활의 조건이 바뀌게 되고, 욕구를 규제하던 표준도 달라진다. 그 표준은 사회적 부에 따라 다르고, 각 계급의 몫을 결정하기 때문이다. 그런데 그 척도가 뒤바뀌고 새로운 척도는 곧바로 마련되지 않는다. 공적 의식이 인간과 사물을 재분류하는 데는 시간이 소요된다. 규제를 잃은 사회적 세력이 아직 균형을 회복하지 못하였으므로, 그들의 상대적 가치는 불명확하고 일시적으로 모든 규제는 결여된다. 가능한 것과 불가능한 것의 한계가 불명확하고, 정당한 것과 정당하지 못한 것, 합법적인 주장과 부적절한 희망의 한계가 모호해진다. 따라서 열망에의 제약이 없어진다. 만일 그와 같은 장애가 심각한 것이면, 여러 직업 간의 인구 분포까지도 영향을 입게 된다. 또한 사회의 여러 부분들 간의 관계가 불가피하게 수정되므로, 그 관계를 표현하는 관념도 변화되어야 한다. 그러한 위기에 의해서 혜택을 입는 특정 계급의 사람들은 과거의 운명을 더 이상 받아들이려 하지 않으며, 갑작스러운 재산은 온갖 질시의 대상이 된다. 또한 여론에 의해서 통제되지 않는 취향은 방향을 잃게 되고 적절한 한계를 잃게 된다. 뿐만 아니라 그들은 갑자기 늘어난 공적 생활로 인해서 일종의 이상흥분에 사로잡히기도 한다. 그리고 번영할수록 그의 욕망도 증가한다. 전통적인 권위가 그 권위를 잃게 되는 순간에, 보상이 크면 클수록 욕망은 통제되지 못하고 견디기 어렵게 된다. 그러므로 가장 규제가 필요한 상황에서 욕망이 규제를 받지 못하므로 일종의 무규율 상태, 즉 아노미(*Anomie*)가 더욱 고조된다.

그와 같은 상황에서는 그들의 욕구는 결코 충족되어질 수 없다. 넘치는 야욕은 얻어진 결과가 아무리 큰 것이라도, 거기에서 중지하라는 경고가 없기 때문에 언제나 끝이 없다. 그들은 만족을 모르며 선동은 완화됨이 없이 무제한하게 지속된다. 무엇보다도 달성될 수 없는 목표를 위한 경주는, 경주 그 자체 이외에는 아무런 즐거움이 될 수 없으므로 그 하나밖에 없는 즐거움이 장애에 부딪친다면 경주자는 빈손밖에 남는 것이 없게 된다. 그와 동시에 그러한 경주는 통제되지도 않으며 경쟁은 더욱 심하므로, 점점 더 치열해지고 고통스럽게 된다. 그리고 확실한 분류의 기준이 서 있지 않으므로 모든 계급의 성원들 모두가 경주에 나서게 된다. 그리하여 가장 비생산적일 때 노력은 더욱 커진다. 그런 조건에서 삶에의 의욕이 어떻게 약화되지 않을 수 있겠는가?

이와 같은 설명은 빈곤한 국가에서는 자살이 현저하게 적은 사실에 의해서 뒷받침된다. 빈곤은 그 자체가 일종의 규제이므로 자살을 방지한다. 사람이 어떠한 노력을 하더라도, 욕구는 어느 정도 자원에 의해서 결정된다. 그러므로 가진 것이 적을수록, 그는 자기 욕구의 한계를 덜 확장한다. 권력의 결여나 강요된 조절이 그를 그와 같은 한계에 적응시키는 것이다. 그리고 너무 많이 가진 사람이 없을 때에는 질시를 일으키지도 않는다. 그와 반대로 부는 그 부에 힘입어서, 우리가 자신에게만 의존하고 있는 것처럼 착각하게 만든다. 우리는 별로 저항을 받지 않을 때에는 무한한 성공의 가능성을 믿게 된다. 그리고 한계를 덜 느끼는 사람일수록 모든 제한을 더 참아내지 못한다. 그러므로 많은 종교가 빈곤의 장점과 정신적 가치에 근거를 두는 것은 일리가 있는 일이다. 종교는 사실상 자제를 가르치는 최선의 학교이다. 우리로 하여금 끊임없는 자기 훈련을 하게 만들고, 침착하게 집합적인 규율을 받아들이게 한다. 한 편 부는 개인을 치켜 올림으로써 비도덕성의 근원이 되는 반란의 정신을 항상 일으키게 된다. 물론 이것이 '인간이 자신의 물질적 조건을 향상하려 해서는 안 된다' 는 것을 뜻하지는 않는다. **나)** 그러나 번영의 성장에 있어서의 도덕적 위험은 고쳐질 수 없는 것이 아니라는 점을 잊어서는 안 된다.

(뒤르껨 – 『자살론』)

---

1. 글의 성격에 대해 가장 적절하게 설명하고 있는 것은?

    1) 자기 주장의 설득력을 높이기 위해 특정 사건을 분석하고 있다.

    2) 자기 주장이 위협받는 상황을 분석하고 있다.

    3) 자기 주장의 설득력을 높이기 위해 반대 견해를 반박하고 있다.

    4) 사태 추이를 지켜보면서 자신의 주장을 유보하고 있다.

    5) 자신이 제시한 덕목을 준수할 것을 요청하고 있다.

해제

이 문제는 분석적 이해가 평가의 초점이다. 우선 글 전체의 흐름은 훈육의 필요성 – 훈육의 성공 조건 – 훈육의 위협 조건 – 훈육과 물질적 조건의 관계이다. 글쓴이는 훈육의 성공 조건을 두 번째와 세 번째 단락에서 제시한 후, 훈육이 위협받는 상황을 분석하면서 훈육과 물질적 조건의 관계를 간단하게 언급하며 글을 맺고 있다.

이를 염두에 두면 1)은 성립하기 어렵다. 이 글은 분명 글쓴이가 자기 주장을 옹호하기 위해 특정 사건을 분석한다고 볼 수는 없다. 오히려 자기 주장이 위협받는 상황을 분석하고 있다.

2)는 성립할 수 있다. 글쓴이는 자기 주장을 피력하고 그것을 정당화한 후, 자기의 주장이 위협받

는 상황을 제시하고 분석한다. 따라서 글의 흐름과 일맥상통한다.

반대 견해를 반박하는 부분은 없기에 3)은 답이 아니다.

글쓴이는 자기 주장을 명백히 제시하고 있기 때문에, 유보라는 표현은 어울리지 않는다. 4) 역시 답이 아니다.

5)도 마찬가지다. 이 글은 도덕적 훈계를 목적으로 쓰인 글이 아니다. 도덕적 훈계를 담은 글이라면 특정 덕목의 중요성을 언급한 뒤, 그것을 준수할 것을 요구하는 부분을 명시적으로 담고 있어야 한다. 글 어디를 보더라도 그런 부분은 보이지 않는다.

정답 2)

2. 가)에서 말하는 그와 같은 영향력의 일시적 상실의 결과라고 보기 어려운 것은?

　1) 자살율이 높아진다.

　2) 범죄가 늘어난다.

　3) 아노미 상태가 초래된다.

　4) 사회의 권위가 약해진다.

　5) 개인들의 재산이 늘어난다.

해제

분석적 이해와 비판적 이해, 그리고 창의적 이해를 동시에 묻는 문제이다. 글 전체의 요지를 분석하지 못하거나 논증의 구성을 이해하지 못하면 해결하기 어렵다.

가)에서 말하는 그와 같은 영향력의 상실이란 성공적인 훈육의 실패를 의미한다. 요컨대 구성원들에 대한 사회적 규제가 용이하지 않게 됨을 의미한다. 그러나 글쓴이가 말하는 것처럼, 사회적 규제가 용이하려면 구성원들이 이 규제를 정당한 것이라 받아들일 때만 가능하다. 따라서 이 문제는 구성원들의 태도 혹은 행동의 변화가 중요한 요소이다. 그리고 사회적 규제력, 곧 권위의 변화도 동반될 수 있다.

1)에서 말하는 자살율의 상승은 가)의 결과로 나타날 수 있다. 글쓴이가 말하는 자살율의 상승은 두 가지이다. 하나는 경제적 위기에 닥친 사람들이 겪는 것으로, 강요된 조건에 적응하지 못하는 경우이다. 다른 하나는 갑작스런 경제적 번영을 맞이한 사람들이 겪는 것으로서, 전통적 권위가 갑자기 증대된 욕망을 통제하지 못함으로써 나타나는 경우이다. 네 번째와 다섯 번째 단락에 잘 나타나 있다.

2)의 경우도 마찬가지다. 범죄란 욕망을 절제하지 못하거나 욕망을 충족시킬 수 있는 조건이 결여되었을 때, 아니면 사회적 권위가 무너져 사회 질서를 경시했을 때 나타난다. 따라서 이것은

가)의 결과라고 말할 수 있다. 범죄의 증가는 지문에서 명시적으로 나타나지는 않지만, 범죄의 일반적 특성과 글쓴이의 생각을 비교해보면 충분히 나타날 수 있는 결과라 할 수 있다.

3) 역시 가)의 결과로 초래될 수 있다. 이것은 다섯 번째 단락에 명시적으로 나오기 때문에 큰 문제가 될 수 없다. 아노미는 규범의 부재 혹은 지배적 규범의 상실이다. 사회적 권위가 약화되어 영향력이 상실되었을 때 흔히 나타나는 것이 아노미이다.

4) 역시 지문에 명시적으로 드러나지는 않는다. 그러나 영향력의 상실은 곧 권위의 상실이다. 권위가 상실되면 영향력도 상실된다. 따라서 권위의 상실과 영향력은 상실은 동전의 앞뒷면이고, 상호 작용의 관계라 할 수 있다.

5)는 아니다. 개인들의 재산이 급격히 줄거나 늘어났을 때 사회적 규제의 영향력이 축소되는 것이다. 사회적 규제 능력의 상실 때문에 개인들의 재산이 급격히 줄거나 늘어나는 것은 아니다. 따라서 개인들의 재산 변동은 따라서 사회적 규제의 영향력의 감소를 초래하는 원인이라고 볼 수 있을 뿐이다. 그 결과라 말할 수는 없다.

정답 5)

3. 마지막 단락에 이어질 내용으로 가장 적절한 것은?

1) 구성원들이 수용할 수 있는 상황에 맞는 훈육 방법을 개발해야 한다.

2) 구성원들의 물질적 조건을 개선시켜 주어야 한다.

3) 사회적 강자와 약자에 대해 서로 다른 훈육 방법을 적용해야 한다.

4) 자살율을 낮추는 대책이 필요하다.

5) 구성원들에 대한 규제를 철폐해야 한다.

해제

비판적 이해와 추론적 이해를 동시에 평가하고자 하는 문제이다. 이 문제를 해결하려면 글의 흐름을 파악해야 한다. 아울러 앞 단락이 글 전체에서 차지하는 형식적 지위를 파악해야 한다. 따라서 글쓴이의 주장을 중심으로 글의 흐름을 파악하되 앞 단락의 요지도 놓치지 말아야 한다.

이를 고려해 보면 마지막 단락에 이어서 나올 내용은 크게 두 가지 정도로 추릴 수 있다. 우선 단락 후반에 초점을 맞추면, 번영할 때 도덕적 위험을 감소시킬 수 있는 방안을 제시하는 단락이 나올 수 있다. 다음은 글 전체의 흐름에 초점을 맞추면, 훈육을 위협하는 상황에서 훈육을 제대로 하기 위한 방법을 모색하는 단락이 나올 수 있다. 그렇게 되면 마지막 단락 후반부는 단순히 훈육의 가능성 혹은 도덕적 타락의 방지 가능성을 언급하는 정도의 의미만을 가지게 된다.

그러나 사실 알고 보면 두 가지가 서로 다른 것이 아니다. 도덕적 위험을 감소시키는 방안이란 곧 훈육의 가능성을 높이는 방안일 것이기 때문이다. 훈육의 가능성을 높이는 방안은 결국 번영의 퇴조기나 성장기에 나올 수 있는 도덕적 위험 혹은 타락을 막고, 제대로 훈육하는 방안을 모색하는 것과 동일하게 된다.

2)는 성립하기 어렵다. 글쓴이의 주장은 자발적 동의라는 정신적 측면과 직결된 훈육과 관련되어 있다. 따라서 물질적 조건의 개선 여부는 글의 요지와 흐름에 전혀 부합할 수 없다.

3)도 다르지 않다. 경제적 위기시에 약자로 전락하는 사람들 그리고 성장기에 혜택을 입은 사람들에 대해 진술하고 있지만, 그것은 어디까지나 부수적인 것이다. 훈육을 위협하는 상황을 분석하면서 나온 사례에 불과할 뿐이다.

4)도 마찬가지다. 자살 역시 훈육과 관련된 하나의 사례에 불과하다.

5)는 글쓴이의 주장과 정면으로 배치되는 것이므로, 다음 단락에서 결코 다룰 수 없는 내용이다.

정답 1)

4. 나)의 의미를 가장 적절하게 설명하고 있는 것은?

1) 도덕적으로 타락할 때 비로소 훈육이 제대로 이루어진다.

2) 갑작스런 성장기에도 제대로 훈육할 수 있다.

3) 제대로 훈육하려면 번영의 성장 속도를 늦추어야 한다.

4) 훈육이 성공하려면 번영을 포기해야 된다.

5) 훈육은 정신적 요인을 통해서만 가능하다.

해제

분석적 이해와 추론적 이해를 종합적으로 요구하는 문제이다. 글 전체의 흐름과 해당 문맥을 정확히 이해하지 못하면 엉뚱한 해석을 할 가능성이 높다. 더욱이 서로 다른 표현의 항목들이 제시되어 있어 주의를 기울이지 않으면 안 된다.

나)는 다섯 번째 단락에서 말하는 갑작스러운 부의 성장과 관계가 깊다. 요컨대 이 시기에 닥쳐오는 도덕적 아노미 혹은 자제력의 상실이 도덕적 위험을 낳지만, 그렇다고 이 도덕적 위험을 치유하는 것이 불가능하지는 않다는 뜻이다. 도덕적 타락이라는 위험을 넘어설 때 구성원들이 집단의 규제에 자발적으로 협조하고, 이를 통해 집단은 그들을 제대로 훈육할 수 있다.

우선 1)은 글 전체의 흐름 및 나)가 속한 단락의 문맥과 맞지 않는다. 훈육은 구성원들이 집단의 규제에 자발적으로 승복할 때 원활히 수행할 수 있다. 도덕적으로 타락하면 집단의 규칙이나 규제에 반발하기 때문에 제대로 훈육이 이루어질 수 없다. 따라서 글 전체의 흐름과 문맥에 맞지 않는다.

2)는 나)의 의미에 잘 부합한다. 갑작스런 성장기에 오는 도덕적 타락의 방지 가능성을 주장하기 때문이다.

3)의 경우는 전혀 엉뚱한 주장을 담고 있다. 글 전체를 살펴보아도 이런 주장과 맥락을 같이 하는 표현은 없다. 더욱이 글쓴이는 도덕적 위험은 번영의 퇴조기에도 나타난다고 주장하고 있다. 따라서 맞지 않는다.

4) 역시 3)과 마찬가지의 이유로 정당화될 수 없다. 글쓴이에 따르면 훈육의 성공 조건은 구성원들의 자발적 협조이다. 번영의 성장 유무와는 관계없다.

5)는 언뜻 보면 맞는 말 같기도 하다. 인간은 동물이나 광물과 다르게 자신이 당연하다고 받아들인 것에 대해서만 권위를 인정한다. 따라서 구성원들이 그 정당성을 인정할 때만 훈육이 성공한다는 글쓴이의 주장과 동일한 내용을 말하고 있다. 다만 나)와는 관계가 거의 없다는 점이다. 글쓴이의 핵심 주장을 묻는 문제가 아니다, 나)의 의미를 묻는 문제이다. 따라서 나)가 속한 단락의 의미를 같이 살펴보아야 한다. 나)는 분명 번영의 성장과 도덕적 위험의 관계 혹은 번영의 성장과 훈육의 가능성을 묻고 있다.

정답 2)

5. 글쓴이의 핵심 주장이라 볼 수 있는 것은

1) 구성원들을 훈육하지 않으면 안 된다.

2) 상황에 따라 자살율과 자살 양상이 달라진다.

3) 훈육은 구성원들이 그것을 정당한 것으로 받아들일 때만 유용하다.

4) 구성원들을 제대로 훈육하려면, 물질적 요인을 배제해야 한다.

5) 아노미 상태를 방치해서는 안 된다.

이 문제는 분석적 이해와 비판적 이해를 동시에 묻고 있다. 이 문제를 해결하려면 글의 흐름과 요점을 정확히 파악해야 한다.

다소 복잡한 구조를 보이고 있고 글쓴이가 명시적으로 자신의 주장을 정당화하지는 않지만, 꼼꼼히 읽어보면, 결국 훈육의 성공 조건에 대한 서술이 그 핵심을 이루고 있음을 알 수 있다. 글의 흐름을 꼼꼼히 보면, 훈육의 필요성 – 훈육의 성공 조건 – 인간 의식의 특성 – 성공적 훈육의 위

정답 3)

경제학

모든 문명 사회의 대상업은 도시 주민과 농촌 주민 사이에서 이루어진다. 그것은 직접적으로 또는 화폐나 그것을 대표하는 지폐를 매개로 미가공 생산물을 제조품과 교환하는 것이다. 농촌은 도시에 생활 수단과 제조업 원료를 공급한다. 도시는 제조품의 일부를 농촌 주민에게 되돌려 줌으로써 이 공급에 보답한다. 물질의 어떠한 재생산도 이룰 수 없는 도시(농업은 물질을 생산하고 제조업은 오직 물질을 변형시킬 뿐이라는 이론에 의거한 것임)는 모든 부와 생활 수단을 시골로부터 얻는다고 정당하게 말할 수 있다. 그러나 그렇기 때문에 도시의 이득은 시골의 손실이라고 상상해서는 안 된다. ❶ 양자의 이득은 상호적이고 호혜적이며, 다른 모든 경우와 마찬가지로 이 경우에도 분업은 세분된 여러 가지 직업에 종사하는 상이한 사람들에게 이익이 된다. 시골 주민은 (자기들이 손수 제조품을 마련하려고 했을 때 사용했을 것보다) 적은 양의 노동에 의한 생산물로 보다 많은 양의 제조품도 도시에서 구입할 수 있다. 도시는 시골의 잉여 생산물(또는 경작자의 생활 자료를 초과하는 부분)에 대한 시장을 제공한다. 그리고 시골 주민들이 그들의 잉여 생산물들을 (그들 사이에서 수요되는) 다른 물건과 교환하는 곳도 도시다. 도시 주민의 수와 수입이 클수록 도시가 시골 주민들에게 제공하는 시장은 보다 커진다. 시장이 보다 클수록 많은 사람들에게 더욱 유리하다. 도시로부터 1마일 이내에 자라는 곡물은 20마일 떨어진 곳에서 온 곡물과 동일한 가격으로 도시에서 팔린다. 그러나 후자의 가격은 일반적으로 그것을 경작해 시장에 가져오는 비용을 지불해야 할 뿐만 아니라 농업가에게 농업의 보통 이윤을 제공해야 한다. 그러므로 도시 인근에 있는 시골의 지주, 경작자는 그들의 판매 가격에서(농업의 보통 이윤을 초과하여) 보다 먼 지역으로부터 가져온 유사한 생산물의 운송비 전체를 이득으로 얻게 되며, 게다가 그들이 구입하는 것의 가격에서 이 운송비 전체를 절약한다. 어느 큰 도시의 인근에 있는 토지의 경작과 그로부터 꽤 멀리 떨어져 있는 토지의 경작을 비교해보면, 시골이 도시와의 상업에 의해 얼마나 많은 이득을 보고 있는지를 쉽게 알 수 있을 것이다. 지금까지 선전되어 왔던 무역 수지에 대한 모든 불합리한 이론 중에서도, 시골이 도시와의 상업에 의해 손해를 본다거나 도시가 자신을 부양하는 시골과 교역함으로써 손해를 본다는 주장은 없었다.

사물의 본성상 생필품은 편의품과 사치품에 우선하는 것과 같이, 전자를 제공하는 산업은 후자에 공헌하는 산업에 반드시 우선해야 한다. 그러므로 생필품을 공급하는 농촌의 경작, 개량은 편의와 사치의 수단을 공급할 뿐인 도시의 성장에 반드시 우선하지 않으면 안 된다. 도시의 생필품을 구성하는 것은 시골의 잉여 생산물(즉 경작자의 생필품을 넘는 부분)이며, 따라서 이 잉여 생산물의 증가에 의해서만 도시는 발달할 수 있다. 사실 ❷ 도시는 모든 생필품을 반드시 인근의 시골이나 국내에서 조달하는 것은 아니며 매우 먼 나라로부터 가져올 수도 있다. 이러한 사정은 일반적인 법칙에 대한 예외는 아니라 하더라도, 시대와 국민의 다름에 따라 국부 증진 과정에 상당한 차이를 일으켰다.

일반적으로 **가)** 필요가 만들어내는 사물의 질서는 어느 나라에서나 인간의 자연적 성향에 의해 촉진된다. 인간이 만든 제도가 이러한 자연적 성향을 방해하지 않았다면, 어디에서나 도시는 주변 지역의 개량, 경작이 유지할 수 있는 것 이상으로는 성장하지 못했을 것이다. 요컨대 적어도 모든 주변 지역이 완전하게 경작되고 개량될 때까지는 성장하지 못했을 것이다. 동일한 (또는 거의 동일한) 이윤이라면, 대부분의 사람들은 자신의 자본을 제조업이나 외국 무역보다는 토지의 개량, 경작에 투자할 것이다. 자신의 자본을 토지에 투자하는 사람은 그 자본을 자신의 감시, 통제 아래 둘 수 있고, 그의 재산은 무역업자의 그것보다 여러 가지 사고를 당할 위험이 적다. 왜냐하면 무역업자는 자신의 재산을 흔히 풍파에 맡겨야 할 뿐만 아니라 먼 나라의 사람들(그들의 성격, 사정을 완전히 알 수가 없다)에게 신용을 줌으로써 인간의 어리석음, 부정과 같은 보다 불확실한 요소에 맡기지 않을 수 없기 때문이다. 반대로 토지 개량에 고정되어 있는 지주의 자본은 인간사가 허용할 수 있는 최대의 안전성을 가진 것처럼 보인다. 게다가 시골의 아름다움, 시골 생활의 즐거움, 시골 생활이 약속하는 마음의 평온(실정법의 불의가 그것을 혼란시키지 않는 한), 그리고 시골이 제공하는 해방감 등 이러한 모든 것은 모든 사람들을 끌어들이는 매력을 가지고 있다. 땅을 경작하는 것이 인간의 원초적 운명이었으므로, 인간 역사의 모든 단계에서 인간은 이 원시적 직업에 대해 일종의 향수를 가지고 있는 듯하다.

사실 수공업자의 도움 없이는 토지 경작은 큰 불편과 끊임없는 중단을 겪을 수밖에 없다. 대장장이, 목수, 바퀴 제조공, 쟁기 제조공, 석공, 벽돌공, 무두장이, 구두 수선공, 양복장이의 서비스를 농업가들은 자주 필요로 한다. 또한 이들 수공업자들은 때때로 서로의 도움을 필요로 한다. 그들의 거주지는 농업가의 거주지와 달리 특정 지점에 반드시 묶여 있지 않기 때문에, 그들은 서로의 인근에 자연적으로 정착하며 이를 통해 소도시나 마을을 형성한다. 푸줏간, 주점, 빵집 등이 (위에서 말한 수공업자들의 그때그때의 필요를 충족시키는 데 필요하고 유용한) 다른 많은 수공업자, 소매상과 함께 거기에 모여 도시를 더욱 확장하는 데 기여한다. 도시와 시골의 주민들은 서로서로에게 봉사한다. 도시는 상설 시장이며 시골 주민들은 이곳에 들러 그들의 미가공 생산물을 제조품과 교환한다. 도시 주민들에게 작업 원료와 생활 수단을 공급하는 것은 상업이다. 도시 주민이 시골 주민에게 판매하는 완성품의 양은 필연적으로 도시 주민이 구입하는 원료와 식료품의 양을 규제한다. 그러므로 도시 주민의 일거리와 생활 자료는 완성품에 대한 시골의 수요 증가에 비례해서만 증가할 수 있다. 그리고 이 수요는 토지 개량, 경작 확대에 비례해서만 증가할 수 있다. 그러므로 인간이 만든 제도가 사물의 자연적 경로를 방해하지 않는다면, ❸ <u>도시의 부의 증가와 도시의 성장은 어느 사회에서나 국토, 농촌의 개량, 경작의 결과이며 그것에 비례한다.</u>

미경작된 토지를 아직은 쉬운 조건으로 얻을 수 있는 우리의 북아메리카 식민지에서는 원거리 상업을 위한 제조업이 어느 도시에서도 아직 형성되어 있지 않다. 어떤 수공업자가 인근 시골에 공급하는 자신의 사업을 운영하는 데 필요한 것 이상의 자본을 획득한다면, 북아메리카에서는 그는 그것으로 원거리 상업을 위한 제조업을 설립하려고 하지 않고 그것을 미경지의 구매, 개량에 투자한다. 그는 수공업자로부터 지배자로 변신하며, (그 나라가 수공업자에게 높은 임금과 풍부한 생활 자료를 제공하지만) 그는 다른 사람을 위해 일하지 않고 자기 자신을 위해 일한다. 수공업자는 고객의 사용인이며 고객으로부터 자기의 생활 자료를 끌어낸다고 그는 느낀다. 그러나 자신의 토지를 경작하고 자신의 필요 생활 자료를 자기 가족의 노동으로부터 끌어내는 지배자는 진정한 주인이며 완전한 독립자라고 그는 느낀다. 반대로 ❹ <u>미경지가 없거나 쉬운 조건으로 토지를 얻을 수 없는 나라에서는, (때때로 일에 투자할 수 있는 것보다 많은 자본을 획득한 인근의) 모든 수공업자는 원거리 판매를 제조하려고 한다.</u> 대장장이는 철공장을 세우고 직공은 아마포, 모직물 공장을 설립한다. 시간이 지남에 따라 여러 종류의 제조업이 점차 세분되어 매우 다양한 방식으로 진보하고 정교화 한다. 이것은 쉽게 상상될 수 있으므로 더 이상 설명할 필요가 없다.

자본의 투자처를 찾는 데 있어 제조업은 (동일한 또는 거의 동일한 이윤을 낳는다면) 외국 무역보다 자연히 선호된다. 이것은 농업이 제조업보다 자연히 선호되는 것과 같은 이유 때문이다. 지주, 농업가의 자본이 제조업자의 자본보다 안전한 것처럼, 제조업자의 자본은 언제나 그의 감시, 통제하에 있기 때문에 외국 무역상의 자본보다 더 안전하다. 사실 한 사회의 어느 시대에서나 미가공 생산물, 제조품의 잉여 부분(즉 국내 수요가 없는 부분)은 국내에서 수요되는 물건과 교환되기 위해 외국으로 보내져야 한다. 그러나 이 잉여 생산물을 해외로 운송하는 자본이 외국 자본인가 국내 자본인가는 중요하지 않다. ❺ 그 사회가 모든 토지를 경작하고 모든 미가공 생산물을 완전하게 제조하는 데 아직 충분할 만큼의 자본을 획득하지 못하고 있다면, 이 미가공 생산물을 외국 자본에 의해 수출하는 것이 상당한 이익이 된다. 왜냐하면 그 사회의 총자본은 보다 유용한 목적에 사용될 수 있기 때문이다. 고대 이집트, 중국, 인도의 부는 한 나라의 수출 무역의 대부분이 외국인에 의해 운영된다 하더라도 고도의 풍요를 달성할 수 있다는 것을 충분히 증명하고 있다. 북아메리카와 서인도의 식민지는 그들 자신의 자본 이외의 외국 자본이 그들의 잉여 생산물의 수출에 투자되지 않았다면 이처럼 급속히 진보할 수 없었을 것이다.

그러므로 사물의 자연적 진행 과정에 따르면, 모든 성장 사회의 보다 많은 자본은 첫째로 농업을 향하며 다음이 제조업으로, 마지막으로 외국 무역으로 향한다. 이러한 사물의 순서는 매우 자연스럽기 때문에, 영토를 가지고 있는 모든 사회에서는 어느 정도 언제나 관철된다고 나는 믿는다. 그들 토지의 약간은 대도시가 설립되기 전에 경작되었음에 틀림없고, 외국 무역에 종사하는 것을 생각하기 전에 제조업에 속하는 어떤 조잡한 산업이 도시에서 운영되었음에 틀림없다.

이러한 사물의 자연적 순서는 모든 사회에서 어느 정도 일어났음에 틀림없지만, 유럽의 모든 국가에서는 이 순서가 많은 측면에서 완전히 역전되어 있다. 우선 약간의 외국 무역을 하는 도시가 좀 정교한 제조업이나 원거리 판매에 적합한 제조업을 도입했으며, 그 다음으로 제조업과 외국 무역이 농업에서의 주요한 개량을 야기했다. (이들 나라의 최초 정부의 성질로부터 유래해 그 정부가 크게 바뀐 뒤에도 여전히 남아 있던) **나)** 풍습과 관습이 이러한 부자연스럽고 역행적인 순서를 이들 나라에 강요한 것이다.

(애덤 스미스 – 「국부론」)

1. 가)의 의미를 가장 적절하게 해석한 것은?

  1) 어느 나라에서나 인간의 욕구와 무관하게 사물들의 질서는 자연스럽게 변화한다.

  2) 어느 나라에서나 인간의 욕구 내용에 따라 자연스럽게 사물의 질서가 발전한다.

3) 어느 나라에서나 사물은 인간의 욕구를 충족하기 위해 존재하는 것이 자연스런 현상이다.

4) 어느 나라에서나 인간이 자신들의 욕구 충족을 위해 사물을 사용하는 것은 자연스러운 일이다.

5) 어느 나라에서나 인간의 욕구를 충족시킬 수 없을 때, 비로소 사물의 자연스런 질서가 형성된다.

해제

이 문제는 비판적, 분석적, 창의적 이해를 동시에 평가하고자 하는 문제로서, 비교적 높은 난이도의 문제이다. 가)의 의미를 정확히 해석하려면, 가)만 보아서는 안 된다. 글 전제의 흐름과 글쓴이의 주장 그리고 가)와 가) 이하의 문장들을 종합적으로 보아야 한다.

글 전체의 흐름은 도시와 시골의 관계를 주로 다루며 글쓴이는 양자의 호혜적 관계가 자연스럽다고 지적하고 있다. 아울러 두 번째 단락 첫 문장에서 나오는 '사물의 본성'이라는 단어에 주목해야 한다. 그리고 가) 이하의 문장에서 지적하는 도시와 시골의 자연적인 관계를 서술하고 있음도 주목해야 한다. 이를 종합해보면 사물의 질서는 인간의 필요 혹은 욕구에 따라 구성되는데, 인간의 욕구는 사치품이나 편의품보다는 생필품을 우선 추구하며 도시보다는 시골에 우선 투자하는 것이 인간의 욕구이다. 따라서 가)는 인간 욕구의 우선순위를 담고 있으며, 손쉽게 그리고 보다 많은 이윤을 추구하는 성향, 위험보다는 안전을, 고통보다는 즐거움을 우선 추구하려는 성향을 담고 있는 표현이다. 이러한 인간 욕구 추구 과정에서 사물들의 질서가 자연스럽게 형성된다. 그에 따라 생필품이 우선하며 도시보다 시골이 먼저 발전하고 시골의 발전이 도시의 발전을 가져온다. 따라서 가)에 말하는 '인간의 자연적 성향'이란 인간의 욕구 내용에 따른, 즉 욕구의 우선순위에 따라 사물들의 질서를 만드는 것을 의미한다. 그러나 자연적 사물이 아닌 이상 모든 사물은 인위적이며, 그 생산 순서를 규정하는 것은 필수적일 수밖에 없다. 따라서 인간이 만들어낸 모든 사물들의 질서는 인간들의 욕구 내용에 따라 발전될 수밖에 없고 촉진될 수밖에 없다.

1)은 정확한 해석이 아니다. 글쓴이는 명시적으로 사물의 질서와 인간의 필요를 연관시키고 있다. 게다가 가)에서 보이는 '필요가 만들어내는 사물의 질서'에 유념하면, 정답이 아님을 쉽게 알 수 있다.

인간의 욕구 내용과 사물의 질서를 연관시킨 2)는 적절하다. 생필품에서 사치품 생산으로 나아가려면, 욕구 내용이 바뀌지 않을 수 없다. 생필품이 충분해서 생존의 욕구를 충족시킬 필요가 없을 때, 사치품으로 나아간다. 또한 시골에 대한 욕구가 충족될 수 없을 때, 도시에 대한 욕구가 생겨나는 것이 자연스럽다고 글쓴이는 지적하고 있다.

3)은 맞는 말이기는 하지만, 가)에 대한 충분한 해석이 될 수는 없다. 가)는 이것을 넘어서서 인간의 욕구 내용이 변화할 때, 그에 맞춰 사물들의 질서가 변하는 것이 자연스럽다고 보고 있기 때문이다.

4)는 상식적으로 맞는 말이지만 가)에 대한 충분한 해석일 수 없다. 가)는 사물들의 질서 변화를 함축하고 있다는 점을 유념해야 한다.

5)는 인간의 욕구 혹은 욕구 충족과 사물들의 질서를 분리시켰다는 점에서, 정답이 될 수 없다. 이는 글쓴이의 주장에 정면 배치되는 것이기도 하다.

2. ❶~❺는 지문에서 어떤 특정한 측면을 대변하고 있다. 이 중 성격이 다른 하나는?

1) ❶

2) ❷

3) ❸

4) ❹

5) ❺

분석적 이해와 비판적 이해를 동시에 묻는 문제이다. ❶~❺ 중에서 성격이 다른 하나를 찾으려면, 우선 공통점부터 찾아야 한다. 공통점은 글 전체의 요지와 글쓴이의 주장을 통해 찾아낼 수 있다. 자연스런 사물의 질서 혹은 인간의 자연적 성향에 의해 촉진된 사물의 질서에 부합한다는 것이 그 공통점이다. 이에 위배되는 내용을 찾으면 된다.

❶에서 시골과 도시의 보완은 자연스런 사물의 질서이다. 시골과 시골에 사는 사람들의 이익이 곧 도시의 이익과 도시 사람들이 이익을 가져온다고 보는 것이 글쓴이의 주장이며, 글쓴이에 따르면 사물의 자연스런 진행이다.

❷는 자연스러운 사물의 질서에 부합한다고 보기 어렵다. 도시는 생필품을 인근 시골에서 가져오는 것이 자연스런 사물의 질서이고 인간들이 자신들의 욕구를 충족시키기 위한 가장 자연스런 행위이다. 위험 부담과 비용 증가를 무릅쓰고 먼 나라로부터 생필품을 조달하는 것은 가능하기는 한 일이지만, 자연스런 사물의 흐름이나 자연스런 행위가 아니다.

❸은 사물의 자연스런 흐름에 해당하며, 글쓴이의 주장에 해당한다고 볼 수 있다. 글쓴이는 두 번째 단락에서 농촌이 우선 성장하고 그 다음에 도시가 성장하는 것이 자연스런 질서라 말하고 있고, 첫 번째 단락에서는 시골과 도시의 관계가 호혜적 관계이고 양자의 이익은 일치한다고 보고 있다. 따라서 사물의 자연스런 질서상 농촌의 성장은 도시의 성장을 가져오기 마련이다. 반대로 도시의 성장은 반작용해서 시골의 성장을 가져온다. 따라서 이는 인간들의 자연스런 욕구 충족 행위이며 자연스런 사물의 질서라고 볼 수 있다.

❹는 다소 혼동되지만, 자연스런 사물의 질서에 부합하고 있다. 미경작지가 없거나 경작지를 얻기 어려운 경우는 시골이 충분히 성장한 경우라 볼 수 있다. 이 경우 인간들은 자신들의 욕구를 충족시키기 위해 원거리 무역을 통해 자신들의 생산물을 판매하려고 할 것이다. 따라서 이런 행위는 자연스런 행위며 자연스런 사물의 흐름이라 볼 수 있다.

❺는 다소 오해하기 쉽다. 여기서는 시골과 도시와의 관계가 아니라 시골과 외국과의 관계를 다루고 있다. 시골이 잉여 생산물을 만들어내면 도시에서 그것을 가공하고 시골 사람들이 다시 이 가공물을 소비하는 것이 자연스러운 질서이다. 그러나 시골이 충분한 잉여 생산물을 만들어냄에도 그것을 가공할 능력이 도시에 없다면, 외국에 미 가공 생산물을 외국에 수출하는 것은 자연스런 사물의 흐름이다. 미가공 생산물을 처리해서 이익을 얻고자 하는 인간의 필요가 자연스럽게 외국을 향하게 된 것이라 볼 수 있다. 따라서 이 경우는 사물이 인간의 필요에 따라 자연스럽게 흘러가는 경우라 볼 수 있다.

정답 2)

3. 글쓴이의 핵심 주장이라 할 수 있는 것은 무엇인가?

1) 풍습과 관습이 부자연스럽고 역행적인 사물들의 질서를 강요한다.

2) 제조업은 외국 무역보다 먼저 발전할 수밖에 없다.

3) 인간은 농업이라는 원시적 직업에 향수를 갖고 있다.

4) 도시의 이익과 시골은 호혜적이며 양자의 이득은 비례한다.

5) 도시의 성장은 국토, 농촌의 개량, 경작의 결과이며 그것에 비례한다.

해제

분석적 이해와 추론적 이해를 동시에 평가하는 문제이다. 따라서 지문의 요지 및 흐름에 대해 정확히 알고 있어야 해결할 수 있는 문제이다. 글쓴이가 이런저런 논의를 하고 있기 때문에, 그가 정작 주장하는 것이 무엇인지를 찾기가 어려울 수 있다. 그러나 유심히 살펴보면 그가 주장하는 것은 하나이며, 이를 옹호하거나 보완하기 위한 논의라는 것을 알 수 있다. 특히 이 글은 두괄식이기 때문에, 지문 초반부에 유의해야만 한다.

첫 번째 단락에서 글쓴이의 주장이 담겨 있고 '사물의 본성'이니 '필요가 만들어내는 사물의 질서는 인간의 자연적 성향에 의해 촉진된다.' 등은 이 주장을 뒷받침하는 근거가 되고 있다. 따라서 주장의 개진 –근거 제시 – 근거 보완 등의 순서로 논의가 이루어지고 있다. '사물의 본성' 등을 끄집어내 글쓴이가 옹호하고자 하는 주장은 시골과 도시의 관계가 호혜적이며 양자의 이익이 일치한다는 것이다.

1)은 지문에 나와 있는 표현이지만, 글쓴이의 핵심 주장은 아니다. 글 전체를 관통하고 있는 것이 핵심 주장이다. 그러나 1)은 마지막 단락에서 사물의 자연스런 질서에 역행하는 특정 지역에 대한 분석일 뿐이다.

2)는 글쓴이의 주장에 위배된다. 글쓴이는 물론 농업-제조업-외국무역 순이 자연스런 질서라고

본다. 그러나 여섯 번째 단락에서 특정 사회가 '모든 토지를 경작하고 모든 미가공 생산물을 완전하게 제조하는 데 아직 충분할 만큼의 자본을 획득하지 못하고 있다면, 이 미가공 생산물을 외국 자본에 의해 수출하는 것이 상당한 이익이 된다.'고 지적하고 있다. 따라서 '반드시'라는 표현을 쓸 수가 없다.

3)은 글쓴이의 생각임에는 틀림없지만, 핵심 주장은 아니다. 농업이 제조업에 우선하고 시골이 도시보다 우선한다는 주장을 옹호하기 위한 주관적 근거를 제시하고 있을 뿐이다.

5)는 다소 혼동할 가능성이 높다. 글쓴이의 핵심 주장과 매우 유사하기 때문이다. 그러나 글쓴이의 주장은 도시와 시골의 상호 관계를 담고 있다. 도시와 시골 간의 호혜성 그리고 양자의 이익 일치라는 주장을 제시하고 있기 때문이다. 그러나 5)는 시골이 도시에 미치는 일방적 영향만을 담고 있다. 따라서 온전하게 글쓴이의 입장을 대변하고 있지 않다.

정답 4)

4. 글쓴이의 핵심 주장에 대한 가장 적절한 반박으로 볼 수 있는 것은?

1) 인간의 욕구는 서로 달라 인간의 자연적 성향이란 존재할 수 없다.

2) 원거리 무역이 이윤이 크다면, 원거리무역보다 제조업이 먼저 발전하지 않는다.

3) 이윤 때문에 생필품보다는 사치품이나 편의품을 우선 생산하는 경우도 흔하다.

4) 도시와 시골은 서로 다른 것을 생산하므로, 서로 이익이 충돌하거나 상반되는 관계이다.

5) 땅을 경작하는 것은 인간의 원초적 운명이 아니다.

해제

비판적 이해와 추론적 이해를 중점적으로 묻는 문제이다. 이를 해결하려면 무엇보다 주장을 뒷받침하는 근거를 찾아서 이를 반박하면 된다.

글쓴이의 핵심 주장은 시골과 도시의 호혜성 혹은 양자의 이익 일치이다. 그리고 이것을 뒷받침하는 근거로서 제시하고 있는 것은 인간의 필요에 근거한 사물의 자연스런 진행 혹은 인간의 자연적 성향에 따른 사물 질서의 발전이다. 그리고 글쓴이가 이 근거를 보완하기 위해 제시하는 사례는 사치품이나 편의품보다는 생필품에 대한 욕구가 우선한다는 것, 시골이 도시보다 먼저 성장한다는 것, 농업-제조업-원거리 무역 순으로 발전한다는 것 등이다. 따라서 이를 반박하려면 사례에 대한 반박보다는 근거 자체에 대한 반박이 이루어져야 한다.

글쓴이가 제시하고 있는 근거를 반박하기는 쉽지 않다. 인간의 자연적 성향에 따른 사물들의 자연스런 발전은 추상적이기도 하지만, 그 구체적 의미를 정확히 이해하기도 어렵다. 글쓴이는 인간이 필요에 의해 사물들을 만들어내지만, 인간의 자연스런 여러 성향, 즉 위험보다는 안전성, 고통보다는 즐거움을 사치보다는 생존 등에 의해 사물들의 질서가 발전되고 촉진된다고 보고 있다. 따라서 이를 반박하려면 '인간의 자연적 성향'을 문제 삼아야 한다. 이를 부정하게 되면 인간의 자연적 성향에 따라 사물들의 질서가 발전하고 촉진된다는 근거가 무너져 버리기 때문이다. 이런 맥락에서 1)은 인간의 자연적 성향에 대한 근본적 반박을 담고 있다.

2)는 근본적 반박이 아니다. 이는 글쓴이의 주장을 뒷받침하는 근거가 아니라, 그 근거의 사례에 대한 반박을 담고 있다. 또한 여섯 번째 단락 초반부를 보면 제대로 된 반박도 아님을 알 수 있다. 이윤이 크다면 제조업보다 원거리 무역을 선호하는 것은 인간의 자연적 성향이라 지적하고 있기 때문이다.

3) 역시 근거에 대한 반박이 아니라 사례에 대한 반박이며, 이것은 인간의 자연적 성향에 따른 생산이라고 볼 수 있기에 더더욱 반박이 될 수 없다.

4)는 반박이 아니라, 글쓴이의 주장에 대한 거부일 뿐이다. 도시가 서로 다른 것을 생산한다는 근거로 글쓴이의 주장을 거부하는 것도 설득력이 없다.

5)는 지엽적 내용이므로, 근거에 대한 반박이라 볼 수 없다. 단지 글쓴이가 가지고 있는 하나의 생각에 대한 부정에 지나지 않는다.

정답 1)

5. 글쓴이가 동의할 가능성이 가장 적은 진술은?

1) 운송비를 무시하고 도시로부터 먼 시골에서 생산하는 것은 어리석은 일이다.

2) 쌀보다 보석을 우선 생산하는 것은 자연스럽지 않다.

3) 부자연스러운 사물들의 질서를 만드는 풍습과 관습은 도덕적일 수 없다.

4) 보수적인 사람은 외국 무역보다 제조업을 선택하는 것이 좋다.

5) 자본이 부족하다면 제조업보다 외국 무역상을 하는 것이 지혜롭다.

해제

이 문제는 비판적 이해와 추론적, 창의적 이해를 동시에 묻는 문제이다. 글의 성격과 지문의 요지를 이해해야 하며, 그것을 현실적으로 적용할 수 있어야 한다.

1)은 글쓴이의 입장에서 충분히 나올 수 있는 진술이다. 첫 번째 단락에서 도시로부터 근거리에 있는 시골과 먼 거리에 있는 시골에 소요되는 운송비 문제를 지적하고 있다. 운송비를 무시한다면 비용이 증가될 것이고, 비용을 고려하지 않는 태도는 손해를 보게 되므로 결국 어리석은 행위라고 말할 수 있다.

쌀은 생필품이고 보석은 사치품이기에, 생필품을 먼저 생산하는 것은 자연스럽다. 따라서 2)도 글쓴이의 입장에서 나올 수 있는 진술이다.

3)은 주의해야 한다. 함정이 있기 때문이다. 글쓴이는 전체적으로 사물의 자연스런 질서에 대해 언급하면서 글 후반부에 부자연스런 사물 질서를 다루고 있다. 언뜻 보면 3) 역시 글쓴이의 입장에서 나올 수 있는 듯이 보인다. 그러나 글 전체를 보더라도 글쓴이는 어디에서도 도덕적 판단을 하고 있지 않다. 다만 사물의 특정 질서가 자연스럽다거나 부자연스럽다는 것만은 언급하고 있다. 도덕적 판단을 개입시키는 것은 글쓴이의 입장을 넘어서고 있기에, 충분히 나올 수 있는 진술이라 보기 어렵다.

4)도 나올 수 있는 진술이다. 글쓴이는 세 번째 단락에서 제조업과 외국 무역을 서술하면서 후자가 더 위험하다고 지적하고 있다. 따라서 글쓴이의 입장에서 보면, 보수적인 사람은 이윤이 좀 더 생길지라도 외국 무역보다도 제조업을 선호한다고 말할 수 있다.

5)도 마찬가지로 수용 가능하다. 여섯 번째 단락에서 글쓴이는 충분한 자본이 없다면 외국 무역을 하는 것이 더 이익이 된다고 말하고 있다. 이익을 추구하는 것이 인간의 자연스런 성향이므로, 이에 따르는 것이 지혜롭다고 볼 수 있다.

정답 3)

정보화

❶ 스펙트럼처럼 펼쳐져 있는 사회의 정보화와 매체화의 결과들 중에서 중심적인 위치를 차지하는 것 중의 하나는 정치적 변혁의 문제이다. 이 문제는 단일하게 해결되지 않는다. 인구, 기업, 사업체 및 사회 조직의 활동을 정부가 통치하고 통제하는 영역 안에 지극히 높은 수준의 자료 및 지식의 자동화 체계, 오늘날의 매체화와 수단들 그리고 아주 강력한 중앙계산부를 장착하게 되면, 정치 생활에서 두 가지 서로 연관된 문제들이 전면에 떠오르게 된다. 민주주의의 운명과 인간, 개인 및 집단 활동에 대한 통제가 그것이다. 이것에 대한 두 가지 대안이 여기서 나온다. 민주주의의 강화 및 인간의 권리 강화와 개인의 자유 강화, 전체주의와 권위주의의 강화에 이르려는 경향의 강화 및 민주주의의 점진적인 하락과 개성에 대한 경찰식 통제에 이르려는 강화가 그것이다.

많은 연구자들이 강조하는 것처럼 정부는 의심할 여지도 없이 오늘날의 정보 체계를 획득하고 갖추며 이용할 수 있는, 개인보다 더 커다란 기술적 가능성을 갖고 있다. 정부는 모든 인구, 조직이나 사업체에 대한 모든 것을 파악하는 통제 체계를 마음대로 다룰 수 있으며, 생활과 활동, 병, 성격과 다른 특성들, 일반 관계, 인척 관계, 사업상의 접촉과 각 개인의 재산 상태에 대한 완정한 정보를 맘대로 주무를 수 있다. 이로 인해 인간은 정보의 투명관일 수밖에 없고 행정 조직, 강제 기구, 경찰과 다른 통제 및 조절 체제와 부딪치게 되면 아무 힘을 쓸 수 없게 된다. 이와 마찬가지로 거대 기업들이나 법인 체계들은 컴퓨터화된 통제 체제를 이용해 사무직 노동자와 노동자의 일상 활동을 관찰할 수 있을 뿐 아니라 그들에 대한 서류를 완벽하게 만들 수도 있고 사람들과 그들의 개인적인 성향, 그들이 바라는 것, 그들의 상호영향 관계 등을 조작할 수 있다. 이 덕택에 법인체나 회사는 자기들의 직원과 노동자가 지속적으로 긴장하고 공포를 느끼도록 할 수 있다. 그리하여 한쪽 측면에서는 내적인 저항감, 분노, 반대 행동을 일으킬 수 있거나 다른 한 편에서는 훨씬 더 위험한 것으로서, 대중적으로 만성적인 사기 저하, 개성의 탈개인화, 창의성의 상실, 순종, 우둔함, 창조적 동력의 상실을 야기할 수 있다. 지극히 잘 되어 있는 경비 체제와 지속적인 통제는 불가불 노예들의 사회가 탄생하게끔 만든다. 유명한 헉슬리, 자마친, 피셔, 오웰의 소설들은 지나친 통제 사회가 어떤 것이 될 수 있는지 뚜렷하게 보여 준다. 그러나 20세기 초반 혹은 중기에 쓰인 <u>가) 반유토피아의 공포는 현실 앞에서 빛을 바래게 된다.</u> 서신 검열, 도청, 감시, 은행의 업무 감시, 자잘한 생활의 세부 사항에 대한 추적 등은 오늘날 너무나 커져버렸기 때문에, 앞서 언급한, 좋지만 낡은 환상 소설들의 저자들은 이 모든 점은 당연히 꿈에도 생각 못했을 성싶다.

플라스틱 화폐가 유통되고 재무 회계의 거래 계약은 완전히 컴퓨터화되어 있는 나라에서 사업상의 거래는 어떤 것이든, 어느 시간에나 중앙 경찰 통제권 안에 알려질 수 있다. 오늘날의 추적 체제를 바탕으로 어느 사람이 지금 어느 장소에 있는가 등을 쉽게 알아낼 수 있다. 동시에 정보화된 세계에서는 개인에 대한 통제의 한계를 정하고 축소시키는 적극적인 기술적, 법률적 조치 체계가 만들어질 수 있다는 사실에 대한 적지 않은 증거들이 있다. ❷ <u>민주적인 제도들은 컴퓨터화된 투표자 결산 체계, 원격지에서 대회를 치를 수 있는 체계, 자유로운 정보 전달 메카니즘들로부터 놀랄 정도의 지지를 얻을 수 있다.</u> 컴퓨터를 갖고 있고 모든 열려진 자료와 지식의 베이스에 자유롭게 접근할 수 있는 개인은 정보를 획득하는 능력에 따라 정부 관리나 회사의 직원 능력을 능가할 수도 있고 능가해질 수도 있다. 통합된 연결 체계가 있다는 것은 본질적으로 실제 민주주의의 사회 경제적인 객관적 토대를 나타내는 사업상의 창의성, 접촉과 상호영향의 가능성을 열어주는 것이다. 스스로를 조직할 수 있는 정보 체계의 메카니즘들과 수평적인 망의 조직은 특히 나 강력한 요소가 될 수 있다. 강력한 시장 경제와 함께 서유럽의 민주주의 국가들이 이 길을 따라 갔다는 것은 잘 알려진 사실이다. 중앙집권화되고 군사적인 통치를 하는 사회에 특징적인, 정보의 수직적인 조직 체계에 대립하는 수평적인 체계를 갖는 사회는 민주 제도들이 발전하는 데 가장 유리한 정보하부구조들을 만들어낸다.

❸ 인간에 대한 통제와 사회의 민주화 수준에 미치는 영향이라는 관점에서 정보화의 가능한 결과들을 올바르게 평가하려면 기술적인 구성 과정들만이 아니라 사회적인 조건들과 이 조건들이 실현되는 역사적인 전통들도 고려해야 한다. 파시스트 독일과 스탈린 시대와 브레즈네프 시대의 정체 시기에 각 개인에 대한 매우 강력한 통제와 추적 기구가 있었다는 것은 잘 알려진 사실이다. 모든 것을 관장하는 억압적 메카니즘, 체계적이고 잘 고안된 위협 체계, 이데올로기적인 억압으로 보충되어 있는 이 통제는 사람의 생활을 참을 수 없는 것으로 만들었다. 모든 자주성, 독립성과 밑에서 올라오는 창의성은 정부와 사회체제에 뭔가 위험한 것으로 간주되었다. 그런 식으로 사회 생활을 조직하게 되면 한 가지 결과—체제의 붕괴—가 일어날 수 있다는 것은 자연스러운 일이며, 실제로 소련 체제는 붕괴했다. 인간에 대한 이 모든 통제 체제 형태들은 정보 기술, 최신의 전자 기술, 컴퓨터, 통합적인 연결 체제, 강력한 자료와 지식의 베이스 없이 만들어진 것이었다.

이와 반대로 오늘날의 몇몇 정보사회의 경우, 예를 들어 스위스의 경우에는 국가의 모든 시민들에 대한 실제적인 정보를 다 갖고 있는 중앙화된 자료 베이스를 갖춘, 모든 것을 관장하는 정부 정보 체제가 존재한다. 그러한 자료 체제 안에는 연령, 성, 탄생지, 거주지, 직업, 가족과 사회 생활 등에 대한 정보들이 다 들어 있다. 각 개인의 건강과 그 외의 다른 특징들에 대한 정보를 소유하고 있는 일련의 전문화된 자료 베이스와 뱅크들도 들어 있다. 그럼에도 불구하고 ❹ 기존의 민주적인 전통들, 법률과 삶의 방식, 시민에 대한 비밀스런 감시를 하지 못하게 되어 있는 경찰과 안전 업무에 대한 엄격한 법 제정은 인간의 권리를 최소한으로 제한할지언정 개인에 대한 엄격한 통제는 하지 않을 것이다.

나) 정부나 군대의 비밀들에 대한 서신 검사, 전화 통화 도청 등이 비합법적이거나 완전히 예외적인 경우에나 허용되는 그리고 검찰청이나 재판소의 허가가 있을 경우에나 가능한 나라에서는, 오늘날의 정보 기술은 민주주의의 운명에 대해 고민할 수 있는 진지한 동기를 줄 수 없다. 일반적으로 말해 정보 기술을 이용하는 성격은 결정적으로 경제 상태, 사회 문화, 그리고 사회의 정치 조직, 사회의 문화 전체 그리고 도덕성과 가치들을 지배하는 법에 대한 의식의 수준에 달려 있다. 경제가 뒤떨어져 있고 정치 독점이 강하며 말, 출판, 정보 교환의 자유가 없고 인간의 사회적—법

률적인 상태가 낮은 나라에서는 오늘날의 정보 기술의 발전이 체제의 사회적－부정적인 특수성들을 배가시킬 수 있고 그것들이 강화되고 유지되는 데 영향을 미칠 수 있다. 이 때문에 사회의 정보화가 진보적인 현상으로 나타나는 것은, 그러한 정보화가 분명한 인간주의적인 지향점을 갖고 인간의 권리와 개성의 자유를 높고 그 자체로도 충분한 가지로 인정하면서 자유롭게 민주적인 정보사회로 가는 길로 이해될 때뿐이다. 인간주의적인 지향점을 갖는 정보화가 순전히 기술적인 과정으로 살며시 대체되고 컴퓨터화와 전자화가 명령 행정 구조를 강화하려고 지향하며 정보사회의 이념이 자유주의적 인간주의로 해석되면서 회의적이고 악의적으로 혹은 적대적으로 받아들여지는 곳에서는, 과학기술적이고 사회적인 진보가 늦거나 빠른 차이만 있을 뿐이지 그 반대되는 것으로 변질 될 수밖에 없으며 사회는 지나치게 안정을 찾게 되고 아무 것에도 적응할 수 없게 된다. 이로 인해 사회 체제는 파멸되고 만다. ❺ 정치적, 경제적, 정신적인 자유 그리고 개성의 자유와 단절시킨 채 정보화를 실현하는 것은 진정하고 심오한 의미를 잃게 되는 것이다.

(라키토프 － 『컴퓨터 혁명의 철학』)

1. 이 글의 주제문이라 하기에 가장 적절한 것은?

1) ❶   2) ❷

3) ❸   4) ❹

5) ❺

분석적 이해와 비판적 이해를 동시에 묻는 문제이다. 이 문제는 무엇보다 주제와 글쓴이의 핵심 주장을 파악해야 한다. 이 글의 주제는 '정보화와 정치적 변화의 관계'이다. 그리고 명료하게 정리된 형태로 제시되지는 않았지만, 이에 대한 글쓴이의 주장은 '정보화는 개인의 자유를 신장시키고 민주주의에 기여하는 쪽으로 나아가야 한다.'는 것이다. 글쓴이의 주장에 가장 잘 부합하는 표현이 곧 주제문이다.

❶은 단순히 주제를 드러내는 표현이다. 주제문일 수 없다.

❷는 민주적인 제도 하에서 정보 기술의 역할을 의미한다. 주제문이라 보기는 무리다.

❸이 글쓴이의 주요한 주장 중의 하나인 것은 분명하지만, 주제문을 담고 있다고 말할 수는 없다. 글쓴이가 자신의 핵심 주장을 도출하기 위한 지렛대 역할을 하고 있을 뿐이다. 글쓴이는 이런 생각에 기초해서 자신의 핵심 주장을 전개하고 있다.

❹는 개인의 권리와 민주 제도의 상관성을 드러내는 것으로 정보화와 직결된 표현은 아니다.

❺는 명료하게 정리된 형태의 표현은 아니지만, 주제문이라 부를 수 있다. 정보화가 가져오는 정치적 결과는 두 방향에서 생각해볼 수 있지만, 결국 글쓴이가 바라는 것은 개인의 권리와 민주주의 발전에 기여하는 정보화이기 때문이다. ❺는 정보화를 그저 순전히 기술적 과정으로 보거나 기술적 구성의 변화만을 주목하지 말고, 개인의 권리 및 민주주의와 관련해서 정보화에 대한 문제의식을 가져야 한다는 의미를 함축하고 있다.

정답 5)

2. 글쓴이의 핵심 주장과 근거가 바른 순서로 짝지어진 것은?

ㄱ) 정보화의 결과와 정보 기술의 성격은 정보 외적 요건과 밀접한 연관이 있다.

ㄴ) 개인의 권리와 민주주의의 신장에 기여해야 올바른 정보화이다.

ㄷ) 민주적인 제도 하에서 정보 기술은 개인의 권리 침해로 이어지지 않는다.

ㄹ) 정보화의 정치적 결과는 사회 조건과 역사적 전통과 무관하다.

ㅁ) 정보화가 온전히 기술적인 과정으로 대체되면, 사회는 파멸 상태에 빠진다.

ㅂ) 정보화의 부정적 결과를 넘어서려면 정보 기술을 극한까지 발전시켜야 한다.

1) ㄷ), ㅁ)

2) ㄴ), ㄱ)

3) ㄴ), ㄹ)

4) ㅁ), ㄹ)

5) ㄹ), ㄱ)

비판적 이해를 주로 묻는 문제이다. 무엇보다 논제와 관련한 글쓴이의 핵심 주장을 도출해야 한다. 정보화와 정치적 변화와의 관계라는 논제에 대해 글쓴이가 제시하는 가능성은 두 가지이다. 개인의 권리 및 민주주의의 강화와 개인의 권리 약화 및 민주주의의 침해이다. 따라서 글쓴이가 정보화가 낳아야 할 바람직한 정치적 변화를 무엇으로 보느냐에 따라, 그의 주장이 달라질 수밖에 없다.

글쓴이의 주장이 가장 선명하게 드러나는 곳은 네 번째와 여섯 번째 단락이다. 글쓴이는 네 번째 단락에서 자기 주장을 끌어내기 위한 조건을 다룬다. 즉 정보화는 정보 외적 조건에 의해 그 성격이 규정되며 정보 기술은 정보 외적 조건에 중대한 영향을 미칠 수 있기 때문에, 통제 강화에 기여할 수도 있고 민주주의에 기여할 수도 있다. 따라서 정보화가 가져오는 바람직한 정치적 결과와 관련된 글쓴이의 주장은 정보화 및 정보 기술의 정보 외적 조건과의 관계에서 그 근거를 찾을 수밖에 없다.

ㄱ)은 근거에 해당한다. 정보화 및 정보 기술이 외적 조건, 특히 정치적 조건과 밀접한 연관이 있음을 전제해야, 정보화로부터 바람직한 정치적 기여를 끌어낼 수가 있기 때문이다.

ㄴ)은 글쓴이의 핵심 주장이다.

ㄷ)은 민주 제도와 개인 권리와의 관계만을 다루고 있을 뿐이기에, 핵심 근거라 하기엔 미흡하다.

ㄹ)은 글쓴이의 생각에 전면 위배되는 것이기에, 주장도 근거도 될 수 없다.

ㅁ)은 글쓴이의 생각에 해당하나 그의 핵심 주장을 뒷받침하는 직접 근거로 볼 수는 없다. 사회가 파멸하지 않기 위해서 정보화의 바람직한 역할을 주장할 수는 없는 일이다. 물론 간접 근거는 될 수 있다. 정보화가 순전히 기술적 과정으로 대체되지 않고 정치 사회적 요인과의 연관성이 강조될 때, 정보화의 올바른 정치적 의미를 주장하게 될 것이기 때문이다.

ㅂ)은 글쓴이의 주장으로 보기에 어려울 뿐만 아니라, 지문 어디에도 나와 있지 않은 표현이다.

정답 2)

3. 가)의 의미를 가장 적절하게 드러낸 것은?

1) 반유토피아에 대해 공포감을 갖는 것은 현실적인 태도가 아니다.

2) 반유토피아 공포는 발전하는 현실을 제대로 반영하지 못하고 있다.

3) 현실은 이미 반유토피아의 공포를 넘어서는 공포를 주고 있다.

4) 현실은 그 자체로 반유토피아이다.

5) 현실은 유토피아적 의식을 갖지 못하게 만든다.

해제

분석적 이해와 추론적 이해를 묻는 문제이다. 이 문제를 해결하려면 해당 단락의 흐름과 요지를 정확히 이해하고 있어야 한다.

가)의 위에서 글쓴이는 정부의 방대한 조직이 개인의 감시 및 통제 능력을 갖추고 있으며 이로 인해 개인들에게 극도의 폐해를 안겨주고 있는 현실이라고 지적한다. 실상 현실은 피셔나 오웰 등이 지적한 반유토피아 사회의 통제를 넘어서는 모습을 보여주고 있다고 지적한다. 따라서 가)는 이의 연장선에서 해석해야 한다. 결국 가)는 현실이 이전 작가들이 제시한 반유토피아보다 더 반유토피아적이라는 의미를 담고 있다.

정답 3)

4. 나)의 의미를 가장 쉽고 정확하게 말하고 있는 것은?

1) 도청 등이 일상화되면 정보 기술에 기초해 민주주의를 제대로 운영할 수 없다.

2) 민주 사회에서 정보 기술은 민주주의 운명에 관한 심오한 문제의식을 줄 수 없다.

3) 민주주의의 운명은 정보 기술의 발전 정도에 달려 있다.

4) 정보 기술에 대한 통제는 민주주의가 발전하기 위한 필요조건이다.

5) 도청 등이 불법화될 때 비로소 정보 기술과 민주주의가 함께 발전할 수 있다.

분석적 이해를 주로 묻는 문제이다. 이 문제를 해결하려면 여섯 번째 단락의 흐름을 파악해야만 한다.

여섯 번째 단락은 이 글 전체의 결론부에 해당하는 부분으로, 글쓴이는 정보화가 민주주의 발전에 기여할 때 비로소 진보적인 역할을 수행하게 된다고 강조한다. 여기서 결론을 이끌어내기 위한 통로로 기능하고 있는 것은 두 가지이다. 하나는 민주화된 사회에서 정보 기술이 민주주의 운명에 미치는 영향과 민주화되지 못한 사회에서 정보 기술이 민주주의 운명에 미치는 영향이 그것이다. 그러나 민주화된 사회에서는 정보 기술이 제대로 잘 통제되거나 적절하게 사용되고 있기에, 정보 기술의 발전이 민주주의에 미치는 부정적 영향과 관련해서 주목할 만한 문제의식을 제공하지 못한다. 따라서 실제적인 통로는 후자일 수밖에 없다. 결론을 끌어내는 통로인 후자와 대비시켜 전자를 다루고 있을 뿐이다. 따라서 나)는 결론에 끌어내기 위한 간접적 통로로 사용되고 있으며, 나) 이하의 문장과 대비시킬 때 그 뜻이 분명하게 드러난다.

'민주화되지 못한 사회에서 정보 기술은 민주주의에 대한 심도 있는 문제의식을 제공해준다'와 의미상 대등한 진술을 찾으면 될 것이다.

정답 2)

5. 글쓴이의 생각이라고 보기 어려운 진술은?

1) 민주화되지 못한 사회일수록 정보 기술과 민주주의의 관계에 주목해야만 한다.

2) 정보화 그 자체가 사회의 진보를 평가하는 바로미터이다.

3) 정보사회가 되더라도 개인들에 대한 엄격한 통제는 배제되어야 한다.

4) 민주화된 사회일수록 수평적인 정보 체계를 갖고 있다.

5) 정보화는 민주주의를 발전시킬 수도 후퇴시킬 수도 있다.

분석적 이해와 비판적 이해를 동시에 묻는 문제이다. 글 전체의 흐름과 글의 요지를 정확히 파악해야 하고 의미상 대등한 구절로의 변형을 이해할 수 있어야 한다.

이 글의 주제는 '정보화의 정치적 결과'이며, 명확하게 드러나지는 않았지만 글쓴이의 핵심 주장이라 할 수 있는 것은 '정보화는 인간의 자유를 신장하고 민주주의에 기여해야 한다.'이다. 그리고 글의 흐름은 다음과 같다. 도입(정보화와 관련된 두 가지 정치적 변화의 길) - 본론 1, 즉 정보화가 가져올 수 있는 두 가능성(정보 기술이 가져다주는 엄청난 통제 능력과 민주 사회의 발전에 긍정적 기여를 할 수 있는 정보 기술의 체계)- 본론 2, 즉 사회 조건 및 역사적 전통과 관련해서 정보화의 결과들을 평가해야 한다(체제의 파멸로 이어지는 부정적 경우와 개인의 권리 침해로 이어지지 않는 긍정적 경우)- 결론, 인간에 대한 통제 및 민주주의와 관련해서 정보화가 나아가야 할 바른 길(개인의 자유를 신장하고 민주주의에 기여해야 한다)이다. 따라서 글의 맥락과 글쓴이의 주장에 맞지 않는 진술을 가려내면 된다.

1)은 여섯 번째 단락에서 잘 드러난다. 글쓴이는 민주화된 사회에서는 정보 기술이 올바른 방향으로 사용되고 있지만, 민주화되지 못한 사회일수록 민주주의를 후퇴시키고 인간에 대한 통제를 강화시킨다고 지적한다. 따라서 민주화되지 못한 사회일수록 정보화가 민주주의에 미치는 영향을 좀 더 주목해야 한다는 주장을 끌어낼 수 있다.

2)은 글쓴이의 생각에 부합하지 않는다. 글쓴이는 분명 개인의 자유를 신장하고 민주주의가 발전하는 것을 진보로 보고 있다. 그리고 진보는 정보화의 결과로 나타나는 것이 아니라, 사회적 조건과 역사적 전통에 달려 있다고 지적한다. 따라서 진보에 기여하는가 기여하지 못하는가가 중요하지, 정보화 그 자체가 진보를 평가하는 기준이 될 수는 없다.

3)은 맞다. 글쓴이는 개인의 자유를 신장하는 것이 진보로 보고 있고 정보화는 진보에 기여해야 한다고 주장하기 때문이다.

4)도 부합한다. 글쓴이는 세 번째 단락에서 개인들을 통제하는 사회는 수직적 정보 체계를 갖고 있고, 수평적 정보 체계는 민주주의 발전에 기여한다고 말하고 있다.

5)는 혼동하기 쉬운 진술이다. 이 표현은 지문 속에 명시적으로 드러나 있지 않기 때문에 더욱 그렇다. 글쓴이는 네 번째 단락에서 정보화가 야기하는 정치적 결과를 고려할 때, 사회 조건과 역사적 전통을 고려해야만 한다고 지적한다. 이들이 어떠냐에 따라 정보화가 개인에 대한 통제를 강화하여 민주주의를 후퇴시킬 수도 있고 개인의 자유를 보장하는 쪽으로 나갈 수도 있다. 따라서 글쓴이는 정보화가 곧 민주주의이거나 독재는 아니지만, 이들에 큰 영향을 미칠 수 있다고 주장하는 것으로 보아야 한다.

정답 2)

6. 글쓴이가 동의할 것으로 보이는 진술은?

1) 정보화는 현대 사회 모든 변화의 축이다.

2) 정보화는 개인에 대한 통제 강화로 이어질 수밖에 없다.

3) 정보 기술은 반드시 민주주의를 신장시킬 것이다.

4) 민주주의를 전제해야 올바른 정보화가 가능하다.

5) 정보 기술의 성격은 정치적 요인에 의해 좌우되지 않는다.

추론적 이해와 창의적 이해를 동시에 묻는 문제이다. 이 문제를 해결하려면 무엇보다 글쓴이의 핵심 주장과 주요 생각에 대한 이해와 이에 기초한 논리적 추론 및 창의적 발상이 필요하다.

글쓴이는 정보화의 정치적 결과를 논하면서 정보화는 민주주의에 기여할 수도 민주주의 후퇴를 초래할 수도 있다고 말한다. 그 이유는 정보 기술의 성격이 근본적으로 정보 외적 요건, 즉 정치, 사회, 문화적 요인에 의해 규정되기 때문이다. 따라서 글쓴이는 정보화의 두 가지 가능성을 언급하면서 동시에 정보 기술의 제한성을 제시하고 있다.

1)은 글쓴이의 주장에 부합하지 않는다. 글쓴이의 입장은 정보화는 정치, 사회, 문화적 요인에 의해 그 성격이 규정되기 때문에, 변화의 흐름을 좌우하는 요인으로 볼 수 없다는 것이다.

2)와 3)은 가능성을 필연성으로 제시하고 있다. 정보화는 개인의 권리 신장으로 이어질 가능성도 있지만, 개인에 대한 통제를 강화시키고 민주주의를 약화시킬 가능성도 있기 때문이다.

4)는 글쓴이의 입장으로부터 추론해낼 수 있는 진술이다. 글쓴이는 정보화가 사회, 문화, 정치적 요인에 의해 규정되기 때문에, 강력한 통제 사회에서는 오히려 정보화가 개인에 대한 통제, 권리 제한에 기여할 수 있다고 지적하고 있기 때문이다. 따라서 민주주의가 제대로 정착된 사회에서는 정보화는 개인의 권리 신장과 민주주의의 발전에 기여할 수 있고, 이것이 곧 인간주의적 지향점을 갖는 정보화라고 말한다.

5)는 글쓴이의 입장에 부합하지 않는다. 네 번째 단락에서 글쓴이는 정보 기술의 성격이 정보 외적 요인에 의해 규정된다고 말하고 있다. 지문만을 본다면 그 중에서도 글쓴이가 가장 강조하는 것은 정치적 요인이라고 해석할 수 있다.

정답 4)

　산업화의 초기 국면에서 <u>**가)** 노동은 산업화가 야기한 문제로서가 아니라 오히려 그 결과로서,</u> 즉 최선의 만병통치약으로서, 일체의 빈곤에 대한 처방으로 인식되었던 것 같다. 노동과 빈곤은 단순한 대립관계로, 즉 간단한 반비례 관계로 파악되었다. 따라서 빈곤의 극복—고전주의 시대의 해석에 의하면—이라는 특성을 갖는 노동의 힘은 노동 생산성이 아니라 생산을 고양시킬 수 있는 도덕적 힘에 의해 더 많이 측정되었다. 노동의 효과가 인정되는 것도 그것이 도덕적 초월성에 근거하기 때문이다. <u>**나)** 원죄 이래로 인간은 노동이라는 징벌을 만악의 치유책으로, 구원의 보증으로 받아들였다.</u> <u>**다)** 인간은 자연법에 따라서 노동하는 것이 아니라 저주에 의해서 노동한다.</u> 불모의 대지는 게으른 인간의 탓이지 대지의 탓이 아니다. "대지는 결코 죄를 짓지 않는다. 저주받은 대지는 그것을 경작하는 인간의 노동 때문이다. 그로부터는 어떤 결실도 얻지 못하는 인간은 노동할 수 있는 힘과 쉼 없는 노동 속에서 얻어지는 구원이라는 특별한 결실은 더욱 얻지 못할 것이다."

　❶ <u>노동에 대한 강요와 자연에 대한 신뢰는 무관하다.</u> 또한 대지가 인간에게 보상하리라는 막연한 기대에서 노동에 대한 강요가 이루어진 것은 더욱 아니었다. 노동이 혼자서는 결실을 얻지 못하리라는 주제는 신구교 사상가 모두에게 항속적인 주제였다. 생산과 부는 노동과 자연의 변증법에 의해 이루어지는 것이 아니다. 여기서 캘빈의 경고가 등장한다. "우리는 인간이 자신의 대지를 풍요롭게 만들 수 있는 것이 인간이 사려 깊고 재주가 있기 때문이거나 또는 인간이 자신의 의무를 잘 해냈기 때문이라고 믿어서는 안 된다. 그것은 만상을 지배하는 신의 은총이다." 그리고 나서 신이 무한한 은총으로 개입하지 않는다면 불모의 땅이 되고 마는 위험은 부셋에 의해서 다시 확인되었다. "추수에 대한 희망이나 우리들의 노동의 대가에 대한 기대는 언제라도 우리를 실망시킬 수 있다. 우리의 기대의 실현은 부드러운 대지에 비를 내리시는 영원한 천국에 좌우될 뿐이다." 치유로서의 노동은 비록 자연이 거기에 반응할 의무는 없더라도 —신의 특별한 의지에 의해서만 구원이 가능한— 매우 엄격하게 강요되었다. 자연적 통합의 수준에서가 아니라 도덕적 통합의 수준에서. 의도와는 달리 대지를 괴롭힌 빈민들은 '하늘의 새도 먹여 살리리라' 고 약속한 하느님의 도움을 기다리고 있지만, 그들은 '너의 주 하느님을 시험하지 말라' 는 계명을 어기고 있다. 노동의 기피는 캘빈의 말대로 '신의 권능에 대한 과도한 시험' 을 의미하지는 않을까? 그것은 기적을 강요하지만 기적은 오히려 매일매일의 노동에 대한 보상의 형태로 나타난다. 노

동이 정말로 자연법의 일부가 아니라면 그것은 타락한 세상의 질서에 포함된다. 이것이 게으름이 반역—어떤 의미에서는 가장 나쁜 형태의—이 되는 이유이다. 그러나 게으름은 원죄 이후의 인간이 부리는 최고의 오만, 빈곤이라는 부조리한 오만이다. 엉겅퀴와 갈대만이 자라는 우리들의 세계에서 게으름은 특히 과오이다. 죄악을 야기하고 죄악의 순환을 가져오는 것은 바로 게으름이다. 칙령에 따라서 종합병원은 "모든 무질서의 원천인 구걸과 게으름"을 막아야 한다. 루이 불르달루는 게으름, 즉 타락한 인간의 무가치한 오만에 대한 비난을 다음과 같이 되풀이한다. "그렇다면 게으른 삶의 문제는 무엇인가? 그것은 신에 대한 피조물의 두 번째 반역이다." 따라서 수용소에서의 노동은 윤리적 의미를 갖는다. 게으름은 일종의 반역으로 규정되었기 때문에, ❷ 게으른 자들은 유용성도 이윤도 없는 노동을 끝없이 수행해야만 한다.

　　감금에 대한 경제적이고 도덕적인 요구가 제기된 것은 바로 노동에 대한 이러한 경험에서였다. 고전주의 시대의 노동과 게으름 사이에는 나병 환자의 소외를 대신하는 분계선이 있었다. 종합병원이 나환자 수용소를 대체한 것은, 단순한 지역적인 차원에서만이 아니라 도덕적 세계의 전체적인 지평에서였다. 파문이라는 오래된 의식이 이제는 생산과 유통의 세계에서 부활된 것이다. 사실상 라) 감금의 관행과 노동에 대한 강조 사이의 관계는 경제적 조건에 의해 규정되지는 않는다. 그와는 반대다. ❸ 도덕적 감각이 양자의 관계를 성립시키고 유지시켰다. 빈민들이 사회적으로 기여할 수 있도록 해주자고 제안하는 무역성의 보고에서부터, 빈곤의 원인으로 지적된 것은 재화의 부족이나 비고용의 상태가 아니라, "기강의 해이, 도덕성의 약화"였다. 1657년의 칙령 역시 도덕적 비난과 위협으로 가득 차 있다. "거지들의 방탕은 모든 죄악에 대한 유감스러운 관용 때문에 지나칠 정도로까지 방치되었다. 그런데 불행한 사실은 그들이 처벌받지 않는다면 신이 우리의 왕국에 저주를 내리실 것이라는 점이다." 이 방탕은 노동에 대한 법률의 문제가 아니라 도덕적 문제였다. "경험은 우리로 하여금 수용소의 작업에 동원된 남녀들 대부분이 결혼하지 않은 채 동서(同棲) 생활을 하고 있으며, 그들의 자식은 세례도 받지 않았으며 종교나 신앙에 대해 무지하고 성사를 경멸하며 끊임없이 온갖 죄악을 범하면서 살아간다는 것을 알게 해준다." 그러므로 병원은 나이, 질병, 허약함 때문에 일을 하지 못하는 사람들의 단순한 보호처가 아니었다. 또한 강제 노동 수용소의 양상만을 가진 것도 아니었다. 이것은 인간에 속할 자격이 없는 도덕적 '결핍자'를 처벌하고 교화하는 도덕적 제도의 양상도 갖고 있었다. 물론 이들은 엄격한 교행만으로 교화되지는 못했다. 종합병원은 윤리적 지위를 가졌다. 그 감독자에게 부여된 것도 사실은 이러한 도덕적 책임이었다. 그리고 그들은 일체의 사법적 기구나 억압의 수단을 보장받았다. 그들은 감독, 관리, 지도, 경찰, 교화, 처벌 그리고 상업상의 권한을 가졌으며, 그것을 완수하기 위해 화형주, 낙인, 감옥, 지하 감옥을 마음대로 이용할 수 있었다.

이러한 맥락에서 노동에 대한 강요는 윤리적 수행, 도덕적 보장이라는 이중의 의미를 상정했다. 이것은 아스케시스, 즉 처벌로서 특정한 정신적 성향의 징후로서 기능할 것이다. 노동이 가능하고 또 그럴 의향이 있는 죄수들은 풀려났는데 그것은 그들이 사회에 유용해졌기 때문이 아니라, 그들이 인류의 위대한 윤리적 협약에 조인했기 때문이다. 1684년의 칙령은 병원에 수감된 24세 이하의 남녀를 위한 특별한 조항을 첨가시켰다. 그 조항에 따르면 그들은 낮 시간 대부분을 일해야 하며 거기에는 반드시 '종교적인 독서'가 수반되어야 한다. 그러나 규칙은 이러한 노동이 생산과는 무관하며, 순전히 억압적이라는 것을 보여 준다. 그들은 가능한 한 오랫동안 열심히 일해야 한다. 바로 그래서 그들은 자신들의 성별과 성향에 맞는 작업을 배워야 한다. 그러나 그것도 최초의 작업에서 교화를 바라고 있다는 것을 열성적으로 보여야만 가능했다. 마침내 모든 과오는 음식물의 감소, 증가, 감금이나 소위 병원에 적합한 처벌 방식 등 감독자가 적절하다고 생각되는 방식으로 처벌되었던 것이다. 라 살패트리에르의 성 루이 수용소의 '하루 생활에 관한 일반 규칙'을 읽어보면 노동에 대한 요구가 도덕적 교화의 억압을 위한 제도적인 행사였으며, 그로 인해 비록 궁극적인 형태는 아닐지라도 감금의 본질적인 정당화가 이루어졌던 것을 알 수 있다.

❹ 행정적 강화에 의해 부도덕을 다스리고자 하는 억압 장치의 고안은 중요한 현상이었다. 처음으로 도덕성을 지키는 제도들이 확립되었는데, 거기에서 도덕적 의무와 시민법 간의 놀라운 통합이 이루어졌다. 국법은 더 이상 나태함을 묵과하지 않았다. 물론 유럽 문화에서 도덕적 과오가 공동체 법률의 위헌으로 간주된 것이 처음은 아니었다. 그러나 고전주의 시대의 대(大)감금에서 본질적인 것―그리고 새로운 사건―은 정신의 지배를 목적으로 한 법률이 신체의 억압을 통해서 행사되었다는 사실, 매우 도덕적인 도시 속에서 인간이 감금되었다는 사실이다. 도덕성 자체가 경제나 상업처럼 행정의 대상이 된 것이다.

이런 식으로 우리는 절대 왕정의 제도―그 권력의 상징으로 오랫동안 남아 있던 바로 그 제도―속에 미덕 자체도 국가적인 일이며, 따라서 그것을 지배하기 위한 칙령이 공표되어야 하며 미덕을 존중하게 만드는 권위가 확립되어야 한다는 부르주아적이고 공화주의적인 사상이 포함되어 있는 것을 볼 수 있다. 감금의 벽 속에는 17세기부터 부르주아들이 꿈꾸어 온 도덕적 도시의 오점들이 감추어져 있었다. 처음부터 그것을 피하려고 시도한 사람들을 위한 도덕적인 도시, 법의 지배력과 재화에 대한 지배가 오직 무자비한 폭력에 의해서만 유지되었던 도시, 위협이 유포되어 있고 미덕에 대한 유일한 보상이 처벌을 모면하는 것이었던 도시, 이러한 부르주아 도시의 그늘 밑에서 죄악에 물든 것으로 보이는 모든 사람들에게 강제로 노동이 부과된 이상한 도덕 공화국

이 탄생한 것이다. 국가법과 도덕은 궁극적으로 같아야 한다. "우리의 정치인들로 하여금 계산을 그만두게 하자. 그리고 그들로 하여금 시민과 도덕적 풍습을 제외하고는 무엇이든지 돈으로 살 수 있다는 것을 가르치자."

　이것이 함부르크에 수용소를 설립한 사람들의 꿈은 아닐까? 감독자 중 한 명은 "수감자 모두는 종교와 도덕적인 의미에 따라 적절하게 교육되어야 한다. ❺ 교사들은 아동들에게 종교를 가르쳐야 하고 적절한 시기에 성경을 읽고 외울 수 있도록 훈련시켜야 한다. 교사는 또한 아동들에게 읽고 쓰는 것과 계산하는 것, 수용소의 방문객에게 의젓한 태도로 대하는 것을 가르쳐야 한다. 교사는 그들이 종교적인 의무를 충실하고 예절바르게 수행하는지를 감시해야 한다."는 사실을 간파하고 있었다. 영국의 수용 규칙에는 도덕 및 종교 교육에 대한 감시가 매우 강조되고 있다. 따라서 필무스 수용소의 경우를 보면 '경건, 금주, 분별'의 세 가지 미덕을 갖춘 사람만이 교사로 임명될 수 있었다. 매일 아침 저녁으로 정해진 시간에 기도회를 관장하는 것이 교사의 임무였다. 매주 토요일 오후와 일요일에 그는 수감자들에게 '영국 국교회의 교의에 따라 개신교의 기본 교리'를 가르치고 훈계했다. 함부르크, 폴리무스 등의 구빈원, 노동 수용소들, 유럽의 개신교 국가에는 도덕을 수호하기 이한 굳건한 요새가 구축되어, 종교를 비롯하여 국가의 평화에 필요한 모든 것이 교육되었다. 카톨릭 교회의 경우도 목적은 동일했다. 단지 뱅상 드 뽈의 작업에서 볼 수 있듯이 종교적인 색채는 보다 강했다. "그와 같은 사람들을 이 세계의 폭풍으로부터 떼어놓고 피수감자의 고독에로 함몰시키는 근본적인 목적은 그들을 죄와 영원한 저주로부터 해방시키고 그들에게 이 세상과 저 세상에서 만족을 누릴 수 있는 수단(노동)을 제공하는 것이다. 살아 있는 동안 그들은 신성 경배를 위해 모든 것을 해야 한다. 불행하게도 우리는 경험을 통해 오늘날의 젊은 이들 사이에 만연해 있는 무질서나 방탕이 교화의 부족과 신성에 대한 불복에서 기인한 것이라는 점을 확신하게 되었다. 왜냐하면 그들은 양친의 자애로운 충고나 하느님의 성령보다는 악에 더 경도되어 있기 때문이다." 그러므로 수감자들은 악의 세계로부터 구제되어 간수의 모습을 한 수호천사가 기다리는 고독의 세계로 떠나야 한다. 사실상 간수들은 "그들에게 수호천사가 보이지 않게 베푼 일들을 대신해 주었다. 말하자면 그들을 가르치고 위로하고 그들의 구원을 주선했다." 라 샤리떼의 수용소에서 가장 중요시된 것은 생활방식과 의식의 교정이었는데, 이것은 18세기를 통해서 점차로 감금의 '근거'가 되었다. 1765년 샤또 띠에리의 수용소에서는 새로운 규칙이 제정되었다. "최고 감독자는 최소한 일주일에 한 번은 모든 죄수들을 한 사람씩 만나서 위로해야 하고 그들에게 선행을 훈계하고 지금의 대우가 당연한 것임을 주지시켜야 한다. 그리고 부감독자는 그와 같은 일을 매일 해야 한다."는 규정이 명문화되었다.　　　(미셸 푸코 – 『광기의 역사』)

1. 가)에 해당하는 경우라 보기 어려운 것은?

  1) 노동은 돈을 벌기 위한 수단으로 전락했다.

  2) 노동은 인간을 도덕적으로 타락시켰다.

  3) 이기적 목적의 노동이 확산되었다.

  4) 노동을 통해 충분한 보상을 받을 수 없었다.

  5) 노동은 인간을 고통으로 이끈다.

분석적 이해와 창의적 이해를 동시에 묻는 문제이다.

이 문제를 처음 대하면 다소 당황스러울 수도 있다. '노동은 산업화가 야기한 문제'와 관련된 구체적인 진술들이 지문에 전혀 나와 있지 않기 때문이다. 그러나 약간의 주의만 기울인다면 쉽게 해결할 수 있는 문제이기도 하다. 가)의 의미를 이해하기 전에 문항의 각 항목들을 먼저 살펴본다면, 의외로 쉽게 답을 찾을 수 있다.

2)는 첫째와 두 번째 단락 속에 나와 있는 '치유로서의 노동'과 관련되어 있다. 지문 속에서 글쓴이는 근대 사회에서 노동은 인간의 도덕적, 종교적 타락의 치유책으로 인식하였음을 분명히 밝히고 있다. 따라서 2)는 명백히 논리적 모순을 범하고 있다. 노동이 타락의 원인이면서 동시에 타락을 치유하는 방법이 될 수는 없다. 2)는 상식적으로 보아도 성립할 수 없는 진술이다.

나머지 항목은 근대 산업 사회가 야기한 노동 문제이다. 노동의 유일한 목적과 동기가 개인의 생계와 이익이었으며, 광범위한 노동 착취 속에서 수많은 여성, 어린이들이 고통을 당했다. 동시에 생계 수단으로 전락한 노동 속에서 많은 사람들이 정신적 고통을 겪기도 하였다. 이는 명백한 역사적 사실이기도 하다.

정답 2)

2. 나)는 산업화 초기 사람들의 노동관이다. 이를 반박하는 진술이라 보기 어려운 것은?

  1) 가난은 나랏님도 구제 못한다.

  2) 무신론자에게 노동은 종교적 의미를 갖고 있지 않다.

  3) 노동은 그저 먹고 살기 위한 행위일 뿐이다.

  4) 인간은 자유로울 때 도덕적 성숙이 가능하다.

  5) 빈곤은 구조적 요인 때문에 발생한다.

비판적 이해와 창의적 이해를 묻는 문제이다. 이 문제를 해결하려면 초기 산업화 시대 사람들의 노동관을 정확하게 이해해야 하며, 그들의 노동관에 반하는 입장들을 추론해낼 수도 있어야 한다. 아울러 노동에 대한 문제의식도 있어야 한다. 이들 요인이 종합적으로 갖추어졌을 때, 쉽게 해결할 수 있는 문제이다.

나)는 종교적 맥락에서 노동의 의미에 관한 진술이다. 요컨대 노동은 원죄를 가진 인간에게 부여된 저주요 천형이며, 악을 극복할 수 있고 구원을 받을 수 있는 통로이다. 따라서 나)에서 노동은 세 가지 뜻을 함축하고 있다. 저주, 악의 극복 방식, 구원의 통로가 그것이다. 그러므로 이 세 가지 뜻을 함축하고 있는 종교적 노동관을 반박하는 진술을 찾아내면 된다.

1)은 두 가지 뜻을 함축하고 있다고 해석할 수 있는 문장이다. 하나는 빈곤이 개인적 원인에서 비롯된 것이며 정치, 사회적 요인이 아니라 결국 개인에게 달려 있다는 의미이다. 다른 하나는 가난이란 가난한 사람에게는 벗어날 수 없는 숙명이라, 어떤 외부적 요인을 통해서도 벗어날 수 없다는 의미이다. 따라서 개인적, 종교적 측면을 갖고 있다고 해석할 수 있다. 문제는 나)의 노동관에 부합하면 부합했지, 이를 반박하는 입장이 결코 아니라는 점이다.

2)는 나)의 입장에 반하는 진술이다. 나)는 명백히 종교적 의미를 강조하고 있다. 노동은 종교적 저주요 종교적 의무이다. 종교적 의무는 마땅히 수행해야 하기 때문에, 윤리적 의무이기도 하다. 무신론자에게 노동은 종교적 의미를 가질 수 없기에, 의무가 될 수도 없다. 따라서 나)에 반하는 입장이며 또 나)를 반박할 수 있는 진술이기도 하다.

3)은 가장 평범하지만 세속적인 노동관이다. 노동이 그저 먹고 살기 위한 욕구 충족 행위라면, 거기에다 종교적 의미를 부여하는 것은 넌센스일 수밖에 없다. 따라서 나)와 정면으로 대립하는 입장이다.

4)는 다소 혼동될 수 있고 또한 난해한 명제이기도 하다. 그러나 중요한 것은 인간의 도덕적 성숙이 자유와 연관되어 있다는 사실이다. 자유란 일반적으로 자율과 자결을 의미하기 때문에, 어떤 것에도 구속되지 않고 스스로 판단하고 결정한다는 것을 말한다. 종교적 굴레나 종교적 이유는 따라서 본래적인 자유의 의미에 배치된다. 따라서 4)는 종교적 이유 때문에 노동을 통해 도덕적 성숙이 가능하다는 명제와 양립할 수 없다.

5) 역시 나)와 대립한다. 나)의 입장에서 보면 노동은 도덕적 해이 혹은 타락 때문에 발생한다. 동시에 노동하지 않는 것은 신에 대한 종교적 의무의 방기이기도 하다. 결국 종교적 의무를 다하지 않을 때 빈곤할 수밖에 없다는 것이 나)의 입장이다. 5)는 이를 전면 부정하는 입장이다.

정답 1)

3. 다)에 반하는 진술은?

1) 노동은 구원의 통로이다.

2) 자연 없이 노동할 수는 없다.

3) 인간은 노동을 통해서 생존할 수 있다.

4) 노동이란 저주받은 인간의 숙명이다.

5) 노동의 가장 중요한 동기는 종교적 요인이다.

비판적 이해와 창의적 이해를 동시에 묻고 있다. 이 문제는 다) 자체만으로는 해결할 수 없다. 전후 문맥을 정확히 이해해야 한다. 이를 통해 '자연법'의 의미를 유추할 수 있다.

'자연법'에 따라 노동한다는 것은 일반적으로 말하면 다음과 같다. '인간은 자연 속에서 생존하지 않으면 안 된다. 자연은 인간의 모든 욕구를 충족시킬 수 없기에, 인간은 자연을 가공함으로써 욕구를 충족시키고 생존을 유지할 수 있다'는 의미를 이해할 수 있다. 두 번째 단락의 '노동과 자연의 변증법'이라는 표현이 자연법에 따라 수행하는 노동의 의미를 극명하게 보여 준다.

다)는 종교적 의미를 내포하고 있다. 기독교에서 말하는 원죄가 이와 관련이 있다. 원죄 때문에 인간에게 내려진 저주가 곧 노동이다. 따라서 노동은 인간의 천형이요 벗어날 수 없는 숙명이다. 또한 노동을 열심히 해야 신의 저주로부터 풀려나 구원을 받을 수 있는 길이 있다. 여기서 노동의 도덕적 의미가 부각된다.

1)과 4)와 5)는 노동의 종교적 측면을 잘 드러내고 있다. 다)의 의미에도 잘 부합한다. 따라서 이들은 답이 아니다.

2)는 노동의 자연 조건이다. 대지가 없다면 그것에 가할 노동도 존재할 수 없다. 따라서 2)는 다)에 반하는 진술이 아니다.

3)은 명백히 반하는 진술이다. 노동이 종교적, 도덕적 의미를 갖게 되면, 노동의 결과는 신의 은총으로 이해된다. 노동이 성공적 결과를 가져오는 것은 노동을 잘 했기 때문이 아니라, 신의 은총이라는 것이다. 따라서 생존 여부는 신의 은총에 달린 것이지 인간의 의지 여하에 달린 것이 아니다. 3)은 자연법적 질서에 해당한다.

정답 3)

4. 글쓴이의 생각이라 보기에 가장 적절한 것은?

1) 노동과 빈곤은 단순한 대립 관계이다.

2) 원죄 때문에 노동은 만악(萬惡)의 치유책이요 구원의 보증이다.

3) 생산과 부는 노동과 자연의 변증법에 의해 이루어지는 것이 아니다.

4) 게으름은 죄악을 야기하고 죄악의 순환을 가져온다.

5) 게으른 자들은 유용성도 이윤도 없는 노동을 끝없이 수행해야만 한다.

해제

추론적 이해와 비판적 이해를 동시에 묻는 문제이다. 이 문제를 해결하려면 무엇보다도 초기 산업화 시대 사람들의 태도와 글쓴이의 생각을 구별할 수 있어야 한다. 두 가지가 섞여 있기에, 어느 것이 전자이고 어느 것이 후자인지 구별하기가 쉽지 않다. 글의 흐름과 맥락을 파악해야만 해결할 수 있다. 이에 기초해서 각각의 문장이 누구의 생각인지를 드러내야 한다.

1)은 첫 번째 단락에 나와 있다. 노동과 빈곤을 단순한 대립 관계로 보는 것은 명백히 초기 산업화 시대 사람들의 태도였다.

2) 역시 첫 번째 단락 후반부에 나와 있다. 노동을 치유와 구원의 통로로 보는 것 역시 초기 산업화 시대 사람들의 태도라는 것을 알 수 있다.

3)은 다소 혼동될 수 있다. 그러나 초기 산업화 시대 사람들이 왜 노동을 강조하고 강요했는가를 이해한다면, 이 표현 역시 그들의 생각이었다는 짐작할 수 있다. 그들에 따르면, 생산과 부는 신의 은총이다. 인간이 대지에 노동을 가한다고 해서 결과물을 얻을 수 있는 것은 아니다. 노동과 자연의 변증법적 관계는 곧 자연법에 의해 노동과 자연의 관계를 이해하는 것이다. 자연은 삶의 터전이며 인간은 자연 속에서 모든 욕망을 충족시킬 수 없기에, 노동을 통해 욕망 충족의 수단을 확보해야 한다. 노동은 곧 자연에 대한 가공이다. 글쓴이에 따르면 초기 산업화 시대 사람들은 이러한 자연법적 노동관을 거부했다.

4) 역시 초기 산업화 시대 사람들의 태도이다. 이 표현은 세 번째 단락 후반부에 나온다. 여기서 글쓴이는 초기 산업화 시대 사람들의 생각과 태도를 열거하면서 당시의 상황을 진술하고 있다.

5)도 혼동될 수 있다. 그러나 글쓴이와 초기 산업화 시대 사람들의 노동관의 차이에 주목할 수 있다면, 이런 혼동을 피할 수 있다. 우선 이 표현은 세 번째 단락 끝에 나온다. 이 표현은 글쓴이가 초기 산업화 시대 사람들의 행태를 서술하고 평가하면서, 수용소에 감금되어 노동을 할 수밖에 없었던 사람들의 상황을 평가한 것이라 볼 수 있다. 따라서 이는 글쓴이의 생각이라고 말 할 수밖에 없다. 더욱이 '유용성도 이윤도 없는'이라는 표현에 주목해야 한다. 이는 초기 산업화 시대 사람들의 입장에서는 나오기 불가능한 노동관이다. 그들의 입장에서 보면 노동은 도덕적, 종교적 요인 때문에 수행해야 하며 이윤이나 노동의 결과는 어디까지나 부차적일 수밖에 없다. 또한 유용성과 이윤은 지극히 개인적 동기일 수밖에 없다. 따라서 그들의 입장에 반할 수밖에 없다. 따라서 5)는 글쓴이의 노동관이 드러난 표현이라 보는 것이 맞다.

정답 5)

5. 이 글의 논제라 보기에 적절한 것은?

1) 노동 수용소의 등장 배경

2) 역사적 측면에서 본 감금 정책의 실패 요인

3) 감금의 효율성과 노동

4) 산업화 초기 감금의 관행과 노동의 강조 사이의 관계

5) 산업화 초기 빈곤과 타락의 원인

분석적 이해와 비판적 이해를 동시에 측정하는 문제이다. 이 글은 내용도 어렵지만 서술 방식도 난해한 편이다. 특히 글쓴이와 그가 다루고 있는 산업화 초기 사람들의 생각을 명료하게 구분하는 것도 어렵다. 따라서 글쓴이의 주장을 분명하게 이해하는 것도 쉽지 않다. 그렇다 하더라도 글쓴이가 무엇을 다루고 있는지는 주의 깊게 살펴만 본다면 어려운 일이 아니다.

다만 논제는 가급적 구체적이고 범위를 좁혀서 이해해야 한다는 점을 주의해야 한다. 글쓴이가 노동과 감금 등을 다루고 있다고 해서, '노동의 성격' 혹은 '노동의 도덕적 동기' 그리고 '감금의 역사적 의의 및 감금과 노동의 관계'와 같은 방식으로 추상적으로 넓은 범위에서 논제를 잡으면 안 된다. 글쓴이가 분명하게 명시하고 있듯이, 산업화 초기의 문제를 다루어야 한다. 그러나 이것만 갖고서는 부족하다. 글의 흐름과 맥락 속에서 산업화 초기, 노동, 감금이라는 핵심어를 연관시킬 수 있어야 한다. 글쓴이가 산업화 초기 노동의 특성과 그에 기초한 노동 강조의 문제를 다룬 것은 결국 감금의 문제를 다루기 위한 것이었다. 따라서 노동의 강조와 감금의 문제를 정리된 형태로 연관시키지 못한다면, 제대로 된 논제를 도출할 수가 없다.

전반부에서 노동에 대한 강조가 도덕적 동기 때문이라는 것이 드러나 있고 후반부에서는 감금의 목적 역시 도덕적 측면이라는 점을 지적하고 있다면, 결국 도덕적 동기 때문에 노동에 대한 강조와 감금의 관행이 연관되고 있다는 것을 추론해낼 수 있어야 한다. 아울러 구체적이고 좁은 범위에서 논제를 정해야 하기 때문에, '산업화 초기 노동의 강조와 감금의 관행 사이의 관계' 정도로 논제를 구체적이고 명료하게 정리해낼 수 있어야 한다.

1)은 지엽적인 논제가 될 수는 있지만, 이 글 전체의 논제로 볼 수는 없다.

2)와 5)는 이 글에 전혀 드러나 있지 않은 내용이다.

3)은 다소 암시된 형태의 논제가 될 수 있기는 하다. 그러나 역시 지엽성을 벗어날 수 없다.

정답 4)

6. ❶~❷에서 이 글의 주제문이라 할 수 있는 것은?

1) ❶

2) ❷

3) ❸

4) ❹

5) ❺

해제

분석적 이해와 비판적 이해를 동시에 측정코자 하는 문제이다.

이 글의 논제는 명백히 '산업화 초기 노동의 강조와 감금의 관행 사이의 관계'로 정식화할 수 있다. 문제는 글쓴이가 이에 대해 어떤 입장을 갖고 있느냐를 찾아내야 한다. 아쉽게도 글쓴이는 아주 명료하게 깔끔하게 정리된 형태도 자신의 주장을 선명하게 제시하고 있지는 않다.

그러나 글 전체의 흐름과 맥락을 보면, 글쓴이가 이 논제에 대한 어떤 생각과 태도를 가지고 있는가를 찾아낼 수 있다. 특히 글 첫머리와 마지막 부분에 주목한다면, 주제문을 찾는 것이 용이하다. 대개 주제문은 이 둘 중 한 곳에 있기 때문이다. 이 글은 두괄식에 해당하므로, 첫 단락에 주목해야 한다. 이를 제대로 분석하면, 이 논제에 대한 글쓴이의 입장을 끄집어낼 수 있다.

❶은 주제와 관련한 정리된 입장이라 보기에는 무리이다. 노동의 강조와 감금의 관행 사이의 관계라는 논제에 대한 입장 표명이라 보기에는 미약하기 때문이다.

❷는 글쓴이의 생각과 철학이 드러나 있는 부분이기는 하다. 그러나 이 논제와 관련한 입장이 아니기에, 이 글 전체의 주제문으로 볼 수는 없다.

❸은 다소 혼동될 수 있는 표현이다. 주제문으로 보기에는 다소 어색할 수도 있다. 그러나 여기서 양자는 노동의 강조와 감금의 관행을 의미하기 때문에, 논제에 대한 입장을 담고 있다. 더욱이 '도덕적 요인이 산업화 초기 감금의 관행과 노동의 강요 사이의 관계를 규정한다'는 의미를 분명하게 함축하고 있기 때문에, 이 논제에 대한 글쓴이의 입장이라 보기에 적절하다.

❹는 그저 사실에 대한 단순한 평가적 진술에 불과하다. 이 글 전체를 담아내는 주장이라 보기에는 무리다.

❺는 글쓴이의 생각이 아니라, 산업화 초기 수용소를 지지하는 사람들의 생각과 태도일 뿐이다. 따라서 결코 글쓴이의 주장이라고 볼 수 없다.

정답 3)

7. 라)가 함축하는 것을 제대로 드러내고 있는 것은?

1) 경제적으로 무력한 사람들은 감금되어 노동을 할 수밖에 없었다.

2) 노동의 경제적 측면을 강조하지 않았음에도 감금의 관행이 나타나기 시작했다.

3) 경제적 위기가 나타날 때도 노동을 강요하거나 감금을 하지는 않았다.

4) 노동의 도덕적 개선 효과 때문에 감금해서 노동을 시키는 관행이 싹텄다.

5) 경제적으로 무능하다고 해서 감금하여 노동을 시킬 수는 없었다.

해제

이 문제는 추론적 이해와 분석적 이해를 동시에 묻는다. 이 문제를 해결하기 위해서는 글의 흐름과 맥락을 이해하는 것이 선행되어야 하지만, 무엇보다 직접적으로는 라)의 전후 문장들의 의미를 제대로 파악해야 한다. 특히 라) 다음에 오는 표현인 '도덕적 감각'이라는 표현과 '양자 사이의 관계를 성립시키고 유지시켰다'에 주목해야 한다. 따라서 경제적 조건이 아니라 도덕적 요인 혹은 동기가 노동의 강조와 감금의 관행 사이의 관계를 규정하는 핵심이다. 이를 토대로 라)가 함축하고 있는 실제적 의미를 드러내야 한다.

1)은 경제적 요인을 부각시키기 때문에, 전혀 어울리지 않는다.

2)는 경제외적 요인과 감금의 관행을 연결시키고 있다. 그러나 라) 전후의 맥락에서 보면 적절할 수는 없다.

3)은 경제적 요인을 배제하고 있지만, 라)의 의미를 적극적으로 드러내지는 못하고 있다. 또한 노동의 강조와 감금의 관행 사이의 관계도 담아내고 있지 않다.

4)는 도덕적 요인 및 감금의 관행 및 노동의 강조 사이의 관계를 잘 드러내고 있다. 문제는 이것이 라)의 전후의 문맥에 합치하는가이다. 라)의 아래에 보면 빈곤이 도덕적 해이에 기인함을 지적하고 있고 수용소가 도덕적 교화를 목적으로 하고 있다는 점을 드러내고 있다. 라)의 앞부분인 첫 단락과 두 번째 단락에서는 '치유로서의 노동'에 대해서 언급하고 있다. 이들을 종합하면 노동의 도덕적 효과야말로 노동의 강조와 감금의 관행 사이의 관계를 규정하는 핵심 원인이었음을 추론할 수 있다.

5) 역시 노동의 강요와 감금의 관행 사이의 관계가 드러나 있지 않다.

정답 4)

〈1〉 우리는 진실한 욕구와 거짓된 욕구를 구별할 수 있을 것이다. 거짓된 욕구란 개인을 억압하는 것이 이익이 되는 특정 사회적 세력이 개인에 대하여 부과하는 욕구를 말한다. 그것은 고역, 공격성, 궁핍한 상황 및 부정성을 영속시키는 욕구들이다. 이 욕구를 채우는 일은 개인에게 있어서 대단히 즐거운 일일지도 모른다. 그러나 그 만족이 사회 전체의 병폐를 인식하고 그 병폐를 개선할 기회를 포착하는 우리의 능력 발달을 방해하는 데 일익을 담당한다면, 그것은 유지하고 보호해야 할 상태라고 할 수는 없다. 그런 때에 발생하는 것은 불행의 한 가운데 있는 병적 쾌감과 다를 바 없다. 광고에 나오는 대로 휴양을 취하고 놀고 행동하고 소비하고 싶어 하고, 또한 남들이 사랑하고 미워하는 것을 자기도 사랑하고 미워하고 싶다는 흔히 볼 수 있는 욕구들은 대개가 거짓된 욕구의 범주에 들어간다.

이러한 종류의 욕구는 개인이 제어할 수 없는 외적인 힘에 의해 결정되는 사회적 내용과 기능을 가지고 있다. 다른 말로 바꾸면 이러한 욕구의 발달과 충족은 타율적이다. 설령 이런 종류의 욕구가 아무리 개인 자신의 욕구로 변하고 그의 생존 조건에 의해 재생되고 강화된다 하더라도, 또한 개인이 아무리 이러한 욕구에 자기를 동일화하고 그것을 충족함으로서 자기를 되찾는다 하더라도, 이런 유의 욕구는 역시 애초에 그러했던 대로 존속한다. 요컨대 억압을 필요로 하는 세력이 지배적인 사회의 산물로 존속한다.

억압적인 욕구가 널리 만연하고 있다는 것은 움직일 수 없는 기정사실로서, 이 사실은 무지와 그 패배 때문에 받아들여지고 있으나, 그것은 행복한 개인은 물론이고 그의 만족의 대가로 불행해지는 모든 사람들을 위하여 제거되어야만 할 것이다. 무조건적으로 충족을 요구할 수 있는 욕구는 오직 몇 가지 ❶ 기본 욕구—달성 가능한 문화 수준에 있어서의 의식주 등 몇 가지 기본 욕구—뿐이다. 이 욕구를 충족시키는 것은 모든 욕구를, 즉 ❷ 승화된 욕구뿐만 아니라 승화되지 않은 욕구까지도 실현하기 위한 전제조건이다.

가) 사회적 이해관계를 사상(思想)과 행동의 최고 법칙으로 받아들이지 않는 널리 만연된 어떠한 의식이나 양심, 어떠한 경험에 대해서도, 기성 욕구와 그 충족의 세계는 진실과 허위라는 점에서 문제가 되지 않을 수 없을 것이다. 이 두 가지 용어, 즉 진실과 허위는 어디까지나 역사적인 것이며, 그 객관성도 역사적인 것이다. 욕구와 그 충족에 관한 판단은 주어진 조건 아래서는 우선순위에 대한 기준을 내포하고 있다. 이 기준이 가리키고 있는 것은 인간에게 이용 가능한 물질적,

정신적 자원을 최대한으로 활용하며, 모든 사람들이 개인으로서 가장 적합하게 발달한다는 것이다. 이 자원은 계량 가능하다. 욕구의 진실과 허위는 기본 욕구의 완전한 충족 및 ❸그것을 초월한 고역이나 빈곤의 점진적인 경감이 보편적으로 타당한 기준이 되는 한에서, 확실히 객관적인 상태를 나타내고 있다. 그러나 그 내용은 역사적인 기준으로서 발전의 지역성이나 발전 단계에 따라 변하는 것이고, 널리 통용되고 있는 기준과 다소라도 모순되는 일이 없이는 규정할 수 없는 것이기도 하다. 어떠한 법정이 그것을 결정하는 권한을 갖는다고 할 수 있을 것인가.

⑫ 무엇이 진실된 욕구이고 무엇이 허위 욕구인가 하는 문제에 대해서는 최종적으로 각 개인이 스스로 답을 내어야 할 것이다. 다만 그것은 최종적인 경우에, 즉 각 개인이 자유롭게 그들 자신의 답을 낼 수 있는 경우에 한정된다. **나)** 각 개인이 자발적으로 될 수 없는 상태에 놓여 있는 한, 그리고 그들이 자신들의 본능 깊은 곳에 이르기까지 교화되고 조작되는 한, 이 문제에 대한 그들의 답을 그들 자신의 것으로 간주할 수는 없다. 그러므로 어떠한 법정도, 발달시키고 충족시켜야 할 욕구는 어떤 것인가를 결정하는 정당한 권리가 있다고 사칭할 수는 없다. 그와 같이 사칭하는 법정은 모두 비난받아 마땅하다. 비록 우리의 격변이 다음의 질문을 떨쳐 버리지 못하지만 말이다. 그것은 효과적인, 생산적인 지배의 대상이 되어온 사람들이 어떻게 해서 자기 힘으로 자유의 조건을 만들어 낼 수 있는가 하는 문제이다.

사회의 억압적 관리가 합리적, 생산적, 기술적 및 전체적으로 되면 될수록, 관리되고 있는 개인들이 그 노예 상태를 타파하고 자기 해방을 달성하는 수단과 방법은 갈수록 상상하기 곤란한 것이 된다. 확실히 사회 전체에 ❹이성을 부과한다는 것은 역설적이고 빈축을 살만한 생각이긴 하지만, 그러나 이 생각을 조소하면서 한 편으로 사람들을 전면적 관리의 대상으로 만들어내는 사회의 정당성이라는 것은 논박당하고 말 것이다. 모든 해방은 노예 상태를 자각하는 데 기초하고 있고, **다)** 이 자각의 발생은 어느 경우에나 이미 그 대부분이 개인 자신의 것이 되고 있는 욕구와 만족이 우세하기 때문에 방해 당한다. 해방의 과정은 어떤 경우에나 선행하는 조건의 시스템을 다른 그것으로 대체하는 것이다. 그 최고의 목표는 허위 욕구를 진실된 욕구로 바꾸는 것이며, 억압적인 만족을 포기하는 데 있다.

선진 산업사회의 현저한 특징은 해방―관대하고 가치가 있으며 또한 안락한 상태로부터 해방되는 것―을 추구하는 욕구를 효과적으로 질식시키면서 풍요한 사회의 파괴적인 힘과 ❺억압적인 기능을 유지하고 허용한다는 점에 있다. 이 사회에는 낭비물의 생산과 소비를 요구하는 압도적으로 강한 욕구, 노동이 이미 실제로는 필요하지 않은 곳에서도 감각을 마비시킬 정도로 일하려는 욕구, 이 마비를 경감하고 지연시키는 갖가지 기분 전환을 추구하는 욕구, 이를테면 관리가격에 의한 자유 경쟁, 자율로 검열하는 자유 언론, 상표와 상업 광고 사이의 자유로운 선택에서 보이는 기만적인 자유를 유지하고 싶다는 욕구 등이 사회 통제에 의해 강요되고 있다.

억압적인 전체의 지배 아래서 자유는 지배의 강력한 도구가 될 수 있다. 개인에게 열려 있는 선택의 여지는 인간적 자유의 정도를 정하는 데 결정 요인이 되는 것이 아니고, 무엇이 개인에 의해 선택될 수 있는가 그리고 무엇이 실제로 선택되고 있는가 하는 것이 그 결정 요인이 된다. 자유로운 선택이 되기 위한 기준은, 유일절대적인 것이 될 수는 없으나 전적으로 상대적인 것도 아니다. 주인을 자유롭게 선택하더라도 주인 또는 노예가 없어지는 것은 아니다. 매우 다양한 상품과 서비스가 고역과 공포의 생활에 대한 사회적 통제를 지속시킨다면, 다시 말해 그것들이 소외를 지속시킨다면, 그들 다양한 상품과 서비스 속에서의 자유로운 선택은 자유를 의미하는 것은 아니다. 또한 개인에 의해 부가된 욕구를 자발적으로 재생산하더라도 자율성이 형성되지는 않는다. 그것은 통제의 효율성을 증명하는 데 불과한 것이다.

(마르쿠제 – 「일차원적 인간」)

---

1. 가)의 의미를 가장 적절하게 드러내고 있는 진술은?

   1) 사회적 이해관계가 개인들의 의식과 양심과 경험을 규정한다는 것이 거짓인 것처럼, 기성 욕구 및 그 충족도 거짓이다.

   2) 기성 욕구 및 그 충족처럼, 사회적 이해관계가 개인들의 행동을 규정한다는 것을 인정하지 않는 의식, 양심, 경험은 진실된 것일 수 없다.

   3) 기성 욕구 및 그 충족에 매달리는 것처럼, 사회적 이해관계에 매달리면 진실된 의식, 양심, 경험은 없다.

   4) 기성 욕구 및 그 충족과 마찬가지로, 개인들의 행동은 사회적 이해관계와 무관한 양심, 의식, 경험에 의해 주도될 수밖에 없다.

   5) 기성 욕구 및 그 충족이 언제나 문제가 되듯이 , 어떠한 의식, 양심, 경험도 언제나 사회적 이해관계를 반영하여 개인들의 행동으로 이어지는 것은 아니다.

분석적 이해와 비판적 이해, 창의적 이해를 동시에 묻는 문제이다. 가)를 정확히 독해하려면 가) 자체에만 매달려서는 안 된다. 글의 맥락 속에서 글쓴이의 생각을 파악하지 못하면, 제대로 해결하기 어렵다. 더욱이 난해한 표현일 뿐만 아니라 그 함의 역시 만만치 않은 내용을 담고 있기에, 신중하게 접근해야 한다.

가)에서 핵심어는 이해관계 그리고 진실과 허위이다. 첫 번째와 두 번째 단락에서 글쓴이는 기성 욕구와 그 충족이 거짓된 욕구라 말한다. 이 욕구의 특징은 특정 사회 세력이 자신들의 이익을 위해 사회 구성원들에게 부과한 욕구이며, 구성원들 다수가 갈구하고 추구하는 욕구이기도 하다. 동시에 이 욕구가 가진 주요한 기능은 특정 사회 세력이 원하는 사회 체제의 유지 및 재생산에 기여한다는 점이다. 이들이 두 번째 단락 첫 문장에서 말하는 '사회적 내용과 기능'에 해당한다.

가)와 관련해서 이로부터 추론해 낼 수 있는 내용은 다음과 같다. '사회적 이해관계의 중요성을 인정하지 않거나 사회적 이해관계가 개인들의 행동을 규정한다는 것을 인정하지 않는 의식, 양심, 경험은 결국 특정 사회 세력의 이익에 부합하는 의식, 양심, 경험이다. 왜냐하면 특정 사회 세력에 의해 부과된 욕구이며 그 충족임에도 자신의 욕구와 그 충족이 사회적 이해관계와 무관하다고 생각하거나 판단하는 것은, 결국 특정 사회 세력이 원하는 질서에 기여하는 거짓된 욕구이기 때문이다.'

1)은 글쓴이의 입장에 전면적으로 위배되는 내용과 부합하는 내용이 뒤섞여 있다.

2)는 글쓴이의 입장과 가)의 요지를 잘 드러내고 있다. 사회적 이해관계의 중요성을 강조하고 있고, 이해관계의 중요성을 인정하지 않는 의식, 양심, 경험처럼 기성 욕구와 그 충족은 진실의 문제에 봉착할 수밖에 없다는 것을 보여 주고 있기 때문이다.

3)은 글쓴이의 입장에 전면적으로 대립한다.

4) 역시 글쓴이의 입장과 완전히 동떨어져 있다.

5)는 글쓴이의 입장과 완전히 대립하지는 않지만, 글의 흐름과 맥락에 맞지 않으며 가)의 요지를 제대로 드러내지 못하고 있다.

정답 2)

2. 나)의 의미를 가장 쉽고 정확하게 드러내고 있는 진술은?

1) 외부적 요인 때문에 진실된 욕구를 진실된 것으로 볼 수 없다면 그들 스스로 자신의 욕구를 통제했다고 볼 수 없다.

2) 본능이 조작되었다는 것을 깨닫지 못한다면 자발적으로 자신의 문제를 해결할 수 없다.

3) 개인들이 자발적으로 판단할 때 자발적 행동이 가능하며, 비로소 자기 삶의 문제를 올바로 볼
   수 있다.

4) 사회적 억압을 비판하고 주체적으로 판단할 수 없다면, 진실된 욕구와 거짓된 욕구를 구별할
   수 없다.

5) 사회가 개인들의 본능을 조작하고 왜곡하지 말아야, 진실된 욕구와 거짓된 욕구를 구별할 수
   있게 될 것이다.

해제

비판적 이해와 분석적 이해를 동시에 측정하는 문제이다. 이 문제 역시 나)의 의미에만 매달려서는 안 된다. 전후 맥락을 잘 살펴봐야 하고 글쓴이의 생각을 잘 읽어야 한다. 만일 스스로 풀어쓰는 것이 어렵다면, 항목들의 내용부터 살펴보고 문제를 푸는 것도 권장할 만한 방법이다.

나)의 요지는 이것이다. '자유롭되 자유롭지 않다. 사회의 근본적인 조작과 교화 때문이다. 이를 벗어나야 참으로 자발적인 선택이 가능하며, 비로소 자발적인 선택이었다고 간주할 수 있다.' 따라서 자유의 조건에 대한 주체적 탐색의 당위성을 언급하고 있다고 보면 된다. 이에 반하는 진술은 우선 답이 될 수 없다. 물론 내용적으로 볼 때도 논리에 어긋나는 항목은 답이 아니다.

1)은 맥락을 놓치고 있다. 나)의 '이 문제'에 제대로 답하지 못하고 있다.

2)는 설명이 빈약하며 초점도 맞추지 못했다. 사회 세력에 의한 조작 혹은 왜곡의 의미가 명료하게 드러나지 않았으며, 여기서 말하는 '이 문제'는 두 욕구의 구별 문제이다.

3)은 판단과 행동 그리고 삶의 연관성만을 짚고 있다. 이 글의 요지와 맥락에 전혀 맞지 않는 내용이다.

4)는 억압을 구체적으로 드러내고 있고 이에 대한 비판과 주체적 판단을 자유의 조건, 즉 진실된 욕구와 거짓된 욕구의 조건으로 보았기 때문에, 나)의 의미를 잘 드러내고 있다.

5)는 다소 혼동하기 쉽다. 특별히 이상이 없어 보이기 때문이다. 그러나 나)의 앞 부분에 유의한다면, 문제가 있다는 것을 알 수 있다. 글쓴이는 진실된 욕구와 거짓 욕구 간의 구별 주체가 욕구 주체 자신이라고 말한다. 따라서 나)는 개인의 입장에서 해석하거나 풀어내야 한다. 그러나 여기서 주체는 명백히 '사회'이다. 사회가 두 욕구를 구별하는 문제를 해결하는 주체로 등장할 수는 없다. 내용적으로나 논리적으로나 별 문제가 없기에 함정이 될 수 있는 항목이다.

정답 4)

3. 글쓴이의 생각이라고 볼 수 없는 진술은?

1) 지배적인 사회 세력에 의한 욕구의 부과는 기존 질서의 재생산을 목적으로 한다.

2) 스스로 선택하고 스스로 결정할 수 있는 것이야말로 참된 자유의 본령이다.

3) 자기 욕구와 그것의 충족에 집착할수록 해방의 길은 멀어진다.

4) 거짓된 욕구와 그것의 충족에 대한 집착은 고통과 빈곤을 증감시키는 데 기여한다.

5) 욕구는 언제나 개인적이어서 상대적일 수밖에 없다는 주장은 설득력이 없다.

해제

비판적 이해와 추론적 이해를 동시에 측정하는 문제이다. 이 문제는 지문 속에 드러난 글쓴이의 주요 생각들과 이런 생각들이 개진된 맥락에 대한 이해가 선행되어야 해결할 수 있다. 다음으로 항목들을 살펴보면 이 문제를 해결하는 핵심어는 지배적인 사회 세력, 거짓된 욕구, 자유 등이다. 이에 초점을 맞추면 상대적으로 쉽게 해결 방향이 보인다.

1)은 <1>의 첫 번째와 두 번째 단락, 그리고 <2>의 마지막 단락에서 드러난다. 글쓴이는 지배적인 사회 세력이 특정 욕구를 구성원들에게 부과하는 것은 자신들의 이익이 관철되는 기존 질서를 유지하지 위해서라고 보고 있다.

2)는 다소 혼동되는 항목이다. 일반적으로 보면 틀린 말은 아니지만, 글쓴이의 생각과는 다르다. 글쓴이의 입장은 한 마디로 말하면, '모든 자유가 참된 자유는 아니다' 혹은 '자유는 지배적인 사회 세력의 이익을 대변한다.' 등으로 압축될 수 있다. <2>의 마지막 단락에서 글쓴이는 억압적인 사회 체제가 오히려 개인들에게 자유를 부여하며 개인들이 자유에 집착할수록 억압적인 사회 체제의 통제 효율성이 높아진다고 말하고 있다.

3)도 다소 혼동될 수 있다. 그러나 글쓴이의 입장에서 당연히 추론할 수 있는 명제이기도 하다. 개인들의 자유는 사회 지배 세력에 의해 부과된 것이 대부분이고, 개인들이 그것에 집착할수록 오히려 해방의 길은 멀어진다. <2>의 두 번째 단락을 분석해 보면, 쉽게 추론할 수 있다.

4)는 명시적으로 드러난 글쓴이의 입장이다. <1>의 첫 번째 단락에 보면 이를 분명하게 확인할 수 있다. 여기에는 거짓된 욕구의 정의와 그것의 기능이 잘 드러나고 있다.

5)도 추론 능력이 필요한 항목이다. 글쓴이는 <1>의 네 번째 단락에서 거짓된 욕구의 주요 특성이 그것의 객관성에 있다고 말한다. 따라서 거짓된 욕구는 측정 가능하며, 그것이 가져오는 결과, 즉 고통이나 빈곤의 계량 역시 가능하다고 말한다.

정답 2)

4. 다)에 대한 효과적인 반박이라 하기에 가장 적합한 것은?

1) 기성 욕구와 그것의 충족에만 매달리지 않게 되면 사회와 자신의 관계에 관심을 돌릴 수 있다.

2) 기성 욕구와 그 충족이 아닌 새로운 욕구와 그 충족에 매달리게 된다 할지라도 거대한 힘에 밀려 사회와 자신의 관계에 대한 관심이 생기지 않는다.

3) 기성 욕구와 그것의 충족이 쉬울수록 더 많은 욕구를 가지고 쉽게 충족하게 되어 자기 자신에만 집착하게 된다.

4) 기성 욕구와 그것의 충족에 매달리게 되면 사회에 대한 원망이 깊어져 자기 상태에 대한 관심을 갖지 않게 된다.

5) 기성욕구와 그것의 충족이 잘 되면 사회와 자신의 관계에 대해 이해하고자 하는 새로운 욕구가 생겨날 수 있다.

해제

이 문제는 추론적 이해와 비판적 이해를 묻는다. 이 문제는 난해하기 때문에 세심한 주의가 필요하다.

우선 이 문제를 해결하려면 다)의 의미를 정확히 알아야 하고, 다)의 숨겨진 전제 혹은 근거를 찾아내야 한다. '지배 세력이 부과한 기성 욕구와 그것의 충족이 쉬우면 자기 상태에 대한 문제의식이 싹트지 않는다'가 숨겨진 전제 혹은 근거로 볼 수 있다. 아울러 다)를 반박하려면 반박의 두 가지 방법을 알고 있어야 한다. 그것은 내부적 비판과 외부적 비판이다. 외부적 비판은 문제 설정 자체가 잘못되었음을 지적하는 일이다. 요컨대 '기성 욕구와 그 만족을 자각과 연관시킨다는 것 자체가 무리한 설정이다'는 등의 입각점을 가지고 반박해 들어가서, 기성 욕구 및 그 충족의 용이함과 노예 상태에 대한 자각은 별개의 문제라는 것을 입증하면 된다.

내부적 비판은 근거를 문제 삼고 반박하는 것이다. 내부적 비판이 성공하려면, '기성 욕구의 그것의 충족이 잘 된다 할지라도 자각이 일어날 수 있다'는 명제나 '기성 욕구나 그것의 충족이 미흡하다 할지라도, 자각이 방해받을 수 있다'는 명제를 입증해야 한다. 따라서 '지배 세력이 부과한 기성 욕구와 그것의 충족이 쉬우면 자기 상태에 대한 문제의식이 생기지 않는다.'와는 대립되는 근거를 제시하여, 앞에서 제시한 명제를 입증해야 한다. 요컨대 '지배 세력이 부과한 기성 욕구와 그것의 충족이 쉬워도 자기 상태에 대한 문제의식이 싹틀 수 있다' 혹은 '지배 세력이 부과한 기성 욕구와 그것의 충족이 어려워도 자기 상태에 대한 문제의식이 싹트지 않는다.'는 근거를 제시하여야 한다.

1)과 2)와 4)는 기성 욕구 충족의 용이성을 언급하지 않고 있기에, 적절한 반박이 될 수 없다.

3)은 노예 상태에 대한 자각이 어려운 이유를 부연 설명하고 있기 때문에, 반박이라 볼 수 없다.

정답 5)

5. ❶~❺중에서 그 성격이 전혀 다른 것은?

    1) ❶   2) ❷

    3) ❸   4) ❹

    5) ❺

해제

분석적 이해와 비판적 이해를 동시에 묻는 문제이다. 이 문제는 글쓴이의 주요 생각과 각각이 속한 단락의 핵심을 이해해야 쉽게 해결할 수 있다. 이들은 모두 논제 및 글쓴이의 주장과 연관된 용어이기 때문에, 글쓴이의 주장을 분명히 이해할 필요가 있다. 요컨대 진실한 욕구의 특성 및 그것의 기능과 관련되어 있다는 것을 파악해야 한다.

❶은 진실한 욕구에 속한다. 특정 사회의 문화 수준에서 반드시 충족시켜야 할 의식주와 관련된 욕구가 곧 기본 욕구이다.

❷는 글쓴이의 주장 그리고 해당 단락의 문맥 속에서 이해하지 않으면 안 된다. '승화'라는 말이 가진 긍정적 함의를 고려할 때, 이는 진실한 욕구와 같은 맥락임을 추정할 수 있다. 여기서 말하는 '승화'된 욕구란 글쓴이의 입장에서 보면 사회 지배 세력에 의해 부과되지 않고 이성적 판단에 기초한 욕구 그리고 고통과 빈곤의 경감에 기여하고자 하는 욕구 정도로 이해할 수 있다.

❸은 진실한 욕구의 역할 혹은 기능이라고 할 수 있다. 진실한 욕구와 허위 욕구의 기준이 고통과 빈곤을 경감하느냐 증가시키느냐에 달려 있다고 글쓴이는 지적한다.

❹도 진실한 욕구와 관련되어 있다. 문맥 속에서 ❹는 사회 지배 세력에 의해 부과된 욕구와 억압적 체제를 비판할 수 있는 능력 그리고 스스로 노예 상태를 자각하고 해방으로 나갈 수 있게끔 하는 긍정적 능력 등으로 이해할 수 있다. 이는 승화된 욕구를 갖기 위한 전제 조건으로 보는 것이 적절하다.

❺는 지배 세력이 부과한 욕구로 곧 허위 욕구와 일치한다. 그것은 특정 지배 세력의 이익을 대변하고 다수 개인들에게 고통과 빈곤을 주는 기능을 수행하며, 특정 세력의 이익에 부합하는 사회 질서를 유지하고 재생산하는 허위 욕구의 기능을 말한다.

정답 5)

6. 〈1〉과 〈2〉의 논제 차이를 가장 잘 드러내고 있는 진술은?

    1) 〈1〉은 진실된 욕구와 거짓된 욕구의 차이를, 〈2〉는 현대 사회의 통제 능력을 다루고 있다.

    2) 〈1〉은 거짓된 욕구의 충족 방향을, 〈2〉는 노예 상태의 조건을 다루고 있다.

3) 〈1〉은 사회 질서와 거짓된 욕구의 관계를, 〈2〉는 자발적 선택의 가능성을 다루고 있다.

4) 〈1〉은 거짓된 욕구의 특성을, 〈2〉는 참된 자유의 조건을 다루고 있다.

5) 〈1〉은 거짓된 욕구의 극복 방향을, 〈2〉는 현대 산업 사회에서 자유의 문제점을 다루고 있다.

비판적 이해를 주로 묻는 문제이다. 이 문제의 해결 방법은 간단하다. 〈1〉과 〈2〉의 첫 번째 단락과 마지막 단락들을 주의 깊게 살피는 일이다.

우선 〈1〉의 각 단락의 요지를 정리하면 다음과 같다. 거짓된 욕구의 정의 – 거짓된 욕구의 타율성 – 진실한 욕구와 거짓된 욕구의 비교 – 거짓된 욕구의 객관성이다. 이를 통해 '거짓된 욕구'를 논제로 파악하는 것은 너무 추상적이며 초점도 없다. 각 단락의 요지를 논리적으로 연관시켜, 궁극적으로 다루고자 했던 것이 무엇인가를 끄집어내야 한다. 거짓된 욕구를 전반적으로 검토함으로써 결국 글쓴이가 드러내고자 한 것은 거짓된 욕구의 특성이라 할 수 있다. 그리고 이를 통해 거짓된 욕구가 타율적이며 객관적이라는 것을 주장하고 있다.

〈2〉의 각 단락의 요지는 자유의 조건 – 해방의 정의 – 선진 산업 사회의 특징 – 자유의 조건 마련의 현실적 어려움 등이다. 따라서 이 글의 논제는 진실된 욕구와 거짓된 욕구를 스스로 구별할 수 있는 조건, 즉 자유의 조건에 대해 말하고 있다. 첫 번째 단락과 네 번째 단락에서 이를 극명하게 보여 주고 있다. 그리고 이를 통해 사회 현실에 대한 문제의식 혹은 비판이 없다면, 참된 자유의 조건 확보가 매우 어렵다는 것을 역설적 표현으로 주장하고 있다.

1)과 2)와 5)는 〈1〉과 〈2〉의 요지를 제대로 파악하지 못하고 있다. 3)은 지문에서 다루고 있는 내용이기는 하지만, 논제가 보기엔 너무나 지엽적인 내용들이다.

정답 4)

7. 〈1〉과 〈2〉의 핵심 주장이 바르게 묶인 것은?

ⓐ 거짓된 욕구는 타율적이며 객관적이다.
ⓑ 거짓된 욕구를 갖게 되면 사회 구성원들의 고통과 빈곤은 증가된다.
ⓒ 기성 욕구와 그 충족에만 집착할수록 노예 상태로부터의 해방은 멀어진다.
ⓓ 억압적인 체제가 허용하는 자유는 참된 자유라 할 수 없다.
ⓔ 사회적 이해 관계와 밀착된 욕구만이 진실된 욕구이다.
ⓕ 사회 억압에 대한 문제의식과 비판 없이 참된 자유의 조건은 확보할 수 없다.

1) ⓐ와 ⓕ

2) ⓑ와 ⓓ

3) ⓒ와 ⓔ

4) ⓑ와 ⓒ

5) ⓓ와 ⓔ

비판적 이해를 묻는 문제이다. 논제 파악이 선행되어야 하며, 논제와 관련된 글쓴이의 핵심 생각을 끄집어내야 해결할 수 있는 문제이다. <1>과 <2>의 논제는 각각 '거짓된 욕구의 특성'과 '참된 자유의 조건'이다. 이에 대해 글쓴이가 어떤 생각을 드러내고 있는가를 찾아내야 한다.

ⓐ는 <1>의 핵심을 잘 끄집어내고 있다. 글쓴이가 강조하고 있는 내용이기도 하다.

ⓑ는 <1>에 명시적으로 드러난 내용이지만, 논제와 직결되어 있지도 않으며 글쓴이의 중심적인 생각도 아니다.

ⓒ는 <2>의 두 번째 단락에 있는 내용과 유사하다. 그러나 동일한 내용도 아닐 뿐더러 글쓴이가 자신의 중심 생각을 드러내기 위한 하나의 장치에 불과하다.

ⓓ는 <2>에서 드러난 글쓴이의 생각인 것은 분명하다. 그러나 글쓴이는 첫 번째 단락에서 드러난 문제, 곧 진실한 욕구와 거짓된 욕구의 구별의 조건, 즉 참된 자유의 조건과 직결된 생각은 아니다. 참된 자유의 조건에 관한 직접적 언급이 곧 글쓴이의 핵심 주장이라 할 수 있다.

ⓔ는 <1>에서 드러나지도 않았을 뿐더러 글쓴이의 생각이라 말하기도 어렵다. <1>의 네 번째 단락에서 제시하고 있는 진실한 욕구와 거짓된 욕구의 기준을 참고하면, 이 점이 명백히 드러난다.

ⓕ는 마지막 단락의 요지이다. 다만 역설적으로 주장하고 있을 뿐이다. 글쓴이는 현실의 자유가 진정한 자유도 아니며, 오히려 특정 사회 세력에게 이로움을 주며 그들의 통제 능력을 확증하는 계기라고 보고 있다. 마지막 단락을 거꾸로 읽어 명시적으로 드러나 있지 않은 주장을 끌어내야 한다. ⓕ가 그것이다.

정답 1)

8. <2>의 마지막 단락을 논지와 연관시켜 한 문장으로 요약할 때, 그 의미를 가장 잘 드러내는 진술은?

1) 사회 현실에 대한 비판이 참된 자유의 가능성을 가져다 준다.

2) 억압적인 현대 사회에서는 부자유를 추구하는 사람만이 자유롭다.

3) 억압적인 체제의 통제 능력은 상상을 초월한다.

4) 현대인은 자유롭지만 동시에 자유의 노예이다.

5) 인간의 자유 정도를 측정하는 기준은 그 선택의 폭이다.

비판적 이해와 추론적 이해 그리고 창의적 이해를 동시에 묻는 문제이다. 그러나 글의 요지를 파악하려면 거꾸로 읽을 수 있는 능력, 행간의 의미를 파악할 수 있는 능력, 논제 및 논지와 연관시켜 이해할 수 있는 능력 등이 중요하다. 특히 이 단락은 현대 사회의 부정적 측면을 언급하고 있기 때문에, 이를 뒤집어서 논제인 자유의 조건과 연결시켜 독해해야만 한다.

1)은 참된 자유의 조건과 관련하여, 이 단락의 핵심을 끄집어내고 있다. 따라서 적절한 해석이라 볼 수 있다.

2)는 이 단락에 전혀 담겨 있지 않은 내용이며, 글쓴이의 생각에도 전혀 부합하지 않는 진술이다.

3)은 현실에 대한 단순한 분석 이상이 아니다. 이로부터 글쓴이가 정작 말하고자 하는 바를 끄집어내야 한다. 논제 및 논지와 연관시켜 해석해야 숨겨진 의미를 끌어낼 수 있다.

4)역시 단순한 상황 진단일 뿐이다.

5)는 논제 및 논지와 관련이 있지만, 이 단락의 전체를 담고 있지도 못하며 핵심이라고 볼 수도 없다.

정답 1)

생명윤리

엄격한 논리라는 측면에서 보았을 때, 동정적으로 동물의 이익을 고려하는 것과 동물의 이익을 염두에 두면서 계속 그들을 먹는 것 사이에는 아무런 모순이 없을지도 모른다. 동물에게 고통을 가하는 데에는 반대하면서도 고통 없이 죽이는 데에 반대하지 않는다면, 모든 고통으로부터 자유롭게 살았고 즉각적이고도 고통 없이 도축된 동물을 계속해서 먹을 수 있을 것이다. 하지만 현실적으로 볼 때 그리고 심리적으로 볼 때, 인간 아닌 동물들에게 관심을 갖는 동시에 그들을 계속 먹거리로 사용하는 것에 일관성을 부여할 수는 없다. 단순히 어떤 특정한 형태의 음식으로 미각을 만족시키기 위해 다른 존재의 목숨을 앗아갈 준비가 되어 있다면, 그 경우 음식이 되는 존재는 목적을 위한 수단에 불과하다. 이 때 우리는 아무리 연민을 느낀다고 하더라도 결국 돼지, 소 그리고 닭을 우리가 이용할 목적으로 간주하고 있는 것이다. 그리고 가령 이러한 동물들의 고기를 적절한 가격에 계속 구입하려면 그들의 환경을 크게 개선해선 안 된다는 사실을 알게 되었다고 하자. 이 때 그들이 처한 환경을 조금밖에 변화시키지 않았다고 비판을 가하는 사람은 그다지 많지 않을 것이다. 대규모 농장은 동물이 우리의 목적을 위한 수단이라는 생각이 기술을 통해 현실에 적용된 것에 지나지 않는다. 우리는 식사 습관을 소중히 여기며 이는 쉽게 바뀌지 않는다. 또한 우리에게는 다른 동물들에게 관심을 갖는다고 해서 그들을 먹지 않을 이유는 없다고 스스로를 납득시키려는 강한 욕구가 있다. 때문에 동물을 습관적으로 먹는 자는 누구라도 동물 사육의 고통 초래 판정과 관련하여 어느 정도 편견을 갖고 있다.

대규모로 식용 동물을 사육하면서 상당한 고통을 야기하지 않는 것은 실질적으로 불가능하다. 집약적인 방식이 사용되지 않는 전통적인 영농법 하에서도 동물들은 거세, 어미와 새끼 떼어놓기, 사회 집단 갈라 놓기, 낙인 찍기, 도축장으로의 수송, 그리고 최종적으로 도축 과정을 겪는다. 동물들이 이로 인한 고통을 겪지 않고 식용으로 사육된다는 것을 상상하기란 어렵다. 물론 사육이 소규모로 이루어질 수도 있다. 하지만 비집약적인 방식으로 생산된 고기로 오늘날의 엄청난 도시 인구의 욕구를 충족시킨다는 것은 생각할 수도 없다. 설령 가축을 소규모로 사육할 수 있다고 해도, 그러한 과정을 거쳐서 생산된 고기는 오늘날보다 훨씬 비싼 가격—그리고 이미 동물 사육 자체가 단백질을 생산하기 위해 채택되는 비싸고 비효율적인 방식이다—에 팔릴 것이다. 동물 복리에 대한 동등한 고려를 통해 사육되다가 죽음을 맞이한 고기는 오직 부자만이 사먹을 수 있을 것이다.

어쨌든 위에서 살펴본 내용은 우리가 당면하고 있는 일상적 식사와 관련한 윤리적 문제와는 그다지 관련이 없다. 동물들에게 고통을 주지 않고 사육이 이루어질 수 있는지에 대한 이론적인 가능성이 무엇이건, 현재 정육점과 슈퍼마켓에서 판매되는 고기가 사육 기간 동안 대접받지 못한 동물들의 것임은 분명하다. 따라서 우리는 ❶ "고기를 먹는 것을 옳다고 말할 수 있는 경우가 있는가?"라고 묻기보다는 ❷ "이 고기를 먹는 것이 옳은가?"라고 자문해보아야 한다. 나는 이에 대해 동물들을 불필요하게 죽이는 것에 반대하는 자들과 단순히 고통을 야기하는 것에 반대하는 자들이 모두 동일하게 부정적인 답변을 제시해야 한다고 생각한다.

채식주의자가 된다는 것은 단순한 상징적인 제스처에 불과한 것이 아니다. 또한 그러한 태도를 고수한다는 것이 스스로의 순수함만을 유지하고, 그리하여 세상의 추한 현실로부터 이탈하여 도처에서 이루어지는 잔혹성과 살육에 대해서 책임을 지지 않겠다는 모습을 보여 주는 것 또한 아니다. 채식주의자가 된다는 것은 매우 실천적인 모습이며, 이는 인간 아닌 동물 살해와 고통 야기 종식을 향한 효과적인 행보라 할 수 있다. 우리가 반대하는 것은 살해가 아니라 오직 고통뿐이라고 잠시 가정해 보자. 이 때 우리가 과연 집약적 동물 사육법을 중단시킬 수 있을까?

사람들이 집약적 농장에서 생산된 제품을 구입할 의사를 갖고 있다면, 일상적인 방식의 항의와 정치적 행동을 통해 주요한 개혁을 일구어 내는 것은 불가능할 것이다. 심지어 동물을 사랑하는 나라로 생각되는 영국에서도 이러한 상황은 다를 바 없다. 영국에서는 루스 해리슨이 『동물기계』라는 책을 출간하였는데, 이는 커다란 논쟁을 야기했다. 이로 인해 정부는 공평한 전문가들에게 동물의 부당 처우 문제 연구 결과를 보고하라는 지시를 내렸는데, 막상 위원회가 정부에 보고서를 제출하였음에도 정부는 위원회의 권고를 따르지 않았다. <u>가) 1981년 하원 농업위원회는 집약적 영농에 대한 또다른 연구를 수행했는데, 이 연구 역시 동물에 대한 극악한 학대를 추방시킬 것을 권고하였다.</u> 그런데 이 때에도 아무런 조치가 취해진 바가 없다. 만약 이것이 영국에서의 개혁 운동이 처한 운명이라면, 농업 관련 사업의 로비 활동이 여전히 세력을 떨치고 있는 미국에서 그 이상을 기대하는 것은 무리이다.

그런데 이렇게 이야기한다고 해서 정상적인 항의 방법과 정치적 행동이 무용하고, 따라서 그러한 방법을 포기해야 한다는 것은 아니다. 반대로 그러한 방법들은 동물들에 대한 처우를 효과적으로 변화시키기 위한 총체적 투쟁의 일부로서 반드시 필요하다. 특히 영국 같은 경우에는 '세계 영농에 대한 연민' 과 같은 조직이 대중들에게 줄곧 문제를 제기했고, 결국 송아지를 수용하는 나무 우리를 없애는 데 성공하기도 했다. 더욱 최근에는 미국의 동물 해방 집단들도 집약식 영농에 대한 대중들의 관심을 환기시키기 시작했다. 하지만 그와 같은 방법만으로는 미흡하다.

수많은 동물들을 착취함으로써 이익을 얻는 사람들이 필요로 하는 것은, 우리의 동의가 아니다. 그들은 그저 우리의 돈이 필요할 따름이다. 공장식 영농업자들은 사육한 동물들의 죽은 몸뚱이를 대중들이 구입해 주길 바라며, 영농업자들은 대중들이 고기를 구입해 줌으로써 사업을 지원받게 된다. 정부의 막대한 보조금은 많은 나라에서 영농업자들을 지원하는 또다른 방법이다. 영농업자들은 자신들이 생산해낸 고기를 계속 판매할 수 있는 한 집약적 생산 방식을 고수할 것이다. 그리하여 그들은 정치적 개혁에 대항해 싸우는 데 필요한 재원들을 계속 갖게 될 것이다. 아울러 그들은 단지 대중들이 원하는 바를 자신들이 제공하고 있을 따름이라고 응수함으로써 비판으로부터 스스로를 보호할 것이다.

이와 같은 이유로 우리는 오늘날의 동물 영농을 통해 생산된 제품들은 더 이상 사먹지 말아야 한다. 설령 즐겁게 살다가 고통 없이 죽은 동물을 먹는 것이 잘못인지에 대해 확신을 가질 수 없더라도 이는 마찬가지다. 채식을 한다는 것은 일종의 불매 운동(boycott)을 벌이는 것이다. 대부분의 채식주의자들에게는 이와 같은 불매 운동이 영구적으로 이루어진다. 왜냐하면 일단 육식 습관을 탈피하면 그들은 더 이상 미각의 하찮은 욕구를 만족시키기 위해 동물을 도축하는 것을 용인하지 않을 것이기 때문이다. 하지만 죽임이 아니라 오직 고통 야기만을 거부하는 자들에게도 정육점과 수퍼마켓에서 구입할 수 있는 고기에 대한 불매 운동을 벌여야 한다는 것은 피할 수 없는 도덕적 의무이다. 고기와 동물 농장의 다른 제품들은 더 이상 구매하지 않을 때까지 우리 모두는 사실상 공장식 영농의 존속과 번영 그리고 성장에 이바지하고 있는 셈이며, 음식용으로 사육되는 동물들에게 자행되는 다른 모든 잔혹 행위들에 대해서도 기여하고 있는 것이다.

여기서 우리는 스스로의 삶이 종차별로 점철되어 왔었다는 사실을 깨닫게 되며, 인간 아닌 동물들에 대해 진심으로 관심을 가지고 있다고 말해 왔던 자들은 자신의 말의 진실성을 입증해야 할 시점에 놓이게 된다. 또한 바로 여기서 정치인들이 무엇인가를 했으면 하고 단순히 말로만 지껄이고 바라는 대신 우리 스스로가 무엇인가를 할 수 있는 기회를 획득하게 된다. 종차별주의자들은 자신과 그다지 관계없는 문제에 관해서는 객관적인 입장을 견지할 수 있다. 하지만 그들이 막상 자신과 관계된 문제에 접하게 될 때에는 인종차별주의자들과 마찬가지로 자신들의 본성을 드러낸다. <u>나) 평생을 새장에 처박혀서 지내는 암탉이 낳은 달걀을 계속 먹으면서 또는 어미로부터 떨어져서 제대로 먹지도 못하고 마음껏 다리를 뻗고 누워볼 자유마저 박탈당한 송아지 고기를 계속 먹어대면서 스페인에서의 투우, 한국에서의 보신탕 또는 캐나다에서의 새끼 물개 도살을 반대하는 것은, 집을 흑인에게 팔지 말라고 이웃에게 말하면서 남아프리카 인종 차별을 비난하는 것과 다를 바 없다.</u>

(피터 싱어, 「동물 해방」)

----

1. 가)와 같은 사태가 벌어진 이유로 보기에 가장 부적절한 것은?

   1) 축산업계의 강력한 로비가 있었다.

   2) 위원회의 권고가 법으로 제정되지 않았다.

   3) 채식주의자들의 영향력이 미흡했다.

   4) 위원회의 권고는 여론을 얻지 못했다.

   5) 위원회가 실상을 제대로 보고하지 않았다.

추론적이고 창의적인 이해를 주로 묻는 문제이다. 물론 이 문제 해결에 대한 암시가 지문 곳곳에 있지만 명시적으로 드러나 있지 않아, 상식과 추론 능력이 필요한 문제이다. 이 문제의 요지는 하원 농업위원회의 연구 및 권고가 정부에 의해 받아들여지지 않았다는 점이다. 이에 초점을 맞추어 해결해야 한다.

1)은 가장 상식적으로 추론할 수 있는 이유라 할 수 있다. 가)가 속한 단락 후반부에도 이런 배경이 드러나 있다.

2)도 그렇다. 위원회의 권고가 국회에서 법률로 제정이 되었다면, 아마도 정부에서 위원회의 권고를 무시할 수는 없는 상황이 될 것이다.

3)은 반대편에서 이유를 해명한 경우라 할 수 있다. 채식주의자들이 강력한 여론을 형성하고 공론화시켰다면, 위원회의 권고가 상당한 영향력을 발휘할 수 있었을 것이다.

4)도 충분히 가능한 이유이다.

5)는 제대로 된 이유일 수도 없고, 가)의 전후 맥락에도 맞지 않는다.

정답 5)

2, 나)를 표현하는 사자성어로 가장 적절한 것은?

　1) 자기기인

　2) 이율배반

　3) 후안무치

　4) 적반하장

　5) 역지사지

분석적 이해와 추론적 이해를 묻는 문제이다. 나)는 말과 행동이 모순이 일으키는 경우 혹은 서로 양립할 수 없는 행동을 수행하는 경우에 해당한다.

자기기인은 나를 속임으로써 남도 속인다는 뜻이다. 상대적으로 4)가 헷갈릴 수도 있다. 그러나 적반하장이란 '방귀 뀐 놈이 성 내듯이' 자기가 잘못해놓고 잘한 사람을 나무랄 때 쓰는 말이다. 나)와는 맞지 않다.

정답 2)

3. 이 글에서 나타난 채식주의자의 입장을 반박하기에 적절한 명제가 아닌 것은?

1) 동식물 간의 엄격한 구분은 존재할 수 없다.

2) 모든 생명체는 이기적이다.

3) 식물도 고통을 느낀다.

4) 인간 세계와 자연 세계에는 동일한 법칙이 지배한다.

5) 동물에게 고통을 주지만 않으면 문제될 게 없다.

해제

비판적 이해와 추론적 이해를 동시에 묻는 문제이다. 이 문제를 해결하려면 글쓴이가 채식주의를 옹호하는 근거를 정확히 파악해야 하며, 그가 제시한 근거에 맞서는 혹은 그것을 반박할 근거가 될 수 있는 명제를 찾아내야 한다.

글쓴이 주장의 핵심은 '동물을 학대하는 것을 안타까워하는 사람이 고기를 먹는 행위를 하는 것은 일관성이 없다'는 것이다. 그 때문에 일관성을 유지하려면 채식주의자가 되어야만 한다고 역설한다. 그리고 글쓴이는 동물에게 고통을 주어서는 안 되며, 고기를 먹는 행위는 동물을 수단화하는 것이라는 명제에 근거해서, 채식주의의 정당성을 설파하고 있다. 따라서 이 두 근거에 대한 반박이 가능한 명제를 찾아내면 된다.

1)은 효과적인 반박이 가능한 명제이다. 동식물 간 구분이 분명치 않다면, 식물은 식용할 수 있고 동물은 식용해서는 안 된다는 논리가 성립하기 어렵기 때문이다.

2)도 가능하다. 모든 생명체가 자신의 이익과 생명 등을 최고의 가치로 여긴다면, 동물을 수단으로 삼는 행위는 정당한 것이기 때문이다.

3)도 마찬가지다. 여러 가지 조리법은 모두 식물에게 고통을 가하는 것이며, 고통을 느끼는 존재에게 고통을 가하는 것은 정당화될 수 없기 때문이다.

4)도 마찬가지다. 인간 세계와 자연에서처럼 약육강식이 지배한다면, 강자인 인간이 약자인 동물을 먹는 것은 너무나 당연한 것이기 때문이다.

5)는 반박이라 보기 어렵다. 채식주의자의 두 가지 논거는 동물이 고통을 느낀다는 것과 동물을 수단화할 수 없다는 것이다. 따라서 이를 반박하려면 이 두 근거를 문제 삼아야 한다. 그러나 5)는 반박이 아니라, 단순한 반대 주장에 머무르고 있다.

정답 5)

4. ❶과 ❷의 차이를 가장 잘 설명하고 있는 것은?

1) ❶은 고기를 먹는 행위를 비판하고 있고, ❷는 고기 먹는 행위에 대한 이론적 탐구의 가능성을 제시하고 있다.

2) ❶은 고기 먹는 행위가 옳은 것일 수도 있다는 것을 전제하고 있고, ❷는 고기 먹는 행위가 항상 옳다는 것을 전제하고 있다.

3) ❶은 집약식 사육의 문제를 지적하고 있고, ❷는 고기를 먹는 행위의 윤리성 여부를 따지고 있다.

4) ❶은 고기를 먹는 행위가 윤리적으로 정당화될 수 있는 가능성을, ❷는 고기를 먹는 행위 자체의 정당성을 문제 삼고 있다.

5) ❶은 동물에게 고통을 주지 말아야 한다는 주장으로부터 배태된 것이고, ❷는 동물에게 고통을 줄 수도 있다는 주장으로부터 나온 것이다.

> **해제**
>
> 분석적 이해를 묻는 문제이다. 이 문제는 ❶과 ❷가 속한 해당 단락의 앞부분에 주목해야 해결이 가능하다. 물론 ❶과 ❷ 자체에 대한 독해력이 있다면, 이 부분에 대한 해석이 없어도 해결 가능하다.
>
> ❶은 고기를 먹는 행위 자체가 아니라, 윤리적으로 고기 먹는 행위의 가능성을 탐색하는 질문이라 할 수 있다. 따라서 고기 먹는 행위를 가급적 옹호하려는 관점에서 나온 질문이라 볼 수 있다. ❷는 고기 먹는 행위 그 자체의 정당성을 묻는 것으로, 이 행위에 대한 비판적 관점에서 나올 수 있는 질문이라 할 수 있다.
>
> 2)는 ❷에 대한 해석이 문제가 있고, 1), 3), 5)는 제대로 된 독해도 아니고 문맥에도 맞지 않는다.

정답 4)

5. 이 글 전체를 관통하는 글쓴이의 핵심 주장으로 보기에 가장 적절한 것은?

1) 동물 해방을 위해서는 채식주의자가 되어야 한다.

2) 식용 동물 사육은 불가피하지만, 그들에게 고통을 주어서는 안 된다.

3) 동물들에게 고통을 가하는 것을 반대하면서 고기를 먹는 행동은 일관성이 없다.

4) 고기를 먹는 것은 옳지 않다.

5) 대규모로 동물을 사육하는 것은 바람직하지 않다.

정답 3)

미래학

가) 재산의 역할이 급격히 달라지고 있다. 이것이 사회적으로 미치는 파급 효과는 엄청나게 크다. 근대 이후로 재산과 시장은 줄곧 동의어로 쓰였다. 실제로 자본주의 경제는 재산을 시장에서 교환한다는 발상 위에서 성립한 것이다. 〈시장〉이라는 단어가 영어에 처음 등장한 것은 12세기였다. 시장은 판매자와 구매자가 상품이나 가축을 교환할 수 있도록 마련된 물리적 공간을 가리키는 말이었다. 18세기 말이 되면 시장이라는 용어는 공간적 지시 대상으로부터 완전히 분리되어서 물건을 사고 파는 추상적 과정을 묘사하는 데 쓰이기 시작한다. 우리가 알고 있는 세계는 시장에서 물건을 사고 파는 과정에 너무나 깊이 얽혀 있어, 이제 우리는 인간사를 시장이 아닌 다른 틀로 이해한다는 것을 상상도 하지 못하게 되었다. 시장은 우리의 생활 구석구석으로 파고들어 오는 힘이다. 우리 모두는 시장의 분위기에 엄청난 영향을 받는다. 시장이 건강하면 우리 마음도 밝아진다. 시장이 맥을 못 추면 우리는 상심한다. 시장은 우리 삶의 안내자이며 상담자이다. 하지만 때로는 우리를 절망의 나락으로 떨어뜨리기도 한다.

시장은 어른의 전유물이 아니다. 어린아이도 시장에서 낯선 것과 처음으로 접할 때가 있다. 상점 진열창을 들여다보면서 〈저거 얼마예요?〉하고 수줍게 물어본 기억이 누구에게나 있을 것이다. 모든 물건에는 가격이 있다. 물건은 팔려고 만든다는 사실을 우리는 어릴 때부터 배운다. 시장에는 어두운 면이 있다는 것도 나이를 먹으면서 알게 된다. 그래서 〈구매자 위험 부담〉이라는 구절이 나오면 당장 촉각을 곤두세운다. (ㄱ)우리는 보이지 않는 손이라는 시장의 규칙에 따라 살아간다. 싸게 사들이고 비싸게 팔아치우는 것을 금과옥조로 삼아 우리의 생활을 끊임없이 담금질한다. 재산을 모으는 것은 세상살이에서 가장 중요한 일이라는 사실을 커가면서 배운다. 내가 누구인지는 내가 무엇을 가졌는지와 무관하지 않다는 사실을 배운다. 이 세상은 상품을 교환하고 남부럽지 않을 만큼 재산을 누려보겠다는 원초적 충동에 의해서 굴러간다. 이것이 세상이 돌아가는 이치에 대해서 우리가 기본적으로 가진 생각이다.

나) 우리는 확고부동하게 시장을 끌어안는다. 시장에 대해 악담을 퍼붓는 사람을 훈계하면서 시장의 찬가를 부른다. 사유 재산과 시장의 미덕을 한 번쯤 열렬히 찬양해 보지 않은 사람이 있을까? 개인의 자유, 천부 인권, 사회계약이라는 관념도 알고 보면 모두 시장이라는 완강한 사회 제도와 불가분의 관계를 맺고 있다.

현대 생활의 기초가 허물어지는 조짐이 보인다. 한때 인간을 이념 투쟁과 혁명, 전쟁으로 몰고 갔던 체제가 서서히 막을 내리면서 경제 현실도 새롭게 바뀌고 있다. 달라지는 경제 현실 앞에서 사회는 새로운 시대의 인간 관계를 규정하는 결속과 경계선의 유형을 재검토하지 않을 수 없게 되었다.

시장은 네트워크에게 자리를 내주며 소유는 접속으로 바뀌는 추세다. (ㄴ)기업과 소비자는 판매자와 구매자로서 시장에서 재산을 교환하던 근대 경제의 기본 구도를 포기하기 시작했다. 그렇다고 해서 재산이 사라진다는 뜻은 아니다. 천만의 말씀이다. 재산은 엄존한다. 하지만 재산이 시장에서 교환되는 빈도는 크게 줄어들 것이다. 새로운 경제에서 재산을 장악한 공급자는 재산을 빌려주거나 사용료를 물린다. 또는 입장료, 가입비, 회비를 받고 단기간 사용할 수 있는 권리를 준다. 근대 경제의 중요한 특성이었던 판매자와 구매자의 재산 교환은 네트워크 관계로 이루어지는 서버와 클라이언트의 단기 접촉으로 바뀐다. 시장은 여전히 살아남겠지만 사회에서 시장이 차지하는 비중은 점점 줄어들 것이다.

(ㄷ)네트워크 경제에서 기업은 물적 재산이건 지적 재산이건 교환하기보다는 접속하는 쪽을 택한다. 물적 자본의 소유권이 한때는 산업 사회의 근간이었지만 이제는 점점 주변적 지위로 밀려난다. 기업은 물적 자본을 자산이 아닌 단순한 경상비로 취급하게 된다. 가급적 소유하지 말고 빌리자는 인식이 뿌리내린다. 반면 지적 자본은 새로운 시대를 이끌어가는 원동력이 된다. 그래서 선망의 대상이다. 새로운 경제에서는 물건이 아니라 개념, 아이디어, 이미지가 실리를 가져온

다. 부는 이제 물적 자본에서 나오지 않는다. 부는 인간의 상상력과 창조력에서 나온다. 거듭 강조하지만 지적 자본은 여간해서는 교환되지 않는다. 공급자는 지적 자본을 단단히 거머쥔 채 제한적으로 임대하거나 사용권을 빌려준다.

이미 기업은 소유보다는 접속으로 궤도를 수정하고 저만큼 나가 있다. 부동산을 팔아치우고 재고를 줄이고 시설을 빌리고 아웃소싱을 맹렬히 추진하고 있다. 기업들은 물적 소유를 무조건 털어내야만 살아남을 수 있다는 절박감으로 생사를 건 싸움을 벌이고 있다. 하룻밤만 자고 일어나면 확확 바뀌는 21세기 경제에서 물건을 대량으로 소유한다는 것은 시대에 뒤진 생각이다. 시대착오적 발상이다. 생산에 필요한 것은 대부분 빌려 쓰는 추세로 이미 세상은 변하고 있다.

예전에는 판매자와 구매자가 시장의 주역이었지만 이제는 공급자와 사용자가 주역이다. 네트워크 경제에서는 시장을 통한 거래는 줄어들고 전략적 제휴, 외부 자원의 공유, 이익 공유가 활성화된다. 기업들은 이제 서로에게 물건을 파는 것보다는 집합 자원을 공유하여 광범위한 공급자-사용자 네트워크를 통한 공동 경영을 선호한다.

다) 경제 활동의 기본 구도가 달라짐에 따라 경제를 주도하는 기업의 성격도 당연히 달라진다. 시장이 중심이었던 시절에는 물적 자본을 많이 가진 기업이 판매자와 소비자의 상품 거래에서 주도권을 행사했다. 네트워크의 시대에는 가치 있는 지적 자본을 많이 보유한 기업이 장땡이다. 사용자는 이런 기업이 일방적으로 정한 조건을 받아들여야만 중요한 아이디어, 지식, 기술에 접속할 수 있다.

접속 중심의 구도에서 기업의 성공은 시장에서 그때그때 팔아치우는 물건의 양보다는 고객과 장기적 유대 관계를 맺을 수 있느냐 없느냐에 따라 점점 좌우된다. 상품과 서비스의 관계가 근본적으로 변하고 있다는 데 유념해야 한다. 산업 시대에는 소비자에게 상품을 팔면서 무료 애프터 서비스를 제공하는 데 주안점을 두었다. 그런데 지금은 거꾸로 되고 있다. 요즘은 후속 서비스를 통해 고객과 장기적 관계를 맺겠다는 계산으로 상품을 아예 공짜로 제공하는 기업이 늘어나고 있다.

소비자의 의식도 소유에서 접속으로 서서히 기울 것이다. 값싼 내구재는 여전히 시장에서 거래되겠지만 가전제품이라든지 자동차나 집 같은 고가품은 공급자에 의해 소비자에게 단기 대여, 임대, 회원제 같은 다양한 서비스 계약의 형태로 제공될 것이다.

앞으로 25년 정도만 지나면 소유에는 기본적으로 한계가 있고 구태의연하다는 인식이 기업과 소비자 사이에서 일반화될 것이다. 소유는 모든 것이 확확 바뀌는 풍토에 적응하기에는 너무 느려터진 생각이다. 사람들은 물적 자산이나 재산을 일정 기간 이상을 보유하는 것이 이롭다는 생각을 하기 때문에 소유를 한다. 〈가진다〉, 〈보유한다〉, 〈축적한다〉는 생각은 그 동안 금과옥조로 떠받들어졌다. 하지만 (ㄹ) 과학 기술이 급속히 발전하고 경제 활동이 어지러울 만큼 빠르게 진행되는 세상에서 소유에 집착하는 것은 곧 자멸하는 길이다. 주문 생산이 일반화되고 끊임없는 혁신과 업그레이드가 이루어지며 제품의 수명이 점점 단축되는 세상에서는 모든 것이 하루아침에 퇴물이 된다. 변화하지 않는 것이라고는 변화밖에 없는 세상에서, 소유하고 보유하고 축적하는 태도는 점점 설득력을 잃어간다.

접속의 시대를 지배하는 경영학적 전제는 시장의 시대를 지배하던 전제와는 판이하게 다르다. 새로운 세계에서 시장은 네트워크에게 자리를 내주고 판매자와 구매자는 공급자와 사용자로 바뀐다. 사실상 모든 것이 접속된다.

라) 재산의 폭넓은 분산이라는 발상이 밑바탕에 깔려 있는 소유 체제가, 공급자가 관리하는 자산을 네트워크를 통해 단기적이고 제한적으로만 이용할 수 있는 접속 체제로 바뀌게 되면, 경제적 실권을 행사하는 방식도 근본적으로 달라질 것이다. 현행 정치 제도와 법은 시장에 기초한 재산 관계에 바탕을 두고 있기 때문에 소유가 접속으로 바뀐다면 앞으로 우리가 우리 스스로를 다스리는 방식에도 근본적인 변화가 일어날 것이다. 사유재산이 한 인간이 사회에서 차지하는 비중을 뜻했고 또한 〈인간을 재는 잣대〉로 오랫동안 간주되었던 세상에서, 소유의 의미가 퇴색하게 되면 인간 본성에 대한 우리의 생각이 크게 달라질 수 있다는 것, 어쩌면 이것이 더 중요한 문제인지도 모른다. 접속을 중심으로 돌아가는 세계는 지금과는 판이하게 다른 인간형을 만들어낼 가능성이 높다. 경제 관계의 구조에서 일어나는 변화는 자본주의 체제의 성격에서 일어나는 더 광범위한 변혁의 일부분이다. 산업 생산 시대가 가고 문화 생산 시대가 오고 있다. 앞으로 각광을 받을 사업은 예전처럼 상품과 서비스를 파는 사업이 아니라 다양하고 광범위한 문화적 체험을 파는 사업이 될 것이다. 세계 여행과 관광, 테마도시와 공원, 종합 오락 센터, 건강, 패션, 요리, 프로 스포츠와 게임, 도박, 음악, 영화, 텔레비전, 사이버스페이스의 가상 세계, 그리고 온갖 유형의 온라인 오락은 문화적 경험에 대한 접속권을 거래하는 하이퍼 자본주의의 새로운 주역으로 빠르게 부상하고 있다.

마) 산업 생산에서 문화 생산으로 탈바꿈하면서 나타나는 또 하나의 중요한 변화는 노동 의식이 유희 의식으로 바뀌는 것이다. 노동을 상품화하는 것이 산업 시대의 특징이었다면, 접속의 시대에는 놀이의 상품화가 그 특징이다. 제의, 예술, 축제, 사회운동, 영성 수련과 공동체 활동, 시

민적 참여를 개인적 오락으로 유료화 하는 것이다. **(ㅁ)** 놀이의 내용과 접속권을 놓고 문화 영역과 상업 영역은 앞으로 치열한 대결을 벌일 것이다.

　　지구 전역으로 뻗어 있는 통신망을 거느린 다국적 미디어 기업은 세계 곳곳에서 지역 고유의 문화 자원을 캐내어 문화 상품과 오락으로 재포장한다. 세계 인구의 1/5은 공산품과 기본 서비스를 구입하는 비용과 거의 맞먹는 돈을 문화적 경험에 접속하는 데 쓴다. 우리는 경제학자들이 〈체험〉경제라고 부르는 세계로 넘어가고 있다. 개개인의 삶은 사실상 하나의 시장이 되어버린다. 기업가는 이 새로운 개념을 고객의 평생가치라고 부른다. 한 인간이 살아가는 삶의 모든 순간을 온갖 형식으로 상품화할 경우 그 사람의 가치가 얼마나 되는지를 이론적으로 따지는 값이다. 새로운 시대를 살아가는 사람은 자신의 존재 자체를 잘게 분할된 상업 구역에서 사들인다.

(제레미 리프킨, 『소유의 종말』)

1. 이 글에 제목을 붙일 때 가장 적절한 것은?

　1) 자본주의가 변하고 있다.

　2) 시장이 사라지고 있다.

　3) 접속의 시대가 오고 있다.

　4) 문화 시대의 도래

　5) 변화의 시대

해제

이 문제는 분석적 이해를 묻고자 한다. 글의 제목을 붙이는 것은 핵심 논지를 파악하라는 의미로 받아들이면 된다. 핵심 논지, 글쓴이의 생각, 글의 제목 등은 같은 맥락에서 이해할 수 있다.

1)은 부적절한 제목은 아니지만, 너무 막연하고 추상적이다.

2)는 확연히 적절하지 않다. 시장의 성격이 변화할 뿐이지 사라지는 것은 아니며, 나)의 글 두 번째 단락에서도 글쓴이는 시장이 여전히 살아남는다고 말하고 있다.

3)은 이 글을 잘 포용할 수 있는 제목이며, 실제 이 글의 제목이기도 하다. 4), 5)는 모두 이 글의 내용과 다른 것은 아니지만, 제목으로 내세우기에는 매우 지엽적이다.

정답 : 3)

2. 이 글의 취지에 따라 사업을 시작한다고 할 때 가장 현명한 사람은?

   1) 위험한 투자를 하지 않는 자

   2) 시장의 원리를 무시하는 자

   3) 싼 값에 사서 비싼 값으로 파는 자

   4) 애프터 서비스에 철저한 자

   5) 사이버상에서 게임을 개발하는 자

해제

추론적 이해와 창의적 이해를 주로 테스트하는 문제이다. 지문의 주요 내용을 이해하고, 이를 토대로 제대로 적용될 수 있는 경우를 찾아내면 된다.

1)은 위험한 투자를 하지 않는 것이 중요하긴 하지만 현명한 방법은 아니며, 이 글의 취지와는 다르다.

2), 3)도 아니다. 가)의 글에 보면, 우리는 시장의 원리에 따라 여전히 살아간다. 따라서 시장의 원리를 무시하는 것은 바람직하지 않으며, 싸게 사서 비싸게 파는 것은 일종의 상술이지만 현명한 방식은 아니다.

4)는 다)의 글 두 번째 단락 참조. 애프터 서비스는 산업 시대에 주안점을 둔 판매 방식이다.

5)는 나) ~ 마)를 통해 충분히 파악할 수 있다. 지적 재산권을 소유하고, 상품과 서비스보다 다양하고 광범위한 문화적 체험을 파는 사업이 되어야 한다.

정답 : 5)

3. 글쓴이의 생각에 따를 때, 예상되는 변화로 볼 수 없는 것은?

   1) 우리는 시장의 상황을 보고 지출과 저축을 결정하게 된다.

   2) 기업의 공동 경영이 늘어나게 된다.

   3) 자동차의 임대가 이루어지게 된다.

   4) 네트워크를 통해 소비자는 공급자의 자산을 자유롭게 이용할 수 있다.

   5) 돈을 내고 지역의 축제를 즐기게 된다.

분석적 이해를 묻는 문제이다. 자료에 드러난 정보를 통해 분석한 다음, 숨은 정보를 밝혀냄으로써 심층적인 언어 이해에 도달할 수 있다.

1)은 가)의 첫 번째 단락에서 확인되고, 2)역시 나)의 글 마지막 단락에서 확인 가능하며, 3)은 다)항의 세 번째 단락에서 확인할 수 있다. 4)는 라)항 첫 번째 단락에서 확인할 수 있는데, 단기적이고 제한적으로만 이용할 수 있다. 5)는 마)항 첫 번째 단락에서 확인된다.

정답 : 4)

4. 밑줄 친 (ㄱ)~(ㅁ) 각각의 이유로 잘못 설명하고 있는 것은?

1) (ㄱ) : 수요와 공급이 일치하는 점에서 균형가격이 형성되기 때문이다.

2) (ㄴ) 재산의 교환에서 재산의 임대로 구도가 바뀌기 때문이다.

3) (ㄷ) 지적 재산이 물적 재산보다 가치가 크기 때문이다.

4) (ㄹ) 판매자와 구매자는 공급자와 사용자로 소유의 형태가 바뀌기 때문이다.

5) (ㅁ) 각자 유리한 입장을 선점하려고 하기 때문이다.

추론적 이해를 묻는 문제이다. (ㄱ) ~ (ㅁ)에 나타난 정보나 분석적 이해를 바탕으로 그 너머에 모습을 드러내지 않는 심층적 의미를 파악하는 것이다.

(ㄱ)은 가격 결정의 원리를 설명하고 있다. 따라서 1)은 맞다.

(ㄴ)은 밑줄 친 문장의 뒤쪽에서 확인할 수 있다. 판매자와 구매자가 아니라 공급자와 사용자로 구조가 바뀌기 때문이다.

(ㄹ)역시 같은 맥락에서 이해할 수 있다. ㄹ)의 경우 다)의 글 마지막 단락에서 살필 수 있다.

(ㄷ)은 문제의 핵심을 간과하고 있다. 물적 재산과 지적 재산 모두 교환보다 접촉 쪽을 택한다. 이런 현상이 나타나는 이유는 소유보다는 임대 혹은 임차에 집착하기 때문이다. 다섯 번째 단락을 주의 깊게 읽으면, 분명하게 알 수 있다.

(ㅁ)역시 맞는 설명이다. 문화 영역(예 : 놀이 단체)과 상업 영역(예 : 기업체)은 서로 유리한 입장을 점하기 위해 대결을 벌이게 될 것이다.

정답 : 3)

5. 다음 칸에 제시된 여러 어휘 가운데 이 글의 핵심어 두 개를 가장 잘 연결한 것은?

> (ㄱ) 인간 (ㄴ) 판매 (ㄷ) 접속
> (ㄹ) 기업 (ㅁ) 자본 (ㅂ) 네트워크

1) (ㄱ) (ㄴ)

2) (ㄱ) (ㄷ)

3) (ㄴ) (ㄹ)

4) (ㄷ) (ㅁ)

5) (ㄷ) (ㅂ)

분석적 이해에 관한 문제이다. 지문의 중심 내용뿐만 아니라 핵심 논지를 파악하기 위해서는 무엇보다 핵심 어휘가 어떤 것인지 살펴야 한다.

이 글의 핵심 논지는 너무도 분명하기 때문에, 이를 중심으로 핵심어를 파악하면 된다. 이 글은 21세기 사회에서는 재산의 역할이 소유에서 임대 혹은 임차로, 요컨대 접속으로 바뀌고 있으며, 시장 경제가 아니라 네트워크 경제로 바뀌었다는 것이다. 이를 통해 이 글의 핵심어가 〈접속〉과 〈네트워크〉임을 간파할 수 있다.

정답 : 5)

자연과학

가) 지구의 종(種)은 수백만에 이른다. 원형질적으로 볼 때 매우 다양한 종 가운데 우리와 전화 통화를 재미있게 할 수 있거나 일요일마다 낱말 퍼즐을 함께 풀 정도로 영리한 종은 얼마나 될까? 그러한 종에는 호모 사피엔스가 있고 그 다음에는 아무 것도 없다.

이것은 중요한 사실인가. 그렇지 않은가. 인류가 지구상에서 가장 두뇌가 발달한 종이라는 사실을 발견한 것은, 단지 우리가 그러한 사실을 인식할 수 있게 진화된 첫째 종이기 때문일까? 아니면 지적 생명체는 실제로 매우 희귀하고 진화적 발생 가능성도 별로 없어서 호모 사피엔스의 발생 역시 그저 운 좋게 일어난 사건에 불과하다고 믿을 만한 근거가 있는가?

이것은 저녁식사 후 담배를 피울지, 아니면 포트 와인을 마실지를 결정하기 위해 던지는 호의적인 질문 이상의 의미를 담고 있다. 즉, 우주에서의 우리의 위치를 파악한다는 핵심적인 의미뿐만 아니라 세티 연구자들에게는 명백하고 비평적인 중요성을 띠는 것이다. 결국 저 너머에 지적 생명체가 존재하지 않는다면, 우리는 영락없이 세티 망원경을 배치해둔 '바보 탐사대'가 되고 마는 것이다.

그렇다면 우리는 지성체의 진화 가능성을 어떻게 판단할 수 있는가? 우리는 이것에 관한 힌트를 지구의 역사에서 찾아야 한다. 우리가 갖고 있는 유일한 사례라고는 사실 지구뿐이기 때문이다. 우선 지구를 다른 행성과 마찬가지로 전형적이고 평범한 암석으로 이루어진 세계라고 가정하자. 지능지수가 높은 존재가 지구에서 나타났다면, 다른 행성에서도 그런 존재가 나타날 수 있을 것이다. 즉 지구에서 일어난 일이라면 유사한 상태에 있는 다른 행성에서도 그런 일이 발생할 수 있으리라는 것이다. 다만 그 지성체는 시기적으로 좀 더 빨리 혹은 좀 더 늦게 생겨날 뿐이다.

그러나 이것은 너무나 순진한 가정일 수 있다. 지구의 생물학사 개념에서는 간단히 (ㄱ)생명나무의 개화라고 한다. 이 개념은 인간이 결국 '잎으로 만든 왕관'에서 생겨났다는 것인데, 대중적으로는 인기가 있으나 진화론자들에게는 그다지 인기가 많지 않은 이론이다. 2억 6,500만 년 전에 런던 크기의 운석이 지구와 세게 충돌했고 그 영향으로 일어난 지구 대격변이 공룡을 포함한 모든 종의 4분의 3을 멸종시켰다. 만약 이런 일이 일어나지 않았다면, 결국 호모 사피엔스로 진화하게 될, 쥐와 같은 포유동물이 이 세상에 살지 못했을 것이다. 이후 우리는 운석의 겨냥에서 비켜날 수 있게 되었다. 그러다가 2억 4,500만 년 전 '페름기 멸종'이라고 불린 또 다른 대격변이 상당수의 종에게 종말을 가져다주었다. 만약 이러한 재앙들이 일어나지 않았다면 호모사피엔스는 지구상에서 결코 출현할 수 없었을 것이며, 당신 역시 지금 이 책을 읽고 있지 못할 것이다. 따라서 우리 은하 내의 수많은 항성계에서 생명체를 가지고 있을 행성은 무궁무진하겠지만 그 행성에서 살고 있을 거주자는 우둔할 것이다. 즉 이러한 외계인은 공룡이나 벌레, 혹은 바퀴벌레와 비슷할 것이다.

나) 이처럼 일부 생물학자들은 지성체의 진화가 일상적이지 않은, 드문 일이라고 생각하는 반면에, 또 다른 생물학자들은 진화의 전개상 많은 종류의 생명체가 얼마나 더 빨리 혹은 더 늦게 사고 가능한 존재가 되느냐는 전혀 중요한 문제가 아니라고 생각한다. 그리고 이보다 더욱 낙관적인 의견은, 수많은 행성에 있는 동물들 가운데 머리 좋은 짐승 이상의 지능과 행동을 발달시킨

동물들에게는 몇 가지 공통된 행동이 있다는 것이다.

사회적 상호작용이 바로 그 몇 가지 공통된 행동 가운데 하나이다. 당신이 다른 사람과 친분을 나누는 동물이라고 가정해 보자. 당신 옆자리에 앉아 있는 그 사람의 의도가 무엇인지를(그가 당신의 배우자나 식량을 가져가기 전에) 당신이 파악할 정도로 영리한 존재라면 그 영리함은 당신에게 확실히 이점을 줄 것이다. 그리고 만약 당신이 사회 집단 내의 다른 구성원을 속일 정도로 두뇌 회전이 빠르다면, 당신은 그 우월한 지능을 물려줄 번식을 더 많이 얻을 수 있을 것이다. 유인원을 통해 알 수 있는 또 다른 전술은 식량을 공유하는 것이다. 만약 수컷이 식량을 마련할 정도의 지능을 가지고 있고 자신의 무리에 있는 암컷들과 그것을 공유할 정도로 영리하다면, 그는 암컷들의 인기를 얻을 확률이 높아질 것이고 다음 세대에 자신과 같은 생각을 가진 자손을 얻게 될 확률도 더 높아질 것이다. 지능이 높으면 높을수록 더욱 성공적으로 번식할 수 있는 것이다.

육식동물과 먹이 사이의 관계는 지능을 단계적으로 상승시킬 수 있는 또 다른 유형의 상호작용이다. 암사자가 먹잇감으로 누(wildebeest)를 잡으려고 한다면, 아무래도 암사자의 공격에 둔감한 놈이 훨씬 더 빨리 쉽게 잡힐 것이다. 그 결과, 암사자는 즐거운 식사를 즐기게 될 것이다. 그러나 누의 입장에선, 이런 과정을 거듭 겪음에 따라 점점 평균 지능지수를 높일 수 있게 된다. 이런 상황은 결국 암사자의 다음 저녁 식사 시간에 불이익을 끼치게 되고, 이런 일이 반복될수록 영리하지 못한 암사자들, 즉 고양이과 동물들은 계속해서 배를 곯다가 마침내는 유전자 풀에서도 제외될 것이다. 요컨대 육식동물과 먹이, 양쪽 모두가 지능에 따라 도태된다는 압박감에 시달리게 되면서, 시간이 경과할 수 있도록 둘 다 점점 더 영리해질 것이다. 북아메리카와 남아메리카가 서로 연결되기 전의 구대륙에 살던 원숭이들은 뇌의 크기가 신체 크기에 비해 컸는데, 사촌뻘인 남아메리카의 원숭이들보다 훨씬 컸다. 그 이유는 남아메리카 원숭이들을 잡아먹는 육식 동물들의 지능이 낮았기 때문이다. 반면 구대륙의 원숭이들은 좀 더 공격적이고 영리한 북아메리카 육식동물들과 싸워야 했고, 따라서 지능이 발달할 수 있는 기회를 더 많이 얻게 되었으며, 그만큼 영리하고 큰 뇌를 갖게 되었다. 하지만 지질 구조의 변동에 의해 북아메리카와 남아메리카가 연결되고 그리하여 굶주린 북아메리카의 육식동물들에게 더 쉬운 사냥길이 제공되자 이러한 상황은 금세 변하고 말았다.

다) 물론 이런 요인들만으로 지능지수가 높아진다고 장담할 수는 없다. 개미는 사회적이면서 많은 동물들의 먹이가 되지만 영리하지는 못하다. 왜냐하면 뇌의 크기가 핀머리 정도에 불과하기 때문이다. 대부분의 연구자들은 뇌의 질량이 지능의 전부는 아닐지 모르나 지능에는 반드시

최소한의 신경 개수가 필요하다는 데 동의한다. 일반적으로 뇌가 클수록 지능이 더 높은 것이다. 실제로 지구의 생물학사에서 큰 뇌가 출현한 적은 거의 없었다. 수십억 년 동안 작은 크기였고 대부분 단세포 생물이었다. 다세포 생물로 진화하더라도 지능은 그리 빨리 발달하지 못했다. 이미 말한 것처럼, 크고 튼튼한 두개골은 대량의 에너지원을 필요로 한다. 따라서 산소로 숨을 쉬는 동물이 출현한 후에야 비로소 그런 발달이 가능해졌는데, 산소가 강력한 신진대사의 가능성을 제공해준 덕분이다. 또한 오랜 시간 동안 새끼를 낳아 길렀던 동물들은 지능을 발달시킬 수 있는 기회를 더 많이 갖는다. 당신의 부모에게서 배운 것은 당신의 생존에 필수적이다. 그러나 대부분의 생물들이 자주 겪듯이 만약 어미가 태어난 지 몇 주 되지도 않은 새끼를 둥지 밖으로 떠밀어버린다면 이런 가치는 제한될 수밖에 없다. 사용할 수 있는 지성 이상의 지능을 발달시킬 수 있는 진화상의 인센티브는 거의 없다. 따라서 지능지수가 높은 생물이 출현하기 위해서는 의심의 여지 없이, 산소가 있는 대기와 함께 생명체가 보다 긴 아동기를 거칠 수 있도록 해주는 사회적 환경과 같은 몇 가지 전제 조건이 필요하다.

이런 조건은 거기에 상응하는 외계의 숲 속 유인원을 만들어낼 수 있을 것이다. 그러나 그런 조건이 필연적으로 인간과 비슷한 지성체를 만든다고 확신할 수 있을까? 인류가 호모 사피엔스로 진화해온 경로는 우리가 이 질문에 답할 수 있도록 몇 가지 통찰력을 제시해 준다. 지난 300만 년 동안 호머니드가 지닌 뇌의 무게는 약 네 가지 요인에 의해 증가해왔으나 항상 일정한 증가세를 보였던 것은 아니다. 뇌의 크기가 가장 커졌던 시기는 호모 하빌리스가 진화상에 위치했을 때인 약 200만 년 전과, 그 이후 호모 사피엔스가 출현했던 수십만 년 전이다. 이와 같은 갑작스런 뇌 크기의 변화는 우리가 지금까지 '우리 조상들이 좀 더 영리해지기 위한 작용'이라고 논했던 것과는 달리, 실은 그 이상의 '진화적 압박'이 있었음을 시사해 준다.

이 '압박'이 구체적으로 무엇인지에 대해서는 아직 확실히 알 수 없지만, 단순한 기후 변화에서 한 가지 시나리오를 찾을 수 있다. 수백만 년 전, 서서히 표류하던 육지들이 남반구 대양의 해류 패턴을 변화시켰다. 그러자 동아프리카는 점점 건조해졌다. 당시 우리 조상은 유인원에 가까웠는데, 어느 땐가부터 자신에게 익숙한 숲의 거주지가 사라져가고 있음을 알아차렸다. 이러한 상황에서 그들은 식량을 찾아 사바나(대초원)를 건너는 것 말고는 달리 선택의 여지가 없었다. 영장류였던 우리 조상은 강력한 턱을 갖고 있지 못했기 때문에 먹이를 발견하더라도 그것을 잘 씹어 넘기기가 매우 힘들었다. 그러자 조상들은 차라리 두 개의 앞발을 사용하는 것이 낫겠다는 생각을 하게 되었고, 진화는 직립보행 함으로써 자유로워진 손으로 저녁 식사를 해결할 수 있는 사람을 선택하였다. 오늘날 '팔'로 알려진, 이 자유로워진 다리는 확실히 다른 이점도 가져왔다. 즉

이 다리로 도구를 만들고 사용했다. 그리고 오늘날 팔은 '손 신호'에도 종종 이용된다(도로에서 교통 신호를 무시하거나 무례한 행위를 했을 경우). 그러다가 우리 조상은 으르렁거리는 소리를 내게 되었고… 마침내 언어를 사용하게 되었다. 언어의 출현은 향상된 지능지수와 밀접하게 연결되어 있는 것 같다.

자, 당신의 뇌에 아무 단어도 만들지 않은 채 어떤 것이든 떠올려 보라. 단어 없이 그것을 생각할 수 있는가? 이제, 언어와 지능 사이에 얼마나 큰 상관관계가 있는지 확신하게 되었을 것이다.

라) 보안의 지적 능력에 근원을 제공했음직한 또 다른 강력한 요인으로서 우리는 이제 먼 조상의 데이트 행동을 들 수 있다. 수많은 새와 포유동물의 수컷은 암컷으로부터 관심과 호감을 얻어 내기 위해 자신의 생기 넘치는 깃털이나 다리, 혹은 몸을 뒤덮고 있는 무언가를 이용해서 자신을 치장한다. 수컷이 깃털 등을 펼쳐 보이며 자신을 과시할 때 암컷 역시 짝을 결정한다. 이와 관련된 대표적인 예로 수컷 공작을 들 수 있다. 짝을 선택할 때, 암컷 공작은 길고 밝은 꼬리를 가진 수컷을 더 좋아한다. 이것은 단지 암컷의 아주 작은 뇌가 부리는 변덕이 아니라, 길고 밝은 꼬리를 가진 수컷이 자손 번식 전략에서 더 뛰어나기 때문이다. 이처럼 강한 인상을 주는 꼬리를 가지려면 신진대사가 원활해야 하고 건강해야 하며 먹이를 성공적으로 찾을 수 있어야 하기 때문이다. 게다가 화려한 꼬리로 육식동물을 공격할 수도 있고, 약삭빠른 녀석들은 도망도 칠 수 있다. 따라서 훌륭한 유전자를 가지고 있다고 확신하는 것이다. 만약 암컷이 여러 수컷 가운데 가장 낫다고 판단되는 수컷을 선택한다면 그들의 자손은 생존에 유리한 특성을 획득하게 될 것이다.

이러한 사례가 지성체의 진화에는 얼마나 잘 들어맞을까? 직립보행이 가능해진 호머니드의 지능지수는, 뇌의 힘을 키워 자신이 누구보다도 건강하다는 신호를 보내는 행위, 즉 인류가 출현하기 전부터 수십 만 세대에 걸쳐 이뤄졌던 구애 행동의 결과일 수 있다. 게다가 뇌는 매우 복잡한 기관이라서 약간의 유전적 돌연변이만 생겨도 완전히 엉망이 되어버릴 수 있다. 이런 사실은 좋은 뇌야말로 우수한 유전자를 나타내는 신호임을 보여 준다.

그러나 자신의 뇌를 꺼내서 사람들에게 보여 준다면, 이것은 사회적으로 큰 실수를 범하는 너절한 행동이 될 것이다. 그럼, 배우자에게 자신의 두개골이 우수하다는 사실을 어떻게 증명해 보일 수 있을까? 자신의 뛰어난 언변이나 음악적 재능을 선보이든가. 아니면 유머 감각이나 창조성을 행동으로 바꿔서 보여 주면 된다. 이러한 활동 대부분이 뇌에서 관장되기 때문에, 그것은 지적 우수성을 가늠하는 믿을만한 지표가 되는 것이다.

결국 남성들은 감미로운 노래, 넘치는 재치, 뛰어난 말솜씨로 자신의 재능을 과시하고, 여성들은 엄마와 아빠로 이루어진 가정을 꾸미기에 가장 적합한 배우자를 선택하기 위해 남성들이 보여 준 것들을 실마리로 삼는 것이다.

마) 어쩌면 당신은 왜 영리한 여성들이 이러한 메커니즘에 이끌리는지 의아해할지도 모른다. 하지만 이것은 인류가 오랜 성숙기를 거치는 과정에서 이루어낸 자연스러운 결과이다. 인간의 아기가 성장하려면 오랜 시간이 걸리기 때문에, 흥미롭고 즐거운 존재인 여성들에게 수없이 많은 진화적 선택권이 주어진다. 이러한 선택권을 이용해, 여성들은 다분히 충동적인 남성 배우자들이 자신과 함께 아이들 양육에 애쓸 수 있도록 붙잡아두는 것이다.

이러한 메커니즘을 '적응 신호화'라고 부르는데 이것은 인간 지성체의 급속한 출현에 중요한 과정이 될 수 있다. 그러나 이것은 복잡하고 사회적인 전제 조건이 동물이 출현한 환경에서만 일어날 수 있는 유형의 과정이다. 일단 잘 갖추어진 곳이라면, 아무리 뛰어난 생명체라 해도 원시의 무시무시한 유인원에서부터 옆 사무실에 앉아 있는 머리 좋은 사람까지 너무나 급속하게 출현시킬 필요는 없는 것이다. 따라서 지구에서든 외계 행성에서든, 세상의 모든 것은 조금 빨리 혹은 조금 늦게, 우연히 지능지수가 높아진 생명체를 발견하게 되리라는 말이 더 설득력이 있다.

(세스 쇼스탁&알렉스 버넷, 『우주 생명 이야기』)

---

1. 밑줄 친 (ㄱ) 생명나무에 대한 설명으로 적절치 못한 것은?

   1) 생물학에서는 일반적으로 생명계통도라고 부른다.

   2) 미생물에서부터 거대한 척추동물까지 모든 생물이 하나의 거대한 계통으로서 유전적으로 연결되어 있다.

   3) *tree of life*의 역어로 다윈의 개념이다.

   4) 식물, 동물, 미생물의 유사점과 차이점을 역사적인 관계로 설명할 수 있다.

   5) 생명계통도를 통해 생물의 다양성에 대한 것은 설명할 수 없다.

분석적 이해로, 이 문제는 선지식을 묻고 있다. 어휘 혹은 개념의 파악을 측정하기 위한 것이다. 비록 어휘나 개념을 알지 못하더라도, 주어진 앞뒤 문맥으로 정보를 획득할 수 있어야 한다.

1)과 3)은 (ㄱ)의 개념에 대한 직접적인 설명으로 맞다.

정답 : 5)

2. 글 가)~마)의 내용을 적절하게 설명하고 있는 것은?

1) 가) : 호모 사피엔스의 출현은 지구 대격변의 영향이었다.

2) 나) : 암사자들은 누를 사냥하기 때문에 도태될 염려가 없다.

3) 다) : 다세포 생물로 진화하면서 비로소 지능이 발달했다.

4) 라) : 암컷 공작이 수컷을 선택하는 것은 번식과는 무관하다.

5) 마) : 여성의 배우자 선택권은 본능적인 것이 아니라 유희의 과정이다.

정답 : 1)

3. 글 가)의 밑줄 친 (ㄱ)를 통해 추측해 볼 수 있는 것으로 가장 적절한 것은?

1) 공룡은 가장 힘이 세다.

2) 이런 일은 있을 수 없는 일이다.

3) 우주에서 호모사피엔스가 가장 위대하다.

4) 공룡이 쥐와 같은 포유동물을 모두 잡아먹었을 것이다.

5) 이는 보편적으로 일어난 우주의 우연한 사건이다.

이 문제는 추론적 이해를 측정하는 문제이다. 글에 나타난 정보나 분석적 이해를 토대로 드러나지 않은 정보를 파악함으로써 심층적인 언어 이해에 도달하는 것이다. 이는 특히 자료의 행간을 읽는 능력을 테스트 하는 방법이다.

1)의 경우, 공룡이 가장 힘이 세다고 단도직입적으로 말 할 수 없다. 결국 공룡은 멸종했다.

2)도 부적절하다. 이런 일은 이미 2억 6,500만 년 전에 일어났는데 있을 수 없다는 것은 어불성설이다. 다만 이런 일이 있어서는 안 된다는 표현을 한다면 오히려 적절할 것이다.

3) 역시 오해하기 쉬운 항으로 호모 사피엔스가 가장 위대하다고 말할 수 없다. 지금 현재도 인간이 가장 위대하다는 표현은 위험한 생각이다. 인간보다 더욱 위대한 어떤 것이 존재할 수도 있으며, 우리가 그것을 미처 모르고 있는지도 모른다.

4)는 (ㄱ)에 대한 글쓴이의 생각을 적절히 드러내고 있다. 대격변이 없었다면 공룡이 살아있을 것이고 포유동물 등이 이들의 공격으로 멸종을 당했을 것이라고 추측할 수 있다.

5)는 틀렸다. (a)에서 말한 사건은 보편적인 것이 아니라 6,500만 년 전에 일어난 특별한 사건이라고 할 수 있다.

정답 : 4)

4. 글 나)를 참고하여 이끌어낼 수 있는 정보로 적절치 못한 것은?

1) 뇌의 크기와 신체 크기는 비례한다.

2) 뇌의 크기는 지능에 영향을 준다.

3) 뇌의 크기는 생존과 관계있다.

4) 인간의 뇌는 다른 어떤 동물의 뇌보다 크다.

5) 환경은 뇌의 크기에 영향을 준다.

추론적 이해를 주로 묻는 문제이다.

1)은 적절치 않다. 뇌의 크기가 신체 크기와 비례한다고 말할 수 없다. 그렇다면 신체가 큰 소나 말의 뇌는 인간의 뇌보다 커야 한다.

2)는 맞다. 뇌가 크면 지능이 높고 뇌가 작으면 지능이 낮으니 뇌의 영향을 받는다고 볼 수 있다.

3) 역시 맞다. 환경에 적응하며 살아남기 위해 결국 지능을 발전시키고, 그렇게 될 때 뇌가 커지게 된다.

4)도 마찬가지다. 인간의 지능이 가장 높기 때문에 다른 어떤 동물보다 인간의 뇌가 크다고 볼 수 있다.

5)도 맞다. 구대륙이 연결되기 전과 연결된 후의 지능에는 차이가 있으므로 환경은 뇌의 크기에 영향을 준다고 볼 수 있다.

정답 : 1)

5. 글 다)를 논박하는 진술로 보기 어려운 것은?

1) 뇌가 큰 사람이 머리가 뛰어나다는 생각은 머리가 작은 사람들을 우울하게 할 수 있다.

2) 아인슈타인 같은 천재는 이 글의 논리로 설명하기 어렵다.

3) 사람의 팔이 원래 발이었다는 것을 짐작할 수 있는데 기독교적 입장에서 보면 말도 안 된다.

4) 언어를 익힘으로써 지능을 향상시킨다는 것은 하나의 편견이다.

5) 태어나면서 버려지듯 자란 아이들이 지능이 낮을 수 있다는 결론에 이를 수 있는데 이는 매우 위험한 발상이다.

비판적 이해를 측정하고 있다.

1)의 반박은 맞다. 일반적으로 뇌가 클수록 지능이 더 높다고 말하고 있다.

2) 역시 맞다. 아인슈타인이 보통 사람보다 몇 배 아이큐가 높다면 뇌의 크기가 보통 사람의 몇 배가 되어야 한다.

3)도 성립한다. 기독교 입장에서 보면, 인간은 창조될 때 완전한 인간의 모습을 했기 때문에 진화

적 관점은 어불성설이다.

4)는 틀린 논박이다. 하나의 편견이 아니라, 일반적인 상식이다.

5)도 성립한다. 부모로부터 보호받고 아동기가 길수록 지능이 높다는 것은 버려진 아이들 입장에서 보면 위험한 발상이다.

정답 : 4)

6. 글 라)의 내용을 반박한 것으로 적절하지 못한 것은?

1) 암컷 공작은 자손 번식 목적으로 길고 밝은 꼬리를 가진 수컷을 선택하는 것이 아니라, 상대방에 대한 이성적 호감 때문일 수 있다.

2) 암컷이 수컷을 선택한다는 자체가 양성 평등의 입장에서는 불합리하다.

3) 말 잘하고 노래 잘 하는 것, 유머 감각 등이 과연 지적 우수성을 나타내는 지표가 될 수 있을까?

4) 뇌가 우수하고 창조적인 사람보다 평범한 남자가 여성을 쉽게 만날 수도 있다.

5) 직립보행의 결과 매머드는 자신이 누구보다 건강하다는 신호를 보내는데 이것이 일종의 구애 행동처럼 보인다.

비판적 이해를 묻는 문제이다. 주어진 지문의 주요 논지에 대해 비판의 여지를 탐색하고 따져보는 것이다.

1)은 맞다. 암컷 공작이 되어보지 않는 한 자손 번식 목적으로 수컷을 선택한다고 단정할 수 없다.

2) 역시 맞다. 수컷이 암컷을 선택할 수도 있다. 인간 세상도 마찬가지다.

3)의 경우, 지적 우수성의 지표는 매우 다양할 수밖에 없다. 아나운서나 가수, 개그맨이 지적 우수성을 지녔다고 말하기 어려운 것처럼 말이다.

4)도 마찬가지다. 본문에 따르면 창조적인 자가 여성의 선택을 받는다고 되어 있는데 오히려 평범한 사람이 여성을 잘 만날 수도 있다.

5)는 적절하다 할 수 없다. 반박이 아니라 오히려 본문의 내용과 일치하고 있다.

정답 : 5)

7. 이 글에 따를 때, 호모 사피엔스의 미래에 대한 상상으로 적절하지 못한 것은?

1) 인간의 두뇌 능력은 한계가 있다.

2) 인간의 두뇌는 무제한으로 커질 수 없다.

3) 인간의 발전에는 여전히 사회적 환경 등의 전제조건이 필요하다.

4) 두 개의 앞발은 여전히 강력한 턱을 대신한다.

5) 배우자에게 자신의 두개골이 우수하다는 사실을 증명할 필요가 없다.

창의적 이해를 묻는 문제로, 분석, 추론, 비판을 토대로 창의적으로 사고할 수 있는지 측정하는 것이다.

1)은 맞다. 인간의 두뇌 능력은 무한대로 발전할 수는 없다.

인간의 뇌 크기는 여성의 골반에 의해 결정될 수밖에 없다. 그러나 여성의 골반이 벌어지는 것은 한계가 있다. 2)는 적절하다.

3)의 경우, 사회적 환경이라 함은 다)에서도 언급하고 있듯이 산소의 공급과 아동기가 길 수 있도록 환경이 조성되어야 한다는 것이다.

4)역시 맞다. 두 개의 앞발은 바로 팔이다. 원래 턱의 약점을 보완하기 위해 앞발을 팔로 활용하게 되었다. 라)를 보면 이 점이 드러난다. 따라서 미래에도 이 점은 여전히 유지될 것이다.

5)는 예상하기 불가능하다. 라)에서 보이듯이 그리고 마)의 '적응 신호화'에서 보이듯이, 여성들은 우수한 뇌를 가진 남성을 선택하려 할 것이다. 이는 본능에 해당한다. 따라서 남성은 여성에게 선택받기 위해 자신의 우수함을 드러내 보이려고 애쓸 것이다.

정답 : 5)

8. 글쓴이가 동의할 가능성이 가장 높은 것은?

1) 지성체는 지구 이외의 다른 행성에서는 출현하지 못한다.

2) 먹이사슬이 지능에 영향을 미친다고 볼 수는 없다.

3) 아동기가 길수록 지능지수가 높다.

4) 동물의 구애 행동은 자신의 힘을 결코 과시하지 않는다.

5) 외계 행성에서 지능지수가 높은 생명체가 존재해선 안 된다.

창의성을 측정하는 문제. 특히 이는 분석, 추론, 비판을 통해 종합적으로 도달할 수 있는 문제이다.

1)은 가)의 글 네 번째 단락을 참조하면 알 수 있다. 글쓴이는 은근히 다른 행성에서도 지성체가 발생할 수 있다고 기대하고 있다. 그러므로 출현하지 못한다는 주장은 글쓴이가 동의하기 어렵다.

나)의 글 세 번째 단락에서 보면, 먹고 먹히는 과정을 통해 지능이 향상되고 급기야 도태될 수 있다는 논조를 펼치고 있다. 그러므로 2)도 적절치 않다.

3)은 맞다. 다)의 첫 번째 단락에서 바로 확인된다. 산소와 더불어 생명체가 보다 긴 아동기를 거칠 수 있도록 사회적 환경을 갖춰 주면 지능이 높은 생명체가 출현할 수 있다. 그러나 주의할 점은 이 생명체가 인간과 같은 지성체라고 확신할 수는 없다는 것이다.

4)는 정답이 아니다. 라)의 글 두 번째 단락, 자신의 힘을 과시하는 것이 결국 구애 행동으로 비쳐지게 된다고 서술하고 있다.

5)는 마)의 글 끝 문장을 참조하면 알 수 있다. 글쓴이는 지구뿐만 아니라 외계 행성에서도 우연히 지능이 높은 생명체를 발견하게 될 수도 있다고 역설하고 있다.

정답 : 3)

생명공학

가) 우리는 우리가 원하는 것이 뭔지를 정확하게 알고 있다. 우리는 계속해서 앞으로만 나아가려고 할 뿐만 아니라 더욱 높이, 결국에는 정상에까지 오르고자 한다. 위쪽 높은 곳이 더 좋은 곳이며 최선의 자리라고 생각하기 때문이다.

위쪽 높은 곳은 천국이고 낮은 아래는 지옥이다. 단 한 번의 추락으로도 천사는 악마가 된다. 그러나 사람들은 지상에서도 자신들이 저 위에 있는 것과 마찬가지로 지내고 싶어 한다. 새들은 하늘을 높이 날면서 똥을 아래로 싸댄다. 세상의 이러한 위와 아래를 거꾸로 돌려놓는다면 이 세상은 하루아침에 뒤죽박죽이 될 것이다. 이런 일은 우리 몸에서도 마찬가지이다. 머리와 가슴은 위쪽에 있으며, 이곳에서 우리는 생각하고 사랑도 한다. 하지만 음습한 우리들의 욕망이 위치한 곳은 우리 몸의 낮은 곳이며, 이곳에서는 냄새나는 배설물이 배출된다. 우리의 머리와 가슴이 진정한 사랑을 꿈꾸는 동안 우리의 생식기는 한판의 짝짓기를 원한다. 삶에 지쳐서 만신창이가 된 인간의 육체가 결국에는 지네나 벌레의 유충이 득실거리는 대지로 돌아가는 동안, 우리의 정신은 비둘기가 되어 창공으로 날아간다. 이러한 이분법적인 세계관이 목숨의 위험을 무릅쓰고 산을 오르는 많은 인간들의 제어되지 않는 욕망의 근저이다--그들이 산을 오르는 것은 산이 있어서가 아니라 산이 높기 때문이다. 거기 있는 봉우리도 누군가가 거기까지 도달하기 위해서 있는 셈이다.

나) 우리 인간들은 삶을 하나의 사다리, 즉 힘들여서 차근차근히 한 단계 한 단계 올라가야만 하는, 또한 높이 오르면 오를수록 더 좋아지는 사다리로 여긴다. 그런 생각에서 사람들은 이 삶의 사다리를 지배하는 것이 오직 투쟁이며, 그래서 무력을 사용해서라도 타인을 방해하거나 밀어내야 한다고 생각하고, 또한 자신이 이미 오른 사다리의 발판을 다른 이가 오르지 못하도록 톱질해서 잘라내야 한다는 생각도 한다. **(ㄱ)** 현실에서 보면 성공한 이들도 학교나 직장에서 다른 사람들과 잘 지내는 것에서 알 수 있듯, 사다리 아래에 있는 성공하지 못한 이들도 사다리 중간이나 위에 있는 사람들과 마찬가지로 행복하며 반드시 그들보다 불만이 많은 것도 아니다. **(ㄴ)** 삶에서의 성공이란 단순히 높은 곳으로 올라가는 것만을 뜻하지 않는다. 성공이란 그저 거쳐 가는 길, 달려가는 하나의 길일 뿐이며, 그 길은 또 어디로든 가닿을 수 있다.

우리가 정상에 오르기 위해서는 사다리를 힘들여서 올라가야만 한다. **(ㄷ)** 그렇다고 사다리가 오직 오르기 위해서만 존재하는 것은 아니다. 사회의 사다리들은 우리가 앉아서 머물 수 있는 장소를 제공하기도 한다. 사다리 덕분에 우리 각각의 인간들은 모두 자기 자신의 위치를 알게 되는데, 이러한 것을 우리는 닭에게서도 볼 수 있다. 닭의 세계에도 소위 서열이라는 것이 있다. 어떤 닭이 다른 닭들로부터 부리로 쪼이지 않는다면 그것은 바로 우두머리 닭이다. 서열 1위의 닭은 서열 2, 3, 4위의 닭을 쫄 수 있다. 중간 서열의 닭, 예를 들면 서열 50위의 닭은 서열 1위에서 49위의 닭에게 쪼이지만 51에서부터 100위까지의 닭을 쫄 수가 있다. 적어도 이론상으로는 그렇다. **(ㄹ)** 한 마리의 닭이 저보다 서열이 아래인 모든 닭을 쫀다면 알을 낳을 시간도 없게 될 것이다. 최고 서열의 닭이 제 위치를 지키기 위해 저보다 아래의 모든 닭을 쫀다면 쉬 지치고 말 것이다. 실제로 그들의 행동을 살펴보면 서열 1위의 닭은 저보다 낮은 몇 마리 닭만 관리한다. **(ㅁ)** 서열 35위의 닭은 30위권에 있는 닭 중에서 자신보다 서열이 낮은 몇 닭만을 직접 관리한다. 이러한 사다리 구조, 즉 위계질서 덕분에 우리는 각자가 도달한 곳의 디딤판에만 관심을 가져도 되는 것이다. 이와 같은 사다리 구조는 또한 우리로 하여금 단계를 뛰어넘는 도약이 불가능하게 만들기도 한다. 물론 이러한 시스템을 통해서 조직의 안정이 보장되기도 한다. 생물학적으로 보면 이러한 서열 때문에 남다른 야심을 갖고 있는 개인의 상승은 억제되는 반면 전체의 안녕이 보장되는 장점이 있는 것이다. 각각의 모든 이들은 자신의 처지에 대해 만족해 할 수 있으며, 이것은 가장 낮은 서열에 속한 이들도 마찬가지이다. 이러한 시스템의 가장 좋은 점은 거의 모든 이들이 자신들 위에 많은 우두머리를 갖고 있기도 하지만, 동시에 자신들보다 낮은 서열에 대한 우두머리도 된다는 점이다. 심지어는 서열 95위의 사람도 서열 96, 97, 98, 99, 그리고 100위의 사람에 비하면 어느 정도의 지위를 갖고 있는 셈이 된다. 이렇듯 낮은 서열의 지위도 유지될 가치가 있는 것이다. 그렇기 때문에 어느 누구나 상관의 꾸중을 감내해 낼 수 있게 된다. 또한 지배적인 위치에 있는 사람이 아래쪽의 서열을 정해 줄 필요도 없다. 지배당하는 쪽에서 스스로 알아서 서열이 정해지기 때문이다.

다) 이와 같은 생물학적 서열이 한 개체의 급작스러운 성공에 장애요소가 될지도 모른다. (a)하지만 정상을 말 그대로 실제로 경험하는 사람은 극소수이다. 대부분의 인간과 동물이 그에 대한 큰 불만 없이 이러한 위계질서 속에서의 제 위치를 받아들이고, 그들 중 가장 야심 많은 소수만이 성공할 수 있다는 사실은 분명한 생물학적 근거를 갖고 있다. (b) 현대의 기업 조직이라든가 급여 체계 또는 승진 기회와 같은 것들의 기본적인 구조는 우리의 조상인 유인원의 사회적 행태와 깊은 관계를 갖고 있다. 혹 단시일 내에 높은 위치를 원하는 이가 있다면 우리와 종도 다르고 서열도 아래인 다른 동물을 통해 실현시키면 된다. 즉, 개 한 마리를 구해 곁에 두는 것이다. 개의 입장에서 보면 당신은 두말할 것도 없이 상전일 테니까. 하지만 고양이한테서는 결코 그러한 대접을 받지 못할 것이다. 고양이 세계에는 위계질서라는 것이 없다. 그 이유는 그놈들이 둔해서가 아니라 사회적이지 않기 때문이다.

고양이 세계에서 경력이란 개념은 없다. 하지만 인간은 다르다. (c) 좀 더 나은 상황을 위해 인간이 할 수 있는 유일한 일은 나이 먹는 것이다. 젊은 시절에 사람들은 최고가 되기 위해서 필요한 지식들을 쌓아간다. 최고가 못 되면 그 다음 둘째가는 자리가 목표가 된다. (d) 이러는 동안에도 시간이 흐르면 흐를수록 인간은 점점 더 많은 것을 소유하게 된다. 집, 정원, 배우자, 벽난로 위에 놓인 양치기 인형, 그리고 정원의 개 등등. 다시 말하면 점차 상황이 좋아지면서, 비록 정상이 잘 보이지 않아도 점점 더 가까워진다고 느끼는 것이다. (e) 하지만 이러한 위계질서가 없다면 사실 성공 그 자체도 불가능한 것이 된다.

라) 현대 사회에서 사람들의 관심은 어떻게 정상에 오르느냐에 집중되어 있다. 텔레비전에서 방영되는 것이나 책과 잡지에서 이야기되는 것이 모두 이와 관계되는 것들이다. 잡지의 표지를 장식하는 여자 모델은 전부 젊고 눈부시게 아름답다. 스포츠를 중계하는 화면 속에서는 젊은 우상들이 메달을 따기 위해, 그리고 기록을 경신하기 위해 달리면서 영광스러웠던 과거의 모든 명예로운 기록을 갈아치운다. 도시에서는 새로운 건물들이 치솟아 올라가며, 시골 지역에는 새로운 도시가 건설된다. 우리 주위에서는 오래된 차들을 더는 볼 수 없게 되었지만 쿠바에서는 여전히 굴러다니고 있다. 오래된 집들은 기초까지 파헤쳐져 새집으로 탈바꿈했고, 나이 들어 늙은 인간들은 도시 주변부의 쓰레기 소각장이나 폐수 처리 시설 근처로 추방되었다. 눈에 보이는 것은 온통 새 것들 뿐이다.

모든 것이 새 것이라는 사실 또한 새로운 것이다. 예전에는 낡은 것이 더 많았다. 150년 전만 해도 유럽의 대부분의 도시는 중세시대부터 있었던 성곽으로 둘러싸여 있었다. 2차 대전이 끝날 때까지만 해도 네덜란드의 요새 도시인 베스프의 성문 앞에는 그 어떤 돌로 된 건물의 건축도 허락되지 않았는데, 그 이유는 전쟁이 발발했을 때 시야를 확보해야 하기 때문이다. 얼마 전까지만 해도 젊은 사람들은 노인들과 같이 한 집에서 살았고, 폐허가 된 유적 옆에도 집들이 건축되었다. 오래된 것과 새로운 것이 서로 배척하는 것이 아니라 공존하는 사회였다. 수백 년 동안 인간이 살아온 곳은 사다리 위가 아니라 올라갔다 내려가는 계단 위였다.

지난 수세기 동안만 해도 일반 서민들의 거실에는 '삶의 여정도'가 걸려 있었다. 그림이나 인쇄물 또는 밀가루 반죽으로 만들었거나 수를 놓아서 그린 이 삶의 여정도에서 인생의 절정은 인생의 끝이 아니라 중간에 그려져 있다. 절정에 도달한 이후 인생의 계단은 더 이상 상승하지 않고 마치 관공서의 외벽에 설치된 내려오는 계단처럼 하강한다. 인간이 아직 젊고 힘이 있을 때는 삶의 계단을 오르지만, 이 계단을 내려갈 때는 이미 늙은 것이고 결국에는 사망하게 된다. 미술사학자인 코리네 하젤제트에 의하면 예전에는 생일이나 결혼식 같은 인생의 기념이 될 만한 날에 삶의 여정도를 선물했다고 한다. 18 세기까지만 해도 이러한 관습은 부자들 사이에서만 유지되었는데, 그들은 이 그림을 은이나 수정으로 제작하기도 했다. 삶을 이렇게 보는 시각은 나중에 일반 대중을 위한 문학에서 인기 있는 주제로 다루어졌으며, 얼마 전까지만 해도 이탈리아나 그리스 시장에서 운이 좋으면 이러한 작품을 살 수도 있었다.

마) 중세까지만 해도 사람들은 삶의 과정을 계단이나 사다리가 아니라 둥그런 바퀴 같은 것으로, 오늘날 텔레비전 퀴즈 게임에 등장하는 행운의 바퀴와도 같은 것이라고 생각했다. 오늘날 이 원판을 돌리는 이는 퀴즈 사회자지만, 15세기 당시에는 눈먼 행운의 여신인 포르투나였다. 원판을 돌리는 것이 오늘날에는 인간의 탐욕을 충족시키기 위한 것이라면, 당시에는 인간의 탐욕을 고발하기 위해서였다. 인생을 이렇게 표현할 수도 있음을 민중들이 처음으로 알게 되는 것은 당시의 텔레비전이라고도 할 수 있는 교회 창문의 스테인드글라스를 통해서, 예배 도중에 자꾸 우리의 시선을 끌게 되는 그런 창문을 통해서였다. 이러한 스테인드글라스에는 왕들이 욕심을 부리다가 왕좌에서 떨어지는 광경이 묘사되어 있곤 했었는데, 이는 교훈을 주기 위한 것이기도 하고 또한 재미를 위한 것이기도 하다.

(미다스 데커스, 『시간의 이빨』)

1. 글 가)에 대한 설명으로 적절하지 못한 것은?

　1) 글쓴이의 주장이 암시되어 있다.

　2) 이분법적 세계관에 입각해 자신의 견해를 피력하고 있다.

　3) 인간에 대해 별로 호의적이지 않다.

　4) 현대 사회에 대한 비판적 문제의식이 돋보인다.

　5) 다분히 시적이며 상징성을 보이고 있다.

해제

분석적 이해, 비판적 이해, 추론적 이해를 측정하는 문제이다. 무엇보다 주의할 점은 글 전체의 설명이 아니라 글 가)에 대한 설명으로 제한하고 있다는 것을 잊어서는 안 된다.

1)은 다소 헛갈릴 수 있다. 가)에는 글쓴이의 주장이 명시적으로 드러나 있지 않다. 그러나 글쓴이가 사람들의 행태 및 현대 사회에 대한 비판적 문제의식을 갖고 있다는 것을 추론할 수 있다. 이분법적 세계관에 대한 부정적 서술이 그 매개체다. 따라서 글쓴이는 이분법적 세계관에 대한 문제제기를 할 가능성이 매우 높다.

2)를 선택한다면, 피상적으로 가)를 독해한 것이다. 이분법적 입각해 주장하는 것이 아니라 이분법적 세계관에 입각한 사람들의 행태를 설명하는 것이다. 이는 부정적인 용어들을 동원해 사람들의 행태를 서술하고 있다는 점에서 극명히 드러나고 있다.

3)도 마찬가지다. 후반부에서 글쓴이는 인간의 욕망을 부정적 용어로 적나라하게 표현하고 있다. 인간에 대해 다분히 비아냥대고 있음을 간파할 수 있다.

4)도 그렇다. 부정적 용어들을 동원해 사람들의 행태를 서술하는 것은 현대 사회에 대한 긍정하는 태도로부터 나올 수 없다.

5)는 적절하다. 언어의 선택적 측면과 이미지에 있어서 시적인 것은 틀림없다. 특히 '비둘기', '창공' 등은 상징성을 띤 시어로서 충분히 기능을 하고 있다.

정답 : 2)

2. 글 나)의 밑줄 친 (ㄱ)〜(ㅁ) 에 들어갈 접속사로 적절하지 않은 것은?

1) (ㄱ)－하지만
2) (ㄴ)－그러므로
3) (ㄷ)－하지만
4) (ㄹ)－하지만
5) (ㅁ)－그러나

분석적 이해 및 추론적 이해를 측정하는 문제로 접속사의 경우 특히 문맥의 전후관계를 꼼꼼히 살펴야 한다.

(ㄱ)을 보면, 앞 문장은 오직 성공을 위해 무력까지 사용할 수 있다는 의미를 내포하나 뒷 문장의 경우 현실에서는 반드시 그렇지 않다고 말하고 있다. 따라서 두 문장이 반대의 경우이므로 역접 관계가 옳다.

(ㄴ)의 경우, (ㄴ)의 앞의 결과로 뒤가 일어나기 때문에 순응 관계가 맞다.

(ㄷ)의 경우, 역시 앞 문장과 뒷 문장은 반대의 의미를 띤다. 정상을 위해 사다리를 올라가야 하는 것과 사다리가 반드시 오르려고 존재하는 것이 아니라는 말과 같이 의미가 상충된다. 그러므로 역접이 들어가야 한다.

(ㄹ)의 앞 문장은 서열이 앞선 닭은 서열이 늦은 모든 닭을 쫄 수 있다는 의미, 뒤의 맨 마지막 문장에 보면, 서열 1위의 닭이 저보다 낮은 몇 마리 닭만 관리한다고 말하고 있으므로 서로 다른 입장에 있다. 따라서 '하지만'이 맞다.

(ㅁ)을 보면, (ㅁ)의 앞은 서열이 낮은 몇 마리 닭만 관리, (ㅁ)의 뒤 역시 서열이 낮은 몇 마리 닭만 관리, 의미가 상충되지 않으므로 '그러나'는 틀리며, '마찬가지로'가 들어가야 가장 적절하다.

정답 : 5)

3. 밑줄 친 (a) ~ (e) 가운데 서로 바뀐 것은?

1) (a) ↔ (b)

2) (b) ↔ (c)

3) (c) ↔ (d)

4) (d) ↔ (e)

5) (e) ↔ (a)

분석적 이해, 추론적 이해, 비판적 이해를 종합적으로 측정하고자 하는 문제이다. 특히 심층적 사고가 필요하다. 각각을 독립적으로 수행하거나 분석적 이해를 토대로 추론적 이해가 가능하고, 분석적 이해, 추론적 이해를 토대로 비판적 이해가 가능하게 된다.

밑줄 친 (a)는 우선 전후 내용과 어울리지 않음을 금방 알아차릴 수 있다. 성공의 '장애 요소'가 나오다가 갑자기 '정상'이 나오고, 다시 '위계질서'가 나오는데 이는 적절하지 않다. 따라서 (a)와 다른 어떤 것이 바뀌었다는 얘기다.

(a)와 (b)가 연결되어 있기 때문에 (b)를 우선 검토해야 한다. 만약 (a)와 (d)가 연결되어 있다면 (d)를 먼저 검토하는 것이 요령 있게 문제를 푸는 방식이다. (b)의 경우, 앞의 내용이 인간과 동물 중 가장 야심 많은 소수만 성공할 수 있다고 언급하고 있다. 따라서 현대의 조직, 승진체계 등의 구조가 유인원의 행태와 관계를 맺고 있다는 언급은 심한 비약이긴 하지만 틀린 것도 아니다.

(c)의 앞은 고양이 세계와 다른 인간에 대한 것이고, 뒤는 필요한 지식을 쌓아가는 것에 대해 말하고 있다. 따라서 (c)는 맞다. 나이가 들면서 경험과 지식을 쌓음으로써 고양이 세계와 구별을 짓게 된다는 것이다.

(d)는 맞다. 밑줄 (d)에 이어지는 문장에 소유의 품목이 나오는 것으로 봐서 인간이 많은 것을 소유하게 된다는 의미가 채워져야 함은 당연한 것이다.

(e)는 문맥의 전후 사정으로 보아 위계질서에 대한 내용이 끼어들 이유가 없다. 그러므로 (e)도 틀렸다. 따라서 (a)와 (e)가 서로 뒤바뀐 것임을 알게 된다.

정답 : 5)

4. 글 라)를 참조하여 글쓴이의 정서를 반영하도록 한 편의 완결된 글을 쓴다고 할 때, 가
   장 적절한 제목은?

1) 삶의 지혜는 중용에 달렸다.

2) 낡은 것을 극복해야 정상에 이른다.

3) 새로움과 낡음의 조화가 인생이다.

4) 죽음은 피할 수 없는 숙명이다.

5) 선물은 지혜로운 삶을 보장한다.

한 편의 완결된 글은 특히 창의적 이해를 측정하는 문제로서 이를 해결하기 위한 과제로 분석, 추론, 비판이 전제되어야 하는 종합적 측정의 문제이다. 이는 글 라)의 중심 내용이나 핵심 논지가 무엇인지 파악한 다음에야 문제를 풀 수가 있다. 특히 이를 파악한 다음에는 글쓴이의 내면으로 들어가서 그가 어떤 측면에 애착을 가지며 글을 쓰고 있는지 파악한 다음 문제를 풀어야 한다.

이 글의 첫 단락은 '정상'과 '새 것'들에 대한 관심과 상황, 두 번째 단락은 신·구 및 장·단의 공존, 세 번째 단락은 '인생의 정점이 중간이란 것'으로 요약된다. 요컨대 정상과 새로운 것에 대한 집착보다는 오히려 최고의 인생은 중간을 추구하는 데 있다는 것으로 정리할 수 있다. 그러나 정상과 새 것은 동일한 의미지만, 결국 여기서 핵심적인 것은 높음에 대한 반발과 비판이다. 결국 높음과 관련한 내용을 다루는 것이기에, 높음과 낮음 사회의 조화 혹은 중용이 글쓴이가 강조하고자 하는 것이다.

2)는 글쓴이의 생각에 전적으로 배치된다.

3)은 라)에서 깊이 있게 다루고 있지만, 결국 높음에 대한 집착을 비판하기 위해 끌어들인 것에 불과하다. 틀리지는 않지만 지엽적이기에, 적절하지 않다.

4)와 5)는 역시 지엽적인 내용이다.

정답 : 1)

5. 가) ~ 마)의 중심 내용으로 가장 적절하다고 생각하는 것은?

1) 가) : 현대인들에게 천사나 악마는 같은 의미다.

2) 나) : 서열 1위의 사람만이 가치 있다.

3) 다) : 생물학적 위계질서는 인간 사회에서도 반드시 필요하다.

4) 라) : 사람이나 물건이나 옛 것이 좋다.

5) 마) : 성공에 대한 욕심은 인간을 타락시킨다.

분석적 이해 및 추론적 이해를 테스트하는 문제이다. 중심 내용 파악은 분석적 이해의 핵심이나, 만약 본문을 그대로 옮기는 것이 아닐 때는 비판적 이해, 창의적 이해까지도 측정하게 된다. 따라서 분석과 추론을 핵심으로 하되, 비판적이고 창의적으로 생각해야 한다.

1)은 가)에서 중요한 의미가 없는 내용이다. 동시에 사람들에게 받아들여지지 않는 내용이다.

2)는 글쓴이의 입장에 전면적으로 위배된다. 글쓴이는 서열화, 위계질서에 분명한 반대의 입장을 보여 주고 있다. 나)의 후반부에 잘 드러나 있다.

3)은 다소 어렵다. 다) 자체의 내용도 그렇거니와 논의 전개가 난해하다. 그러나 글쓴이의 중심 생각이 담긴 것은 두 번째 단락이다. 인간은 나이를 먹음에 따라 욕망을 줄일 수도 있고 착각도 할 수 있기에, 생물학적 형태의 위계질서 없이도 행복할 수 있다고 말한다. 아울러 성공 개념의 무의미함도 마지막 문장에서 지적하고 있다.

4) 역시 글쓴이의 입장과는 맞지 않는다. 라)에서 글쓴이가 강조하는 것은 옛 것의 옹호가 아니라, 높고 낮음의 중용이다.

마)는 글쓴이의 핵심 논지를 드러내는 단락이다. 물론 명시적으로 드러나 있거나 정식화된 표현은 보이지 않는다. 그러나 글쓴이가 다양한 용어로 자신의 생각을 충분히 드러내고 있다는 것은 분명하다. 결국 글쓴이는 성공, 위계질서에 대한 집착, 상승에 대한 욕망 등이 오히려 인간을 타락으로 이끈다고 경고하고 있다.

정답 : 5)

6. 인간의 삶의 과정을 원이라고 생각할 때, 글 마)의 다음에 이어질 글로 예측할 수 없는 것은?

1) 어린이 다음에는 성인이, 성인 다음에는 노인이, 노인 다음에는 젖먹이가 온다.

2) 기독교 신자에게는 이러한 인생 과정이 정교(正敎)의 가르침을 의미한다.

3) 손자 손녀를 가장 잘 이해하는 것은 할머니 할아버지이다.

4) 어린 아이와 노인은 땅이란 의미로 통하는 대지(大地)에 가깝다는 점에서 동지처럼 보인다.

5) 양 극단은 서로 통한다.

창의성을 평가하는 문제로, 사실상 마)의 다음에 이어질 내용을 문제화한 것이다. 작자는 인간의 삶의 과정을 원으로 가정하고 논의를 전개해 나간다.

1)은 연결 순서로 틀리지 않다. 이렇게 순환하게 된다는 것이 작자의 주장이다.

2)는 틀리다. 원이라 가정할 경우, 기독교 신자에게는 정교(正敎)가 아니라 사교(邪敎)의 가르침을 의미하게 된다.

3)의 경우, 손자, 손녀와 할아버지, 할머니의 거리는 원인 경우 매우 가깝다는 데서 유추해 볼 수 있다.

4)역시 어린이와 노인은 기거나 엎드리기 좋아한다는 의미에서 물리적으로도 땅에서 가깝다고 이해할 수 있다. 이밖에도 기저귀를 차거나 먼 곳을 종종 응시한다는 것도 공통점으로 이끌어 낼 수 있다.

5)의 경우, 양 극단을 이으면 원이 되기 때문에 서로 통한다는 말은 맞다. 죽고 태어나는 것이 동시에 일어나는 불교의 윤회적 측면에서 생각할 수 있다.

정답 : 2)

7. 이 글에 반대하는 사람이 가질 법한 입장이라 할 수 있는 것은?

1) 일등을 고집할 이유는 없다.

2) 인간은 머리로 생각하고 가슴으로 사랑한다.

3) 성공이 행복을 결정하는 것은 아니다.

4) 악마는 천사는 다른 것이 없다.

5) 동물과 인간의 차이점은 없다.

비판적 이해 및 추론적 이해를 동시에 측정하는 문제이다. 글 전체의 흐름 및 글쓴이의 핵심 논지를 파악해서, 이를 토대로 반대하는 사람이 가질 법한 입장을 끄집어내야 한다.

1)과 3)은 글쓴이의 입장을 적극적이고 제대로 대변하고 있다. 글쓴이는 성공에 대한 집착이 행복을 가져다주지 못하며, 위계질서에 집착할 필요가 없다는 입장을 갖고 있다. 이분법적 세계관도 비판하고 있다.

물론 4)도 글쓴이의 입장을 대변한다고 볼 수 있다. 이분법적 세계관을 거부하고 있기 때문이다.

철 학

가) 우선 ㉠나는 모든 동물을 하나의 정밀한 기계로밖에 보지 않는다. 자연은 그 기계가 스스로 작동할 수 있도록, 또한 그것을 고장 내거나 파괴하려는 경향이 있는 모든 것에 대하여 어느 정도까지는 스스로를 지킬 수 있도록 감각이라는 것을 부여했다. ㉡나는 인간이라는 기계도 마찬가지라고 본다. 다만 동물의 활동에서는 자연만이 오로지 모든 것을 행하는 데 반해 인간은 자유로운 주체로서 자연의 활동에 협력한다는 것이 다를 뿐이다. 즉 동물은 본능에 따라, 인간은 자유로운 행위에 따라 취사선택을 하게 된다. 이로 말미암아 동물은 자기에게 정해진 규칙에서 벗어나는 것이 자기에게 아무리 유리해도 그렇게 할 수 없으나 인간은 자신에게 해로워도 종종 그 규칙을 벗어나 행동한다. 그리하여 비둘기는 제일 좋은 고기가 가득 담긴 그릇 옆에서도 굶어 죽기 일쑤고, 고양이는 수북이 쌓인 과일이나 곡식 위에서도 굶어 죽기 일쑤다. 먹을 엄두만 내면 그들이 경멸하는 음식으로 얼마든지 살아갈 수 있을 텐데도 말이다. 이와 달리 방종한 인간은 절제하지 못한 탓에 열병이나 죽음에 이르게 된다. 정신이 감각을 변질시키고 자연이 침묵하고 있을 때에도 의지는 여전히 작용하기 때문이다.

모든 동물은 감각을 가지고 있으므로 관념도 가지고 있다. 어느 정도까지는 그 관념들을 조합하기도 한다. 이 점에서 인간과 동물은 약간의 차이가 있을 뿐이다. 몇몇 철학자들은 인간과 동물의 차이보다 인간들 간의 차이가 더 크다고 주장하기까지 했다. 그러므로 인간을 동물과 구별 짓는 것은 지성이라기보다는 인간의 자유로운 주체로서의 특질이다. 자연은 모든 동물에게 명령하고 동물은 이에 따른다. 인간도 같은 영향을 받는다. 그러나 인간은 복종하느냐 저항하느냐의 선택에서 자신이 전적으로 자유로움을 인식한다. 인간 영혼의 정신성이 드러나는 것은 무엇보다도 이런 자유의 의식을 통해서였다. 물리학이 감각 기제와 관념의 형성을 어느 정도 설명해 주고 있지만 의지의 힘, 아니 좀 더 정확히 말해 선택의 힘과 이 힘의 지각 속에서는 역학의 법칙만으로는 아무 것도 설명할 수 없는 순전히 영적인 행위만을 발견할 수 있기 때문이다.

나) 그러나 이러한 모든 문제를 둘러싸고 있는 여러 가지 어려움 때문에 인간과 동물의 차이에 대해 좀 더 논의의 여지가 남아 있다 하더라도, ⓒ 나는 양자를 이렇게 구별해도 아무도 이의를 달지 못할 또 하나의 매우 특수한 성질을 들지 않을 수 없다. 그것은 바로 자신을 개량하고 변화시킬 수 있는 가능성이다. 인간은 환경의 도움을 얻어 다른 모든 능력을 점차 발전시켜가는 이러한 가능성을 종의 차원에서와 마찬가지로 개인적 차원에서도 소유하고 있다. 동물은 태어난 지 몇 달 후면 일생 동안 변치 않을 모습을 지니게 되며, 천 년의 세월이 흘러도 그 종의 최초 모습과 별 차이가 없다. 어째서 인간만이 쉽사리 어리석어지는 것일까? 그것은 인간이 이와 같이 하여 원시 상태로 돌아가기 때문이 아닐까? 즉 동물은 아무것도 얻지 못했으므로 잃는 것도 없이 언제까지나 자신의 본능 그대로 있는 반면에 인간은 노쇠와 그 밖의 사고로 말미암아 그의 완성 가능성 덕분에 얻게 된 모든 것을 잃어, 동물보다 더 저속한 상태로 다시 떨어지기 때문이 아닐까? 인간과 동물을 분명히 구별하는 거의 무제한적인 이 가능성이 인간의 모든 불행의 근원이며, 평온하고 순진무구한 나날이 계속되는 저 원초적인 상태로부터 시간의 흐름과 더불어 인간을 이끌어 낸 것도 바로 이 가능성이다. 그리고 인간의 지식과 오류, 악덕과 미덕을 몇 세기 동안의 흐름 속에서 부화시켜 드디어 인간을 자기 자신과 자연에 대한 폭군으로 만드는 것도 바로 이 가능성이다. 이러한 사실을 인정해야 하는 것은 우리에게 매우 유감스러운 일이 아닐 수 없다. 오리노코 강 연안의 주민들이 자기네 자녀들의 관자놀이에 대는 판자를 어디에 어떻게 사용해야 하는지를 처음으로 그 주민에게 제시해 준 사람을 은인으로 찬양해야 한다는 것은 실로 끔찍한 일이라 생각된다. 적어도 그 판자는 어린이들의 어리석음과 본래의 행복 일부를 그들에게 보증하고 있기 때문이다.

다) 자연에 의해 오직 본능에만 맡겨진 미개인, 좀 더 정확하게 말하면 그들에게 결핍되어 있을지도 모르는 본능을 우선 보충하고 이어서 그 자신을 자연 이상으로 훨씬 높일 수 있는 능력으로 보강하는 미개인은 처음에는 오로지 동물적인 기능들부터 수행하기 시작할 것이다. 즉 처음에는 알아차리고 *apercevoir* 느끼는 *sentir* 기능만을 할 수 있는데, 이러한 상태는 다른 동물들과 공통된다고 할 수 있다. 새로운 상황이 조성되어 새로운 발전이 일어나기 전까지는 의지를 발동하는

것 *vouloir* 과 발동하지 않는 것 *ne pas vouloir*, 욕망을 갖는 것 *desirer* 과 두려움을 느끼는 것 *crainder*이 그들 영혼이 수행하는 최초이자 거의 유일한 작용이 될 것이다.

인간성을 탐구하는 자들이 뭐라고 하든지 인간의 지성은 정념의 도움을 많이 받고 있으며 누구나 알다시피 정념도 지성의 도움을 많이 받고 있다. 우리의 이성이 완성되는 것은 바로 이 양자의 활동에 의해서다. 우리가 무엇을 알고자 하는 것은 그것을 즐기기를 원하기 때문이다. 욕망도 두려움도 느끼지 않는 자가 무엇 때문에 애써 이치를 따지려고 하겠는가? 정념도 우리의 욕구에서 비롯되며 우리의 지식을 통해 진보해 간다. 인간은 단지 자기가 가질 수 있는 관념에 의거해서, 혹은 자연의 단순한 충동에 의해서만 사물을 욕망하거나 두려워할 수 있기 때문이다. 그런데 미개인은 모든 종류의 지식을 결여하고 있으므로 이 마지막 종류의 정념들밖에 경험하지 못한다. 그들의 욕망은 육체적인 욕구를 초월하지 못한다. 그들이 세상에서 알고 있는 행복은 음식과 이성(異性)과 휴식뿐이다. 그들이 두려워하는 불행은 고통과 굶주림뿐이다. ㉣ 나는 고통이라고 말할 뿐 죽음이라고 말하지 않았다. 동물은 죽는 것이 무엇인지 결코 알지 못할 것이기 때문이다. 죽음과 그 공포에 대한 지식이란 인간이 동물적인 상태에서 벗어났을 때 비로소 얻게 되는 것들 중의 하나다.

라) 필요하다면 나는 세계의 모든 국민에게 정신의 진보는 국민이 자연으로부터 받았거나 상황에 따라 국민에게 강요된 필요에 정확하게 비례하며 따라서 그러한 필요를 충족시키도록 재촉하는 정념에 비례한다는 사실을 통해 이러한 감정을 어렵지 않게 입증할 수 있을 것이다. 나는 그것을 나일 강의 범람으로 말미암아 여러 가지 기술이 발달해 널리 퍼진 이집트의 예로 증명할 수 있으며, 그리스 인들에게서 볼 수 있는 여러 가지 기술의 진보 과정을 통해서도 입증할 수 있을 것이다. ㉤ 나는 그리스의 경우 그런 기술이 에우로타스 강의 비옥한 연안에서는 뿌리를 내리지 못한 데 반해 아티카의 사막이나 바위 사이에서는 무럭무럭 자라나 비약적으로 발전한 것에 주의를 기울일 것이다. 그리고 마치 자연이 땅에 주기를 거절한 비옥함을 정신에게 줌으로써 사물을 평등하게 만들려고 한 것처럼, 북방의 여러 민족이 부지런하지 않고서는 배겨날 수 없기 때문에 남방의 여러 민족들보다 대체로 더 부지런하다는 사실을 지적하고 싶다.

마) 그러나 확실치 못한 역사상의 증거를 떠올리지 않더라도, 모든 것이 미개인들로 하여금 미개인임을 포기하게 하려는 유혹과 수단들에서 벗어나게 하려는 것만 같다는 사실을 과연 누가 모르겠는가? 그들의 상상력은 아무것도 묘사하지 못하며 그들의 마음은 자신에게 아무것도 요

구하지 않는다. 그들의 자질구레한 필수품은 손이 쉽게 닿는 곳에 있으며, 그들은 더 높은 지식을 얻기 위해 필요한 정도의 지식에서는 너무 멀리 있기 때문에 선견지명도 호기심도 지닐 수 없다. 자연의 광경은 너무나 눈에 익숙하여 그들의 관심을 끌지 않게 된다. 자연은 언제나 같은 이치에 따라 움직이고 같은 주기로 되풀이된다. 미개인은 매우 기이한 것에도 놀라지 않는다. 그러므로 일상적으로 보아온 것을 집중적으로 관찰하기 위해서 인간이 필요로 하는 철학을 그들에게 요구해서는 안 된다. 그 어떤 것으로도 동요시킬 수 없는 그들의 마음은 오직 눈앞의 자기 생존에 대한 생각에만 몰두하여 곧 닥쳐올 미래의 일에 대해서는 관심이 없다. 그리고 그들이 세우는 계획은 그들의 시야와 마찬가지로 좁아 기껏해야 그 날 하루에 대한 것일 뿐이다. 오늘날에도 카리브 사람의 선견지명이란 여전히 이 정도다. 그는 밤에 필요하리라는 생각을 못하고 아침에 자기 솜이불을 팔아버리고, 저녁이 되면 눈물을 글썽거리며 그 이불을 다시 사들인다.

(장자크 루소, 『인간불평등기원론』)

---

1. 가) ～ 마)의 내용에 대한 설명으로 잘못 연결된 것은?

　1) 가) : 인간은 지성을 소유한다는 점에서 동물과 구별된다.

　2) 나) : 인간이 지닌 가능성이야말로 불행의 근원이다.

　3) 다) : 미개인에겐 육체적인 욕구만이 존재한다.

　4) 라) : 자연이 주는 고통의 크기는 정신의 진보에 큰 영향을 미친다.

　5) 마) : 자연의 풍요는 미개인의 발전을 가져올 수 없다.

해제

이 문제는 분석적 이해에 관한 문제이다. 이를 해결하기 위해 주어진 단어나 문장, 텍스트를 토대로 파악해야 한다. 모든 정보는 명시적으로 주어져 있는데 이 문제에서는 특히 문맥의 전후관계를 잘 살펴야 한다.

가)는 지성의 소유보다 자유로운 주체라는 인간이 동물과 인간을 더 잘 구별할 수 있게 한다는 점을 분명히 하고 있다. 1)은 그것에 전면 위배되는 진술이다.

2)와 3)은 나)와 다)에서 너무나 쉽게 확인할 수 있는 진술이다.

라)는 다소 난해하지만, 추론한다면, 정신의 진보와 자연의 관계이다. 자연이 척박할수록 정신의 진보가 쉽고 크게 일어난다는 내용을 핵심으로 갖고 있다.

마)의 핵심은 미개인의 특징을 설명하고 있지만, 결국 미개인이 미개인으로 머무는 것은 결국 자연의 풍요 때문이라는 것을 암시하고 있다.

정답 : 1)

2. 이 글을 통하여 우리가 파악할 수 있는 정보와 관계가 없는 것은?

1) 인간은 본성은 자유이다.

2) 인간과 동물은 관념의 조합적 측면에서 큰 차이가 없다.

3) 인간의 미래는 결정되어 있다.

4) 북방 민족이 남방 민족보다 부지런한 것은 환경 탓이다.

5) 문명인들은 눈앞의 생존보다는 미래를 대비할 수 있다.

해제

이 문제는 비판적 이해와 추론적 이해를 묻고 있는 문제이다. 각 글의 핵심 주장과 논거 혹은 핵심 내용을 파악하고 이를 토대로 주어져 있지 않은 정보를 파악하여 심층적으로 언어와 지문을 이해하는 것이 필요하다.

1)은 가)의 핵심 내용이라 할 수 있다. 동물과 인간이 정밀한 기계라는 측면에서는 동일하지만, 동물과 다른 인간의 고유한 특성은 선택의 자유, 자유에 대한 의식에 달려 있다. 자유의 핵심은 선택의 자유이고, 자유에 대한 의식은 자유가 존재해야 가능한 일이다.

2) 역시 가)의 두 번째 단락에서 분명하게 적시되어 있다. 글쓴이는 인간과 동물의 차이점에 관한 논의를 전개하기 위해, 인간과 동물의 유사성을 도입하고 있다.

3)은 추론하기 어렵다. 나)를 참조로 이를 논증할 수 있다. 다)에서 말하는 인간의 특징은 한 마디로 '가능성의 존재'이다. 인간의 미래는 선택의 자유에 의해 '열려 있다.'. 자유의 선택을 인정하는 한 미래가 결정될 수는 없다. 따라서 이 진술은 나)의 핵심과는 정반대로 추론할 수 있는 내용이거나 나)를 반박할 수 있는 진술일 뿐이다.

라)와 마)는 인간 정신의 진보와 환경의 관계를 다루고 있다. 라)에서는 척박한 환경이 오히려 인간 정신의 진보를 가져오는 계기라 주장하고 있다. 또한 마)를 독해함으로써 미개인과 문명인을 대비시킬 수 있고 문명인의 특징을 끌어낼 수 있다.

정답 : 3)

3. (ㄱ)~(ㅁ)의 '나는' 에 대한 설명으로 올바른 것은?

1) (ㄱ) 인간에 대해 우호적인 나

2) (ㄴ) 동물에 대해 우호적인 나

3) (ㄷ) 인간과 동물, 양자에 모두 우호적인 나

4) (ㄹ) 동물에게 비우호적인 나

5) (ㅁ) 인간에게 비우호적인 나

해제

이 문제는 추론적 이해와 창의적 이해를 동시에 측정하는 문제이다. 분석적 이해를 토대로 글의 행간을 읽는 능력이 있어야 해결 가능하다. 동시에 각 단락의 중심 생각 파악에 기초한 창의적인 해결을 필요로 하는 문제이다.

(ㄱ)과 (ㄴ)에 말하는 '나'는 공통적으로 동물과 인간에 대해 비우호적이라 할 수 있다. 기계를 대비시킨 것은 동물과 인간에 대해 긍정적 평가를 함축한다고 볼 수는 없기 때문이다.

(ㄷ)의 나는 인간과 동물 모두에게 여전히 비우호적이라고 보는 것이 적절하다. 인간은 자신이 가진 가능성 때문에 타락할 수도 있지만 동시에 다른 가능성도 있다. 그러나 글쓴이는 인간의 타락 가능성에 초점을 맞추고 있다.

(ㄹ)의 나는 동물에게 비우호적이라고 볼 수 있다. 죽는 것이 뭔지 모르는 미개인과 동물에 대해 부정적 시각으로 보고 있다. (ㄹ) 이하의 문장들에서 이 점이 잘 드러난다.

(ㅁ)의 나는 척박한 자연에 대해 맞서는 인간의 모습에 긍정적 시선을 던지고 있다. 더욱이 그러한 인간의 행동이 정신의 진보를 가져온다고 말하고 있다.

정답 : 4)

4. 인간에 대해 글쓴이는 어떤 태도로 고찰하고 있는가?

1) 인간을 오직 형이상학적으로만 보고 있다.

2) 인간을 오직 형이하학적으로만 보고 있다.

3) 인간을 도덕적 측면에서만 보고 있다.

4) 인간을 오직 물리적으로 보고 있다.

5) 인간을 형이상학적이고 도덕적인 측면에서 보고 있다.

해제

창의적 이해를 측정하는 문제로서, 분석, 추론, 비판적 이해를 바탕으로 창의적으로 사고할 수 있는 능력에 관한 물음이다. 이 문제는 여러 단락들의 글을 어떤 하나의 유형으로 도출해내는 능력을 측정하고 있다.

인간의 특징으로서의 자유, 무한한 가능성 등은 인간에 대한 형이상학적 접근이라 할 만하며, 인간의 무한한 가능성이 가져오는 타락과 부지런함과 관련한 평가 등은 도덕적 측면의 접근이라 할 만하다. 따라서 이 중 어느 한 측면을 강조하는 진술은 글쓴이의 논의 전개와 들어맞지 않는다.

물론 물리적 측면은 드러나는 측면이 있다. 동물과 인간의 감각 기제와 관념에 대한 측면은 물리적 측면에서 접근해서 해명할 수 있는 문제 영역이라 할 수 있다. 그러나 지엽적이다. 또한 인간의 욕망이나 그에 기인하는 타락, 이기심과 일차원적 욕망 등과 관련한 언급들이 보이지만, 그것은 형이상학적이나 도덕적 측면에서 논의하기 위해 끌어들인 것에 불과하다.

정답 : 5)

5. 글쓴이의 생각에 대한 비판이라고 보기에 가장 적절치 못한 것은?

1) 동물도 자신에게 유리하다면 규칙을 어길 수 있지 않겠는가?

2) 인간을 동물과 구별 짓는 행위는 그 차별성을 최소화하기 위한 것이다.

3) 과연 미개인이 모든 종류의 지식을 결여하고 있다고 볼 수 있는가?

4) 미개인들의 상상력은 아무 것도 묘사하지 못한다는 표현은 너무 단정적이다.

5) 인간이 필요로 하는 철학을 미개인들에게 요구해서는 안 된다는 주장은 소극적인 태도이다.

해제

비판적 이해를 묻는 문제. 주어진 글이나 자료의 주요 논지에 대해 비판의 가능성을 모색할 수 있어야 한다. 따라서 작자의 생각이나 견해를 따져보고 태도에 대해 비판할 수 있어야 하며, 평가할 수도 있어야 한다.

1)은 올바른 비판이다. 동물이 규칙에 벗어나는 행위를 하지 않는다고 전적으로 장담할 수 없다.

2)는 적절치 못한 비판이다. 오히려 그 반대이다. 차별성을 최대화하기 위한 것이라 볼 수 있다.

3) 역시 올바른 비판이다. 다)항의 두 번째 단락 참조. 모든 종류의 지식을 결여하고 있다는 표현은 단정적이다.

4)도 마찬가지다. 마)의 첫 번째 단락에서 확인 가능하며 3)과 같은 맥락이다.

5)역시 올바른 비판이다. 미개인들에게도 인간에게 필요한 철학을 요구할 수 있다. 무엇보다 같은 인간이란 점에서, 이들에게도 철학의 혜택이 주어져야 한다.

정답 : 2)

화학자들은 모든 화학 반응들이 열역학 제1법칙에 맞게 일어난다는 것을 발견했다. 화학에 적용한 제1법칙은, 모든 화학적 과정에서 계 – 화학적 반응물과 산출물 –와 환경의 총 에너지는 일정하게 유지된다고 말한다. 이 법칙은 대차대조표를 만드는 데 유용하지만, 왜 어떤 반응은 자발적으로 일어나고 다른 반응은 그렇지 않은지를 설명하지는 않는다. 여전히 다음과 같은 질문이 남는다. : 왜 사물들은 한 방향으로만 변하는가? 오랜 세월의 이론적·실험적 연구를 통해서 화학자들은 화학 반응과 변화가 일어나는 방식이 열역학 제2법칙과 관련된다는 것을 발견했다. 엔트로피를 증가시키는 자연의 경향성은 모든 화학적 행동을 지배하는 최고 법칙이다.

화학자들은 다양한 자발적인 화학 반응들의 엔트로피 변화를 계산했다. 모든 경우에서 (계와 환경의) 총 엔트로피가 제 2 법칙에 따라 항상 증가했음이 밝혀졌다. 예를 들어 온도가 섭씨 100도이고 압력이 일정하게 유지되는 조건하에서 기체 수소와 산소가 결합하여 수증기가 될지 알고자 한다고 해보자. 계산에 따르면 계의 엔트로피 변화는 대략 엔트로피 – 11단위(c/K)이며, 환경의 엔트로피 변화는 대략 엔트로피 150단위이다. 즉 총 엔트로피 변화가 양수이므로, 제2법칙에 따라서 반응이 자발적으로 일어나야 한다. 실제로 반응이 일어난다. 더 나아가 어떤 반응의 총 엔트로피 변화가 음수인 경우에는, 그 반응이 결코 일어나지 않는다.

자연적으로 일어나는 화학반응을 다루든, 인간이 조작한 반응을 다루든 사정은 동일하다 – 열역학적 계의 엔트로피는 증가한다. 이는 더 많은 화학 물질들을 생산하고 사용할수록, 우리 주위의 무질서가 더 증가함을 의미한다. 오늘날의 환경문제는 사실상 제 2 법칙의 귀결이다.

제 2 법칙은 자연에 질서 –낮은 엔트로피–를 무질서로 바꾸는 지속적인 경향성이 있음을 말해 준다. 우리는 질서와 무질서라는 말을 일상에서도 사용한다. 곧 보게 되겠지만, 물리학자들은 이 두 단어에 직관과는 크게 다른 의미들을 부여했다. 예를 들어 탁자 위에 쌓아 놓은 나무블록처럼, 특정한 패턴으로 배열된 대상들의 집단은 질서 있는 배열로 간주된다. 아이가 이 정돈된 블록 배열을 가지고 놀기 시작하는 순간, 블록들은 탁자 여기저기로 무질서하고 무작위하게 흩어진다. 또한 일단 질서 있는 배열이 흩어지고 나면, 블록들이 자발적으로 원래의 질서 있는 상태로 되돌아가리라고 기대하는 사람은 아무도 없다. 이런 종류의 무질서는 위치 무질서라 불린다. 대상들이 작은 공간 안에 배열되거나 채워져 있으면, 위치 무질서가 낮아진다.

일반적으로 입자들이나 분자들은 위치 제한을 거부한다. 그들은 될 수 있으면 자유롭게 주위를 돌아다니고자 한다. **ⓐ** 예를 들어 우리가 밀폐된 방의 공기를 모두 **빼고**, 방안에 작은 병을 놓고, 병 속에 공기를 넣고 마개를 닫는다고 해보자. 이제 마개를 연다고 가정해 보자. 어떤 일이 벌어질까? 볼츠만 방정식은 이 현상을 설명한다. 분자들이나 공기는 작은 부피의 병 속에서보다 더 큰 공간 속에서 더 많은 방식으로 자신을 분배할 수 있다. 주어진 상태가 실현될 수 있는 방법이 많을수록, 그 상태의 통계적 확률은 높다. 또한 주어진 집단의 통계적 확률의 로그함수 값이 그 집단의 엔트로피 값이므로, 볼츠만 방정식에 따르면, 공기의 엔트로피는 병 속에서보다 방 속에서 더 크다. 이는 엔트로피 법칙에, 즉 보편적인 무질서 증가 성향에 부합한다.

확산에 의해 분자들의 분포는 균일해진다. 다른 한편 거대한 중력 물체들은 ─ 그들의 엄청난 중력적 인력 때문에 ─ 중력적 응집에 의해 엔트로피를 증가시킨다. 특히 중력 물체들의 계가 블랙홀로 붕괴할 때 가장 큰 엔트로피 증가가 일어난다. 블랙홀의 엔트로피를 계산하는 방정식은 베켄스타인(*Jacob Bekenstain*)과 호킹(*Stephen Hawking*)의 연구에 의해 밝혀졌다. 블랙홀의 엔트로피는 질량의 제곱에 비례한다.

그러므로 블랙홀의 단위 질량의 엔트로피는 간단히 질량에 비례한다. 엔트로피는 블랙홀이 커질수록 증가한다. 옥스퍼드 대학의 수학자 겸 천문학자 펜로즈(*Roger Penrose*)는 이렇게 말한다. "따라서 주어진 질량 혹은 ─ 아인슈타인의 $E = mc^2$에 따라서 등가인 ─ 주어진 에너지에 대해서, 가장 큰 엔트로피는 물질들이 모두 단일한 블랙홀로 붕괴했을 때 도달된다. 뿐만 아니라 두 블랙홀이 서로를 삼켜서 단일한 블랙홀을 형성하면 엔트로피가 (엄청나게) 증가한다." 여기 지상에서도 커다란 회사들이 ─우호적·적대적 거래를 통해─ 서로를 합병하여 단일한 거대 기업을 형성함으로써 총 엔트로피를 증가시킨다.

계의 엔트로피를 증가시키는 또 하나의 방법은 부피를 그대로 두고 분자들의 운동 방법을 변화시키는 것이다. 고체는 액체보다 엔트로피가 낮고, 액체는 기체보다 엔트로피가 낮다. 왜일까? 운동과 관련해서, 고체 속에 있는 개별 분자들이 가장 작은 자유를 가지고 있는 반면에 기체 분자가 가장 자유롭기 때문이다.

엔트로피는 또한 주어진 부피(공간) 속의 분자들의 수가 증가해도 증가한다. 분자들의 수는 고정시키고 계에 에너지를 공급해도 엔트로피는 증가한다. 왜일까? 에너지가 추가됨으로써 분자들의 속도가 커지기 때문이다. 사람들이 원료와 상품과 화학물과 무기와 승객과 기계와 메시지를 점점 더 **빠르게** 이동시키는 기술을 개발함에 따라 우리의 세계는 점점 더 고도로 무질서해지고 있다.

열역학적 계의 에너지를 공급하는 방법 중 하나는 열을 가하는 것이다. 가열하면 분자들이 더 빨리 움직여 계의 엔트로피가 증가한다.

(잭 호키키안, 『무질서의 과학』)

---

1. 실험 (a)의 결과로 추론할 수 있는 것은?

  1) 분자들은 작은 병 속에서 움직이지 않는다.

  2) 엔트로피의 변화가 없다.

  3) 분자의 무질서가 낮아진다.

  4) 작은 병 속에서 자유롭게 빠져나와 방 안에 퍼진다.

  5) 엔트로피의 확산과는 관련이 없다.

해제

분석 및 추론적 이해를 평가하는 문제로 비교적 평이한 문제에 속한다.

1)은 부당하다. 네 번째 단락 초반부에서 글쓴이는 위치 제한을 거부하고 자유롭게 돌아다니는 것이 분자의 특성이라고 지적하고 있다.

2)역시 부당하다. 엔트로피의 변화가 있기 때문이다. 네 번째와 다섯 번째 단락에 드러나 있다.

3)의 경우, 분자의 무질서가 높아져서 엔트로피는 증가한다.

4)는 맞다. 병 속에서 빠져나가 방 안에 퍼지며 엔트로피가 증가된다.

5)역시 맞지 않다. 분자들이 확산되어 엔트로피를 증가시킨다.

정답 : 4)

2. 이 글을 바탕으로 하여 인간에게 엔트로피를 적용할 때 적절치 못한 것은?

  1) 전지구 인구의 증가로 세계의 엔트로피 또한 증가하고 있다.

  2) 공학의 발전으로 각 개인이 지닌 무질서 창출 역량도 증가하고 있다.

  3) 전지구나 국지적으로나 질서 유지가 점점 더 어려워지고 있다.

  4) 고엔트로피 유형의 사람들은 의사나 심리학자들에게 동일한 조언을 듣게 된다.

  5) 엔트로피 법칙을 인간의 사회 질서 유지를 위해 활용해서는 안 된다.

분석적 이해와 창의적 이해를 테스트하는 문제이다. 정확한 독해와 이에 기초한 영역 전이가 문제 해결의 관건이다.

1), 2), 3)은 현재 인간 사회를 제대로 반영하고 있다. 이 사회의 엔트로피는 갈수록 증가하고 있다.

4)의 경우, 엔트로피가 증가하면 사람들의 속도가 빨라지고 에너지가 높아간다. 따라서 궤양, 심장마비, 신경쇠약, 기타 질병을 얻을 수 있다. 따라서 속도를 낮추고 엔트로피를 낮추라는 조언을 동시에 듣게 될 것이다.

5)는 틀렸다. 인간 사회의 질서 유지를 위해서는 엔트로피 법칙이 활용된다. 교도소는 여러 형태의 무질서를 산출하는 사람들의 운동을 작은 면적에 국한시키기 위한 장소로 활용되고 있다.

정답 : 5)

3. 이 글의 '질서', '자유', '속도'에 대한 이해로 옳지 않은 것은?

1) 제2법칙은 질서를 무너뜨리고 엔트로피를 증가시킨다.

2) 질서는 공간이 크면 코스모스이고, 공간이 작으면 카오스다.

3) 고체와 액체에 따라 엔트로피 높낮이가 다르기 때문에 고체와 액체에 따라 자유의 정도도 다르다.

4) 분자들의 '속도'는 비록 그 수가 고정되어 있더라도 에너지를 통해 빨라짐으로써 엔트로피를 증가시킨다.

5) 질서는 가열될수록 혼란스럽게 되면서 엔트로피 또한 증가한다.

분석 및 추론적 이해를 측정하는 문제이다.

1)은 맞다. 제2법칙은 자연의 질서를 무질서로 바꾸는 경향성이 있다. 따라서 혼란스러워질수록 엔트로피는 증가한다.

2)는 틀렸다. 질서는 공간이 유지되거나 확장되면 코스모스한 상태가 되고 공간이 작아지면 무질서해져 카오스한 상태가 된다. 코스모스는 조화와 질서를 이루는 세계이고, 카오스는 무질서의 세계를 의미한다.

3)은 맞다. 고체와 액체는 당연히 엔트로피 높낮이가 다르며, 따라서 자유의 정도 역시 다르다.

4)도 맞다. 에너지가 추가되면 분자의 속도는 빨라지며 엔트로피를 증가시킨다.

5)도 적절하다. 가열하면 질서가 혼란스러워지고 엔트로피 또한 증가한다.

정답 : 2)

백 충 용

- 성균관대학교 철학박사
- (현) 대림대학교 교수
- 논문 「사회구조와 행위의 관계」,
  　　「집합 행위에 대한 엘스터의 설명 논리 비판」
- 저서 『민주사회의 직업윤리』 외

천 성 래

- 소설가 · 시사평론가
- 연세대학교 대학원 석사
- 한국외국어대학교 박사과정 이수(고전문학 전공)
- 헤드라인 뉴스 편집국장 역임
- (현) KBS2라디오 경제포커스 편집위원
- 저서 장편소설 『거룩한 선택』, 『바람산의 아이들』, 『고개 숙인 남자』,
  　　『아름다운 날들』, 『소설 단발령』 외
- 역서 『인체와의 대화』 외

LEET –언어 이해 | 실전편

2008년 7월 03일 초판 제1쇄 인쇄

2008년 7월 10일 초판 제1쇄 발행

저 자 | 천성래 · 백충용

발행인 | 김용성

발행처 | **법률출판사**

　　서울시 동대문구 이문2동 346-41 영일빌딩 2층

　　전화 02)962-9154 | 팩스 02)962-9156

등록번호 | 제 1-1982호

정가 : 15,000원　　　　　ISBN 978-89-5821-112-9 13360